中國近代史上的關鍵人物（上）

《新校本》

蘇同炳・著

序

歷史是人事活動的積累。手握國家軍政大權的領導人物，他們的思想言行，更直接與國家命運的休戚榮辱息息相關。所以，為歷史人物做傳記及撰寫評傳，早就成了歷史研究工作的一個項目。準此而言，為某一特定時期的當政人物分別做傳，藉以覘見此一時期的歷史演變道路，當然也是可做的事了。

十九世紀時的中國，正當西方勢力劇烈衝擊，內憂外患，紛至沓來，其影響及於今日者，尚且十分重大。咸豐、同治之間，內則有太平天國及捻、回之亂，外則有英法聯軍之入侵，當時不但東南半壁糜爛不堪，即是廣大的華北平原亦充滿了寇亂，而自新疆、甘肅、陝西以至雲南，又復為叛回所據，所謂完善之區，充其量不過全國省區的二分之一。此時，幸有恭親王奕訢及軍機大臣文祥主持於內，曾、胡、左、李等一班中興將帥效命於外，同心匡濟，竭力撐拄，卒能內靖大難，外拒強敵，弼成同治、光緒之間的小康局面。這一些重要人物的文治武功，拯救中華民族的國運於至危垂絕之時，他們的功勳，必將在歷史上永著聲光。但不幸的是，國家最上層的領導人物接二連三地發生變故，咸豐不壽，同治夭折，慈安暴崩，光緒柔懦，這一切的一切，都只造成了慈禧太后以一介女流而獨攬國家政柄達數十年。到了後來，她的好尚貨賄與耽於享樂，更導致清末政治日益走向貪污腐化的道路。清政之不綱，從此遂如江河之日下，而「同光中興」的小康局面，從此永成歷史之陳跡矣。看了這些興衰變化與賢不肖人物之進退情形，怎不令人瞿然瞭悟人事因素在歷史上的重要影響。所以，要瞭解晚清末年的歷史何以如此災晦否塞，國事蜩螗，研究其時當政人物的言行思想，更不失為一種可行的方法。

這一本小書，題為《中國近代史上的關鍵人物》，目的就在選擇當時具有關鍵性的某些人物，藉他們的行事施為，來顯示：晚清歷史上許多重大事件之肇生，其原因究竟為何？坊間所刊行的中國近代史，佳作如林。但這些著作因體裁所限，其敘述總是全書性，詳於此必略於彼，對於當時若干重要人物的言行思想與他們的實際影響，反而不能詳為敘述。對於渴欲知道清末歷史演變何以如此而不能如彼原因的讀者，總未能破其疑團而饜其所欲。本書之作，即是希望以人事活動的經緯來補足通史敘述的缺略，從而使讀者得以深一層窺見歷史演變的趨向。有關中國近代史的資料，汗牛充棟，本書亦不過酌取若干，嘗鼎一臠而已。由於人事方面的活動總比較富於趣味，所以也比較能引起讀者的興味。假如能藉此而能使讀者諸君對近代歷史的研究發生興趣，那就是更好不過的事了。

照筆者個人的估計，夠得上在中國近代歷史上稱為關鍵人物的帝王君臣，為數不過二十人左右。如果把這些重要人物每一人都以三四萬字的篇幅勾畫出一幅大致的輪廓，就其關鍵性的思想做一簡單而明白的交代，對於近代史的研究瞭解必定可有相當的幫助。一年以來，寫成的已有十一人，三十二萬餘字，預計待寫的不過只有七八人，再寫三十萬字左右，便可完篇。只因四季出版公司的負責人亟欲將已寫成的刊印單行本問世，所以只好以未完稿的形式呈現於讀者之前。所剩餘的部分，一俟明年寫成後，再行出版，先此向讀者諸君聲明，並致歉意。

收在這本書中的文字，都曾在《青年戰士報・新文藝》副刊上發表。承蒙主編胡秀先生的厚愛及讀者諸君的歡迎，使筆者得以有勇氣繼續在該報撰寫。惟因筆者學識譾陋窒漏及錯誤之處，在所難免，尚希望高明的讀者不吝指正，以便在以後撰寫時得以有所改進，不勝企盼之至。

當此初集刊印成書之日，略述緣起，以當序言。最後，對於四季出版公司負責人願使我這本簡陋的小書得以出版問世之厚意，尤當申致感謝之忱。

蘇同炳

民國六十六年十二月八日序於南港寓廬

目次

第一章

曾國藩

曾國藩

一位崇尚經世致用的學者，他編練湘軍是平定太平天國之亂的主要功臣，經由他一手拯救得生的滿清皇朝，在同治、光緒年間一度出現振衰起敝的中興景象。

在中國近百年的歷史上，曾國藩是一個極其重要的關鍵人物。假如沒有曾國藩出來力任艱巨，則太平天國之亂事必難平定，滿清皇朝的命運，也不必等到辛亥革命，就會提早五十年結束。也因為他善於識拔人才，引用賢能，更時時以轉移社會風氣及建立廉能政治為己任，所以經由他一手拯救得生的滿清皇朝，才會在同治、光緒之間，一度出現振衰起敝的中興氣象。這一個在中國近百年史上居有如此重要地位的人物，自清末以至民國，自中國以至外國，凡是對他有所瞭解的人，幾乎無不深致欽仰景佩之誠。惟一的例外，只是清末革命運動蠭起之時，革命黨人對他所加的苛刻評論。

勃興於清末的革命運動，首先揭櫫其排滿反清的民族主義革命思想。基於此一革命主張，為滿族所建立的清皇朝當然是必須推翻的革命對象。至於那些在滿清皇朝中做官的漢人，如果他們曾經出力鎮壓過漢人的革命運動，亦必被視為替異族效勞的功狗，詆之為漢奸，斥之為民賊。曾國藩生當滿清末年，適逢太平天國的反清革命之會，而他又是在平定太平天國之亂中出力最多的人，於是也就不免被詈為幫助滿清政府鎮壓漢人革命的劊子手，與胡林翼、左宗棠等人同被畫成人首獸身的畜類，口誅筆伐，至於無所不用其極。實在說來，自明朝亡國，經過滿清皇朝一百多年來的高壓統治與懷柔收買，中國人固有的民族思想，大都已經泯滅無存。曾國藩生當此一時代，他所接受的教育，使他的倫理道德觀念與政治思想侷限在一定的範疇之內——除了忠君愛國之外，就只知道如何砥礪品德，進修學問，以及一旦得官入仕，如何為社會民生謀求福祉。這種倫理道德觀念與政治思想，在他的家書中可以很明白地看得出來。《曾國藩家書》卷一，道光二十二年十月二十六日〈致弟書〉云：

君子之立志也，有民胞物與之量，有內聖外王之業，而後不忝於父母之生，不愧為天地之完人。故其為憂也，以不如舜、不如周公為憂也，以德不修、學不講為憂也。是故頑民梗化則憂之，蠻夷猾夏則憂之，小人在位、賢才否閉則憂之，匹夫匹婦不被己澤則憂之，所謂悲天命而憫人窮，此君子之所憂也。若夫一身之屈伸，一家之饑飽，世俗之榮辱得失、貴賤毀譽，君子固不暇憂及此也。

這正是中國的標準儒家思想——只有以社會民生為重的天下思想，而沒有狹隘的種族主義觀念。在這種情形之下，我們如果責備曾國藩何以在太平天國革命時不知贊助革命，以便乘機恢復漢人的政權，反而要為滿清皇朝出力鎮壓此一民族革命運動，就未免昧於時代環境，對曾國藩持論過苛了。所以，自革命成功以後，自政府首要以至政論家、歷史家，都已另外以新的觀點對曾國藩重做新的評價。以新的觀點來看曾國藩的一生事業，便會覺得，曾國藩不但在他所生存的時代中是一個出類拔萃的人物，即在今日，他的思想、言行與功業，也依然是我們所不能企及的。偉大人物之所以成其偉大，只有在這些地方可以明白地看出來。

曾國藩雖然是清代末年的偉大人物，但他不是天才。他的成功，得力於他的勤學不懈與終生篤實履踐。他的朋輩與僚屬受到他的感化，人人以進德修業及負責盡職自期，所以才能團結眾心，群策群力，夷平大難，轉移風氣。除此之外，則他的命運在他的一生事業中也曾有過重大的關係。清人朱克敬所撰的《暝菴雜識》中有一條說：

曾文正公嘗語吳敏樹、郭嵩燾曰：「我身後碑銘，必屬兩君。他任捃飾，銘辭結句，吾自有之。曰：『不信書，信運氣。公之言，告萬世。』」

這所謂「不信書，信運氣」之說，並非空言泛論，而確實係有感而發之言。試綜觀曾國藩之一生，如果不是命運之神有意要成全他的話，即使他終生砥礪品德，篤實履踐，始終不懈，恐怕充其量也只能成為一個硜硜自守的君子，絕不能在國家民族面臨極大危難的重要關頭讓他出來領袖群倫，創下如此驚天動地的不朽大業。凡此種種，在他的一生傳記之中，都有明顯的事蹟可以稽考，不能斥之為無稽讕言。

曾國藩是湖南湘鄉縣人。他家世代業農，到他父親麟書時，方才因讀書而成為縣學中的一名「生員」——秀才。曾國藩在六歲時開始從師入學，十四歲開始到長沙省城應童子試，先後考過七次，直到道光十三年，亦即曾國藩二十三歲的那一年，方才成為生員。翌年，領鄉薦，中式湖南鄉試第三十六名舉人。道光十八年，亦即曾國藩二十八歲的那一年，會試亦捷，中第三甲第四十二名進士。照一般情形來說，讀書人能夠在一連串的科舉考試中先後得捷，已經取得了做官入仕的資格，從此功名得遂，衣食無憂，應該可以算得上是躊躇滿志的了。但若就事實而言，則又不盡然。因為，在進士之上，還有更高一層，即俗語所說的「點翰林」。中了進士，不一定能做大官；點了翰林，那才真正具備了做大官的資格——不但是資格好，而且陞遷也快。但點翰林必須進士的名次考得高。一甲進士三名，俗稱狀元、榜眼、探花，榜發之後即授職翰林院的修撰、編修等官，立刻成為名實相副的「翰林」。至於二、三甲的進士要想成為翰林，還得經過一次朝考，被取中庶吉士之後在翰林院教習三年，期滿後再經過一次散館考試，成績優良的，二甲進士授編修，三甲進士授檢討，正式成為翰林院中的一員，其或改官部屬，或授職知縣，從此與翰林絕緣。而進士參加朝考，取中的又以二甲為多，三甲者寥寥無幾。所以，曾國藩如果不是運氣好，他在中了三甲進士之後就很難被點為庶吉士。點不了庶吉士，當然更成不了翰林，這對於他以後的官職陞遷，影響就大了。

曾國藩在取中進士之後參加朝考，成績非常好，列一等第三名。試卷進呈御覽之後，道光皇帝又特別將他拔置為一等第二名。就這樣，曾國藩才幸運地被點中了庶吉士。到了道光二十年，庶吉士散館，曾國藩考列二等第十九名，名次仍然很高。因此，他被授職檢討，留在翰林院供職。曾國藩能夠先中進士後再成翰林，對於他的一生事業前途，關係甚大。《曾國藩家書》卷二，載有道光二十四年五月十二日的〈致弟書〉，云：

吾謂六弟今年入泮固佳，萬一不入，即當盡棄前功，一志從事於先輩大家之文。年過二十，不為少矣，若再扶牆摩壁，役役於考卷截搭卜題之中，將來時過而業仍不精，必有悔恨於失計者，不可不早圖也。余當日實見不到此，幸而早得科名，未受其害。向使至今未嘗入泮，則數十年從事於吊渡映帶之間，豈不腆顏也哉？此中誤人終身多矣！

所謂「入泮」，即是中秀才之意。而由秀才至翰林，路還遠得很。由他所說「幸而早得科名，未受其害」，及「此中誤人終身多矣」的話，可以知道曾國藩假如不是早中進士入翰林，此時必然仍在無用的八股時藝之中奮鬥掙扎，絕無如許閒暇可以容他讀有用之書，儲備學問，以為他日救時匡難之用。這是他自己所說「不信書，信運氣」的第一步徵驗。至於第二步的徵驗，則是他在做了翰林院檢討之後的歷次考試情形。

清代的翰林院官，有所謂不定時舉行的「大考」，到時由皇帝命題考試詩文策論，以為陞遷降黜的依據。大考成績好的，陞遷特別快，否則立予降黜，絕不容情。故而清代俗語，有所謂「秀才怕歲考，翰林怕大考」的話，正是針對那些僥倖得售而不肯努力上進的讀書人而說的。曾國藩在翰林七年，由於他向來用功不懈，歷次考試的成績都很好，因此，屢蒙超擢，不過七年的工夫，就由從七品的翰林院檢討一直陞到從二品的內閣學士，具備了他此後出當大任的官階與資格。若非命運的安排，他怎能有如此良好的機遇呢？清人王定安所撰的《曾文正公大事記》敘此，云：

道光二十年庚子，散館二等第十九名，授檢討，旋派順天鄉試磨勘。道光二十一年十月，充國史館協修官，道光二十三年三月，大考翰詹，列二等第一名，奉旨以翰林院侍講陞用。六月，詔以公為四川正考官，趙楫副之。七月，補翰林院侍講。十一月回京，充文淵閣校理。道光二十四年五月，充翰林院教習庶吉士。十二月，轉翰林院侍讀。道光二十五年五月，陞授詹事府右春坊右庶子。九月，擢翰林院侍講學士。道光二十七年大考翰詹，列二等，奉旨記名，遇缺題奏。六月，陞授內閣學士，兼禮部侍郎銜。

翰林院的侍講與侍讀，秩從五品；詹事府左右庶子，秩正五品；翰林院侍講學士，秩從四品；至於內閣學士，則從二品。清代官制，滿漢並用。翰林院官的陞遷途徑有二：一是考試，二是考績，而考試成績優良者，較考績的陞遷尤快。至於翰詹以外的京官與外官，則陞遷之途只有三年一次的考績。清代末年，仕途冗濫，參加考績，須先占得實缺。而進士出身以部屬官及知縣用者，往往數年不能補得一官，既不能補官，自更不能由考績陞官。所以，即使同是一科考中的進士，由於翰林與非翰林及大考成績優劣不同的關係，很可能在短時間之內就菀枯各異，雲泥有別。如曾國藩在中進士之後的第二年，還不過只是一個從七品的翰林院檢討，三年之後就陞為從五品的翰林院侍講，二年後又陞從四品的翰林院侍講學士，又過二年，就再陞為從二品的內閣學士了。像這樣每隔二三年就超陞一二階的情形，在翰林中雖是常有的事，若是翰林院以外的一般京官，就沒有這麼好的機遇了。京官以外的外省官員，陞遷較京官更難，自更不能有這麼好的運道了。他不必論，即以同為翰林出身的胡林翼而言，情形就大不一樣。

胡林翼是道光十六年的二甲進士，科第要比曾國藩早二年，名次也比曾國藩高。朝考入選之後，改翰林院庶吉士，散館授編修。道光十九年大考翰詹，列二等。在這一段經歷上，他的資格與成績和曾國藩一樣。只是，他在道光二十年的江南鄉試副主考任內出了毛病，被降一級外調，從此蹭蹬仕途，直到咸豐三年，曾國藩已經做到了正二品的侍郎，胡林翼還在貴州黎平府做從四品的知府。後來，雖然由於胡林翼自己的幹練，聲譽日起，也還需要曾國藩的全力推薦，才能使他有機會到湖北戰場上去大展身手，由按察使、布政使，而一直陞到巡撫，官位與曾國藩相等。在這一段經歷上，胡林翼的陞遷，足足比曾國藩遲了七年。而論到出身，胡林翼還是曾國藩的翰林前輩呢！曾國藩的宦途得意，對於太平天國的成敗得失及滿清皇朝的存亡，關係甚大。假如曾國藩在咸豐初年還只是一個沒有功名的讀書人，縱使他有通天的本領，他也沒有出頭的機會。又假如曾國藩與胡林翼一樣，在那時還只是一個地位不高的中級官員，那也輪不到由他出來領導群倫，成就他此後的迴天事業。所以說，曾國藩能夠在太平天國崛起之後，以一個在籍的侍郎出來組織湘軍，夷平大難，其中實在雜有很多機緣湊合的因素。曾國藩平生，不信書而信運氣，在這裡就有了很明顯的徵驗。至於他之能夠在翰林院中讀書進修，當然更是再好不過的機遇了。明、清時代的翰林院，乃是新科進士「讀書養望」的好地方。能夠進得了翰林院的進士，既不必為實際政務所勞擾，又可以從容閱讀翰林院中的豐富典籍，儘量在經史、文學、政經、軍事等方面充實自己的學問。《曾國藩家書》卷二，收有道光二十三年正月十七日的〈致弟書〉，云：

> 兄少年天分不甚低，厥後日與庸鄙者處，全無所聞，竅被茅塞久矣。及乙未到京後，始有志學詩、古文並作字之法，亦苦無良友。近年得一二良友，知有所謂經學者、經濟者，有所謂躬行實踐者，始知范、韓可學而至也，馬遷、韓愈亦可學而至也。慨然思盡滌前日之污，以為更生之人，以為父母之肖子，以為諸弟之先導。

所謂「范、韓」，即宋朝有名的賢相范仲淹與韓琦；所謂「馬遷、韓愈」，即是有名的史學大家司馬遷與古文名家韓愈。由此可知，曾國藩在未進翰林院之前，不但對學問之道未得門徑，而且卑無大志，只是一個碌碌庸庸的陋儒而已。而在他中進士做翰林之後，日與良朋益友相往還，於是方得窺學問之門徑，而有志於聖賢之學。黎庶昌撰《曾文正公年譜》亦說：

公少時器宇卓犖，不隨流俗。既入詞垣，遂毅然有效法前賢，澄清天下之志。讀書自為課程，編摩紀注，分為五門，曰茶餘偶談，曰過隙影，曰饋我糧，曰詩文鈔，曰詩文草。

由此可知，曾國藩一生仗以成功的志行與學問，都是在此時奠定其基礎的。所以然之故，一方面固然是因為得有良好的讀書環境，二方面亦因得有良朋益友的切磋。他在此一時期所交的朋友，計有倭仁、吳廷棟、何桂珍、竇垿、邵懿辰、陳源兗等，逐日相與討論問難，得益極多。至於他在治學方法上的導師，則是時任太常寺卿的唐鑑。由於唐鑑邃於義理之學，亦即宋史所謂之道學，曾國藩常向請益，遂以朱子之《近思錄》及濂、洛、關、閩諸子之書為日課，肆力於宋儒之學。這對於他的倫理道德思想及克己省復功夫，影響尤大。曾國藩後來從事於對太平天國的戰爭，經常在困難拂逆的環境中艱苦支撐，若不是靠著堅忍強毅的意志力周旋到底，恐怕也不能得到最後的勝利。而這種堅忍強毅的意志力量，就得力於他此一時期中的陶鎔範鑄。至於他在做翰林時期內因致力於經世實用之學而對政治、軍事、經濟等等實用方面的學問都大有所得，而在此後的對太平天國之戰中發揮其實用，更是有目共睹之事，不必多所贅述。

清朝的政治風氣，在嘉慶、道光以後日見泄沓委靡，人才亦日見寥落。這與皇帝的好尚及執政者之逢迎諂諛，都有密切的關係。《瞑庵雜識》中曾有一條說：

曹文正公晚年恩遇益隆，聲名俱泰。門生某請其故，曹曰：「無他，但多磕頭，少說話耳。」道光以來，世風柔靡，實本於此。近更加以浮滑，稍質直，即不容矣。有無名子賦〈一剪梅〉云：「仕途鑽刺要精工，京信常通，炭敬常豐。莫談時事逞英雄，一味圓融，一味謙恭。」其二云：「大臣經濟在從容，莫顯奇功，莫說精忠。萬般人事要朦朧，駁也無庸，議也無庸。」其三云：「八方無事歲年豐，國運方隆，官運方通。大家贊襄要和衷，好也彌縫，歹也彌縫。」其四曰：「無災無難到三公，妻受榮封，子蔭郎中。流芳身後更無窮，不謚文忠，也謚文恭。」

曹文正即曹振鏞，是道光一朝最得皇帝倚信的宰相。曹振鏞之瑣鄙無能，養成了道光一朝政治風氣之柔靡泄沓，所以，他實際上乃是道光皇帝的罪人。在他所養成的風氣之下，官吏以不負責任之圓滑彌縫為做官之能事，不但有用的人才因之而銷磨殆盡，國事亦因之而不堪聞問。太平天國之亂，主要原因固然由於民生凋敝，災變相乘，而貪污官吏之侵漁迫害，亦是造成了官逼民反的重要原因。等到太平天國軍在廣西起事之後，滿清政府調兵遣將，竭力企圖將之迅速撲滅。不料兵不能戰，官不能守，前方傳來的軍報，但見潰敗相繼，多年訓練的幾十萬大軍，竟然抵敵不了一些初起的草茅之寇！道光皇帝這時恰好在危疑震撼的動亂時代中崩了駕，咸豐皇帝繼位，派大學士賽尚阿到廣西去督師，也仍然阻止不了太平軍的燎原之勢。曾國藩這時已由內閣學士陞為禮部右侍郎署兵部左侍郎，目睹時局危急而政風頹靡，遂因皇帝之下詔求言而先後上了幾道條陳時務的奏疏。第一道是〈應詔陳言疏〉，謂：「今日所當講求者，惟在用人。人才不乏，欲作育而激揚之，則賴皇上之妙用。」接著，他提出激厲振作之法：「有轉移之道，有培養之方，有考察之法，三者不可廢一。」在這一道奏疏中，我們可以看出，曾國藩對於人才之何以銷沉汨沒，有其透澈的認識，而對於人才之培養作育，更有其獨到之看法。

其餘各疏，如〈條陳日講事宜疏〉、〈議汰兵疏〉、〈備陳民間疾苦疏〉、〈平銀價疏〉，對於當前的政治、軍事、社會、經濟等等切要的問題，也都能詳細指出受病之因及治理之方，足可看出，他對當前的時弊，都有全面深入的瞭解。在這些奏疏之中，最具有重要性的，還是他在咸豐元年四月間所上的一道〈敬陳聖德三端預防流弊疏〉，率直指出，如要轉移政治風氣，培養有用人才，全在皇帝個人的態度。這一道奏疏，不但足以看出，曾國藩忠君愛國及有作為、有擔當的骾直風格，也對他此後的平亂事業，發生了重大的影響。正因為此疏的重要性如此之大，所以我們有必要加以重視。

曾國藩在〈敬陳聖德三端預防流弊疏〉中所指出的皇帝「聖德」，一是敬慎。謂皇帝每當祭祀之時，「對越肅雍，跬步必謹。而尋常蒞事，亦推求精到，此敬慎之美德也。而辨之不早，其流弊為瑣碎，是不可不預防。」瑣碎之弊，在見小而遺大，謹其所不必謹，而於國計之遠者、大者，反略而不問。「誠使我皇上豁達遠觀，罔苛細節，則為大臣者不敢以小廉曲謹自恃，不敢以尋行數墨自取竭蹶，必且穆然深思求所以弘濟於艱難者。」這對於當時自皇帝以至宰相、百僚之避重就輕，塗飾細行，以求容悅取寵的作風，不啻是無情的棒喝，可謂痛切之至。至於皇帝的「聖德」，則是好古。謂皇帝於「萬機之暇，頤情典籍，遊藝之末，亦法前賢，此好古之美德也。而辨之不細，其弊徒尚文飾，亦不可不預防。」文飾之弊，在上虛文而不務實際。「自道光中葉以來，朝士風氣，專尚浮華。小楷則工益求工，詩律則巧益求巧。翰詹最優之途，莫如兩書房行走。而保薦之時，但求工於小楷者。閣部最優之途，莫如軍機處行走。而保送之時，但求工於小楷者。」「今日之翰詹，即異日之督撫司道也。甫脫乎小楷、詩律之間，即與以兵刑、錢穀之任，又豈可觀其舉止便捷、語言圓妙，而不深究其真學真識乎？」道光、咸豐以來的所謂「人才」如此，如之何不使政風敗壞、盜賊縱橫呢？至於曾國藩疏中的第三項「聖德」，則是「廣大」。謂皇帝「娛神淡遠，恭己自怡，曠然若有天下而不與焉者，此廣大之美德也。然辨之不精，亦恐厭薄恒俗，而長驕矜之氣，尤不可不防」。廣大之弊，在自以為公正開明而不自知已蹈拒諫飾非之誤。以致「軍務警報，運籌於一人，取決於俄頃，皇上獨任其勞，而臣等莫分其憂。使廣西而不遽平，固中外所同慮也。然使廣西遽平，而皇上意中，或遂謂天下無難辦之事，眼前無助我之人，此則一念驕矜之萌，尤微臣區區所大懼也。」專制政治的最大弊病，莫如皇帝予智自雄，視天下臣民如無物。其最後所至，必將是「直言日覺其可憎，佞諛日覺其可親，流弊將靡所底止」。然而這些話卻不是自矜才智的專制皇帝所樂意聽聞的。而且在積威之下，大多數的人為了自保功名富貴，也絕不肯把這種逆耳之言向皇帝直說，以免皇帝一旦發怒，自己將頓罹不測之禍。即以曾國藩當時的情形來說，除了曾國藩，也不曾有人上過這樣激切伉直的諫疏。曾國藩之風骨勁稜，在這裡也就充分可以看出他之不同凡響。

曾國藩在他所上的〈敬陳聖德三端預防流弊疏〉，對當時的政治風尚及皇帝個性，可說是痛下針砭。如果皇帝果真因此發怒，曾國藩的命運，真在不可知之數。據說，咸豐皇帝在初次見到此疏時，確曾大為震怒，將原疏擲之地，並欲將曾國藩重加懲治。但在經過一番深思熟慮之後，他終於為曾國藩忠君愛國的本意所感動，不僅不予加罪，且降旨褒獎曾國藩之敢言，命兼署刑部侍郎。《曾國藩家書》中有此時所寫的〈致弟書〉，云：

> 余受恩深重，若於此時再不盡忠直言，更待何時乃可進言？是以趁此元年新政，即將此驕矜之機關說破，使聖心日就兢業，而覺自是之萌，此余區區之本意也。現在人才不振，皆謹於小而忽於大，人人皆習脂韋唯阿之風，欲以此疏稍挽風氣，冀在廷皆趨於骨髓而遇事不敢退縮，此余區區之餘意也。

政治家的遠見和抱負，在這一些話中已經透露得很清楚明白了。曾國藩之必能成就其不朽的事業，於此亦可窺見其端倪。金梁所撰的《四朝佚聞》敘此謂：

曾文正公國藩，以上〈聖德疏〉為文宗所特知，諭祁寯藻曰：「敢言必能負重。」故其後遂倚以平亂。

由此說來，曾國藩在此疏中固然表現了他的耿耿忠忱，而咸豐皇帝也在此疏中看出了曾國藩之有擔當、有抱負，可委重任。太平天國亂事之平，在這裡已經伏下了契機。此一奏疏在曾國藩個人前途以至滿清皇朝的前途居有何等的重要性，也就可以不言而喻。

清咸豐二年三月，賽尚阿在廣西討剿太平天國失利，大股太平軍由永安撲攻桂林，攻陷全州，由此入湖南省境，大掠民船，將浮湘江而北出長江。其時曾國藩被派充江西鄉試正考官，七月二十五日行至安徽太和縣境，接得家中訃聞，知生母江太夫人已於六月十二日病逝，立即改服奔喪，由黃梅縣渡江至九江，雇船至湖南。尚未到達長沙，得知太平軍已至長沙城外，遂由岳州取道湘陰抵家。其年十月，太平軍以長沙無法攻克，解圍北去，陷岳州，陷漢陽，從此日見其燎原莫救。就在這年的十一月，湖南巡撫張亮基奉到皇帝的上諭云：

前任丁憂侍郎曾國藩籍隸湘鄉，聞其在籍，其於湖南地方人情，自必熟悉。著該撫傳旨令其幫同辦理本省團練鄉民，搜查土匪諸事務，伊必盡力不負委任。

由於皇帝的這一道上諭，曾國藩就以丁憂在籍侍郎的身份，在湖南開始辦起團練來了。這以後的事情，就是他以所訓練的本地鄉兵——湘軍，東征鄂、贛、皖、蘇諸省，轉戰十年，終於底定全局的往事了。關於這一段歷史，《清史》曾國藩本傳及《曾國藩年譜》等書記述甚詳，可以不須在此複述，以免浪費篇幅。值得在這裡加以討論的，倒是曾國藩所賴以成功的練兵方法，與他那種不畏困難、不避艱危、努力堅持到底，終於克成大功的強毅精神。

咸豐皇帝在咸豐四年降旨命曾國藩在籍辦理團練，這並不是湖南所特有的事。自太平天國事起，大江南北的十數個省都先後被兵，政府的經制官兵——綠營兵征討無功，戰禍遷延不解，各地的土寇盜匪亦乘機蠭起。為了確保後方地區的安全，於是各省都先後辦理了團練——訓練本地的鄉勇民兵，協助官兵維持本地的治安。但各省所辦的團練雖多，卻只有湖南一省所辦的成績特別好；不僅如此，經由曾國藩所創辦的湖南鄉勇——湘軍，最後並且成為平定太平天國之亂的主力部隊！這其中的差別所在，便與主事者的練兵方法有密切關係了。關於這方面的情形，可以先看一看清人王定安所撰《湘軍記・水陸營制篇》中對清代經制官兵的批評：

> 國家養綠營兵五十餘萬，歲糜二千萬金。遇寇發，征調四出，率用本轄營弁統之。其部卒眾寡不齊，少或百人，多至千餘人，綰以提督鎮將，而皆隸於專征之欽差、將軍、都統、督撫。將不必由帥選，一營士卒，視調發多少無定額。二百年來，行之久矣。自洪楊倡亂，大吏不習兵，綠營皆呰窳驕惰，聞羽檄徵調，則舉室驚號，以為趨死地無生還理。比至前敵，秦越楚燕之士，雜糅並進，將與將不相習，兵與兵不相知，勝則相妒，敗不相救，欽差、疆帥復時相齟齬，號令歧出，褊裨各分畛域。徵兵日繁，迄不得一兵之用。

綠營官兵不能用於作戰，《曾國藩書札》中亦言之。如書札卷四，〈致李少荃書〉曰：

> 今日兵事最堪痛哭者，莫大於「敗不相救」四字。當其調兵之時，東抽一百，西撥五十，或此兵而管以彼弁，或楚弁而轄以黔鎮。雖此軍大敗奔北，流血成淵，彼軍袖手而旁觀，哆口而微笑。此種積習，深入膏肓，牢不可破。

綠營兵之所以不能戰，不但由於戰力薄弱，更重要的原因，還是上面所說的那種毫無團結之心。曾國藩目擊綠營之弊在此，所以，他心目中的軍隊，一方面固然要戰鬥力強韌，二方面更須團結一心，萬眾一志。他在寫給王璞山的信中說：

> 僕之愚見，以為今日將欲滅賊，必先諸將一心，萬象一氣，而後可以言戰。而以今日營伍之習氣，與今日調遣之成法，雖聖者不能使之一心一氣。自非別樹一幟，改弦更張，斷不能辦此賊也。鄙意欲練鄉勇萬人，概求吾黨質直而曉軍事之君子將之，以忠義之氣為主，而補之以訓練之勤，相激相劘，以庶幾於所謂諸將一心、萬眾一氣者。或可馳驅中原，漸望澄清。

如之何而可以使諸將一心、萬眾一氣呢？由將領而言，是需要他們也與曾國藩自己一樣地具有服務桑梓、救民水火的仁愛精神與愛國情操。具備這些條件而兼有治軍作戰之才，斯為將材之選。《曾國藩書札》卷三，〈與曾香海彭筱房書〉云：

帶勇之人，第一要才堪治民，第二要不怕死，第三要不汲汲名利，第四要耐受辛苦。治民之才，不外「公明勤」三字。不公不明，則諸勇必不悅服。不勤則營務細鉅，皆廢弛不治。故第一要務在此。不怕死則臨陣當先，士卒乃可效命。故次之。為名利而出者，保舉稍遲則怨，稍不如意則怨，與同輩爭薪水，與士卒爭毫釐，故又次之。身體羸弱者，過勞則病，精神乏短者，久用則散，故又次之。四者似過於求備……大抵有忠義血性則四者相從以俱至，無忠義血性，則貌似四者，終不可恃。

由士兵而言，則需要為將領之人視之如子弟，感之以恩信，如此必可使上下之間感情融洽，親如家人。這在曾國藩日記及書札中亦屢屢言之。如日記己未八月三日云：

帶勇之法，用恩莫如用仁，用威莫如用禮。仁者，即所謂欲立立人，欲達達人也。待弁勇如待子弟之心，常望其成立，望其發達，則人知恩矣。禮者，即所謂無眾寡，無小大，無敢慢，泰而不驕也。正其衣冠，尊其瞻視，儼然人望而畏之，威而不猛也。持之以敬，臨之以莊，無形無聲之際，常有凜然難犯之象，則人知威矣。守斯二者，雖蠻貊之邦行矣，何兵勇之不可治哉？

又，書札卷十七，〈與朱雲盛書〉云：

吾輩帶兵勇，如父兄帶子弟一般。無銀錢、無保舉尚是小事，切不可使他因擾民而壞品行，因嫖、賭、洋煙而壞身體。個個學好，人人成材，則兵勇感恩，兵勇之父母、妻子亦感恩矣。

由於曾國藩帶兵簡直是以父兄教導子弟一般地誠信感孚，恩禮有加，湘軍士兵，自然亦視長官如父兄，充分做到了上下一心，同仇敵愾的精神。王定安《湘軍記》說：

於是隴畝愚氓，人人樂從軍。聞招募則爭出效命，無復綠營徵調離別可憐之色。其後湘軍戰功遍天下，從戎者日益眾。或募千人，則萬人應之，募萬人，則數萬人應之；勢不能盡收，甚至丐書干請而後得入。其隨營待補客死他鄉者，不可勝數，而湘人士迄無怨心。所謂有勇知方者耶？

士氣民心高旺如此，可以知道這必然是一枝戰必勝而攻必克的好部隊。然而，其成功的契機則完全屬於人為之因素。這都是曾國藩以儒家的精神教育灌輸進去之後所發生的效果。其他各省，雖然也辦團練，也募鄉兵，但因他們並不知道注重教育與訓練，而長官與士兵之間又缺乏親愛精誠的感情基礎，所以終歸仍是無用的贅疣而已。明瞭了這一點之後，我們當可知道，湘軍之成功，實應歸功於曾國藩的精誠感召與正確領導。後人推崇他軍事學方面的學養，亦即是由此而來的。

曾國藩雖然成功地創立了湘軍，但他卻並不是一個成功的指揮官。王闓運撰《湘軍志》，說他「以懼教士，以懼行軍，用將則勝，自將則敗。」意思說曾國藩雖然以戒慎、戒懼的心情領導湘軍從事訓練及作戰，但他自己並不適於直接領兵打仗。他的成功，完全得力於善於識拔將才並給予充分的信任。這些話確是事實。湘軍在平定太平天國之亂中所打的幾次敗仗，差不多都是曾國藩自己擔任指揮官時的成績。如咸豐四年四月靖港之敗，同年十二月水師湖口之敗，以及咸豐十年六月祁門之困等，皆是。只因他知人善任及善於識拔人才，遂能彌補他這方面的缺失而有餘。薛福成《庸庵文集》中載有他代替李鴻章所撰的〈奏陳督臣忠勤事實疏〉，在縷陳曾國藩的生平事功外，曾說：

自昔多事之秋，無不以賢才之眾寡，判功效之廣狹。曾國藩知人之鑑，超軼古今。或邂逅於風塵之中，一見以為偉器；或物色於形跡之表，確然許為異材。平日持議，常謂天下至大，事變至殷，絕非一手一足之所能維持，故其振拔幽滯，宏獎人傑，尤屬不遺餘力。常聞江忠源未達時，以公車入都謁見，款語移時，曾國藩目送之曰：「此人必立名天下，然當以節烈稱。」後乃專疏保薦，以應求賢之詔。胡林翼以臬司濟兵，隸曾國藩部下，即奏稱其才勝己十倍。二人皆不次擢用，卓著忠勤，曾國藩經營軍事，卒賴其助。其在籍辦團之始，若塔齊布、羅澤南、李續賓、李續宜、王鑫、楊岳斌、彭玉麟，或聘自諸生，或拔自隴畝，或招自營伍，均以至誠相與，俾獲各盡所長。內而幕僚，外而臺局，均極一時之選。其餘部下將士，或立功既久而寖至大顯，或以血戰成名，臨敵死綏者，尤未易以悉數。

曰「未易以悉數」，當然是為數甚多，這話不錯。湘軍將士及幕僚人才之中，由於曾國藩之拔擢，後來寖假而成為封疆大吏及專閫大帥者，多至難以悉數，前述塔、羅、李、王、楊、彭等人，不過是最著名的而已。其他如李鴻章自己，亦出自曾國藩的幕府，因曾國藩之保薦而出任江蘇巡撫，最後，其勳業與名位且與曾國藩相埒，即是最顯著的事例。這篇文章由薛福成代筆而以李鴻章的名義出奏，以這二人與曾國藩關係之深，經由他們所說出來的這一番話，自更具有特別的意義。而曾國藩在太平軍作戰的軍事貢獻方面，除此之外，尚有更重要的兩點：其一是他在湘軍訓練規制等方面的擘畫經營，其二是他對於當前作戰情勢的正確判斷，都是值得特別推崇的。

湘軍之興，是由於曾國藩深切瞭解綠營軍隊兵將不相習，及將不知兵、兵不用命等積弊，所以要以招募鄉農加以訓練的辦法來代替不可用的綠營兵。他所規定的湘軍營制，大致仿效明朝平倭名將戚繼光的成法，募兵必須挑選樸實誠篤的鄉農，不用市井浮滑之人。凡大帥欲新立一軍，則先揀定統領數人，檄令自行召募若干營。其營官即由統領挑選，一營以五百人為額，營分四哨，哨官由營官挑補。哨轄八隊，每隊十人，其隊長亦由哨官挑補。在這種制度之下，勇丁由隊長挑選，隊長由哨官挑選，哨官由營官挑選，營官由統領挑選，兵由將招，彼此之間都有著同鄉同里或相同的宗族關係，自必能團結一致，樂於接受其主將之領導統馭，臨敵爭先，雖死不相棄。他所定的營規，一是重紀律，二是培養士兵的良好人格，三是嚴訓練，四是熟技藝，其辦法簡單扼要而切實有效。經由這種方法訓練出來的軍隊，言忠勇則慷慨赴戰，矢死靡他，其英風浩氣，迥非尋常意度可及。言勤儉，則士兵於戰守的餘暇尚且利用時間養豬種菜，一方面增加收入，二方面不脫鄉間農夫本色。言樸誠，則菲衣惡食，屏絕浮華，但講實際而不事虛文。古來名將之治軍，大都只做到精操練、明節制、倡勇敢等等能事而已，很少能像曾國藩那樣，既把士兵訓練成一個善戰的勇士，更把他們養成一個堂堂正正的人。就這些方面而言，曾國藩的成就，就足以超越常人了。

以上所說，乃是曾國藩在湘軍營制、訓練等方面的卓越貢獻；至於他在作戰情勢方面的正確判斷，有時往往足以使卓越的軍事大家亦自嘆弗如。例如他在太平天國之亂時所部署的戰略原則，就是十分令人心折的。

清文宗咸豐十年閏三月，太平軍的忠王李秀成以圍魏救趙之法，由寧國、廣德疾趨浙西，突然攻占了清軍江南大營的後路糧餉重地杭州，江南大營的督師欽差大臣和春急命提督張玉良分兵前往救援。甫抵杭州，李秀成已以全師取道湖州，迅速攻抵江南大營的後路。此時，南京城中的太平軍亦以全力出兵夾擊，在東西夾攻之下，江南大營頓時崩潰，圍困南京數年的三百餘營清兵，全部瓦解，蘇常精華之地亦盡皆失陷於太平軍之手，戰局頓時逆轉。曾國藩於此時奉皇帝之命，受任為兩江總督，責令務必不避艱險，迅速前進，以收復失陷地方，重整軍威。於是，曾國藩奏上〈通籌全局，並辦理大概情形〉一摺，提出了他對挽回局勢的全面戰略部署。他說：

竊以為蘇常未失，即宜提兵赴援，冀保完善之區；蘇常既失，則須通籌各路全局，擇下手之要著，求立腳之根本。自古平江南之賊，必踞上源之勢，建瓴而下，乃能成功。自咸豐三年金陵被陷，向榮、和春皆督軍由東面進攻，原欲屏蔽蘇、浙，因時制宜。而屢進屢挫，迄不能克金陵而轉失蘇常，非兵力之尚單，實形勢之未得也。今東南決裂，賊焰益張，欲復蘇常，南軍須從浙江而入，北軍須從金陵而入。欲復金陵，北岸則須先克安慶、和州，南岸則須先克池州、蕪湖，庶得以上制下之勢。若仍從東路入手，內外主客，形勢全失，必至仍蹈覆轍，終無了期。

自從曾國藩受任為兩江總督，奉命總統蘇、皖、浙、贛四省軍務之後，平定太平天國之亂的主帥一職，就開始落在他的頭上。而他從這一時期起，著著展開十道分進，對太平天國實行全面圍堵防剿的大包圍戰略，即是此一奏疏之引伸。他能夠在受任主帥之初，便確定了全面圍剿的戰略原則，已經很不容易。而太平天國方面的領軍主帥忠王李秀成與英王陳玉成二人亦非弱者，他們在知悉了曾國藩所部署的此一戰略原則之後，立即採取大規模的迂迴進擊，以求打破曾國藩策畫的戰略部署。於是，一方面是力求保持合圍形勢之完整，一方面則力求牽制突破，自咸豐十年至十一年，雙方的戰事十分激烈。太平軍憑藉了他們的人數眾多，分路向清兵猛攻，著著獲勝。曾國藩身為總制四省軍務的主帥，自然有責任及時救援。但成問題的是，曾國藩所賴以向太平天國進攻的湘軍兵力，不過只有數萬之眾，而且大部分都被放在對安慶城的圍攻及牽制的位置上。如果安慶之圍一撤，分進合圍的戰略部署立將瓦解；但如不撤安慶之圍，對於流突各省的太平軍又將如何應付？這就是極大的難題了。也正因為此時的局勢，面臨禍機四伏的嚴重關頭，何去何從，取捨為難，在這裡乃顯出了曾國藩的非凡睿智與毅力。

薛福成《庸庵文編・書陳玉成、苗沛霖伏誅事》記蘇常既陷之後，雙方的軍事情勢云：

蘇常諸郡皆陷，於是道員今威毅伯宮保曾公以兵萬人急圍安慶，多公（多隆阿）率萬人圍桐城禦援賊，李勇毅公續宜以萬人駐青草堰為兩軍援，鮑公（鮑超）以萬人為游軍，東西馳剿，水師將楊岳斌扼駐濱江要隘，並助守圍軍內外長壕，集厚力，張遠勢以待敵。（陳）玉成自江南掃境而至，與多公、李公鏖戰於挂車河，大敗，進薄圍軍，不克。玉成私念：湖北、江西乃楚軍根本，衝其腹心，必撤圍自救。乃從英霍間道入犯湖北，連陷黃州、德安、隨州，武漢、襄樊皆大震。㾱悍酋李世賢、黃文金各挾其全部，躪徽、饒、信三府，李秀成糾賊十餘萬圍撫州，攻建昌，進陷吉安、瑞州，以逼南昌、九江，皆援安慶也。曾公、胡公分遣諸軍，且防且戰，竟不撤圍軍。玉成乃分黨踞所陷城，自率悍賊東援安慶。多公邀擊於高河鋪，於挂車河，皆大敗之。玉成之黨入自集賢關，築壘菱湖赤岡嶺以圍我圍軍。曾公憑壕拒賊，與鮑公軍夾擊，破賊四壘。賊將劉瑲林跳而逸，水師擒磔之。復展外壕，環賊十八壘於圍內，俘斬無脫者。瑲林，玉成部下驍將也。既失之，軍勢遂不振，告急金陵。金陵賊益縱，玉成復率楊輔清等三偽王分援安慶、桐城，晝夜疾鬥，屢進屢北，賊眾崩潰。其江西賊則左文襄（左宗棠）公以一軍突起，鮑公亦以全軍馳往，連與賊遌，大敗之於樂平，於景德鎮，於豐城，於河口。群賊失勢東遁，官軍遂拔安慶、桐城，徇瀕江郡縣，皆下之。

這一段文字，概述咸豐十年、十一年之間，太平軍與清軍兩方為解安慶之圍及堅圍不去而激烈進行的包圍與反包圍戰，雖稱簡明扼要，而對於當時曾國藩自己所處的情勢如何，則並未述及，仍須參看薛福成代李鴻章所擬的〈奏陳督臣忠勳事實〉一疏中所述的這方面情形，以為補充。薛文敘此云：

當此之時，賊勢如飆風疾雨，蹂躪大江南北，幾無完土，蘇、皖二省，糜爛尤甚。曾國藩於無可籌措之時，多方布置，奏薦左宗棠襄助軍務，募勇湖南，徵鮑超於皖北，調蔣益澧於廣西，定計不撤安慶之圍，自率所部萬人，馳入祁門。甫接皖防，而徽、寧復陷，諸路悍賊，麕集祁門左右，疊進環攻，幾有應接不暇之勢。曾國藩示以鎮靜，激厲諸將，晝夜苦戰，相持數月之久，群賊望風授馘，喪膽宵遁。自是軍威大振，而時局遂有轉機矣。

這裡所云曾國藩「定計不撤安慶之圍」，及「自率所部萬人，馳入祁門」，就是他在祁門受困的那一段事了。祁門之困，最足看出曾國藩臨危不亂與堅忍強毅的性格。江蘇巡撫何璟於曾國藩逝世後奏陳其生平功績，其中曾經述及曾國藩受困祁門時的情形說：

逮咸豐十年，初膺江督，進駐祁門。正值蘇常新陷，浙省再淪，皖南、皖北，十室九空，人煙稀少。軍糧則半菽難求，轉運則一夫難雇。自金陵以至徽州八百餘里，無處無賊，無日無戰。徽州之方陷也，休祁大震，江楚皆驚。或勸移營江西省城，以保餉源，或勸移營江干州縣，以通糧路，而仍不出江督轄境。曾國藩曰：「吾初次進兵，遇險即退，後事何可言？吾去此一步無死所也！」群賊既至，晝夜環攻，飛砲雨集。曾國藩手書遺囑，帳懸佩刀，猶復從容布置，不改常度。死守兼旬，直待鮑超率霆軍自山外來，始以一戰驅賊出嶺。

曾國藩以祁門為統帥大營的所在地，本是極大的錯誤。因為祁門不但位於群山之中，糧運不便，而且其地形如處釜底，極為不利。曾國藩在此受困而居然不曾被太平軍所破，實在是一項奇蹟。若說此戰之所以終能扭轉局勢，便是由於曾國藩之堅守不屈，未免跡涉誇張。此時，若不是有鮑超一軍適時來援，曾國藩的大營是否終能免於太平軍的毒手，誰也沒有這個把握。於此，我們除了佩服曾國藩堅忍不拔的強毅精神外，還得再度贊同曾國藩自己所說的話——「不信書，信運氣。」而曾國藩在如此重要的危急存亡關頭，不但堅守不屈，而且神定氣閒，不改常度，這種迥出尋常的定性與耐力，便不能不使人由衷地敬佩了。

曾國藩在祁門被困，亦正是曾國荃圍攻安慶之役受到嚴重考驗的時候。兄弟二人同處危地，彼此懸念，在曾國藩手書日記及家信中時常可以看見這方面的記載。由於曾國荃一再勸請移營，以策安全，曾國藩亦覺得必須抽調鮑超一軍前往增援安慶方面的圍師，因此，方於咸豐十一年的三月二十六日，將大營由祁門移駐東流，鮑超一軍，亦因之而渡江北調，協助曾國荃攻剿來援安慶的英王陳玉成。鮑超與多隆阿，乃是當時清軍中最著名的戰將，素有「多龍鮑虎」之稱。多隆阿守在廬州牽制陳玉成的行動，已使陳玉成頭痛萬分，如今再加上這枝驍悍鷙猛的「鮑癩狗」，自然更使陳玉成無所施其手足。在遭遇了一連串的敗衄之後，陳玉成所部的數十萬太平軍崩潰瓦解，安慶亦於咸豐十一年的八月間為清軍所攻克。一場驚心動魄的包圍與反包圍之戰，總算在曾國藩兄弟堅守戰略部署，絕不因情勢危急而動搖決心的情況之下，得到了最後的勝利。安慶既克，清軍分水陸兩途沿長江而下，直抵南京城外的雨花臺，開始另一場圍攻南京之戰。這一場戰爭的艱險困難，比之圍攻安慶之役，有過之而無不及。江蘇巡撫何璟疏中敘此云：

咸豐十一年八月，克復安慶。同治元年，水陸兩軍，並江而下，沿江三千里名城要隘，皆為我有。其弟國荃統得勝之師，直抵雨花臺以瞰金陵。左宗棠統楚軍以達浙境，李鴻章統淮軍以達滬上，皆深入虎穴，捷報頻聞。夏秋之間，兵機遂大順矣。乃攻剿甫利，而疾疫流行。上自蕪湖，下至上海，無營不病，不但守壘無勇，幾於炊爨無夫。楊岳斌、曾國荃、鮑超諸統將，各抱重病。昔之勁兵，皆變孱卒。蘇、浙賊酋方以此時大舉以援金陵，圍攻雨花臺四十六晝夜，更番不歇。南岸則寧國、旌德同時吃緊，北岸則潁宿、蒙亳捻匪出巢，正陽、壽州苗捻復叛，髮賊又由浦江上竄，滁和、巢含亦復岌岌可危。數年以來，辛苦戰爭之土地，由尺寸而擴至數百里者，深恐一旦潰裂，盡隳全功，援浙、救蘇、保江三者又復兼顧，時危勢亟，軍情反覆，異議環生。有謂金陵進兵太早，必致師老餉竭者；有謂宜撤金陵之圍，以退各路援賊者。曾國藩於群言淆亂之際，有三軍不奪之志，枕戈臥薪，堅忍卓絕，卒能以寡禦眾，出死入生……

自安慶克復，及左宗棠、李鴻章分別在浙江、江蘇二省連獲勝捷，曾國荃又在南京城下紮下大營之後，清軍對太平天國的三路合圍形勢，實際上已經完成，太平天國的命運，此時亦已將要到達盡頭了。但話雖如此，自天王洪秀全以下的太平天國大小兵將，並沒有人甘心坐以待斃。在太平天國後期名將忠王李秀成的統率之下，仍有戰兵數十萬可供最後的生死搏鬥。於是就出現了何璟疏中所說的情形——李秀成調集了江浙各地的勁兵勇將，大舉圍攻紮營於雨花臺的曾國荃軍，歷時四十六日不休。此時的情況，各路情勢同時告急，與上一年間太平軍英王陳玉成為解安慶之圍而發動的全面攻勢，差相彷彿。曾國荃在雨花臺憑壘而守，浴血抵擋太平軍的猛烈進攻，無論在局中人或局外人來看，這都是一場慘烈無比的大屠殺。曾國藩身為曾國荃的親兄，兼為統率四省軍務的主帥，公誼私情，都分外關切，自必更為圍城之師的安危問題感到焦心憂慮。最後，李秀成的攻勢雖然失敗，曾國荃亦傷亡慘重，筋疲力盡。而南京城大而堅，曾國荃一時難以攻克。頓兵堅城，師老無功，大為兵家之忌，曾國藩因此而更感憂心忡忡。近年所發現的曾國藩未刊家書原件中，有此時寫與曾國荃的三封信，主張將業已攻克蘇常而頓兵不進的李鴻章所部淮軍，調到南京來與曾國荃協同進攻。這是因為曾國藩知道曾國荃軍中缺乏攻城用的西洋大砲，徒恃圍困及開地道之法，一時決難收功，所以打算將擁有西洋大砲甚多的淮軍調來協助，以期一舉而克。但如此一來，勢必要令淮軍分享攻克金陵的大功，這是曾國荃所極不願意的。而李鴻章在蘇常大勝之後，氣燄甚高，如再分享克復南京之功，勢必使曾國荃的聲名受到挫抑。為了顧及這方面的種種關係，他必須先徵得曾國荃的同意之後，方才可將淮軍調來。在這幾封信中，我們乃可看出曾國藩為了協調雙方關係所費的苦心。如同治三年五月十六日信云：

夜來細思，少泉會剿金陵，好處甚多，其不好處不過分占美名而已。後之論者曰：「潤（胡潤芝，即胡林翼）克鄂省，迪（李迪庵，即李續賓）克九江，沅（曾沅甫，即曾國荃）克安慶，少泉（李鴻章）克蘇州、季高（左宗棠）克杭州，金陵一城，沅與泉各克其半而已。」此亦非甚壞之名也，何必全克而後為美名哉？人又何必占天下之第一美名哉？如弟必不求助於人，遷延日久，肝愈燥，脾愈弱，必成內傷，兄弟二人皆將後悔。不如及今決計，不著痕跡。

由此信可以知道，曾國荃因南京久攻不下之故，此時已因急躁而致肝病。曾國藩一方面顧及其弟之病勢或致增劇，一方面又因輿論之責難而必須設法早日收功。於是乃多方勸譬，希望曾國荃能夠接納他的意見，同意將淮軍調來協攻。就當時情勢而言，蘇常既下，南京以東已無勁敵，則以械精兵強的淮軍調來協攻南京，一方面可以使曾國荃的疲憊之師得以少紓責任，二方面亦可提早結束曠日持久的南京圍城之戰，實為事理之當。但曾國荃是他親弟，李鴻章是他的門生，如果未經雙方同意，遽以統帥的名義下達命令，一旦造成嫌隙，其後果亦甚嚴重。所以他要以私信諄諄勸說，譬之以個人利害，重之以兄弟感情，務期曾國荃不以個人功名為重，同意淮軍協攻，其立場之公正與籌畫之明白，十分令人佩服。此事雖因曾國荃之堅決反對，以及曾國藩不願過分堅持，以致並未成為事實，而曾國藩兄弟兩人間對於事業及功名的看法與想法有其顯然的不同，則已昭然若見了。我們若回溯曾國藩自創辦團練以來時刻縈繞在念的戒慎、戒懼心理，便可以對曾國藩與曾國荃之不同，得到更多的瞭解。《曾國藩年譜》卷一，敘曾國藩在咸豐二年於湖南湘鄉原籍接獲上諭，令與巡撫張亮基同辦本省團練事宜時的情形，說

公奉到寄諭，草疏懇請在家終制，並具呈請巡撫張公代奏。繕就未發，適張公以專弁函致公，告武漢失守，人心惶恐，懇公一出。郭公嵩燾至公家，力勸出保桑梓。公乃毀前疏，於十七日啟行，二十一日抵長沙，與張公亮基籌商，一以查辦匪徒為急務。

咸豐二年十二月，曾國藩奏上〈遵旨幫辦團練查匪事務，敬陳現辦大概規模〉一疏，另附「辦團稍有規模即乞守制片」，中云：

今回籍未滿四月，遽棄庭闈而出蒞事，不特臣心萬分不忍，即臣父亦慈愛難離。而以武昌警急，宵旰憂勞之時，又不敢不出而分任其責。再四思維，以墨絰而保護桑梓則可，若遂因此而奪情出仕，或因此而仰邀恩敘則萬不可。區區愚衷，不得不預陳於聖主之前。一俟賊氛稍息，團防之事辦有頭緒，即當專摺陳請回籍守制。烏鳥之情，伏乞聖上矜全。

由這兩條記載可以知道，曾國藩之所以出山，實在是為了保護桑梓起見。所以，他不但事先奏明不肯接受恩敘，並且希望在事情稍有頭緒之後，仍能回籍為亡母守喪終制。其後，曾國藩在靖港兵敗，被革去侍郎之職。湘潭之捷，再奉旨賞給三品頂戴。曾國藩於此時上奏謝恩，順便再申前請：

嗣後湖南一軍或得克復城池，再立功績，無論何項褒榮，何項議敘，微臣概不敢受。伏求皇上俯鑑愚忱，使居憂之人與在任者顯示區別，不得一例希榮，是即聖朝教孝之意，而皇上所以成全微臣者更大也。

此奏所奉的皇帝硃批是：

知道了，殊不必如此固執。汝能國爾忘家鞠躬盡瘁，正可慰汝亡親之志，盡孝之道，莫大於是。酬庸褒績，國家政令所在，斷不能因汝之請，稍有參差。汝之隱衷，朕知之，天下無不知也。

這是說皇帝並不接受他的請求，同意即有功績亦不予以恩敘。所以，到了武漢克復，皇帝降旨令曾國藩署理湖北巡撫之後，旋又降旨撤回前旨，改命以兵部侍郎職稱督師東下。然而，曾國藩已有請辭署撫之奏，皇帝批曰：

朕料汝必辭，又念及整師東下，署撫空有其名，故又降旨令汝毋庸署理湖北巡撫，賞給兵部侍郎銜。汝此奏雖不盡屬固執，然官銜竟不書署撫，好名之過尚小，違旨之罪甚大，著嚴行申飭。

儘管皇帝責備他存有「好名」之心，在曾國藩自己，仍然有我行我素的決心。咸豐七年正月，曾國藩方在江西南昌軍次，他的父親麟書亦在湘鄉原籍病故了。他接到這一信息之後，立即報請丁憂，並且不待奏准，拜疏即行。旋奉皇帝上諭云：

該侍郎現在江西督師，軍務正當吃緊。古人墨経從戎，原可奪情不令回籍。惟念該侍郎素性拘謹，前因母喪未終，授以官職，具疏力辭。今丁父憂，若不令其奔喪回籍，非所以遂其孝思。曾國藩著賞假三個月回籍治喪，俟假滿後再赴江西督辦軍務，以示體恤。

雖然，皇帝只准他請三個月的喪假而不准他在家中守制終喪，曾國藩仍然堅持前請，不肯在三個月假滿之後仍舊回到江西去督師。皇帝素知國藩拘謹，竟亦不能強。直到咸豐八年五月，因浙江軍務緊急，皇帝再降諭旨，令曾國藩前往督辦浙江軍務。諭旨中說：

該侍郎前此墨経從戎，不辭勞瘁，朕所深悉。現當浙江軍務吃緊之時，諒能仰體朕意，毋負委任。

在這種情形之下，曾國藩不得不勉遵諭旨，出任浙江軍務。皇帝之所以一再不允令曾國藩在籍終制，在咸豐二年時是因為除了曾國藩之外更無可以倚信的忠心之人。到了咸豐八年，則浙江、江西方面的前敵將領均是曾國藩的部屬，若無曾國藩的統率，勢難收同心協力之效。至咸豐十年閏三月，江南大營兵潰，南京以東，已無可用之兵，而除了湘軍之外，亦更無其他有用之兵，非由曾國藩出來擔任進討太平天國的主帥不可了。由這些地方可以知道，曾國藩之所以由文人而當領兵之大任，又被皇帝特任為兼轄四省的領軍大帥兼兩江總督，完全是由於當前的情勢迫得滿清皇帝非把四省的兵權、財政權，和行政權完全交付給他不行。而在曾國藩自己，則非但對這樣的高官顯宦並無希慕之心，對於自己的權位日隆，反而頻添戒慎、戒懼之心。這在曾國藩的家書中多有記載，可以明顯地看得出來。凡此俱可以使我們瞭解曾國藩、曾國荃兄弟之不同，亦可以知道曾國藩之所以為曾國藩。如同治元年六月二十日〈致沅甫弟書〉云：

阿兄忝竊高位，又竊虛名，時時有顛墜之虞。吾通閱古今人物，似此名位權勢，能保全善終者極少。深恐吾全盛之時，不克蔭庇弟等；吾顛墜之際，或致連累弟等。惟於無事時常以危詞苦語互相勸誡，庶幾免於大戾耳。

又，同治二年正月十七日〈致沅弟書〉云：

處大位大權而兼享大名，自古曾有幾人能善其末路者？總須設法將「權位」二字推讓少許，減去幾成，則晚節可以漸漸收場耳。

又，同月十八日〈致沅弟書〉云：

弟之志事，頗近春夏發舒之氣；余之志事，頗近秋冬收嗇之氣。弟意以發舒而生機仍旺，余意以收嗇而生機乃厚。平日最好昔人「花未全開月未圓」七字，以為惜福之道、保泰之法，莫精於此。曾屢次以此七字教誡春霆，不知與弟道及否？

又，同治二年四月二十七日〈致沅弟書〉云：

來信「亂世功名之際頗為難處」十字，實獲我心。本日余有一片，亦請將欽篆、督篆二者分出一席，另簡大員。吾兄弟常存兢兢業業之心，將來遇有機緣，即便抽身引退，庶幾善始善終，免蹈大戾乎？

曾國荃在功名事業漸臻全盛的時候，猶存有百尺竿頭更進一步的心念，這與曾國藩之憂讒畏譏、時懼盈滿的想法，恰成強烈的對比。所以曾國藩在寫給曾國荃的信中，要時時以此為戒，他自己更是身體力行，切實履踐，足可令人相信，曾國藩確是志在救國救民而不願做大官的人物。所以，他才在這些地方勘得破，認得清。若是他在一開始便存有圖功名、謀富貴的想法，此時就絕沒有這種如臨深淵、如履薄冰的戒懼心情了。

他在削太平天國之亂，湘軍聲威達於極盛之時，毅然以「湘軍作戰年久，暮氣已深」為理由，奏請將湘軍裁遣歸里，明白表示他無意挾軍權以自重的態度，固然令人覺得他不免有憂畏過甚之處，而他這種脫屣權力與漠視富貴的光明磊落態度，畢竟是令人萬分欽敬的。至於說，他在領軍作戰時何以一再請求為父母服喪終制，而在戰事終了之後何以又不再重申請呢？這一點，仍然與他當時的憂畏態度有密切關係。

曾國藩在削平太平天國之亂後，皇帝封他為一等毅勇侯，世襲罔替。他是事實上的湘軍領袖，凡是湘軍出身的將領，無論是執掌兵權抑或出任疆圻，都視他為精神上、思想上的領導者。而湘軍在裁遣之後，被裁者多至數萬，功名路斷，難免有很多人感到心懷不滿。曾國藩如果在此時請求解官回籍終制，皇帝當然不能不接受他的要求。但如他在回到鄉間之後，以一個在籍鄉紳的地位，忽然為一群圖謀不逞之人所挾制，並奉之為領袖人物，即使曾國藩知所自處，而對清朝政府來說，也仍然不是保全功臣之道。如果滿清政府懷有過分的恐懼，以為曾國藩之辭卸官職，正表示他有不願繼續為朝廷效力的意願，那就更容易發生不必要的猜忌了。所以，曾國藩在此時一方面自動解除兵柄，一方面更留在兩江總督任上繼續為清政府效力，絕不輕言去留，毋寧正是使滿清政府絕對感覺放心的最好辦法。試看他在兩江總督任內因奉旨剿捻而不以勞苦為辭，逢到軍事失利，立即乘機推薦李鴻章自代，亦無非仍是遠權勢而避嫌疑的做法，不過在表面上不太顯露痕跡而已。至此，我們當然要相信曾國藩之功成不居與遠嫌避位，正是他的一貫作風了。

曾國藩說：「處大位大權而兼享大名，自古曾有幾人能善其末路者？」這確是帝王專制時代的殘酷現實。曾國藩熟讀歷史，所以他能在歷史事實上看出這明白的教訓。除此之外，則他在儒家思想中所陶冶出來的立身態度，對此亦甚有關係。《曾國藩家書》卷一，道光二十年九月十八日〈致諸弟書〉云：

> 吾輩讀書，只有兩事。一者進德之事，講求乎誠正修齊之道，以圖無忝所生。一者修業之事，操習乎記誦詞章之術，以圖自衛其身。

在這番話中可以看出，曾國藩在功名事業之外，極其重視進德修業之事，以為如此方能無忝所生。這還是他在初為翰林時的思想。及至晚年，功業已成，身名俱泰，他所時切在念的仍是他自己的德行與學問。如同治八年八月日記云：

> 日月如流，倏已秋分。學業既一無所成，而德行不修，尤悔叢集，自顧竟無湔除改徙之時，憂愧曷已！

念生平所做事，錯謬甚多。久居高位，而德行、學問一無可取，後世將譏議交加，愧悔無及。

曾國藩的道德、文章，即使不能說是千古以來所罕有，至少在清代是第一流的人物。尤其是在道光、咸豐以後，世風日下，人心日偷，整個國家社會都有分崩離析之危險的時候，竟然能有曾國藩這樣一個節行、文章俱屬卓犖不凡的人出來挽救國家危亡，轉移社會風氣，實在可說是國家與人民的福分，曾國藩如此地過分謙抑自咎，適足以使人覺得他的成就太不平凡，他的偉大太難以企及。《曾國藩全集》卷四，〈湘鄉昭忠祠記〉的一段話，頗可以看出他自己的抱負。文曰：

君子之道，莫大乎以忠誠為天下倡。世之亂也，上下縱於亡等之欲，姦偽相吞，變詐相角，自圖其安而予人以至危，畏難避害，曾不肯捐絲粟之力以拯天下。得忠誠者起而矯之，克己而愛人，去偽而崇拙，躬履諸艱而不責人以同患，浩然捐生，如遠遊之還鄉而無所顧悸。由是眾人效其所為，亦皆以苟活為羞，以避事為恥。嗚呼！吾鄉數君子所以鼓舞群倫，歷九載而勘大亂，非拙且誠者之效歟？

他在這一段文字中所提出的「誠」「拙」二字，正是他自己所用來鼓舞人心與轉移風氣的特性。薛福成所撰〈代李伯相擬陳督臣忠勳事實疏〉中亦曾說到這點，而且特別加以強調云：

曾國藩自通籍後服官侍從，即與大學士倭仁、前侍郎吳廷棟、故太常寺卿唐鑑、故道員何桂珍，講求先儒之書，剖析義理，宗旨極為純正，其清修亮節，已震一時。平時制行甚嚴，而不事表襮於外，立身甚恕，而不務求備於人，故其道大而能容，通而不迂，無前人講學之流弊。

繼乃不輕立說，專務躬行，進德尤猛。其在軍、在官，勤以率下，則無間昕宵，儉以奉身，則不殊寒素，久為眾所共見。其素所自勗而勗人者，尤以畏難取巧為深戒，雖禍患在前，謗議在後，亦毅然赴之而不顧。與人共事，論功則推以讓人，任勞則引為己責。盛德所感，始而部曲化之，繼而同僚諒之，終則各省從而慕效之。所以轉移風氣者在此，所以宏濟艱難者亦在此！

看了這一番話，我們對於曾國藩何以能在天下大亂之時倡導群倫，創下這一番迴天事業的原因所在，亦可以得到一個明確的概念了。

近人黃濬所撰《花隨人聖盦摭憶》中有一條說：

當道、咸之間，外人已有疑中國必亡者。劼剛《中國先睡後醒論》中有一節云：「國與人無異，人有幼年、壯年、老年、一息待盡之年，國亦有之。歐洲之謂中國即一陵夷衰微終至敗亡之國，蓋彼見中國古所疏鑿之洪流巨川，四通八達者，今多湮塞，昔所傳金石土木之工，堅緻鉅麗，今日只有遺蹟，剝落損壞，無復完美，且做法多有失傳者。中國古昔之盛，與近今之衰，判若霄壤，遂疑中國精力業已銷鑠殆盡，將近末造，難支他國爭勝之勢。道光十九年，有英國著名之使臣，深知中國之時事及古今之典籍，一時未能或之先者。其言以為：『中國雖疆圉廣闊，外無異國蠶食，內無土寇鴟張，然其中實有潰敗決裂之象，不過略遲而已。』其意見如是。而彼時意見相同者，不乏其人。大抵歐洲皆以道光末年為中國危險之時，苟易新君、新政，略有缺失，即恐災害並至。縱使幸而無事，終多變故之迭生。蓋當時覘國者，已極為中國危。所謂潰敗決裂者，已不能不謂為知微之論。然道光以來，中國雖大亂而未嘗亡，所以不亡之理由，正在於別有曾、左、李、沈諸賢，明白而剛強者，力為支拄之。有如此之人，國自不易亡。及其後不修內政，但如昌言撻伐，而禍變愈深。蓋明白人愈少，則國始易亡也。」

黃濬以為中國當道光、咸豐之際已有潰敗決裂之象，賴有曾國藩等一班明白事理之人出來支拄大局，始能轉危為安，這話並未完全說對。我們研究曾國藩的傳記可以知道，曾國藩之所以能夠在國家大亂時挽狂瀾於既倒，第一個原因是他有儒家的倫理思想為精神上的中心憑藉，第二個原因是他能以道德與精神之力感召他人與之群策群力。外國人觀察道光末年的時局，只看到表面上的分崩離析現象，而不知道儒家的倫理道德思想久已成為中國社會的維繫力量，只是在人心陷溺、道德淪喪的惡劣環境中暫時被大多數人所忽視而已。而一旦到了社會動亂、國家將亡的嚴重關頭，能有曾國藩這樣樸實誠拙的人出來力為天下人之倡，就能夠使道德與人心重新滌垢磨光，再度成為精神上的主宰。這是儒家思想的偉大之處，也是曾國藩所賴以成功的主要原因。外國人不能瞭解儒家思想，自更不懂得儒家思想對於中國社會所發生的影響力量之大。讀曾國藩的傳記與他平定太平天國之亂的歷史，我們身為中國人者，應當對此多所留意。

以上所說，乃是曾國藩平定太平天國而使中國歷史在咸豐、同治以後為之完全改觀的影響。至於在平定太平天國之外，曾國藩在中國近代歷史上還有哪一些另外的影響？則可以簡單地述說如下：

第一，是他在當時目擊西方輪船、大砲之厲害，深知欲圖抵禦外侮，非整頓海陸軍不可；欲整頓海陸軍，又非學習外國軍制及改用洋槍、大砲及輪船不可。但洋槍、大砲及輪船都是外國製造的東西，絕不可專恃金錢購買，則欲圖自強，尤非學習科技知識及培養人才不可。由於此一思想，所以他在同治四年奏設江南製造局，以為自製兵械及機器之入手；更於局中附設學堂，以西方的格致算學之類教授生徒，是為中國科學教育之萌芽。其後又以此為未足，於是又有考選學生出國留學之舉。凡此俱是同光以來自強維新運動之張本，而由曾國藩肇其端倪。對於中國的西化運動，影響不小。

第二，是由於他樸實誠拙的美德完全出於至性流露，其勤勞節儉的高尚品格又終生躬行不懈，故而在他的領導統率之下，僚友屬吏，均為他的精誠感召所同化。一時之間，蔚成勤樸廉儉的政風。同治、光緒年間，大亂初平，政治上頗曾出現一股返淳歸樸的清新氣象，即由於此種影響所致。

說到這裡，我們還可以再舉出一些曾國藩的節儉美德來，在此附帶一述。曾國藩的季女曾紀芬所撰的《崇德老人八十自訂年譜》，中有記述曾國藩生平行事之處云：

文正官京師時，俸入無多，每年節嗇以奉重堂甘旨，為數甚微。治軍之日，亦僅年寄十金、二十金至家。及功成位顯，而麗亭公已薨，故尤不肯付家中以巨貲。至直督任時，始積俸銀二萬金。比及薨逝，惠敏秉承遺志，謝卻賻贈，僅收門生故吏所醵集之刻全集費，略有餘裕，合以俸餘，粗得略置田宅。

文正手諭，嫁女奩資不得逾二百金。歐陽夫人遺嫁四姐時，猶恪遵成法。忠襄公（即曾國荃）聞而異之，曰：「烏有此事？」發箱奩而驗之，果信。再三嗟嘆，以為實難敷用，因更贈四百金。

官居一品，位至爵相，而所積之財產戔戔如此，嫁女之奩資又微薄如此，實在大可勵習俗而風末世。何況他的一生，學問、事功，俱至極致，德行之美，又足可與之鼎足而三。然則，清人李元度之要讚他為三不朽之偉人，亦可謂之差堪庶幾。此外的讚譽尚多，限於篇幅，不縷舉。

曾國藩死於清同治十一年，享壽止六十二歲。照他臨死時的情形看，他的死因，大概由於心臟衰弱而突然致死。至於致病之因，大概還是由於他在帶兵作戰時期的過分勞瘁及憂急，所以晚年常有舌蹇心悸之症，終致於後來之心臟衰弱，猝然不起。在曾國藩的同輩諸人中，除了胡林翼因患肺病而早死外，左宗棠壽至七十三，彭玉麟、駱秉章俱壽七十五，楊岳斌亦逾七十。自古憂能傷人，看曾國藩日記，每當前方軍事緊急及時局危殆，常有憂懼不勝的記載。可知曾國藩之不能克享大年，正坐此故。由這些地方更可使我們相信，曾國藩實在是為國家民族而無保留地貢獻他的生命。曾國藩之偉大，僅此一點，就不是他人所能及的了。

第二章

胡林翼

胡林翼

與曾國藩、左宗棠並稱「咸同中興」三大名臣。他知人善任，海內交推，才具過人，謙退為懷，處處推功讓賢，調和將帥，是故人心歸附，士樂為用，是位成功的政治領袖。

在沒有進入本題之前，我想先引述一段與本題頗有關聯的文字。黃濬撰《花隨人聖盦摭憶》中有一條說：

一代之風尚興衰，肇端至遠，而造因甚微。讀書論世，正貴窮源竟委。清至乾隆末年，政治已壞，識者早知其必大亂。然跡其間撥亂之才亦相踵俱出，淵源倚伏，殆甚遼遠。例如金田之役由於嘉、道秕政所激成，而二三老輩，所以牖成培助曾、左諸人者，亦正在此時。湘軍雖起自曾、左，而砥礪賢才，則始自賀耦耕（賀長齡）、陶文毅（陶澍）、林文忠（林則徐）等，相與提倡，耦耕刊《經世文編》一書，三湘學人，誦習成風，士皆有用世之志。左季高（即左宗棠）、羅羅山（即羅澤南）等，所由興起，而左之讀書，皆賀回里長書院時所資助。胡文忠為陶文毅之婿，曾文正亦敬事耦耕。而文毅言左文襄（（左宗棠）之才於林文忠，文忠自兩廣交卸，特紆道長沙訪左。時文襄尚為舉人，文忠於嶽麓傾談竟曉，許為異日濟時之才，訂交而別，事見文襄年譜。於此皆可見老成誘掖，豪俊景從，而皆難能可貴。雖其納交初心，未必便為撥亂計，按之事實，卻可謂醫濟之儲、黨援之雅也。

這一段話敘述曾國藩、左宗棠之所以能在國家大亂時出任艱巨、戡定大難，以為是得力於賀長齡之提倡經世實用之學於先，陶澍、林則徐等人獎借扶掖於後，誠然極有道理；但在陶澍、林則徐和左宗棠的關係之間，還漏掉了一個極為重要的居間推薦引見之人，是即本文所要介紹的胡林翼，亦即前文中所稱述的「胡文忠」。陶澍和林則徐在左宗棠還只是一名落第舉人時，就預見其人將來必為濟世之長才，在黃濬看來已是極為難能可貴；而胡林翼在陶、林二人尚未發現左宗棠的才幹之前，便已知道他的才具卓越，更亟亟為之譽揚汲引，這種識英雄於未遇的眼光，豈不更令人佩服嗎？胡林翼之所以被譽為清代「咸同中興」的三大名臣之一，在這裡已可看出其端倪。更何況他本人的功名事業，又足以與曾國藩、左宗棠相互伯仲呢！

胡林翼，字貺生，一字潤芝，湖南益陽縣長岡村人。清仁宗嘉慶十七年生。在曾、左、胡中，曾國藩嘉慶十六年生，胡林翼嘉慶十七年六月生，左宗棠嘉慶十七年十月生。「咸同中興」的三大名臣，不但同為湖南人，而且同生於嘉慶十六、十七年之間，真合上「山川毓秀，靈氣所鍾」的那句古話。在三人之中，胡林翼家顯達最早，其父達源，以嘉慶二十四年的探花仕至詹事府少詹事，在三家之中最稱貴顯。胡林翼自己，中道光十五年湖南鄉試舉人，道光十六年會試連捷成進士。朝考入選第九名，改庶吉士。道光十八年庶吉士散館，考列一等第八名，授職翰林院編修。這一年，曾國藩剛中進士，左宗棠則在道光十二年中舉之後屢試春官不第，始終還只是一個落第舉人的身份。比較起來，在三人之中，又以胡林翼之顯達為最早。

清宣宗道光十九年大考翰詹，胡林翼考在二等。翌年三月，充會試同考官。六月，充江南鄉試副考官。清代的翰林官，有所謂紅翰林、黑翰林之分。其「紅」「黑」之別，就看他是否能常得差使，如點派各省學政、鄉試考官，以及國史館、實錄館、方略館等處的纂修等等。差使多的，不但收入多，而且其姓名簡在帝心，陞遷自然也快，這就是所謂「紅翰林」了。反過來說，數年不得一差，考試又常居中等以下，不但陞轉無望，而且貧寒徹骨，即就是所謂「黑翰林」了。胡林翼成了翰林之後，一參加大考就列為二等，翌年又兩次被點派差使，其為紅翰林可知。曾國藩在當年，也是紅翰林，所以能在七年之中，就由從七品的翰林院檢討直陞至從二品的內閣學士。胡林翼同為紅翰林，其前途之光明遠大，理應如曾國藩。但事實上卻大謬不然。因為，他在江南鄉試副考官的任上出了毛病，回京之後，就奉旨降一級調用，由待陞的紅翰林降為內閣中書。

不久又因丁父憂開缺回籍。等到他丁憂期滿可以復補官職，他的一班同年，有的已經陞得很高，即比他晚中進士的曾國藩，此時亦已陞為翰林院侍講，高出內閣中書很多了。因此，使他覺得心灰意懶，自感宦途蹭蹬，功名無望，頗有終老家居之想了。在此一時期之前，胡林翼以一個功名得意的官家貴公子，生活豪奢，縱情聲色，很像是俗語所說的「紈袴闊少」。而經歷了這一番顛躓挫折之後，他在生活與思想方面，都有了很大的轉變。昔日的浮誇奢靡，一變而為此後的沉著穩重、篤實老練。所以，我們很可以這麼說，胡林翼的一生事業，並不始於他的中進士、點翰林，而是始於他之丁憂復起之後。

胡林翼在丁憂之前的原官是內閣中書，憂滿起復，如果仍舊到吏部去候缺補官，當然也只能補內閣中書。清代的內閣中書，秩從七品，其職掌只是撰擬詔書、敕諭的文字。如果要由此循序陞遷至可當大任的京卿大員，這其間的困難實在太多，道路也實在太遠。胡林翼最初之所以遲遲不肯復出，這也是主要的顧慮。及到後來，由於座師潘世恩、王植及林則徐等人的一再勸令復出，又有另一種力量從旁援手，遂使胡林翼決定改從他途發展。此事不但在胡林翼的一生事業中有決定性的影響，對清朝中國的前途，影響亦甚大。近人徐一士所撰《曾胡談薈》中有一段說：

道光庚子，林翼以編修分校春闈。是年秋，復充江南副考官。正考官文慶，以攜人入闈閱卷被劾，由侍郎降為員外郎。林翼亦獲失察處分，降一級調用，逐出玉堂，改官內閣中書，甚侘傺無聊。其江南門生某氏，於會試時約集同年之有力者，謂我輩受兩座師之知遇，不宜恝然。文老師為國家大臣，帝心簡在，且係旗籍，陞途較遠，不久當復柄用。胡老師以新進驟遭罣誤，恐將一蹶不振。而其才氣過人，苟為外吏，必能有所建樹。惟家非素封，我輩幸有以助之，眾以為然，遂醵資為林翼捐知府。

這一段話，就是胡林翼在道光二十年援陝西捐輸例報捐知府分發貴州一事之所本了。梅英杰撰《胡林翼年譜》，引述胡林翼是年六月上其二叔之書敘此云：

> 閏五月十九日到京，住鄭小珊宅中。京官所降之缺，年內可補，而陞途甚遲，無以為俸養計。現擬以知府發貴州，而陝西捐例甚貴，承師友許貸萬五千金。

一萬五千兩銀子在當時不是一個小數目，而且文中尚有「承師友許貸」的話，想來這一筆捐官的銀子，也不是他在江南考官任內取中的那幾個舉人門生所能負擔得了的。胡林翼出身正途，曾官清華，其身份極高貴。只因不幸而遭罣誤，以致不得已而必須從捐官途上另求發展，實在是很難堪之事。但亦正因為有這一番刺激，才使他對於做官出仕的觀念有了全新的看法，這對於他此後的功名事業前途，毋寧倒正是一個很好的轉變。

流傳在清代末年的很多野史，都說胡林翼在青年時代曾是一個放浪不羈的風流人物。相傳在結婚以後，他的岳父陶澍在南京做兩江總督，胡林翼陪送岳母前往南京督署，順便就在岳家作客。目睹南京城中的六朝金粉、紙醉金迷，頓時使他的遊興大發，也忘記了他在南京是總督大人的嬌客身份，竟然在秦淮河、釣魚巷等處的歌榭燈船中流連忘返起來。督署中的幕友，有人將此情形告知陶澍，意欲請陶澍加以督教制止。然而，陶澍卻說：「潤芝之才，他日為國勤勞，將十倍於我。後此當無暇行樂。此時姑縱之，以預償其日後之勞也。」竟不加干涉。此事的真實性不知究竟如何，但《花隨人聖盦摭憶》的作者黃濬曾引述其友人所告的胡林翼軼事說，相傳胡林翼在中進士、點翰林之後，仍然性好冶遊。一夕，方與周荇農同就某娼家，邏卒忽至，荇農機警，急避入廚房，易服為庖人，得免被執。林翼與其他諸人不及走避者，皆被縶縛送兵馬司訊處。以係現任翰林故，恐受處分，不敢言真姓名，因是頗受辱。及釋歸，即與荇農絕交，謂其臨難相棄，友道不終故也。荇農係湖南善化人，其後胡林翼治軍作戰，其軍中絕不用善化籍之人，即此之故云。這些傳說彼此並不牴觸，當可使人相信，胡林翼從讀書時代以至做官入仕，始終都放蕩不羈而性好冶遊的。而從他捐貲出任知府之後，就有了顯著的轉變，亦當可使人相信，此即是由於他丁憂家居時期因思想性行有了不同變化而生的結果。

盛行於清代末年的捐官辦法，造成了制度之敗壞與吏治之貪濁，最為清代政治上的大弊。然而，亦正因為有此一種辦法的存在，才可以使胡林翼由一個待補缺的七品內閣中書，一下子超擢為四品的知府。如其不然，胡林翼在仕途的淹蹇沉滯，真不知要到哪一年才有出頭之日呢！

胡林翼在陝西賑災案內援例捐納為知府，照例可以自行指定前往候補的省份。當時胡林翼所自行指定的，是貴州省。貴州素稱「地瘠民貧」，服官者視為畏途，而胡林翼居然自請指分貴州，在當時人看來，自不免大感意外。清人嚴樹森所撰《胡林翼年譜》敘及此事云：

> 時龍山友人李如崑留都門，問曰：「今有司之法，輸金為吏者得自擇地，君何獨取於黔？」公曰：「天下官方，獨貴州州縣吏奉上以禮不以貨。某之出，資用皆他人助成之。竊念兩世受國恩遇，黔又先人持節地（胡林翼之父達源，曾於道光八年至十二年以翰林院侍講提督貴州學政），習聞其風俗。某初為政，此邦貧瘠，或可以保清白之風，而不致負良友厚意。」李公為之起敬。

另外，則梅英杰所撰的《胡林翼年譜》中亦曾說到，胡林翼於道光二十七年將往貴州候補之先，「遍謁先塋，誓不取官中一錢自肥，以貽前人羞」。可見胡林翼之所以要貴州，正是希望要藉貴州之貧瘠困窮及政多盤錯，來磨練他自己的志節。由於他的這種抱負，到貴州不久之後，他的聲譽就蒸蒸日上了。

發生在道光二十至二十一年的中英「鴉片戰爭」，暴露了老大中華帝國之積弱不振。當時，中國雖然慘遭戰敗之痛，在位的道光皇帝卻並不知道中國之所以戰敗，正是由於吏治窳敗及兵不能戰之故。他以為「鴉片戰爭」之所以發生，乃是兩廣總督林則徐貪功生事，以致釀成戰釁。所以，他後來對於廣東省屢次發生的仇英抗外事件，極為畏懼，屢誡疆臣不可生事，以免再生外禍。流風所被，各省大吏承望風旨，惟以安靜不生事為尚，於地方之禍機潛伏，盜賊滋蔓，多置不問。胡林翼於道光二十七年前往貴州候補，當時的貴州地方情形，就是如此。清人郭嵩燾所撰的〈胡文忠公行狀〉曾說：

> 旋捐知府，分發貴州，署安順府事。道光之季，寇亂漸萌，嶺嶠以南，駱、越、滇、黔諸山中，奸宄亡命，狐嗥梟嘯，四出劫掠，勾結營兵胥役為黨羽，無敢捕治。安順，宋之普里部也，當雲南驛路，向有冒頂大五、小五諸匪，聚眾為姦暴。……調署鎮遠府，府境跨有撫、沅，所屬皆苗、猺，其臺拱、清江、黃平，皆盜藪，勢尤橫。……咸豐元年，補黎平府。府境毗連湖南、粵西，山深箐密，盜出沒剽奪，捕之輒越境竄匿。

胡林翼自道光二十七年至貴州，歷署安順、鎮遠、思南三府知府，繼補黎平府知府，陞貴南道，至咸豐三年冬間，始奉旨率帶黔勇前往湖北，協助總督吳文鎔征討太平天國之亂，共計在貴州的時間前後七年，凡四握郡篆。他之所以會在七年之中被貴州當局調來調去，無非因為他在一到安順之後，就顯出了他的剿匪才能十分出眾，所以才被貴州當局倚重，凡是哪一處地方寇亂嚴重，就把胡林翼調去抵擋。而不管那個地方的寇亂嚴重到如何程度，只要胡林翼一去，無不在最短期間之內立奏敉平。

由是他愈為本省巡撫所重視，不但屢次奏保，而且在數年之內，由候補知府而補為實缺知府，更陞為貴東道，皆由於他在歷任知府任內對於捕盜安民及綏靖地方，確實有其卓越不凡的貢獻之故。

胡林翼何以能以一介書生而對捕盜安民有其卓越不凡的貢獻？我們在他的文集與年譜中就可尋得很多的資料。

《胡文忠公遺集》卷五十三，道光二十七年〈致但雲湖丈書〉云：

> 治盜之法，與其用捕，不如用民。捕利盜之源，則匿之惟恐不深。民惡盜之害，則去之惟恐不盡。然民恨盜而每畏盜，非畏盜也，畏官耳——送盜需費，官不即理，苛求細故，問擬擅殺、擅傷，制縛諸法，民懼盜誣攀、事後報復，則惟有忍氣吞聲而已矣。

這一段話說出了官府、捕役、人民及盜匪之間的矛盾心理及奇異立場。惟其如此，所以才會造成盜賊如毛而人民生活痛苦的現象。胡林翼洞見其中的癥結所在，以官府的身份支持人民的利害關係，更撇開與盜賊勾結為利的捕役不用，自不難因民心之所向而得民力之助。當時他所用的辦法，一是延訪士紳，寄以耳目，以便得悉盜匪之姓名、狀貌及道里遠近等等情況。二是自練民壯百名，仿照明代名將沈希儀及清代貴州按察使傅鼐的雕剿之法，出其不意，一舉而加以掩襲。三是嚴保甲、立鄉團，使外來的盜匪不能立足。至於他自己，更是短衣芒鞋，躬率健兒出入巉巘，廢寢忘食，不辭艱辛。所以，他在安順一年之間，就「前後擒巨盜二百餘名，一郡肅然，盜賊衰息」。道光二十九年調署鎮遠，「受印十五日，即破獲前守所移盜案十一人，置重典，境賴以肅」。黃平苗匪猖獗，大為地方之害。林翼奉檄往剿，會集營兵、屯兵及苗兵一萬餘人，分路進搗匪穴，一舉而毀著名匪窩十數處，生擒匪首三百，斬馘無算，積年匪患，立告蕩平。黎平境內盜賊縱橫，林翼調黎平半年，獲盜三百餘人，盜首黃浪子等次第剪除，數十年暗無天日之地，一朝而頓慶更生。由於他的治績如此卓犖不凡，所以連遠在北京的皇帝也知道了他的才幹。至於鄰近諸省督府大吏對他的器重，更不在話下了。

胡林翼在貴州十年，由於治績卓著而致政聲大起，既得上司之倚重，又承皇帝之垂注，理應一本初衷，繼續留在貴州服務才是。但是，他在奉調為貴東道之後，卻向本省當局一再稟辭，請求體念老母年高及自己因心勞力絀而百病叢生，懇允放歸故里，這又是為什麼呢？《胡林翼遺集》卷五頁一至五，載有他在此時所上與貴州當局的一件〈論東路事宜啟〉，瀝陳他在貴州歷官四府時所見到的地方情形，計有可慮者十五事，大約不外吏治腐敗、兵無一用，欲謀練兵討賊，則困於餉乏民窮，萬難措手，必須從練兵、求才、察吏、籌餉四端切實整頓，方能有濟。「然而，言易行難，病多藥少，非一手一足之力所能挽回，亦非空言剿說所能補救。」「已亂易治也，未亂易治也，而將亂難治。林翼之愚陋，即使殫精竭力，亦無補於萬一。況一人之精力幾何？一人之才識又幾何？如石填海，如蚊負山，因自知其不堪矣。」胡林翼在後來出任湖北巡撫，以一個大亂之後，殘破不堪的湖北，經由他一手整頓，不數年之間就奠定了富強的基礎，凡所措治，亦無非即是他在此時所提出的「練兵」、「求才」、「察吏」、「籌餉」四事。可知他此時之不願再留在貴州，並非是他沒有此心願與能力把貴州治理好，實在是因為他此時不過只是一個道員，沒有充分的權力可以容他從容展布，而貴州省的地方大吏又多闒茸庸懦，非旦夕所能整頓挽救。重以母老思歸，遂意倦而求去。恰在此時，太平天國的革命運動已在湖北、湖南等地掀起了軒然大波，清軍所向潰敗，湖廣總督吳文鎔指名奏調胡林翼前往湖北帶兵剿賊，已奉皇帝允准。於是，胡林翼亦就在咸豐三年的十二月，率領他自己所訓練的黔勇六百人，奉母湯太夫人自貴州回湖南，參加了征討太平天國革命的行列。自此以後，他的事業邁向了另一個新的開始。

胡林翼在服官翰林時，還是一個放蕩不羈而性喜治遊的花花少爺；在經過了一番挫折之後再起服官，就變成了一個勤於吏事而極能吃苦耐勞、暢曉兵事的賢能地方官，這種轉變實在太大了。在這種不尋常的轉變之中，我們當不難看出，胡林翼實在是一個有才具、有抱負、有識見的幹練政治家，他日如能假以事權，必定能有極不平凡的建樹。郭嵩燾撰〈胡文忠公行狀〉，說他「自為湖北巡撫，念國家多難而身負重任，刻自砥礪，益務繩檢其身，較其尺寸毫釐。而待人一秉大公，推誠相與，無粉飾周旋」。由此可以看出，胡林翼的官位愈高，責任愈重，他對自己的約束檢點亦愈嚴。至其砥礪德行、學問，以求日有進益，更其餘事。然則他在此以前的不拘小節，好為逸樂，正是因為他當時所擔任的只是皇帝的文學侍從之臣，未曾身負政治軍事大責之故了。一個人的立身處世與服官任事，能像他這樣區畫分明的，倒很少見。然而，此正是胡林翼之所以為胡林翼。郭嵩燾說：「嗚呼！此豈今之人哉？」在我們今日看來，郭嵩燾的話，實在很有道理。

自咸豐三年至咸豐四年，太平天國與清軍兩方在湖北方面的軍事情勢，有很大的變化。太平天國軍本來在咸豐二年的十二月間就攻占了武漢三鎮，至咸豐三年正月，又捨武漢而東下南京，旋復攻占南京，作為首都，而武漢亦即仍為清軍所復。咸豐三年夏間，南京形勢已固，太平軍復分道北向直隸，西向長江上游。北伐之師，旋因孤進無援而為僧格林沁所敗。西進之師，則在攻陷安慶、九江、南昌等重要城市之後節節西上，進兵極為順利。其年十二月，安徽巡撫江忠源戰歿廬州，桐城、舒誠等要地亦失，湖北省東邊的門戶大開，情勢十分危急。咸豐四年正月，湖廣總督吳文鎔兵敗黃州，死之，太平天國軍尾隨清方的潰軍泝江而上，再陷武漢，更南向湖南之岳州及湘陰。幸而曾國藩所新練成的湘軍水陸兩軍在湘潭打了一個勝仗，總算阻遏了太平軍進窺湖南之意圖，而湖北方面的情勢，則仍然糜爛不堪。胡林翼由貴州回到湖南，開始加入征討太平天國的戰事，亦正在這個危急困難的重要時刻。《胡林翼年譜》卷二敘次此事云：

咸豐四年正月己未，行至簰洲，聞吳文節（文鎔）戰歿黃州，寇上竄漢口，湖北按察使唐公樹義方治水軍金口，遂往會師。公見唐軍無紀，亟移軍上流。癸亥，唐公軍潰，發憤赴水死。公往經紀其喪，買舟遣其子護櫬還黔，亟登陸列陣拒寇，寇不敢逼。退屯嘉魚。是時，花縣駱秉章復撫湖南，曾公國藩方治水師衡州，亦以吳公之招，發水陸軍萬七千人浮湘東下。次長沙，以公軍無所屬，而寇自寧鄉、湘陰敗退後，湖南境內解嚴，遂乞駱公資以餉械，請暫駐岳州會師。尋密疏論薦，謂「其才勝臣十倍，可倚平寇。」三月辛丑，曾公至岳州，聞崇陽、通城相繼失，乃檄公自平江往剿，令副將塔齊布暨平江知縣林源恩率所部繼之。乙巳，公敗寇於上塔市，塔齊布亦克江南橋。王公鑫既復岳州，亦擬率師往攻。前隊進羊樓司失利，寇復上陷岳州，大軍乃退保長沙。

胡林翼最初以貴州貴東道的官職奉旨率帶黔勇，前往湖北歸湖廣總督吳文鎔調遣剿賊，至此乃變成了曾國藩的部屬，留在湖南協助湘軍抵禦侵入湖南的太平軍，其原因原來如此。這之後的發展，便是胡林翼在曾國藩及駱秉章的指揮之下，先與湘軍各路協力逐退入侵的太平軍，然後隨同東征的湘軍規取武漢。咸豐四年九月，湘軍再克武昌，胡林翼亦奉旨由貴東道調陞湖北按察使。十月，湘軍有田家鎮之捷，水師乘勝進薄江西之湖口及九江，胡林翼奉曾國藩之檄調，帶兵二千，由咸寧東出瑞昌往援。曾國藩的水師，旋被太平軍所阻截，分為外江與內湖二枝，曾國藩被困內湖，太平軍則在英王陳玉成的率領之下，由皖西再侵入湖北東部的黃梅、廣濟，總督楊霈一退漢口，再退德安，武昌大震。曾國藩急遣外江水師回救湖北，胡林翼亦以身係湖北按察使，有守土之責，自請回援武昌。自有此一轉變，胡林翼方脫離曾國藩的湘軍，開拓他自己在湖北的局面。此時，他已由湖北按察使擢陞江蘇布政使，復調湖北布政使，在湖北省內，已是僅次於總督楊霈及巡撫陶恩培的監司大員了。

胡林翼由九江前線率軍回湖北時，漢陽已經失守，武昌亦復岌岌。武昌城中的守軍雖有將近一萬人之多，無奈都是一些吃糧而不能打仗的無用之兵。咸豐五年二月庚戌，胡林翼方與李孟群在武昌城外的沌口地方與太平軍打仗，漢陽方面的太平軍忽然由背後來攻武昌。來攻的太平軍不過只有三千，城中的一萬守軍遙見敵人來攻，紛紛縋城逃走，沒有一個人肯出力抵抗。太平軍到了城下，看見城上縋著許多條繩子，亦用繩子縋上城牆，武昌就此失陷，可謂兵不血刃。這時，巡撫陶恩培尚在城中，聞變自刎而死。胡林翼與李孟群遠在沌口，還救不及，只好收集武昌城中逃出的潰軍，退屯金口以自保。在太平天國之亂中，武昌曾三次失陷，但以這最後一次的失陷最為容易，也最為可笑。清朝綠營兵的衰暮，在這裡可以洞察無遺。亦正因為有這接踵而來的一再潰敗，迫使胡林翼不得不從另募新軍、重創局面入手，湖北情勢，自此方有新的轉機。如其不然，即使以胡林翼的幹練有為，事實上也仍是很難期有所振作的。

自武昌第三次失陷之後，胡林翼即由湖北布政使奉旨署理湖北巡撫。由此時以至武昌三次收復，胡林翼率軍苦戰，歷時一年有半，始將湖北境內的太平軍全部肅清，隨之而收復武昌。這一次的武昌爭奪戰歷時甚久，作戰經過亦甚為艱苦，但其效果卻極其徹底而且圓滿。原因是前此兩次的武昌失而復得，都是由於太平軍的旋來旋去，並無久踞之意，故而失陷雖易，收復卻也不難。而這一次的情形卻不然。因為自從曾國藩由湖南率領湘軍東征，太平軍已經開始遇到真正的勁敵。湘軍之出，聲勢既已不凡，其所採取的進攻態勢亦極為厲害，一克武漢，再攻九江，大有扼吭搗喉，一舉而置太平天國於死地之光景。武昌、九江與安慶，乃是長江中下游的形勝要地，得此三地，即足以控扼南京而傾覆之。自九江被圍，太平天國就覺得必須先攻武昌，方能解九江之圍。而武昌既陷，曾國藩不肯撤九江之圍，太平軍自必須力守武昌，以求占據形勢。由於這一緣故，武漢三鎮，亦就成了太平軍與滿清雙方竭力爭奪的戰略要地，胡林翼欲求收復武昌。自然倍感困難。面對此一困難情勢，胡林翼所採取的肆應措施，是這樣的：

一、他將水師偏裨鮑超拔置為一軍之主將，除原有部屬外，更命他往湖南增募新軍三千人，作為湖北的基本部隊。

二、商請曾國藩從南昌方面的湘軍中抽調一枝回援湖北。曾國藩深知武昌如不能收復，大局難有可為。因此，雖然曾國藩自己所處的情勢亦甚為惡劣，仍然將羅澤南所統的五千人調回湖北來幫助他。

三、羅澤南所帶的五千湘軍到達湖北後，胡林翼將他們酌量分入湖北軍中，即以湘軍的營制部勒訓練。不久之後，湖北軍亦逐漸轉弱為強。

四、武昌城大而堅，圍城之師苦於兵少，不能發揮圍點打援的有效戰法。因此他先借重湘軍的水師控制長江水面的交通，以求封鎖武昌城中太平軍的糧餉接濟，又逐漸剪滅武昌以東各地據城而守的太平軍，使武昌城中的太平軍陷於孤立，然後逐漸加強對武昌的進攻。

五、協調新被改任湖廣總督的荊州將軍官文及滿軍副都統都興阿，以所部防守漢水以北之線，一方面加強南岸軍的聲勢，一方面維護水師的安全。

六、整飭吏治，撫綏殘黎，並多方措籌糧餉接濟，使境內的一切作戰軍隊無虞餉需匱乏。不足之數，則以各種方式請求鄰省協濟。

由於胡林翼的周密部署及苦心經營，不久之後，湖北境內的清軍情勢即逐漸穩定。咸豐五年十一月，湖北南境的咸寧、蒲圻等太平軍重要據點悉被清軍克復，武昌以南無敵蹤。是月，太平軍翼王石達開謀解武昌之圍，自皖南深入江西內地，以謀牽制。十二月，胡林翼、羅澤南督率圍師三路攻城，城中亦大出兵來攻，苦戰兼旬，力挫其焰。由是武昌城中的太平軍奪氣，嬰城待援，不敢復出與清軍戰。咸豐六年正月，石達開蹂躪江西五十餘城，南昌形勢孤危，曾國藩亟欲羅澤南回師相救，而武昌垂克，萬不能捨之而去。於是，羅澤南不避艱危，不顧傷亡慘重，竭力向武昌進攻，清軍因之死傷枕籍，而城卒不克。三月，九江方面的太平軍大舉來援，武昌城中亦出兵夾擊，俱為清軍所敗。羅澤南於此一戰役中受重傷，數日後重創而卒，李續賓代領其軍。四月，楊載福所統水師大破太平軍水師於漢陽，太平軍戰船二百餘艘盡被燒毀，長江江面肅清，援軍路斷，漢陽、武昌二城始坐困。七月，石達開自江西回師南京，踏破向榮的江南大營，然後擁眾上援武昌，號稱十萬，旋為胡林翼、李續賓以寬壕高壘之法敗於青山，於是武昌援絕。十月，胡林翼益募陸師五千，水師十營，對武昌採取長圍久困之計。城中太平軍食盡，於十一月間開門突走，為圍城諸軍所分途追殲，殄滅無遺，武昌遂復。同日，漢陽城中的太平軍亦突圍東走，漢陽亦復。李續賓部署各軍，進復黃州、興國、蘄州、廣濟等地。至此年的十二月，湖北全省俱已規復，進行了一年有餘的武昌爭奪戰，至此始告結束。自武漢克復，湖北全境肅清之後，胡林翼可以用湖北的力量支援東征之師，太平軍所處的情勢，便日見不利了。

胡林翼從前在貴州做知府時，目睹貴州的吏治廢弛，民生疾苦，盜賊縱橫而官吏相與勾結，治安岌岌可危，兵不能戰，以為欲圖整頓，非從察吏、求才、練兵、籌餉四者切實著手，不足以言振起。而湖北新經大亂，瘡痍滿目，如何方能使殘餘的黔黎得有再生之樂，如何方能使新復的地方治安鞏固，這也就回到了他從前所曾提出的老課題——非從察吏、求才、練兵、籌餉四者著手不可了。察吏所以安民，求才所以改善實際政治，練兵所以固圉，而籌餉所以養兵，四者互為連鎖，缺一不可。武漢既復，湖北肅清以後，清政府為酬庸有功人員，已將胡林翼補授為湖北巡撫，加賞頭品頂戴。所以，胡林翼此時已是實缺的巡撫大吏，實權在握，可以容他從容展布，不比他從前在貴州做知府的時候，空有滿腹經綸，卻無展布之地的光景了。但巡撫雖為一省的最高行政長官，而按照清朝的政治制度，地方上的最高行政長官，巡撫之外，尚有總督。定例，總督管軍事而巡撫治民政。但若在一省之中，同時設有總督、巡撫兩官，二人恰又同城而治的話，往往互相牽制，迭生齟齬。湖北巡撫駐武昌，而兼轄湖南、湖北二省的湖廣總督亦駐武昌。胡林翼在湖北做巡撫的時候，擔任湖廣總督一職的是滿人官文。清朝的慣例，常以滿人監視漢人，故而滿人常見倚信而漢人則易受排擠。胡林翼在湖北巡撫任內，雖有滿腹經綸亟待展布，卻必須先要取得總督官文的合作，方能免其掣肘。關於這一層，清代末年的各家野史中，頗有若干資料，可以使我們瞭解，胡林翼之推誠待人，輯睦同官，儘有其巧妙之處。

薛福成《庸庵文集》有〈書益陽胡文忠公與遼陽官文恭公交驩事〉云：

> 咸豐五、六年間，粵賊陷踞武昌、漢陽，蔓及旁郡，蹂躪數千里。是時文恭由荊州將軍改總督，凡上游荊宜、襄鄖諸郡兵事、餉事悉主之。文忠駐軍金口，凡下游武漢、黃德諸郡兵事、餉事悉主之。二公值湖北全境糜爛之餘，皆竭蹶經營，各顧分地，文忠尤崎嶇險阻，與勁寇相持，獨為其難。督撫相隔遠，往往以徵兵調餉，互有違言，僚吏意嚮，顯分彼此，牴牾益甚，文恭於鉅細事不甚究心，多假手幕友、家丁，諸所措注，文忠尤不謂然。既克武昌，威望日益隆，文恭亦欲倚以為重。比由荊州移駐武昌，三往拜而文忠謝不見也。或為文恭說文忠曰：「公不欲削平巨寇耶！天下未有督撫不和而能辦大事者。且總督為人易良坦中，從善如流，公若善與之交，必能左右之，是公不翅兼為總督也。合督撫之權以辦賊，誰能禦我？」文忠亟往見文恭，推誠相結納，謝不敏焉。文恭有寵妾，拜胡太夫人為義母，兩家往來益密，饋問無虛日，二公之交益固。文忠於是察吏籌餉，選將練兵，孳孳不少倦。文恭畫諾仰成而已，未嘗有異議。每遇收城克敵，及保薦賢才，文忠輒陰主其政，而推文恭首尸其名。朝廷以文恭督湖廣多年，內靖寇氛，外援鄰省，厥功甚偉，累晉大學士，授為欽差大臣，寵眷隆洽。文恭心感文

忠之力，而文忠亦益得發舒。凡東南各省疆吏將帥之賢否進退，與大局一切布置，每有所見，必進密疏，或與文恭會銜入告。文忠所引嫌不能言者，亦竟勸文恭獨言之。訏謀所定，志行計從。人謂文忠有旋轉乾坤之功，不僅澤在湖北也。

這一段話，概述胡林翼為求減除不必要的掣肘而屈意結歡總督官文的情形，歷歷如繪。文中雖未指出這個「或為文恭說文忠」的說客是何姓名，而據徐宗幹的《歸廬談往錄》所記，其人蓋即當時的寶慶府知府滿人魁聯。由薛福成所記，胡林翼因交驩官文而屈意下之，甚至一切報功奏疏亦推官文列名出奏，官文因此累得晉擢，官至大學士，具見胡林翼為了要達成他救國救民的偉大抱負，只要有利於國，無不多方為之，即使不利於他個人的功名利祿，亦無所顧惜。這種公忠無私的偉大志節，不但在當時罕有其比，即是求之於往史，亦罕見其人。胡林翼之卓犖不凡，此為其一端。

由於胡林翼能藉金錢與名位滿足總督官文的願望，使得官文感激而事事信從，於是胡林翼真的變成了以一人而兼總督、巡撫二職，握軍政大權於一身，事事都可按照自己的計畫與想法一一推行，而不虞他人之掣肘。梅英杰撰《胡林翼年譜》記述此事，曾引述當時人的輿論，說：「僉謂湖北軍政、吏治，巡撫主稾，總督畫行。」督撫同心而胡林翼又實操其柄，自然事事皆易於推行。最顯著的成效，一是用人行政方面，皆能依照胡林翼的主張，用賢黜邪，使湖北吏治日有起色；二是在軍事作戰方面，亦能依照胡林翼守在境外的辦法，分遣湖北之軍出援湖南、安徽等省。在這種情況之下，胡林翼所做的雖然只是湖北一省的巡撫，實際上卻是在以湖北一省之力，進而為規復長江下游的宏謀遠猷了。

郭嵩燾撰〈胡文忠公行狀〉，敘述胡林翼在收復武漢以後的一應興革措施說：

當是時，官私廬舍焚毀幾盡，諸事草創，民物凋殘。公一意振興，裁通省浮勇以節糜費，設武漢重兵以固根本，嚴查保甲以除奸匪，慎選賢員以資蘇息。設清查局，查被賊及州縣倉庫錢糧交代。設節義局，表章歷年殉難官紳士女。設軍需局，籌備東征軍士器械餉糈。挈提綱維，巨細畢舉。尤以亂事之生，由法度廢弛，吏敝民媮，因循苟且，以有今日，不務討賊則亂之流不塞，不務察吏則亂之源不清，劾參鎮道府廳以下數十員，與屬吏更始。禁應酬，嚴奔競，崇樸實，黜浮華，於是，在官者稍稍推廉尚能，知吏事矣。今大學士官公總督兩湖，司軍事，公推誠委心，諮商籌度，官公亦深相倚重無疑忌，得盡所為。今將軍都興阿公、多隆阿公，都統舒保公，皆領馬隊兵，隸官公，號驍勇善戰。公見即傾身與之接交，無不樂為用者。其籌餉有三，曰錢糧，曰鹽課，曰貨稅。湖北漕政久敝，官民交困，道光中葉以還，徵收常不滿半。公三次奏減章程，民以是輸將足額。湖、廣兩省自淮鹽阻絕，率食川鹽。公分置鹽課局於宜昌、沙市，又推行於武穴、老河口等處，視向來額課過之。用故侍郎雷公以誠奏行釐稅之議，設局各府縣市鎮，仿劉晏用士人之法？嚴杜中飽，收支覈實，自是湖北兵與餉強天下。

在上文所述的種種興革措施中，察吏、安民、清稅、籌餉等等，俱是巡撫的職掌，至於軍事，則權歸總督。今胡林翼在巡撫職掌之外，居然亦能左右總督所司的軍柄，並進而出兵分援鄰省，官文亦任其所為，這種情形，看來實在使人感覺驚奇。就中分援鄰省一事，在當時頗為湖北省內的官吏士紳所反對，而胡林翼一切不顧，毅然行之，這種抱負與識見，實在是當時人所萬難企及的。

自武漢克復，湖北肅清，滿清及太平天國雙方的軍事重心，逐漸下移至江西、安徽之境。九江與湖口，控扼蘄黃以南的長江水域，且為封鎖鄱陽湖水路的出口，曾國藩所統率的湘軍，在這裡與太平天國軍對壘數年，迄無重大進展。湖北既平，胡林翼可以湖北全省的人力與財力支援湘軍，曾國藩所處的形勢逐漸好轉，太平天國方面自亦必須厚集兵力，以與曾國藩爭此形勝之地。九江之北，隔著一道長江，北岸便是湖北的黃梅與安徽的宿松。此地自昔為北來驛路之孔道，由安徽取道九江前往湖北者，莫不經由此路，亦是雙方大軍進出安徽、湖北的重要通衢。形勢如此，戰事的重心自然亦萃聚於此。咸豐七年，胡林翼分遣李續賓、都興阿諸軍，會同楊載福所統率的水師，由湖北的蘄黃、廣濟出境，先奪取九江北岸的小池口要隘，旋又規復長江兩岸的湖口、彭澤、東流各地，與曾國藩的湘軍合力進圍九江。咸豐八年四月，李續賓以地雷轟破九江城垣，克之。九江既復，長江中游的險要之地，僅餘安慶一處。胡林翼因又與曾國藩商定，分兵四路向安慶進攻。所以，自咸豐八年至十一年，滿清與太平天國之間的重大戰役，便在圍繞安慶前後上下的各地進行，而胡林翼所派遣的湖北各軍，也始終在這一戰役中擔任著重要的角色。郭嵩燾所撰〈胡文忠公行狀〉敘次其事云：

公以九江既復，賊所扼長江險要，獨有安慶，奏請數路進攻。提督楊公以水師出江面，將軍都公由宿松望江逼安慶城，為圍師，李忠武公（李續賓）歸復太湖、潛山、桐城，與都公犄角。會廬州失陷，北路請援急。李忠武公奉朝旨催促，遂分營留守舒桐，自提五千人赴援，軍次三河，賊四面麕集，力竭戰沒，全軍陷覆。公時丁母湯太夫人憂回籍，懇請終制。將軍都公以三河之敗由公去軍無調度，應急起復公督師。總督官公亦疏請。公聞命，痛哭啟行，逕次黃州。時各軍退保黃梅，人心惶惶，聞公至，皆以手加額自壯。九年二月，進營上巴河，與今巡撫李公（續宜）整飭部伍，日夜訓練，謀大舉。會石達開自江西南贛犯湖南，掠郴桂而西趨寶慶，號稱六十萬，湖南告急。公命李公率所部往援，而以都統舒保公馬隊三百佐之，又以水師二營佐湖南水師分扼諸河道，湖北精兵援湖南者幾半，寶慶之圍速解，公之力也。已而協揆曾公由江西奉入川之命，總督官公奏請與公併力圖皖，乃定四路進兵之策，曾公循江而下為第一路，多公（多隆阿）與今提督鮑公超攻取潛山、太湖為第二路，公出英山、霍山為第三路，李公由松子關出商城固始為第四路。議者以鄂撫應駐黃州，不宜出境。公謂：「我奪情起復，不赴前敵討賊，則此出為無名。」十月，移營英山。

這以下的情形，乃是胡林翼與曾國藩互相配合，一再力卻太平天國英王陳玉成謀解太湖之圍的攻勢，並進而合圍安慶的艱苦作戰，應留在後面再做論述。而由上文的敘述可知，胡林翼在規復湖北全省之後，不但以進攻九江、安慶為己任，每遇河南、安徽、湖南等鄰省有警，亦復能不分畛域，全力相救。這就是上文所曾說到的，胡林翼不顧湖北本省官吏士紳的反對，分兵四出，援助鄰省的事了。自太平天國之亂起，清朝政府最初一直倚恃向榮、和春等欽差大臣所統率的綠營兵為征討太平軍的主力，悉索敝賦，以所能籌集到的兵餉悉數投注其中，而畢竟一無功效可言。至於各省地方所發展起來的自衛武力，則因中央政府無力支援糧餉之故，必須由本省當局自為設處，其結果則是各省皆以本身利益為重，但求自固疆圉而不肯以餘力助人。湖北在大亂初平之後，元氣大傷，瘡痍未復，論理只能力求自保，何能有足夠的力量分援鄰省？而胡林翼之所以要這樣做，正有他的正當理由在。清人方宗誠所撰《柏堂師友言行記》卷二云：

先是，宮保（指胡林翼，胡於咸豐八年因九江克復之功奉旨加太子少保銜，俗稱宮保）肅清楚境，將議圍皖，同事多不欲行，公獨任之。及髮逆上竄，或議退師，或且怪宮保當日圍皖之非計。公曰：「皖楚毗連，袤斜五百餘里，犬牙相錯，從何處設防？且防兵久不見賊，則筋不束骨，弛懈成痺，心不畏敵，技藝生澀，乍聞鼓鼙，不能戰亦並不能守矣。況皖省八年塗炭，無人過問，有過而問者，則又群起而議之、排之，竊所不解。故不能保楚，實我罪也，圍皖，非我罪也。」公日夜調度，病甚，猶靜坐籌畫。是年七月，楚境肅清。八月初，安慶、桐城皆克復。江南得安慶為根本，遂於兩年之內南北肅清，公之功也，蓋公之識遠矣哉！

近代軍事學家每以為，攻擊是最好的防禦。曾國藩亦說，討竊號之賊，與討流賊異，對付流賊「當預防以待其至，堅守以挫其鋭」。至於對付太平天國這樣的「竊號之賊」，則當剪除枝葉，攻所必救」，使其備多力分，然後可以根本傾覆之。曾國藩的想法，事實上正是胡林翼的想法。作戰猶如弈棋，最惡劣的棋手亦知道，退守的戰略就是自取敗亡，惟有向敵人著著進攻，方是致勝之道。胡林翼與曾國藩一樣，他們以文人而出來領兵打仗，其終極的目標在求戡平大亂，奠安民生，所以，即使是力所不及之事，亦無不竭蹶以赴，一方面在求自盡職責，二方面希望藉此鼓舞人心，共赴事功。這番話雖然不曾由胡林翼自己親口說出，我們卻可以從他的行事中體認出來。前文所說，雖是飾詞，卻也言之成理，別人不易將他駁倒。至於咸豐九年太平天國的翼王石達開由江西進犯湖南，駸駸乎有西入四川之意時，胡林翼不遑寢處，憂思忡忡，在百無辦法之中仍舊設法令李續宜統兵往援，我們若能瞭解這其間的複雜曲折之情，當必更能進一步體認胡林翼公忠體國、力顧大局的偉大襟懷。關於這一方面的情形，我們可以先抄錄一些胡林翼自己的話，藉以瞭解其意向之所在。

《胡文忠公遺集》卷六十四〈致官揆帥書〉云：

石達開擾郴、桂，向寶慶、常德，隱隱有入蜀之勢。入蜀則湖北上游為人所制，十年、二十年不得安枕。謂應亟請滌帥入蜀，以資統帥湘將。

滌帥，即曾國藩。這一段話，說明了胡林翼由於戰略形勢的觀點，極其重視石達開入湘以後的動向。由於石達開可能西向入蜀，為確保湖北之上游安全計，他有必要及時救止。所以，他認為湖北有援湘之必要，而援湘實亦即為湖北自保之計也。

《胡文忠公遺集》卷六十三，〈致羅澹村方伯書〉云：

> 希庵已到武昌否？何日西上？弟前說恐公議仍以為不妥（原注：初九日所上條陳分兵援湘之說也），弟亦不敢自信其是。……林翼之日夜憂思，夜不能寐，畏湖南之以鄰為壑也。

此信中所說的「希庵」，即李續宜，此時正因母病請假，由安徽前敵回湖南省視，尚未行抵武昌。所謂「畏湖南之以鄰為壑」，意指湖北如不能援湘，湖南不能獨力敗之，則為湖南之計，惟有驅之出境為上，無論向鄂、向蜀，均非所願。而湖北既不利其入川，復不利其向鄂，為避免這種情勢發生，除了由湖北派遣勁旅入湘合力剿除之外，別無他法。所以，胡林翼之計，援湘亦仍是救人而兼自保之計。

《胡文忠公遺集》卷六十三，〈致官揆帥書〉云：

> 初八日得湖南軍報，大局雖無潰敗情狀，而備多力分，左支右絀之情形，已在語言之外。細心體察，竊恐其力不能勝。……若賊志必拊鄂之背，窺蜀之藩，則現在兵力，惟貴州六千人可禦一路，而武昌、岳州、荊宜五府地面，防不勝防矣，況又有皖賊之牽綴於前也哉？湖南去冬以來，庫有所餘，約逾百萬。湖北每月供支東征之餉，必虧數萬以外。設湖南果不支，禍必及於鄂省，地勢與兵力、餉力尚不及湖南，則鄂事必不堪涉想矣——大抵賊若拊鄂之背，必在夏秋

之間，其大枝另由西路窺向巴蜀，則尚未可知也。湖北禦此大股，必須另添兩萬人，餉力固不能任，將才又不能多，日夜籌思，安得有一二萬人以為鄂用乎？且恐湘人之驚魂未定，則從軍之士必少。湘中鑑於前此之空虛，非全境肅清，三五月後必無援師出境，亦必無追兵到鄂也，則鄂之士民豈堪再罹奇禍也耶？愚見欲自守於境內，不如助剿於境外；助剿則兵少而功倍，自守則備多而勢分。有一愚下之策，不如及希庵假歸之便，即派湘軍撫標精銳五千人，從岳州、湘陰、益陽取道邵陽，以剿寶慶一路之賊。救鄰，美名也。湖南橫逞意氣，不應爭者必忿爭，而以厚道待之，大度處之，盛德也。如能剿除一股，則湖南之受賜不必說，即湖北、江西亦可免十年之憂，大功也。一心奉公，人未乞師而予以精兵，一意保民，不忍使脅從之眾久陷賊中，變為戾種，消東南數省之隱憂，此又陰德之尤大者也。

此書反覆陳說，以各種理由加以勸譬，務求使對方瞭解援湘即所以保鄂，自守不如救人之得美名而有實利，其中的利害得失，實在也是很明白而透澈的了。推原胡林翼之本心，出兵援湘，與他之出境討賊原無二義，其目的皆在為國家盡力除此大患而已。只因與他同時之人並無此高尚理想，於是始不得不以利害得失之說歆動之，揆其初意，何嘗有此想法哉？亦正因為胡林翼能說得出這許多冠冕堂皇的理由，使得鄂中僚友士紳等人無詞以對，而總督官文又素來惟林翼之馬首是瞻，這才使援湘之舉成為定局，而胡林翼為此，亦舌敝穎脫，煞費周章的了。我們歷觀胡林翼這種不以畛域之見自限，但就力之所及，分兵四援的事實看來，可知清朝政府之所以終能將太平天國之亂事戡平，胡林翼的居中協調之功，實在具有極大的影響。如果不是胡林翼之統籌全局，調和將帥，其間正不知更有多少阻力橫梗其間哩！至於他以湖北省的餉源，全力支援曾國藩的東征之師，使曾國藩得以免其後顧之憂，更是彰彰在人耳目之事，在此不須再做更多的贅述了。

湖北以其財力、物力充分支援曾國藩的東征之師，由胡林翼來說，並不是一件輕而易舉的事。這理由在前面亦曾約略述及——湖北省在喪亂之餘，地方殘破，民力凋敝。若不是胡林翼多方從事撫綏安輯，興利除弊，還真不容易一時回復到小康安定的局面。這其間所費的經營布置之心，如察吏安民、懲貪任賢、整頓稅收、廣闢利源等等，正復屈指難數。但即使如此苦心孤詣地經營布置，胡林翼所感到最為焦心的事，仍不外乎兵與餉兩事。

《胡文忠公遺集》卷三十三，收有胡林翼在咸豐九年二月十一日所上的〈遵旨覆奏行軍機宜疏〉一道，梅英杰撰《胡林翼年譜》，曾加以摘錄引敘云：

> 軍興九載，鄂之謀皖，亦已二年，而迄未能得勢者，無他，備一路而虛一路，賊乃得乘間抵隙，狡焉思逞也。即如七年，官軍併規宿松，賊從蘄州張家塝伺隙竄入。八年，力扼太湖，於張家塝駐重兵，賊又從商霍上陷黃麻各縣。是官軍注重於前，賊必轉襲其後，官軍每仰攻挫銳，賊轉以餘力乘虛，往事已然，前車可鑑。臣愚以為必保鄂然後能謀皖，必謀皖然後能平吳。然謀皖非三道進兵不可，鄂中防剿江皖，水陸馬步，已五萬餘人，又協濟侍郎曾國藩、水師彭玉麟各營，通計月需餉三十六萬。除本省自籌外，仍月欠十餘萬兩。欲添兵則餉糈難繼，欲分兵則統將乏人。亟宜訪求延攬，以圖賢才輩出，共濟時艱。

由此疏可知，湖北省除養兵五萬外，再加上負擔東征湘軍的協濟餉項，共計月需銀三十六萬，已遠超出湖北所能徵得的稅收總額之外。不添兵則奏功難期，欲添兵則餉糈不繼，這真是一個無法解決的難題。

自古以來，理財之法不外乎開源與節流二道。湖北時當軍興，援皖、援贛與援湘之兵，諸道並出，省內尚須有防守及番替之兵，故而五萬之數，實在無法裁減。而曾國藩的東征之師，仰給於湖南與湖北之協餉，在二省均義不容辭。這是湖北財政的大宗支出。大宗支出不能裁減，節流之道，實在亦太難了。胡林翼這時就從京中奏調來一位理財能手，即是後陞戶部尚書，時官戶部主事的閻敬銘，由他專管湖北全省的總糧臺。此人清強而有執，於一應支費，事事務求節省浪費，嚴杜浮濫，乃是胡林黨的一個得力幫手。《胡文忠公遺集》卷七十五，有〈與嚴渭春書〉云：

> 丹初（即閻敬銘之字）能節小物，而不能節其大浪費，總在兵多，弟之罪也。丹初能司出而不能司入，司入者，弟與兄之責也。

嚴渭春即嚴樹森，在胡林翼死後繼任湖北巡撫，當時則在湖北擔任布政使，理財裕餉，正其專責，故而胡林翼要說：「司入者，弟與兄之責也。」流無可節，則裕餉之道，自然只有設法增加收入之一法了。但無論是增田賦、增鹽課，或增商稅，都是病民之害政，賢者所不樂為，胡林翼只是實逼處此，不得不然耳。權衡利害，三者之中，又以鹽課與商稅二項，對於社會民生的為害較小，所以胡林翼所注重的亦在此二項。但胡林翼之重視鹽課、商稅，亦並非是多設關卡，嚴查商旅，使無偷漏之意。他以為商人所繳付的稅款並不少，徵額之所以不豐，其弊乃在經手人與書吏胥役之中飽侵盜。所以，他認為欲求增加稅課收入，正當杜絕中飽，嚴防侵盜，否則徒然只是病商厲民的害政而已。《胡文忠公遺集》卷六十一，有〈致牙釐總局李香雪太守書〉云：

> 餉事以釐金、鹽課為可大可久之謀，然此二事在人不在法。此番力請壽山回省，欲與老兄細商分局人才，預防中飽也。所有應辦之事，乞老兄直言無隱。弟處本無絲毫飾徇之情，聞善言、

見善行，無不即時遵奉者。此情早在洞鑑之中。

此一段話，蓋即《胡林翼年譜》中所謂的「益務推廣釐金於各府縣市鎮，仿劉晏引用士流之意，招致樸幹士紳佐官董理，綜覈精密，嚴杜中飽，一除稅關衙署錮習」之張本了。因為，後來胡林翼招致前來擔任稅關徵收事宜的主事者，都是能實心任事而廉介有為的樸幹士紳，對於所經收的稅款，涓滴歸公，弊絕風清，於是湖北的財政乃大有起色。但胡林翼為此，卻已費盡心血，焦勞不堪。為了發洩他心中的苦惱，他曾在寫給李續宜的信中說：

天下惟籌餉是賤役。籌得尚不算帳，況實無可籌耶？（《胡文忠公遺集》卷六十六，〈致李希庵書〉）

又有〈與糧臺書〉云：

為今日計，須為鄂中速思籌餉之法。籌餉無盛德，無令聞，無美譽，千古皆然。以一人為藁薦，任人溲溺其上，或可補救於萬一。（《胡文忠公遺集》卷七十三）

這真是慨乎言之的話，不但可以使我們看出胡林翼當時苦心籌餉之困難艱辛，亦可以讓我們體認胡林翼的器識與抱負是何等不凡！自古以來，有辦法籌餉之人，都被後世目為聚歛之臣。最著名的事例，莫如唐代之劉晏。劉晏正人，尚且被此惡名，等而下之者，自更不必說了。籌餉之所以要被人目為聚歛，大致由於國家的政治濁亂，賦稅日減而軍費日增，故不得不設為補苴之法，多方謀求增加收入，以應付日益增加的支出。而因當時這些司國計之人只有籌餉之責而並不能致力於革新政治，故而即使稅收日增，而國家仍然不免於覆滅，徒增人民之困苦而無補於危亡，老百姓的怨氣無法發洩，就要把他們視為聚斂之臣了。胡林翼在當時雖然亦汲汲於增稅裕餉，但因他手握全省官吏的進退黜陟之權，同時更將全副精力用於討平太平天國的亂事方面，所以湖北省老百姓的負擔雖重，湖北省的吏治民生卻蒸蒸日上，不久之後，且能夷平大難，不啻將湖北人民救出水火而登之衽席。所以，即使胡林翼在當時曾經使湖北老百姓增加很多負擔，權衡得失，人民還是覺得應該感激他的籌畫苦心的。所以，胡林翼雖說籌餉是賤役、籌餉無美譽，而千年萬世之後的歷史記載，對此無疑必有公正之評價，必不以聚斂相視也。

胡林翼為了籌餉贍軍，以便早日戡定太平天國之亂，至於不惜身被惡名，甘為天下人之橐薦而任人溲溺其上，這種捨己救世的崇高襟懷，看起來是何等的偉大光明而難以企及。但只此一端，尚不足以充分表現胡林翼的偉大之處。方宗誠撰《柏堂師友言行記》曾有關於胡林翼的軼事數則云：

> 胡文忠公忠體國，其調和諸將，刻刻為國求才，出於至誠。時彭雪琴侍郎（即彭玉麟）、楊厚庵提督（即楊載福）分帶長江、內湖水師，偶因事不和。文忠知之，乃致書楊公、彭公，請其會商要事。楊公先至歡談，而彭公至，楊公即欲出，文忠強止之。彭公見楊公在座，亦欲出，文忠又強止之。二人相對無語。文忠乃命設席，酌酒三斗，自捧一斗，跪而請曰：「天下糜爛至此，實賴公等協力支撐，公等今自生隙，又何能佐治中興之業邪？」因泣下沾襟。於是彭、楊二公皆相呼謂曰：「吾輩負宮保矣，如再有參差，上無以對皇上，下無以對宮保。」遂和好如初。

鮑春霆提督（即鮑超）在安徽告假回籍三月，曾相方在祁門，以檄促之。文忠則手書二十六封，令速反。春霆至望江，又稟請曾相發二千金寄家。曾相斥之，謂時事孔急，毋得遲遲其行，今且未立一功而自謀家室，將何以服前敵軍心？文忠聞其事，即自寄三千金贈之。春霆感激，致死力焉。

曾相嘗奏薦沈幼丹（即沈葆楨），幼丹久不至，曾相有忿意。文忠因致書解之，曰：「天下糜爛，恃吾輩二三人撐持。吾輩不低首求人才以自助，可乎？」其苦心維持大局蓋如此。

除以上諸事以外，更有一事。即咸豐九年的太湖、潛山戰役發生前，太平天國的英王陳玉成糾眾來攻，駐防前敵的湖北軍分歸多隆阿、鮑超、唐訓方三人統率，權分勢均，各不相下。其時，胡林翼意欲以多隆阿為總統，使鮑、唐兩軍均歸節制，以統一兵權而便利指揮。只因鮑、唐二人均有不願，胡林翼調協其間，遂煞費苦心。他在此時寫給曾國藩的信中說：「克己以待人，屈我以伸人，惟林翼當為其忍、為其難，非如此則事必不濟。」這幾句話，與前面所說的：「天下糜爛，恃吾輩二三人撐持。吾輩不低首求人才以自助，可乎？」正是前後一轍，聆其言如見其人。曾國藩雖是湘軍的主帥與平定太平天國之亂的領導人，但在這些地方卻不能如胡林翼之公忠體國，胸中不存任何芥蒂。「咸同中興」的三大名臣，向來以曾國藩居首。在這些地方，曾國藩事實上是要比胡林翼遜色一些的。

胡林翼早年在貴州做知府時，屢次剿平匿藏深山中的積年盜患，由此可以使人知道他在軍事指揮方面極有才具。在他做了湖北巡撫之後，親自領兵從事武昌的爭奪戰，屢經歷練，對於臨陣對敵更加增多了許多經驗。因此，他後來協同曾國藩出師安徽時，便常常有極其正確的戰略觀點，對於戰事的全局發生極為深遠的影響。例如，他在咸豐九、十年間對太湖、潛山戰役的看法，便是最明顯不過的例證。

太湖與潛山，位於安徽省的西南隅，大別山脈的南麓，為湖北省向東通往安徽的驛路所經之地。太平軍由安徽進入湖北，胡林翼由湖北進規安慶，這兩處地方都是必爭的戰略要地。咸豐九年十一月，曾國藩由湖北移營安徽之宿松，其地在太湖之南，向西即入鄂境，與湖北之黃梅縣接壤。在此以前，則多隆阿曾大破太平軍於太湖以東之石牌，太平軍萃聚太湖城中，嬰城而守，湖北入皖諸軍進而圍之，久不能克。及胡林翼定四路進攻之策，安徽方面的太平軍聞訊，急乞援於英王陳玉成。就在曾國藩進駐宿松的同時，陳玉成已調集了十多萬大軍，由江蘇進入安徽，向廬江、桐城一帶蔽地而來，其目的不僅求解太湖之圍，亦欲乘機擊破清軍，以解除安慶所受的威脅。由於陳玉成的來勢太兇，而清軍由湖北四路出師，兵力分散，看來勢難抵敵。其時，太湖尚在清軍圍守之中，如果撤圍師而厚集諸軍以待敵，則多時以來的圍守之功歸於白費，未免可惜；如果不撤太湖之圍，又未免有腹背受敵之虞，何去何從，實費周章。在這種情形之下，很多人認為撤圍勢將使太湖之敵與陳玉成之軍相合，其勢益不可當，曾國藩亦因此而遲疑不能決。胡林翼反覆籌議，以為不然。他在此時與曾國藩一日一信，互相討論當前的軍事問題。在十一月十五日寫給曾國藩的信中，他提出了很明白的看法說：

> 太湖兵力，應專打援賊，即放走城賊，亦甚無妨。援賊破，則所得不止太湖；援賊得逞，則即得太湖猶獲石田也。

同月十七日，他在寫給李申甫祠部的信中，對此一觀點解釋得更為明白，云：

> 得書，敬悉軍事不了，恐為三河之覆敗、為寶慶之被圍，日夜苦思，呻吟不已。十七日三更定計，奮然興起，坐以待旦。以地勢賊情而論，已拊其背而扼其吭，官渡摧袁，虎牢擒竇，至計

深機，亦不過如是。若遲遲不決，則步軍必被圍困，馬隊攻壘非所長，求野戰不得，其禍敗仍累及滌丈彌縫補救耳。或疑闕東面是縱賊，不知賊所恃者城，官軍所困者，株守之城賊，縱之使戰，可勝也；若待援賊外圍、城賊內變，是官軍有內外夾攻之病，其敗無疑。或又疑太湖功敗垂成，不知得空城不如破賊。去冬曾得太、潛、舒、桐矣，棄之如遺，則得城不如破賊之功，不待再計而決矣。況破援賊則可連下五六城，而太湖仍在吾掌握之中，仍釜中遊魂耳。捨大圍不謀，而小圍是好，智者不為也。

由於胡林翼之決計如此，他終於不顧曾國藩之反對，將部署在太湖附近的鮑超、唐訓方、蔣凝學、多隆阿各軍合而為一，以多隆阿為統帥，責令統一指揮，合力禦敵。十二月，陳玉成的大軍由潛山而至太湖，連營百數，與多隆阿各軍大戰六日，清軍以兵少而陷入苦戰。此時，曾國藩及胡林翼乃抽調各路援軍陸續投入戰場，互相形成了包圍與反包圍的巧妙形勢，血戰兼旬，終將陳玉成的主力擊潰。據王闓運《湘軍志》卷三〈湖北篇〉所記的此役戰果是：

寇棄屯走二十里，軍械委積。燒屯館、柵壘數百，俘寇三百人，斬馘以萬數。其夜，太湖寇遁走。甲午，潛山寇遁走。

至於這一戰役的直接影響，則是安徽方面的太平軍再沒有力量可以阻止清軍的全面推進，而安慶亦終於在不久之後被圍。自安慶攻克之後，太平天國所處的形勢更如江河之日下，然則潛山、太湖戰役對於全盤情勢的影響便不可說不大了。

我國古代的兵學思想，常以為作戰當謀致敵而不為敵人所致。蓋敵人如能為我所致，則我可先占有利的戰場形勢而預為部署，自可握有極大的勝算；反之，則勝算在敵，我必遭敗績矣。咸豐九年十二月至十年正月的潛山、太湖之戰，胡林翼所部署的，正是此一策略之實際運用。如果不是在此一戰役中予陳玉成野戰軍主力以重大的打擊，則清軍在安徽的作戰，恐怕尚須經過一段很長時間的艱苦奮鬥。這就正合了胡林翼此時的想法——如不能大破來援之太平軍主力，雖得城、得地何益？胡林翼非軍事專家，在這裡卻表現了非凡的軍事思想與領導才能，其識見之高卓與判斷之正確，實在令人欽佩。至於曾國藩在受任兩江總督以後所擬定的十道並進計畫，在胡林翼文集中亦早已有其端倪。《胡文忠公遺集》卷七十二，咸豐十年〈致曾國藩書〉曰：

> 昨夜沉思，總是放膽放手大踏步乃可救人。救不得吳、越，仍損武惠之名，不如力一救也。兵勢須布遠勢，忌近謀。丈所言之三略，應併為內三路小三枝，另籌兩大枝，一出杭州，一出揚州。其內三路小三枝，則大帥之中權也。沈、李饒所辦廣信一路，竟須馳入杭州，以為平吳根本，保越人之命，取越人之財，事乃有濟，拘守廣信，無當也。應即請幼丹為報豫章藩司，奏補次青（李元度）浙江藩臬。次青應駐杭州；杭州危，駐衢州；杭州存，移湖州，投袂即行；此為先著。江督之履，已連齊魯，應以知兵任戰之李少荃（鴻章）、劉霞仙（蓉）等募各路步兵一萬五六千人，開幕府於清江浦，而以多、都兩公專司馬隊。又少荃、小泉（李瀚章）可奏補江寧、江蘇實缺，即是江北籌餉之本。失守後，前人已死未死，後人已放未放，均不嫌更正察看。楊廷和乘時革弊政，一筆勾銷之法，可敏決之。此兩枝定妥，布局宏遠，丈從徽、寧鼓行而東，東吳公事，應即如此勾當。急脈緩受，大題小做，恐或不濟。餉事不怕無錢，只怕無人，丈毋專取丞相謹慎為也。

此信寫時，正當太平天國的忠王李秀成再破江南大營，蘇常失陷，而杭州尚為清有。胡林翼為曾國藩借箸代籌，以為竟當蘇省殘破，舊有文武官吏下落不明之時，直捷以能幹任事之李元度、沈葆楨、李鴻章、劉蓉、李瀚章等分布蘇、贛、浙三省的藩臬要缺，就地籌餉治軍，分南、北、西三路向南京展開包圍形勢。形勢既得，事情自然順手，必不可急病緩治，但事補苴小處而忽略全局。信中所提到的楊廷和，乃是明朝有名的賢相，趁明武宗崩駕，新君未立之時，假借遺詔名義，盡革正德一朝的弊政，歷史上稱為美談。以胡林翼的膽識魄力和他的明快作風，如果曾國藩的兩江總督換了胡林翼來做，蘇常淪陷以後的江南大局，必不致要在三年以後方能逐漸改觀。因為，曾國藩後來所倚以成功的，即是李鴻章的上海軍與左宗棠的浙江軍，與此時胡林翼所籌議大致無異。只因時日遷延，以致奏功遲緩，若能如胡林翼之當機立斷，必可減少甚多的無形困難。胡林翼勸曾國藩不可專學諸葛亮之謹慎小心，在其他的許多信件中，又曾一再敦勸曾國藩要有不怕包攬把持，放手去幹的勇氣，凡此特性，正是曾國藩所缺乏而胡林翼所特具的。比較兩人的異同，即可知道，胡林翼所以能在極短時間之內，將殘破不堪的湖北省收拾整頓，一變而為後來的富強安定，即在他的有膽有識，以及凡事但求有利於國計民生而不辭包攬把持之名的緣故。在這些地方，胡林翼的治事之才與卓識之見，似乎又要比曾國藩高出一籌。

說到曾國藩之出任兩江總督，有一件事亦可以在此附帶一述。薛福成《庸庵筆記》「肅順推服楚賢」一條說：

> 肅順於咸豐年開始為御前大臣，貴寵用事。後遂入直軍機，屢興大獄，竊弄威福，大小臣工，被其賊害，怨毒繁興。卒以驕橫僭擬，獲罪伏法，其人故無足論矣。然是時粵賊勢甚張，而討賊將帥之有功者皆在湖南，朝臣如祁公文端、彭文敬公，尚懵焉不察，惟肅順知之已深，頗能

傾心推服。平時與座客談論，常心折曾文正公之識量、胡文忠公之才略。蘇常既陷，何桂清以棄城獲咎，文宗欲用胡公總督兩江。肅順曰：「胡林翼在湖北措注盡善，未可挪動，不如用曾國藩督兩江，則上下游俱得人矣。」上曰：「善。」遂如其議，卒有成功。

照此說來，胡林翼在當時本來很有可能由湖北巡撫調任兩江總督，只因他在湖北把所做的一切措施作為事事妥貼，皇帝覺得仍須多加倚畀，才將兩江總督一席改派曾國藩出任。胡林翼與曾國藩二人的抱負與志趣大致相似，其公忠體國的精神亦復無異，兩江總督一職，無論由曾國藩或胡林翼來做，最後都可以達到戡定大局之結果。但胡林翼拮据經營數年之久，曾國藩賴其全力支援，始得以克成大功，而胡林翼始終只能官至巡撫，且因勞瘁不起而卒於湖北巡撫之任，就酬庸報功之義而言，胡林翼所得到的，總不免令人覺得是太不公平了一點。

曾、胡二人，同為「咸同中興」的名臣，無論就學識、德行、志業、抱負而言，兩人之間都大致相為軒輊，難分上下。然而，在性格與行事方面，兩個人的差異就大了。大致曾謹慎而胡明敏，曾拘執而胡爽朗。因此之故，二人的造就亦復不同。除此之外，如果還有什麼差異，那就是見之於收攬人才方面的了。

方宗誠撰《柏堂師友言行記》，盛稱曾、胡二人之能禮賢下士，說：「自道光以來，公卿不下士久矣。近惟曾相國及潤芝宮保開此風氣耳。」薛福成《庸庵筆記》中亦有一條，極誇曾國藩幕府人才之盛。但即使如此，王闓運卻曾很不客氣地批評曾國藩與左宗棠，以為曾國藩只能收人才而不求人才，左宗棠只能用人才而不知人才。他對於胡林翼沒有批評，想來是胡林翼在這方面並沒有可資批評的地方。而揆之事實，胡林翼不同於曾、左的地方，正是他之能多方諮訪、廣求人才而用之。這篇文章既然是胡林翼的評傳，自然值得提出一說。

《柏堂師友言行記》說：「胡宮保嘗言：『欲平亂須博求人才，欲富國須修明政事。』此二語可為天下萬事法。」胡林翼對於人才的看法，在他寫給閻敬銘的信中說得很清楚。《胡文忠公遺集》卷六十三，〈與閻丹初農部書〉云：

弟才學至劣，而好善之誠，殆過時人，如憐其愚而教益之，則事猶可為也。天下之患，不獨在盜賊，患在人心不轉，人才不出耳。人才隨時而生，患在人之不求耳。

作為一個政治領袖，不可能事必躬親，更不可以自恃才智，察察為明。胡林翼深知政治藉賢才而治的道理，更知道必須廣求賢才以為佐理。所以，他不但隨時隨地留意訪求人才，而對於所得到的人才，更是多方愛養照顧，無微不至。徐宗幹《歸廬談往錄》中有一條說：

文忠公晚年，專以薦賢為務，知人善任，海內交推。

又有一條記述其訪求人才之法，云：

文忠公關心時事，遇四方之使，雖小吏末弁，引坐與談，舉所述聞見，隨筆記之以為參考。若稍有志意者，則必問所見人才，所學何方，已效安在，且令指實事一二證之，兼注考語。故几席所在，手摺數十，諸如此類。或不知其故，以為公何厚我而殷勤若是，則愚也。文忠薦人才，往往非宿昔相知。蓋由博採慎取，默具權衡，信乎大臣之用心也。

胡林翼廣求人才而大半由於訪詢而得，這在他的文集中亦有證據可憑。如卷六十一，〈覆李次青觀察書〉云：

奏調林鏡颿、林聽孫、閻丹銘、衛榮光、張建基、童子木六君子者，惟林鏡颿尚識面，餘皆不知，蓋訪求而得也。

從言語訪詢中所得到的人才，往往並不確實可靠，則胡林翼亦常以親自觀察的方法以求徵驗。近人海虞老漁所撰〈說曾滌生論字〉一文，曾附述胡林翼的軼聞一則云：

中興諸老，益陽、湘鄉、湘陰、合肥諸公，於見客之後必修報詣禮，躬入其室。文忠恆謂：「凡客之請謁者，必有所備而來。若報詣逕入其室，觀其所讀書，即可知其所學，觀其衣服起居，即可知其人之奢儉，設有嗜好，亦可周知。」其後合肥於同治朝初領封圻，報詣而不入室，寖失益陽意旨。至晚年，並報詣而無之矣。

文中所說的「益陽」，即胡林翼；「湘鄉」，即曾國藩；「湘陰」，即左宗棠；「合肥」，則李鴻章也。這一條記載不但寫出了胡林翼的謙恭與李鴻章的驕蹇，也寫出了胡林翼如何藉晉謁報詣之禮，來觀察賓客僚吏的生活與言行，以此徵驗外間對其人的譽揚或貶抑究竟如何，自不難得到清楚明白的具體瞭解。亦正因為胡林翼能用這種眼耳並用的方法勤求人才，所以，他所收攬的人才亦最有可觀。咸豐十一年八月，胡林翼以勞瘁不起，卒於湖北武昌節署，曾國藩上疏奏陳胡林翼的生前功績，除了備陳其忠勤事實以外，更屢述其推賢讓能及愛護人才的盛德，云：

> 大凡良將相聚，則意見紛歧，或道義自高，而不免氣矜之過，或功能自負，而不免器識之褊，一言不合，動成水火。近世將材，推湖北為最多。如塔齊布、羅澤南、李續賓、都興阿、李續宜、楊載福、彭玉麟、鮑超等，胡林翼均以國士相待，傾身結納，人人皆有布衣昆弟之歡。或分私財以惠其家室，寄珍藥以慰其父母。前敵諸軍，求餉求援，竭蹶經營，夜以繼日，書問饋遺，不絕於道。自七年以來，每遇捷報之疏，胡林翼皆不具奏，恆推官文與臣處主稿。偶一出奏，則盛稱諸將之功，而己不與焉。其心兢兢以推讓僚友，扶植忠良為務。外省盛傳楚師協和，親如骨肉，而於胡林翼之苦心調護，或不盡知。此臣所自愧昔時之不逮，而又憂後此之難繼者也。

又，曾國藩在〈覆李續宜書〉中更說：

> 潤帥近日扶持善類，力挽頹風，於人之邪正，事之是非，剖判入微，不少假借。有權衡而不屑用，有才智而不自用，皆大過人處。

曾國藩對胡林翼之推崇，不但一出至誠，而且自愧不如，正可知道胡林翼在「咸同中興」三大名臣之中的地位，正應與曾國藩相伯仲，而高出左宗棠之上。只可惜他死得太早，來不及有更多的展布，便遽爾因病不起，未免是國家民族的重大損失。

胡林翼之死，主要由於憂勞過甚。這在他的文集中有很多具體的記述。如文集卷七十九〈覆左宗棠書〉云：「林翼積勞六七年，憂思成痗，病勢日增。」又，文集卷六十五〈覆錢萍矼書〉云：「林翼積年戎帳，精力已頹。若再遲延一二年，英華銷歇，即再鞭策，亦無能為役。」這還是咸豐八、九年間的情形。其時，胡林翼丁母憂，適逢李續賓三河喪師，胡林翼力疾起復，親赴黃州收拾整頓，力挽危局。至太湖、潛山之戰發生，陳玉成挾十餘萬眾來攻，清軍形勢危殆，胡林翼苦思對策，深夜不寐，雖終獲勝捷，而精力益形不支。至咸豐十年，還常有氣喘、吐血及精神恍惚的現象。即使如此，他在安慶之圍方急，陳玉成竭力向安徽、湖北四處竄突的時候，仍復不顧病體安危，力疾批閱軍報，每至夜分。於是，咯血的情形愈見嚴重。這是肺結核因勞瘁過度而日益惡化的徵象。胡林翼亦自知長此以往，勢將一瞑不起，但他仍竭力振作，要拚出最後一分精力支持到底。他在此時寫給曾國藩的信中說：「賤恙桐城王醫與作梅均言，心肺脈模糊，此是最重之症，用一份心即增一分病，用一日心即增十日病。然願即軍中以畢此生，無他念也。」又一信云：「邇日並軍報亦廢閣不閱，夜則五心如焚，已十餘日。生死之際，如倦極思得一睡，睡著便安，即歿吾寧也之義。」果然，他終於因勞瘁不堪而致咯血愈劇，於咸豐十一年之八月二十六日卒於武昌，享年止五十歲。比較起來，曾國藩與左宗棠與他的生年相近，胡林翼是死得最早的一個。他之早死，勞瘁過度固是主因，而早年生活之放蕩不羈，或不免因斲傷過甚而種下體弱易病的遠因。

綜述胡林翼的一生事蹟，我們大致可以得到一些如下的概念，即：胡林翼出身翰林，科名早顯，由於自恃才智過人而疏狂不羈，在早年頗有花花少爺的模樣。但在經過一番挫折之後，事業前途蹭蹬，使他翻然悔悟，於是在捐官知府之後就一改早年所為，立志要為國家民族做一番事業。七年知府，聲譽鵲起，其後屢經危難，更能竭力支撐，終於能藉著他過人的才智與能力，在平定太平天國之亂的長期戰爭中大展弘猷，為曾國藩的平吳大功做好基礎工作。胡林翼初到湖北之時，所帶的兵數少而質差，屢經挫衄，在湘軍各部中稱為最弱。但在經過一番戰火的歷練及參用湘軍營制加以訓練之後，居然壁壘一新，屢有勝捷。自此之後，湖北之軍，遂以善戰著稱。這自然都是胡林翼的收拾整頓之功。其後湖北雖經克復，而大亂之後，百事俱廢。也靠了胡林的竭蹶經營，方在數年之間奠立富強之基。但他仍然不以此為滿足，於分兵四援鄰省之外，更全力支援曾國藩的東征之師，使無後顧之憂。東南大局之終能底定，至此已具備了先決的條件。「咸同中興」，素來以曾胡並稱，而胡林翼的才具實勝於曾國藩，只是他謙退為懷，不肯自言功績而已。亦正因為他處處能推功讓賢，調和將帥，以故人心歸附，士樂為用。凡此施為，充分顯示出一個成功的政治領袖所發揮的作用。一個國家能有這樣的政治領袖，自然可以改造時勢，戡定大難。這樣的人物，在歷史上並不多見，而清朝政府在當時居然能夠得到，實在是太幸運了。

第三章
左宗棠

左宗棠

光緒初年，新疆回亂幸賴左宗棠得以敉平，舉西北數百萬方里已失之疆土還之滿清，得了「自唐太宗後，對國家主權、領土功勞最大之第一人」的雅稱。

「自唐太宗以後，左宗棠是對國家主權領土功勞最大的第一人。」——繆鳳林

上面所引的這段話，見於李少陵先生所撰的《左宗棠故事新編》。說這話的繆鳳林先生，則是從前的中央大學教授，歷史學家，民國三十一年考察西北歸來，對左宗棠經營西北所做的結論。在《左宗棠故事新編》中尚有引述，舉此一端，以略見民國以來國人對左宗棠的推崇敬仰之一斑而已。

清朝的「咸同三大中興名臣」，曾、左、胡並稱。試將曾、左、胡三人略做比較，曾國藩無疑是最成功的領袖人物，他的德行、器識和學問，在三人中應居第一。胡林翼才具恢宏，規模遠大，只可惜死得太早。至於左宗棠，則人稱之有霸才，假如生當亂世，必可圖王稱霸，自成一番事業。而他之所以崛起，亦正因為清朝末年紛至沓來的各種變亂，使滿清政府窮於應付，不得不破除資格，用人惟才，因此才能使他以一個不第進士的舉人身份，由巡撫、總督而一直做到入閣拜相、封侯賜爵為止。亦因為他具有圖王定霸的卓犖才略，所以才能在清朝末年內憂外患相互煎迫的情形之下，力排一切困難，舉西北數百萬方里已失之疆土還之滿清，博得了「自唐太宗以來，對國家主權領土功勞最大的第一人」之美譽。從這些地方，我們可以看出，左宗棠的軍事學識與政治眼光，亦應當在三人之中居於第一。然則，所謂「咸同中興三大名臣」，究竟孰高孰低、孰優孰劣，倒也正是很難下一斷語的呢！

前文已曾介紹過曾國藩與胡林翼的生平概述，這裡且來談談左宗棠。

左宗棠是湖南湘陰縣人，世居縣東鄉之左家塅。父名觀瀾，乃是縣學中的一名秀才。左宗棠兄弟三人，長宗棫，早卒。次宗植，曾與左宗棠同榜中舉，官至內閣中書，有文名。宗棠行三，字季高，自稱湘上農人，生於清仁宗嘉慶十七年。左宗棠二十九歲時在長沙處館，曾作詩八首，中一首述及其父母當年里居食貧之狀，有四句云：

研田終歲營兒脯，糠屑經時當夕餐。乾坤憂痛何時畢？忍囑兒孫咬菜根。

此詩後附自注，「研田」句下注云：「父授徒長沙，先後二十餘年，非脩脯無從得食。」「糠屑」句下注云：「嘉慶十二年吾鄉大旱，母屑糠為餅食之，僅乃得活。後長姊為余言也，傷哉！」由這些地方可以知道，左宗棠的父親，乃是一個以教讀為生的窮儒，家中的經濟情況並不寬裕。不寬裕的人家而仍令子弟讀書，無非希望他們能夠中舉人、中進士，由此可以入仕做官，得功名，建事業。左宗棠兄弟三人，在他父親觀瀾先生的教導之下，所走的正是此一道路。宗棠長兄宗棫，於嘉慶二十四年中秀才，入縣學。次兄宗植，更於嘉慶二十一年即入縣學，時年甫十五歲。宗棠自己，於五歲時開始從二兄入學讀書，九歲時即開始學作八股文，十五歲應童試。到了二十一歲那年，與次兄宗植同時應湖南鄉試，宗植中是科之解元，宗棠則中第十八名舉人。既中舉人，距進士只差一階，以宗棠兄弟之才學，理應到手取來。但因科舉考試所重的是八股時文，所講究的是經義純熟，與經國濟世的真才實學並無相干。所以，雖然左宗植的文才優美，左宗棠亦滿腹經綸，仍然不能入時文之彀，屢試屢黜，迫得左宗棠只好與他父親觀瀾先生一樣，以教書處館作為謀生的方法。因此，他早年的生活也是很清寒困苦的。

左宗棠之子孝同所撰〈先考事略〉，有一段說：

府君嘗言：吾十八九歲時，於書肆購得顧氏《方輿紀要》一書，潛心玩索，喜其所載山川險要、戰守機宜，瞭如指掌。兼得亭林《郡國利病書》及齊氏《水道提綱》等書，於可見諸施行者，另編存錄之。於時承平日久，士人但知有舉業，見吾好此等書，莫不竊笑，以為無所用之。

上文所說的「顧氏《方輿紀要》」，即清人顧祖禹所撰的《讀史方輿紀要》；「亭林《郡國利病書》」，即顧亭林所撰的《天下郡國利病書》；「齊氏《水道提綱》」，即清人齊道南所撰的《水道提綱》。這幾部書，都是地理學方面的有名著作，尤其是《讀史方輿紀要》與《天下郡國利病書》，正是顧祖禹與顧亭林先生寢饋史地之學多年之後，以歷史與地理相為印證而寫成的兵要地理與政治地理，極富於經國濟世的大學問。左宗棠對這些著作大感興趣，按年譜所記，他對於這幾部書「昕夕稽究，有所證發，輒手自條記」；然而，當時人均認為他所做的，乃是無用之事，實在是太使人洩氣了。在科舉考試時代，讀書人為了希望從科舉考試中去弋取功名富貴，往往以全副精力去從事八股時文的鑽研揣摩，而置一切與八股文無關之書於不顧。清人徐大椿曾作〈道情詩〉加以譏刺云：

讀書人，最不濟，讀時文，爛如泥。國家本為求才計，誰知變作了欺人計。三句承題，兩句破題，擺尾搖頭，便是聖門高弟。可知三通四通是何等文章，漢祖高宗是哪朝皇帝？案上放高頭講章，店裡買新科利器，讀得來肩背高低，口角噓唏。甘蔗渣兒嚼了又嚼，有何滋味？辜負光陰，白白昏迷一世。就教他騙得高官，也只是百姓朝廷的晦氣！

這首詩諷刺清代讀書人之但知背誦八股時文，而懵然不知此外一切的學問文章，雖不免嘲罵過甚，卻也正是當時大多數讀書人的真實寫照。在這樣的社會風氣之下，讀書人以應試中舉為人生最大之鵠的，除了致力於八股時文之揣摩學習，實在也更沒有足夠的精力，可以從事於與科舉考試無關的經世實用之學了。在前面所寫的〈曾國藩〉一文中，筆者曾經指出，由於曾國藩之科名早達，所以他才可以在中了進士之後把八股時文一起丟開，專心去閱讀有用之書，儲備學問，以為他日匡時救世之用。如其不然，他勢必亦要在科舉考試中蹭蹬一世，無學問、事功之可言了。左宗棠開始對《天下郡郡國利病書》及《讀史方輿紀要》等書發生興趣，還是他十八九歲時的事。那時他不但不曾中舉，甚至連秀才都不曾掙得一個。而他居然不去鑽研專為弋取功名富貴的八股時文，卻要對這些與功名富貴無關的學問發生興趣，自不免要使一般庸庸碌碌的人為之十分奇怪的了。

說到左宗棠之對這些無關科舉的書發生興趣，也是十分偶然的巧合。原因是左宗棠甫於十五歲那年初應童子試，翌年參加府試，得獲第二名，還沒有來得及等到學院按臨時參加考試（舊時制度，各縣童生，須經學政考試及格，始得取為縣學生員，名為院試），他的母親余太夫人就在這年十月間得病去世了。依照從前的禮制，遭父母之喪，例須丁憂守制二十七個月。在丁憂期間，服官者須解職回籍守制，應試者亦不得參加考試。左宗棠既然不能在這段時間內參加考試，自可不必多費心思去鑽研八股文。恰在此時，他買得《方輿紀要》等書，讀了之後大感興趣，遂使他的思想、學識都由此而進入了一個不同的新境界。到了道光十年，左宗棠十九歲時，母憂未滿，他的父親觀瀾先生亦卒，又須再丁父憂。這一年，湖南善化籍的江寧布政使賀長齡因母老乞歸養親，由南京回到長沙，遇到了左宗棠。晤談之下，得知左宗棠對於兵要地理及全國山川形勢與社會情狀很有研究，大為傾倒，於是乃在鼓勵與嘉勉之外，更將他自己所收藏的甚多官私圖史都公開出來，任令左宗棠恣意取閱。每當左宗棠讀畢一書而向賀長齡另借他書時，賀長齡必定向他詳細詢問閱讀所得，相互討論研究，使左宗棠得益極多。賀長齡是清朝最先提倡經世實用之學的第一人。由於他的啟牖與獎勵，左宗棠的生平學問，在此時乃奠定了良好的基礎。而賀長齡之弟賀熙齡此時以御史家居，主講長沙城南書院，左宗堂在院中讀書，從學十年，所得於賀熙齡的教誨誘掖亦極多。

道光十二年，左宗棠丁憂期滿服闋。這一年，他已經二十一歲。由於他在丁憂以前還未曾中過一名秀才，而道光十二年適逢三年鄉試之期，如果要等中了秀才之後再來考舉人，勢必又要再等三年。好在那時有所謂「捐監」的辦法，就是說，未曾中秀才而希望參加鄉試，可以出錢捐一個監生，一樣可以下場。為了爭取時間，左宗棠就採取了此一辦法，捐了一個監生，與他的次兄宗植一同入場應試。這一年的湖南鄉試主考官，是禮科掌印給事中徐法績。左宗棠的考卷，本來已被閱卷官所擯斥，並無取中希望。而這一年的鄉試，道光皇帝曾經特別降旨，要各主考官注意搜閱未被取中的「遺卷」，以避免人才或有遺落。徐法績獨閱遺卷五千餘卷，搜遺得六人，而以左宗棠居首。榜發，宗棠之次兄宗植榮獲第一，左宗棠亦中第十八名舉人。這是左宗棠在科舉考試中所得到的最高功名。自此以後，他曾三次赴京中參加會試，都未得中進士。之後，他絕意於科舉，就此以舉人的資格終其一生。

以左宗棠與曾國藩相比，曾國藩是在中了進士之後才讀書，這自然無礙於他的功名富貴。左宗棠還沒有得中進士，就以他的大部分精力專致於經世實用之學，自不免要影響到他在功名之途上的發展。所以，他之三赴會試甫而三遭黜落，說起來也就不足為奇。惟一值得欣慰的是，左宗棠在科舉考試方面雖然屢屢不能得意，他的學問與器識，卻已深為當時的有識之人所知。如胡林翼，即是其中之一。由於胡林翼之譽揚推薦，他因此而得以結識了當時的一些重要人物，如陶澍、林則徐、張亮基等，這幾個人在左宗棠的一生事業上，都是有著很大影響力量的。

陶澍，是湖南省的安化縣人，道光時官至兩江總督。道光十七年，左宗棠正主講於醴陵縣的淥江書院時，適值陶澍趁閱兵江西之便請假回湖南省墓，道出醴陵。醴陵知縣為這位總督大人治館舍，請左宗棠代撰楹聯。左宗棠寫了如下一副對聯：

春殿語從容，廿載家山，印心石在。
大江流日夜，八州子弟，翹首公歸。

這一副聯雖然不脫譽揚性質，但措語甚為大方得體。聯中所說的「印心石」，即陶澍家中所建的一所堂屋，曾蒙道光皇帝御賜匾額，題曰「印心石屋」。以此襯托陶澍之眷念先人與道光皇帝之垂愛臣下，十分適當。所以，當陶澍一見此聯時，即大為激賞。在訪知是淥江書院的山長左宗棠所作，立刻請醴陵知縣邀來晤談。一見之下，目為奇才，竟夕傾談，相與訂交而別。以一個官居一品的現任總督，竟折節下交一個只有舉人功名的書院山長，看來未免使人感到十分奇特。而更奇特的事情，還在後面呢。徐宗幹《歸廬談往錄》中有如下一段記載說：

文襄（即左宗棠）長女，為陶文毅（即陶澍）公子婦。其締姻時，文襄年少而貧，與胡文忠公（胡林翼）夙故。文忠，文毅婿也，省文毅江南督署，文襄與偕，文毅奇賞之。一日，傳優人治盛席堂上，文襄為賓，文忠為介，而文毅為主，凡三人。眾莫測其故。酒酣，文毅命子桄出拜，指謂文襄曰：「吾一子，無可託者。覼君志意出吾上，願乞賢女配之，俾成立。」文襄慨然允諾。文毅薨，桄始八歲，文襄乃就文毅家主持內外，歲脩三百金。如是十年。文毅多藏書，清代掌故之類尤備。文襄日夕討論，學遂大進。文毅家號巨富，文襄佐湖南撫幕時，餉事有急，輒令陶氏輸重金為倡，不少顧惜。其長女極賢幹，有父風，能任家政焉。

左宗棠在三赴會試不第之後絕意仕進，就是在安化陶氏家中處館，一方面教育他的未來女婿陶桄，一方面勤研朝章典故及經世實用之學，使他的生平學問，由此更上一層樓。胡林翼與左宗棠同年而早生四月，其年歲較左宗棠為差長，中進士亦早。胡林翼早已是陶澍的女婿，而左宗棠後來卻成了陶澍的親家，胡林翼反而要倒過來稱呼左宗棠為「姻丈」，這樣的變化，看來未免滑稽。而陶澍之所以要這樣做，正是因為他深知左宗棠器宇宏遠，志行堅毅，不但其前途未可限量，亦可託以大事之故。雖然，我們不能確定，這其間有沒有胡林翼譽揚推薦的因素在內，而在左宗棠與林則徐、張亮基二人的關係中，胡林翼的居中薦舉之功，應為明確之事實。《胡文忠公遺集》卷五十三，咸豐二年〈致湖廣總督程矞采書〉云：

湘陰孝廉左君宗棠，有異才，品學為湘中士類第一。林翼曾薦於林文忠（林則徐），因文忠引疾，故未果行。文忠至湖上時，招至舟中，談論竟夕，稱為不凡之才。

又，遺集卷五十四，咸豐二年〈致湖南巡撫張亮基書〉云：

前舉衡、湘之士七人，聞其有才，未曾面晤，必可羅而致之，量才驅策。內有左子季高，則深知其才品超冠群倫。曾三次薦呈夾袋中，未蒙招致。此人廉介剛方，秉性良實，忠肝義膽，與時俗迥異。其胸羅古今地圖、兵法，本朝典章，切實講求，精通時務。訪問之餘，定蒙賞鑑。

胡林翼之所以要竭力為左宗棠推轂，無非深知左宗棠之才具開展，學識過人，如果長為鄉野之人，實為國家社會之重大損失。所以，他每次遇到機會，總要將左宗棠介紹給他所熟識的長官僚友，以期望左宗棠能夠出山，為國家社會做一番事業。但在當時的政治風氣之下，人人重視科舉考試，以為惟有進士、翰林之類才是有學問的人才。左宗棠不過只是一名舉人，既不容易為人所重視，自很難在科舉考試之外另覓發展的道路。所以，即使胡林翼努力為左宗棠推轂，除了陶澍和林則徐對左宗棠十分器重之外，如程矞采等，不過以等閒視之而已。倒是張亮基，平素深受林則徐的提掖薰陶，已曾耳聞左宗棠之名。及至他到湖南來做巡撫之時，正值太平天國軍圍攻長沙，軍情搶攘，國事如麻。他深知非常之時需要非常之才來匡扶救正，而左宗棠正是他所最需要的得力幫手。於是，經由胡林翼的推薦與張亮基之敦聘，僅有一個舉人功名的左宗棠，終於也參加了實際政治，開始創建他此後的事業了。

左宗棠於道光十八年第三次北上會試，落第南歸之後，就決計不再參加會試。這一年，也就是陶澍與他結為兒女親家的那一年。翌年，陶澍卒於兩江總督任上。喪歸湖南，賀熙齡致書於左，要左宗棠去教育陶澍之子，亦即是左宗棠自己的未來女婿陶桄。自此以後，左宗棠即在安化陶家處館，前後歷時凡八年。據《左宗棠年譜》所記，左宗棠在這段時間所從事的學問，大致如下：

第一是：「遍覽文毅公所藏本朝憲章，重訂往歲所繪輿圖。」

第二是：因中英「鴉片戰爭」發生，遂詳究唐宋以來一切公私載籍中有關外國事宜之掌故，以求瞭解古代從事洋務及海防之情形。

第三是：因讀書益多而洞察世事所以敗壞不振之故。更因學問日敝，人才日衰，而頗以為農家乃生人之第一要務，遂積多時之力，撰成農書一種，名曰《樸存閣農書》。

第四是：他在湘陰縣東鄉之柳莊買田一區，移家居之，即以他所研究的古代區種之法，在柳莊實地試驗。並作《廣區田圖說》，以介紹區田種法的利益。

既然他將全部精力都放在教書、讀書、研究與著作方面，他昔年所從事的八股時文，自然已經一切棄去不為。假如不是清朝中國在此時發生了驚天動地的大變局，他很可能即以讀書、耕田的方式終老此生了。然而，太平天國的革命運動發生了，湖南與廣西隔鄰，首當其衝。新調來的湖南巡撫張亮基深知左宗棠其人，由於胡林翼之推薦，及江忠源、郭嵩燾等人的敦促，左宗棠終於加入了張亮基的幕府，成為張亮基的幕後捉刀之人。《左宗棠年譜》卷一，敘述左宗棠入張亮基幕府的經過情形說：

> 咸豐二年壬子，公四十一歲。四月，粵寇陷全州，掠船數百，將順流趨長沙。新寧江忠烈公忠源率楚勇過簑衣渡，大敗之，寇遂東趨永州，還陷道州，分擾江華、永明、嘉禾、藍山縣境。七月，陷桂陽州。庚戌，進陷郴州。巡撫駱文忠公秉章奉詔來京，張公亮基自雲南移撫湖南。未至，駱候代居城中，與幫辦軍務羅公繞典議防守。丙子，寇酋蕭朝貴遽率死黨，取間道掠安仁、攸縣、醴陵，犯長沙。八月，公自柳州徙居湘東白水洞，誅茅築屋，親黨多從避難。丁酉，張亮基至長沙。先是，胡文忠公數以書薦公於張公，張公行抵常德，發急足至山中延請公，公覆書辭謝。是時，江忠烈公已追寇壁城南，書來促公行。景喬先生（即左宗植）與郭公嵩燾亦皆勸公出，乃應聘。至則張公一以兵事任之。

張亮基曾為林則徐之部屬，林則徐甚為賞識他的才能，曾以張亮基與胡林翼並稱，比之為自己的一雙左右手，由此可知林則徐對張亮基的倚信程度。張亮基一到湖南，便把左宗棠請入他的幕府。左宗棠與他相見之下，也即刻發現張亮基是一個明爽果斷、極有作為之人。二人氣味相投，左宗棠當然也就願意留在張亮基幕中，為之運籌帷幄，抵禦太平天國軍對長沙的攻擊行動。《張亮基年譜》敘次左宗棠協助張亮基辦理長沙城守事宜的情形說：

> 調發兵食，於省城設立軍需總局支應一切。檄在籍知縣黃冕專任南城防守。自是清監獄、稽保甲、築月城、開內壕、製兵械，增守具，諸務畢舉。

長沙的攻防戰，前後歷時三月。由於太平軍少而長沙城大，事實上太平軍所攻圍的只是長沙南城一面，因此，城中的守軍亦得以集中全力應付。不久，城外的各路援軍大集，而長沙城防堅固，不能破，太平軍乃捨長沙而西向益陽，掠船隻出洞庭湖，連陷岳州、漢陽、漢口及武昌，寖寖乎成為難制的大敵。此時，湖廣總督徐廣縉因畏敵逗留被逮，朝旨以張亮基署湖廣總督，左宗棠亦與之偕行。又不久，張亮基亦因田家鎮兵敗，降調為山東巡撫，左宗棠仍回湖南。這以後，就是左宗棠入參繼任湖南巡撫駱秉章之幕府，開始他「內定湖南，外援五省」的事了。

自從張亮基由湖南巡撫調署湖廣總督以後，湖南巡撫一職，皇帝仍命調任湖北巡撫的前任湖南巡撫駱秉章回來擔任。駱秉章於咸豐三年三月再任湖南巡撫，至咸豐十年九月調陞四川總督，共計擔任第二度的湖南巡撫七年有半。有關史傳頗誇張他在此一段時間之內的實際功績，但《清史・駱秉章傳》的文字太繁，無法轉引，且摘引一些文字較簡的其他傳記文字如下，以略見其一斑。

朱孔彰撰《中興以來將帥別傳》卷十〈駱秉章傳〉云：

詔署湖北巡撫。明年，復命巡撫湖南。當是時，安慶、江寧並陷賊，粵東西土寇接踵起，貴州教匪復結逆苗為亂，環湖南邊境游氛四逼。又自承平久，官吏習於苟且粉飾之計，下情否隔，民困無由上達。公至，求人才，作士氣，察民隱，祛壅蔽，力挽積習。曾文正公時以侍郎治團練，公與同心戮力。及文正治師東征，糗糧、船砲、軍械，公悉力資給焉。左文襄公方為舉人，公欲羅致之而不肯出，乃假捐輸事拘陶文毅公之子入署。文襄遽出爭辯，公笑曰：「正欲公出耳，陶公子豈敢加以非禮？」於是談笑甚相得，文襄遂出佐戎，知無不言，言無不行，湖南之強由此始。由是天下不多左公之才，而多駱公之能用人也。五年，武昌三陷。胡文忠公林翼已為鄂撫，飛書告急，公悉力資給，如所以資文正者。會粵寇何祿、陳金剛等分道犯湖南，而武岡、邵陽、淑浦諸土寇時時竊發，公皆遣將討平之。自援鄂外，復以餘力援黔、援粵、援江西，徵調無虛歲。而江西之役尤偉，籌餉三百餘萬，不分畛域。

這一段文字敘次駱秉章在湖南巡撫任內的安內攘外功績，頗為簡單扼要，但在開頭部分的前後次序，頗有錯亂。因為，左宗棠之入駱秉章幕，乃是咸豐三年三月駱秉章到任不久之後的事，而曾國藩在咸豐三年七月始往衡陽創建水師，咸豐四年七月始率湘軍水陸之師東征，其時間均在左宗棠入駱秉章幕府之後甚久。然則，所謂駱秉章與曾國藩同心戮力，以及資給湘軍糗糧、船砲、軍械等事，當然也都是在左宗棠參贊駱幕之後的事了。這些史事之需要加以辨明，乃是因為清代以來的很多野史都曾說到，駱秉章第二度出任湖南巡撫，凡事俱皆仰成於左宗棠，駱秉章本人，不過坐嘯畫諾，拱手受成而已。例如清人徐宗幹所撰的《歸廬談往錄》中就說：

> 左文襄公初以舉人居駱文忠公幕府，事無大小，專決不顧。文忠日與諸姬宴飲為樂，文襄嘗面嘲之曰：「公猶傀儡，無物以牽之，何能動耶？」文忠乾笑而已。嘗夜半創一奏章，叩文忠內室大呼。文忠起讀叫絕，更命酒對飲而去。監司以下白事，輒報請左三先生可否。

左宗棠行三，所謂「左三先生」，便是駱秉章對左宗棠的稱呼。薛福成《庸庵筆記》中亦有一條說：

> 大學士恪靖侯左公以在籍舉人居駱公前任張石卿中丞之幕，張公既去，駱公復賓禮之。左公練習兵事，智略輻輳，駱公專任以軍謀，集餉練兵，選用賢將，屢卻悍賊，兩敗石達開數十萬之眾，復分兵援黔、援粵、援鄂、援江西，丰采幾與曾、胡兩公相並，則左公帷幄之功也。駱公每公暇適幕府，左公與幕賓二三人慷慨論事，證據古今，談辯風生，駱公不置可否，靜聽而已。世傳駱公一日聞轅門舉砲，顧問：「何事？」左右對曰：「左師爺發軍報摺也。」駱公頷

之，徐曰：「蓋取摺稿來一閱。」此雖或告者之過，然其專任左公可知。惟時楚人皆戲稱左公曰「左都御史」，蓋以駱公官銜不過右副都御史，而左公權尚過之也。

凡此記述，俱可知左宗棠雖以幕賓身份居湖南巡撫之幕府，實際上卻是操持湖南政柄之人。然則，〈駱秉章傳〉中所說駱秉章在湖南巡撫任內的各種安攘政績，豈不正就是左宗棠的政績嗎？所以，後來的人為左宗棠編纂全集，直接就將駱秉章任湖南巡撫七年半之間所上的奏摺，亦編入《左宗棠全集》之內，名之為《駱大司馬奏稿》，作為《左宗棠全集》的附篇，其目的即在使人知道此亦是左宗棠所撰的奏稿，不過假駱秉章之名奏上皇帝而已。

駱秉章稱左宗棠為「左三先生」，湖南人則稱左宗棠為「左都御史」，而監司以下向巡撫白事，駱秉章又要他們直接去向左宗棠請示，「公可亦可，公否亦否」。像這樣一個在籍舉人身份的師爺，豈不就等於是實際上的湖南巡撫嗎？然而，實際上的巡撫與真正的巡撫，畢竟是有差別的。真正的巡撫，出自皇帝的特簡，由於名分與職權的關係，凡是巡撫以下的文武官吏，都必須奉事惟謹，即使他刻薄少恩，人們也只有隱忍含容，不敢相較。但如並無巡撫身份而操巡撫之權，那情形就大不相同了。尤其是巡撫以下的監司大員，去巡撫不過一階，較之左宗棠的在籍舉人身份，則不知高出多少。若在平時，舉人見了本省的監司大員，應該是趨奉承應之不暇。現在只因巡撫的過分倚信，卻要使監司等官事事去向被巡撫所倚信的舉人去請示，事幕賓如事巡撫，這其間就難免不會發生不愉快的芥蒂了。如果左宗棠在此時更不注意顧及幕賓的身份，儼然以巡撫的地位頤指氣使，這其間的問題當然更多。咸豐九年，左宗棠因掌摑永州鎮被革總兵樊燮，以致被樊燮控告於都都察院及湖廣總督官文之處，隨之而引起軒然大波，究其事實，就是由於當時的湖南布政使文格，因平素對左宗棠多有不滿，乘機推波助瀾所造成的結果。

《駱秉章年譜》敘述左宗棠被樊燮控告一事，曾說：「聞有人唆聳樊燮在湖廣遞稟，又在都察院呈控。」而未曾說明此唆聳之人究竟是誰。朱孔彰撰《中興將帥別傳》，在〈左宗棠傳〉中亦曾提及此事，則說：「布政使亦陰助燮。」此布政使，即文格。考之《左宗棠年譜》，左宗棠於咸豐十年三月因樊案自長沙避至襄陽所寫與郭嵩燾的信，中間曾說：「抵襄陽後，毛寄耘觀察出示潤公密函，言含沙者意猶未慊，網羅四布，足為寒心。」

又，他在此年中寄與李續宜的書中亦說：

> 未至英山以前，竊自忖度，如夫己氏必不相捨，山北山南，網羅密布，即匿影深山，亦將為金丸所擬。

由這兩封信中可以知道，這一個隱身幕後唆慫樊燮出面呈控，又在總督官文那裡廣為布置，必欲將左宗棠逮捕歸案而後已的人物，不但官位甚高，而且與湖廣總督官文的關係亦甚密切。又，胡林翼於咸豐九年寫與左宗棠的信中曾說：

> 間公者湘人，非鄂人。此沛公司馬之類也，何足介意。

綜合這些資料，可以相信當時的湖南布政使文格實為適當之人。因為文格是湖南的官而非湖北的官，合於胡林翼信中所說的情形。而文格不但官高，且與總督官文同為滿人，彼此之間的關係密切，又合於左宗棠信中所說的情形。再則，文格此時與駱秉章之間的關係不好，如能藉此將駱秉章擠掉，他自己便有希望可以陞為巡撫。一石兩鳥，也與胡林翼信中所說的「沛公司馬」相合。由於這種情形，我們可以知道，左宗棠之所以會在當時惹下這一番大禍，正是因為他以幕賓身份而隱操湖南之政柄，招怨樹敵太多。至於他因氣性剛強而致開罪多方，則在胡林翼此時所寫與官文的信中，顯示得更為清楚。胡信原文，不見於《胡林翼全集》，但卻載於梅英杰所編的《胡林翼年譜》，謂是得之於長沙張氏所藏。摘敘如下：

> 湖南左生季高，性秉剛烈矯強，歷年與鄂省交涉之事，其失禮處久在山海包容之中。滌帥所謂宰相之度量，亦深服中堂之德大，冠絕中外百僚也。來諭言湖南之案，其案外之左生，實係林翼私親，自幼相處，其近年僻氣不好，林翼無如之何。如此案有牽連左生之處，敬求中堂老兄格外垂念，免提左生之名。此係林翼一人私情，並無道理可說，惟有燒香拜佛，一意誠求，必望老兄俯允而已。

此信中一再說到左宗棠之「氣性剛烈」與「僻氣不好」，可知左宗棠最為人所詬病的「使氣好罵」之病，在此時已見端倪。亦正因為他連布政使文格那樣的監司大員也得罪了，而文格與駱秉章之間的關係又並不很好，所以文格才要唆使樊燮，在控告永州知府黃文琛的案內將左宗棠亦牽連入內，藉圖陷害報復。關於此一案件的後來發展情形，薛福成《庸庵文集・肅順推服楚賢》一節中曾有記載，引敘如下：

> 左文襄公之在湖南巡撫幕府也，已革永州鎮樊燮控之都察院，而官文恭公督湖廣，復嚴劾之。廷旨敕下文恭密查，如左宗棠果有不法情事，可即就地正法。肅順告其幕客湖口高心夔，心夔告衡陽王闓運，闓運告翰林院編修郭嵩燾。郭公固與左公同縣，又素佩其經濟，傾倒備至。聞

之大驚，遣闓運往求救於肅順。肅順曰：「必俟內外臣工有疏保薦，余方能啟齒。」郭公方與京卿潘公祖蔭同值南書房，乃浼潘公疏薦文襄。而胡文忠公上〈敬舉賢才力圖補救〉一疏，亦薦文襄才可大用，有「名滿天下，謗亦隨之」之語。上果問肅順曰：「方今天下多事，左宗棠果長軍旅，自當棄瑕錄用。」肅順奏曰：「聞左宗棠在湖南巡撫駱秉章幕中，贊畫軍謀，迭著成效，駱秉章之功，皆其功也。人才難得，自當愛惜。請再密寄官文，錄中外保薦各疏，令其察酌情形辦理。」從之。官公知朝廷意欲用文襄，遂與僚屬別商具奏結案，而文襄竟未對簿。俄而曾文正公奏薦文襄，以四品京堂襄辦軍務，勳望遂日隆焉。

左宗棠因樊燮之控案而轉禍為福，雖是他命運中的丕變契機，畢竟得力於郭嵩燾、潘祖蔭、胡林翼之竭力營救，而肅順的推挽之功，尤不可沒。如其不然，即使左宗棠能逃出陰謀陷害者毒手，他此後的功名事業，亦絕不能如此順利。造化弄人，欲害之而反足以成全之，世界上的事，實在很難預料其結局。當樊案未了之時，左宗棠為了逃避陷害的網羅而投身於胡林翼的湖北巡撫衙門，要求胡林翼或曾國藩給他一個營官的位置，以求殺賊自效。不料事情發展到後來，皇帝卻令他自募一軍，隨同曾國藩襄辦軍務，從此開始了他後半生的輝煌事業，真是所意想不到之事。在此以前，左宗棠自以為年逾四十而功名無望，每自嗟嘆，說：「除非夢卜敻求，此生殆無幸矣。」所謂夢卜，即殷高宗之因夢而得傅說，周文王之以卜而得呂尚的往事；敻求，則是遠求之意。照他的意思，若不是皇帝會因夢賚良弼而致遠道前來尋求，他當已沒有建功立業的希望。不料夢卜未來而機遇忽至，實在大出於左宗棠自己的意料之外。左宗棠初入張亮基幕府，已因長沙城守之功，由張亮基保薦為知縣。至駱秉章任巡撫，更由知縣職銜屢次保陞至同知、直隸州、郎中，再加至四品卿銜。至此奉旨募軍從征，所帶的職銜亦就是四品京卿。後人不察，以為左宗棠由舉人而逕授四品京卿，乃是清朝不以資格用人的開始，其實是不對的。

左宗棠於咸豐十年秋提軍一旅，轉戰於贛東、皖南之間。當時他所擔負的任務，乃作為曾國藩祁門大營的右翼，並負責維護祁門大營的補給線安全。因為曾國藩當時將大營紮在祁門，本打算東出徽州，應援浙江，及東北向寧國、廣德，規取金陵。而祁門雖處皖南，其地卻與贛東北之浮梁、樂平相毗連，由此通向饒州、南昌，不但路程甚近，而且正是贛東的產米之地，運輸便利，乃是曾軍的補給線與生命線。左宗棠到達贛東不久，即逢皖南大戰，太平軍的忠王李秀成及侍王李世賢，為了協助英王陳玉成謀解安慶之圍所發動的皖、鄂邊境大戰，也在此時策動大軍流突贛東、皖南，進攻曾國藩的祁門大營，以為南北呼應之計。左宗棠在此時以一旅孤軍奮戰而前，屢破太平軍侍王李世賢的大軍，不但確保曾軍的後路安全，也打破了太平軍圍攻祁門大營的計畫，可謂厥功甚偉。朱孔彰所撰的《中興將帥別傳・左宗棠傳》敘次此事，略云：

> 十年秋，公提五千人由江西轉戰而前，所向克捷。曾公進兵皖南，駐祁門。偽侍王李世賢、偽忠王李秀成糾數十萬賊眾圍繞祁門西路，直趨浮梁景德鎮，斷祁門餉道。公出奇兵，與鮑提督（鮑超）夾擊，大破賊於洋塘，退入浙境。明年三月，公進軍婺源。賊犯景德鎮，陳總兵大富屯守，戰歿，景德鎮復失。公回軍，大破賊於范家邨，八戰八克，斬賊逾萬，遂收浮梁、樂平、鄱陽、建德，曾軍糧路乃暢通。曾公奏公迭破巨寇，振江皖全局，勳績甚偉。擢三品京堂，補太常寺卿。

這一段話，歷敘左宗棠迭破巨寇的情形，看來似甚容易。但我們若能注意到當時雙方兵力的對比，就知道左宗棠在此時所打的，實在是一場非常艱苦的硬仗。因為左宗棠由湖南招募而去的「楚勇」，總共不過只有五千，而他所面臨的敵軍，卻常達十數萬人之眾。以五千敵十萬，比數懸殊，若不是左宗棠謀猷素著，指揮若定，即使湘軍再強，亦不能如此容易地克敵制勝。於此，我們可以抄錄一段《左宗棠年譜》中敘述樂平之戰的情形，以略徵其一斑。《左宗棠年譜》卷二，敘咸豐十一年三月的樂平之戰云：

庚子，曾公攻徽州，軍潰，退屯休寧，檄鮑超軍援景鎮。未至，李世賢悉引眾來攻樂平。樂平城小坍壞，公調圍兵入守，令各營築壕，城東南引長畈水塞堰陷賊騎。已，寇前鋒逼外壕，團勇夜悉遁歸，乃調一軍入城，而部分各軍守外壕。辛丑，寇大至。時官軍在壕內五千人，寇眾號十餘萬，圍樂平數十里，分起撲壕。軍士寂然，憑壕屹立，俟寇逼近，乃擊之。寇屢前屢卻，相持至夜深不退，公與王開化益治軍。壬寅，寇自東北漸趨西城，仰攻益急。守壕軍士傷亡相繼，前者僵，蹴後者上。於是王開化率隊趨西路，王開琳趨東路，各持短兵，視寇聚散分合。鼓聲起，越壕並出，大呼殺賊。寇大驚擾亂，軍士鋒刃爭下，無不以一當百。遊擊史聿舟砲穿右脇死。各路乘勢衝擊，寇大奔敗，僵屍十數里。會天大風雨，畈水驟漲，寇人馬相蹈藉，溺死者尤眾。李世賢易服潛遁。是役殺賊凡五千人，寇悉眾東竄。

以五千之眾戰十數萬之敵，最好的辦法是選擇有利的形勢，把握戰機，誘致敵軍的主力而加以致命的打擊。樂平之戰的情形，即是如此。然而，樂平城小而且坍壞，左軍力守三日，屢次擊敗敵軍的猛烈進攻，最後並且把握敵軍攻擊力竭而士氣消沉的有利時機，一舉加以擊潰。此不但可以看出左宗棠之部署正確，指揮若定，亦可看出左軍之強勁善戰，臨危不懼。以這樣的指揮官與軍隊，自足可進而獨當一面，與太平軍爭衡一方的了。咸豐十一年十一月，浙江省的省城杭州，在太平軍長久圍困之下力竭被破，浙江全省，除了衢州府城及少數幾個屬縣尚在清軍守禦之下外，悉數被太平軍所攻陷。浙江巡撫王有齡，亦在杭州失陷時自殺殉職。朝命初以左宗棠督辦浙江軍務，繼命之為浙江巡撫。他於此時上疏奏報督辦軍務之計畫曰：

浙江全省自金華、嚴州、處州失守，紹興、寧波、台州相繼淪陷，局勢全非。自江西入浙之道，遍地賊氛，勢非節節攻剿，不能深入。節節攻剿，又恐曠日持久，餉竭兵疲，先已自困，勢非蹈虛乘瑕，誘賊野戰不可。以東南大局見在言之，湖北、江西一律肅清，皖北逆氛漸熄，群賊悉萃江、浙二省。如各路統兵諸臣聲勢聯絡，力保完善之區，以規進取，從此漸逼漸進，庶可作士氣而掃賊氛，利戎機而速戡定。以江浙見在局勢言之，皖南守徽池以攻寧國、廣德，浙江守衢州以規嚴州，閩軍嚴遏其由浙竄閩以繞犯江西之路，然後餉道疏通，一意進取，得尺則尺，雖程功迂遠，實效可期。此一定之局也。

之後，朝議以左宗棠奉命赴浙，遲遲其行，降旨促令速入衢州，以謀進規金華、嚴州。左宗棠因再上一奏，曰：

臣前奉諭旨督辦浙江軍務，甫三日即接徽防將楊輔清犯徽之稟。臣深恐徽婺疏虞，則江西饒、廣腹地，防不勝防，而衢州又成孤注。不得已派馬步三千交劉典，為固婺援徽之計。擬此軍即由徽入浙，臣由玉山入浙。旋賊眾數萬，已由遂安踞開化，逼婺東，與徽郡賊相首尾，其勢又出官軍之後。頻年東南賊蹤，每遇堅城，必取遠勢包圍，待自困而後陷之。辦賊之法，必避長圍，防後路，先為自固之計，乃可以制賊而不為賊所制。臣若先入衢州，無論不能固江、皖邊圉，亦且不能壯衢城聲援，一入逆賊長圍詭謀，又成糧盡援絕之局。故決計由婺入浙，先攻開化，以清徽郡後路，分軍由白沙關扼華埠、收遂安，俾饒、廣兩郡相庇以安，然後由遂安以援衢州，目前固不能捨衢前進也。

左宗棠在這兩個奏疏中提出了他規復浙江的戰略觀點：第一，由於淪陷的地區太廣大，而左宗棠的兵力又少，若不能「乘虛蹈瑕，誘賊野戰」，以相機擊破浙省太平軍的主力，左宗棠必不能以微少的兵力節節攻剿，轉戰深入。否則即使不致陷於糧竭兵疲，亦將因攻堅不下而消耗元氣，無法達到預期之作戰目的。第二，由於太平軍慣採遠勢包圍、截敵後路的戰術，左軍進取浙江，亦當避長圍、防後路，先為自固之計，然後乃可以制敵而不為敵人所制。基於此一觀點，他更加必須將他的野戰兵力小心運用，以期適時捕捉敵軍的主力而加以殲滅，絕不可貪得攻城掠地之利，而反陷入敵軍的包圍詭計。我們從左宗棠率軍入浙以後的作戰情形看，可以發現他後來所恃以規復浙江全省的戰法，就是前面所述兩大戰略觀點的引伸。只是因為後來滿清政府逐漸增加他所統率的兵力至三萬餘人，使他可以有足夠的兵力鞏固業已收復的地區，由此得以放膽前進，無虞後顧。而兵力既厚，亦可以使他有力量從事於餘杭、富陽等城的攻堅之戰，即使太平軍堅守不出，亦可以將他們圍之於一城一地而加以殲滅。所以，看起來好像是他在後期的戰略部署與前期頗有不同，其實仍與他最初所構想的戰略觀點並無異致。

於此，我們當可知道，左宗棠之規取浙江，正是勝算在握，可以計日程功。所以然之故，即是由於他在軍事學方面的素養極為深厚，一旦施諸實用，立可見之成功的道理了。左宗棠在駱案發生時嘗欲在曾國藩或胡林翼部下任一營官，以求殺敵自效。當時他在寫給李續宜的信中說：

八年戎幕坐嘯，未克親履行間，實為闕事。欲藉此自勵，少解白面之嘲。

照他信中的意思看，他當年在駱秉章的幕中，雖然能手握兵符，運籌帷幄，指揮湖南全省的兵將從事內剿土寇，外援鄰省，究竟不免要被人譏為只能坐而言而不能起而行的白面書生，很希望能適時實驗一番，以證實他在書本上學得的戰略、戰術原則，究竟是否真正有用。而自他親率一軍轉戰於皖、贛、浙三省以來的實際表現，我們已可知道，左宗棠的兵學造詣，不但可用於幕僚作業，亦可用於自任指揮。由此可知，在曾、左、胡三人之中，左宗棠的軍事才能，應居第一。這也更加可以知道，此後的西北平回之役，自當以左宗棠為最適當的統帥人才。

由咸豐十一年至同治二年十一月，浙江全省的太平軍漸次肅清，只餘下杭州省域尚在太平軍的堅守之中；杭州以北，由武康、德清、湖州通往江蘇的水路，亦尚在太平軍的控制中。至於杭州東北的海寧，則已因太平軍守將之意志動搖而正有降清之議，與江蘇毗連的嘉善，亦已為李鴻章所部的淮軍攻克。此時左宗棠所部的蔣益澧一軍，正以萬人之眾圍攻杭州，李鴻章的淮軍正由蘇州進攻常州，曾國荃在南京城外的圍城之軍，亦正逐漸縮小對南京的包圍。太平天國的形勢日蹙，其覆敗似已可預見。但左宗棠以為，各路進軍如但知集中全力進攻名城大邑，對於太平天國殘餘軍力的可能竄突之路不知預先注意防範，實為可慮。因此在此時奏上一摺，提出他對此事的意見說：

金陵寇勢已蹙，句容、溧陽、廣德均為賊據，其必由此逃竄，殆無可疑。臣三次函商曾國藩，遠防不如近剿，請其注意廣德。設寇由廣德竄入皖南腹地，晝夜疾馳，不數日即可出險，恐守城各將，來弗擊，去弗追，終成不了之局也。曾國藩所慮，以無大支游擊之師。臣竊以為賊勢實窮，官軍兵力亦未為薄，如權緩急應之，蘇州既克，杭州之圍正急，海寧、嘉興之賊，不足為蘇州之患也。常州陳坤書，李鴻章言其不甚耐戰，暫捨不攻，金陵破，常州必應手而下。惟溧陽守賊李世賢狡悍著聞，賊竄必假道於此。李鴻章如暫緩嘉興不攻，由無錫移軍急攻宜興、溧陽，西北與曾國藩溧水守軍聯絡，縱未能即拔，較空此一路任賊竄過，自為勝之。曾國藩力持堅守之議，見正布置皖南、江西防兵，固為老成之見。然賊知我以堅守為主，必不攻，各將以堅守為事，必不戰，倘賊捨城不攻，從間道疾馳而過，恐調撥尾追亦有所不及，何如厚集兵力，扼廣德、建平、東壩，與李鴻章一軍聯絡之為得乎？臣思慮所及，敢畢獻其愚。

這一奏疏，明白說出了左宗棠對江、浙各地太平軍殘餘勢力行將肅清之前的可能疏漏，應採取何種防範措施。照他的看法，金陵、杭州、嘉興等地目前雖仍在太平軍固守之中，但早晚必克，絕無疑問；所成問題的是，太平軍在蘇、浙、皖毗連的溧陽、廣德等地仍保有大部軍力，假使曾國藩的蘇、皖之軍，不能與李鴻章的上海軍東西聯成一氣，在南京與蘇州之間建立一條有力的封鎖線，萬一此寇向皖南、贛東一帶流突，即使金陵已破，仍將成為不了之局。他的此一顧慮，事後證明極為正確。因為在南京城破之後，小天王洪福瑱在南京城中逃出，在溧陽、廣德一帶得到了李世賢與汪海洋的接應，仍有數萬之眾，由皖南向贛東逃竄，流突於贛、閩、粵三省邊界之間。其後洪福瑱雖被江西的清軍捕獲，李世賢、汪海洋則在沿途裹脅民眾，又發展成一支龐大的叛亂力量，最後仍須由清政府調集數省大軍，費了一年多的時間實行圍剿，方將他們在廣東嘉應一帶完全消滅。若是早依左宗棠的意見預做防範，何至出此重大紕漏？所以，左宗棠的顧慮，可謂洞矚先機，甚有遠見。但曾國藩在當時既無游擊之師可以布置調度，李鴻章又藉口常州尚未攻下，他的軍隊不能越常州而遠攻溧陽，所以左宗棠的建議雖然高人一等，卻未能為當時之人所重視。左宗棠與曾國藩之間，後來因為奏報南京城寇逸出之事發生齟齬，至於彼此交惡終身，不知是否也與此事有關，就不得而知了。

杭州、常州、南京等重要根據地先後為清軍克復之後，太平天國的革命運動，在表面上算是已經全部平定。為了酬庸功臣，曾國藩和曾國荃兄弟，一封侯而一封伯；左宗棠與李鴻章，也都得到了伯爵的封賜。左宗棠先已於同治三年四月由浙江巡撫陞為閩浙總督，至是更蒙詔旨加太子少保銜，賞穿黃馬褂。上距他因樊燮控案而僕僕於湘鄂道上，飽受虛驚之時，不過只有三年多的時間而已。一個舉人身份的巡撫幕賓，在三年多的時間之內就做到了兼轄二省的總督，左宗棠的成就，看來實在不凡。由此亦可知道，非常之才如能值非常之時，而又得到非常的知遇，必定在很短時間之內就會振翮直上，一飛沖天。如左宗棠，就是極明顯的事例。不過，左宗棠的才學畢竟不凡，他的成就，尚不能侷限於此。因為，當時的清朝政府，內憂外患，正方興未艾。太平天國之亂雖平，而北方的捻亂、西北的回亂，還正如野火燒山一般地燎原未已。至於外國列強之眈眈而視，更不知禍在何日。欲圖攘外，必先安內；欲圖禦侮，必先自強。這正是當時的朝野上下所感到亟須解決的嚴重課題。左宗棠此時既已由在野變而為在朝，並且躋位通顯，隱隱然成為朝廷與百姓的重望，自當殫精竭慮，克盡忠貞，以挽救國家民族所面臨的大難。所以，我們在此後所看到的，便正是他如何收拾整頓及發奮圖強的種種事蹟。

左宗棠的一生事功，可以數得出來的重大功勳有三——平浙、平捻及平回。平浙的功績偏在一隅，平捻亦不過在全部剿捻戰史中略占一部，兩者俱不是豐盛宏偉的不朽勳業；而平回則不然。後人追論左宗棠對國家民族的最大貢獻，就是他能移把中國自陝西、甘肅以至新疆的一大片廣袤土地，從接受外國人支持的回教叛民手中奪取回來，仍舊置於中國版圖之中，使得業已破碎的金甌仍歸完整，這一偉大的功績，就遠非他人之所能及。本文在一開頭就引用前中大教授繆鳳林先生的話，以為左宗棠是唐太宗以來最了不起的民族偉人，此一讚譽，就是由於他的平回功績而來。下文我們就要談到這一方面。

中國的西北各省，自昔為漢、回雜居之地。其中以新疆的回族人數最多，民族問題也最複雜。新疆以東，自青海、寧夏、甘肅而至陝西，漢族漸多而回族漸少，但漢人信奉回教的人數仍然極多。所以，中國的大西北，可以說是回教的世界。在滿清統治時代，滿清政府對信奉回教的人民頗為輕蔑而且歧視。兼因民族背景之不同，因此，遂使回族與漢族，及信奉回教之漢族與不信仰回教的漢族之間，彼此均有仇隙。再加上回教本身亦有新舊教派之分，爭執時起，而政府對付這些教派的態度又常是袒舊教而抑新教，因此，回教中的新教為了與舊教鬥爭，就往往採取反清的立場。反清，不一定能得廣大教民的支持；如果在揭櫫反清之時，更利用民族仇恨煽動回民「仇漢」，所能得到的支持力量就大了。於是，宗教糾紛與民族糾紛及政治糾紛結合在一起，最容易發生大規模的動亂。在這種情況之下，如果中央政府的力量足以鎮壓防範，自然可以勉強相安一時。但如政府的統治力量一旦發生動搖不穩，情勢就不一樣了。清同治年間的陝、甘回亂，就是在這樣的情勢下發生，最後並且由陝、甘蔓延及於新疆的。

以新疆與西北其他各省相比，情況又自不同。原因是新疆於雍正、乾隆以後方始正式收入中國版圖。當時的滿清政府為了自私自利之目的，藉口新疆的地位重要、情勢特殊，並不在新疆設立地方行政機構，而只以滿人之親貴派充將軍、參贊，與辦事大臣、領隊大臣等職，將新疆長時期置於軍事統治之下。被派到新疆去做將軍、大臣等官的滿人，也知道這是皇帝對他們的「調劑」，一到新疆，無不視之為發財之利藪，貪污作弊，營私肥己，無所不用其極。更不堪的，還縱使所屬的兵丁胥役任意魚肉百姓。這就使得新疆的民族糾紛、宗教糾紛，與政治糾紛更形尖銳，由外國力量為之支持的野心份子也更容易萌生覬覦不軌之心。發生在道光年間的張格爾之亂，就是回教領袖張格爾藉口南路參贊大臣斌靜無理壓迫回人，得了布魯特的軍事力量為支持，希望在新疆製造獨立，並將滿清勢力逐出新疆的叛亂運動。在那一次的變亂中，南疆的西四城淪陷，事情幾乎鬧得不可收拾。其時雖經滿清政府調派大軍將之迅速敉平，釀亂的因素卻始終未能改善。到了同治年間，滿清政府因內憂外患而弄得東支西絀，民窮財盡，在陝、甘等地又先後發生了規模龐大的回民叛亂，於是新疆的回民也勾結了安集延部的酋長阿古柏，帶兵侵入喀什噶爾，擁立張格爾之子布土爾克為王。其後，西寧方面的一個回教領袖妥得璘，也在迪化僭號稱王。南疆與北疆的叛亂不久便逐漸擴大，新疆全部淪陷。這時，布土爾克做不成傀儡王了，阿古柏自踐王位，又打敗了妥得璘，囊括了新疆的絕大部分領土，稱畢修勒特汗，其目的顯然要將新疆變成一個獨立的回教王國。滿清政府對付陝、甘方面的回亂，已經感到餉絀兵單，敉平無力，對於這個遠隔在數千里外的新疆，更加覺得心餘力少，無法可施。若不是左宗棠在這時力任艱鉅，收拾整頓，眼看這廣袤數百萬方里的大片土地，就要從此淪為外人所有了。

左宗棠奉朝命移督陝、甘，是同治五年九月間的事。這一年，他五十五歲。在此以前，當他還在福建做閩浙總督的時候，滿清政府曾因陝、甘回變連年不能平定之事，降旨向他詢問平定方略。他以為剿寇並無困難，無論是騎戰、步戰，只要訓練熟習，裝備充足，自足以克敵制勝。所成問題的是，陝、甘經回亂之後，人民被殺戮殆盡，田地拋荒，物產凋耗，不但軍餉籌措困難，而且有錢無處買米，這才是最須妥籌對策的重大難題。所以，在進兵之外，仍應同時舉行屯田之法，衝要地區用軍屯，偏僻地區用民屯，雖然耗費較多，總要比無糧可覓、懸軍待哺的情形好得多。他當時並沒有料到朝廷會將平定陝、甘回亂的重大責任交付給他，只是就事論事，據實敷陳關於此事的意見而已。殊不料當時的朝中，正因陝、甘亂事了結無期，難覓可以任事之人而焦慮無策。論到善於知兵之督撫大臣，在平定太平天國的戰爭中儘不乏戰功卓著之人。滿清政府在富有作戰經驗的湘軍將領中尋覓，先找到了在四川做布政使的劉蓉，擢陞他做陝西巡撫，命他帶湘川之軍入陝剿回。其後因對太平天國的作戰行動將近結局，又將督辦江西軍務的欽差大臣楊岳斌調為陝甘總督，命帶所部湘軍西征。劉蓉在陝西，僅能勉強應付流突入陝的太平軍與捻匪。至於楊岳斌，則因急於成功之故，把軍隊全都開入甘肅，結果弄得後路被截，餉道中斷，甘肅本身又無餉可措，於是軍隊潰變，他自己則困處蘭州，一籌莫展。除此之外，李鴻章雖然很有幹才，此時正負責剿捻，無法更動。而左宗棠恰在此時侃侃陳奏陝、甘回亂不難平定，於是，「平回」的重責大任，便自然而然地落在他的身上了。於是，他在三個多月之後奉旨調為陝甘總督。

同治年間的陝、甘回亂，在醞變之初，原本是性質比較單純的種族糾紛與宗教歧異，倘能妥善疏導，剿撫並施，並不難於平定。但漸到後來，由於戰亂之延長而使情勢變得複雜，便愈來愈不容易解決，而若干野心份子也很想利用這種混亂情勢來發展他們的政拾陰謀了。如盤踞甘肅金積堡的叛回首領馬化漋，便是一個顯著的例子。

關於馬化漋與金積堡的情形，我們可以先看《左宗棠年譜》中有關此事的敘述：

> 馬化漋所居金積堡，當秦、漢兩渠間，扼黃河之要，地形絕險。貿易通西北各省及蒙古諸部，擅有鹽、茶、馬之利。馬化漋始以新教煽惑回民，西寧、河狄口外之回，皆崇奉之，遂潛圖雄長諸回部。環金積堡堡寨五百有奇，屯聚黨眾，占取漢民產業、婦女，寧、靈數百里間並被其害。董志原回久與通市，馬化漋助使入擾，而收其所掠財物。又陰嗾所部，出掠蒙古藩部。穆圖善署總督，馬化漋陽輸銀米歸誠，穆圖善遂任以招撫之事。乃益修築堡寨、購馬、造軍械，與陝回相首尾。陝回敗，則資以糧、械、戰馬，往往為公軍所捕覺。而穆圖善始終信之，數為奏請，至賞加提督銜。

寧夏的金積堡，就是古代的靈州。宋代元昊，曾在此地建西夏國，割據僭號，歷時二百數十年，宋朝政府始終無法討平。不得已，只好每年給予歲幣、歲帛，以免夏人之入寇抄掠。至於董志原，則地在甘、陝接壤，當時乃是叛回在甘肅的主要根據地。馬化灐據有金積，富甲一方，兵強馬壯，又得新教回民的傾心歸附，在陝、甘回亂中看見歷任的總督將軍都是一些怯懦無能之輩，便很有乘時崛起、割攘一方的野心。他一方面藉名歸順玩弄滿清官吏，一方面在暗中支持董志原的叛回，其目的無非希望將陝、甘二省的混亂局勢無限期地延長下去，一旦羽翼豐滿，便亦可如西夏一般地立國稱王了。陝、甘回亂之歷久難平，雖說官吏無能與兵不能戰亦是重要的原因，而其中的主要癥結，還是在於馬化灐之陰謀策動，與穆圖善之流的人物為其所愚，反而對征剿行動多所掣肘之故。馬化灐之外，西寧方面的馬朵三，河州方面的馬占鼇，大致情形亦相彷彿，不過在諸人之中以馬化灐之勢力最強，為害亦最大。所以，表面上看來似乎只是漢回仇殺與新舊教的鬥爭，而演變到後來，卻已隱藏著僭號割據的潛在危機，情勢極為複雜，處理起來亦極為困難。

仇殺與械鬥，本不難由官府的力量加以制止；僭逆與謀叛，亦儘有國家憲典在，不難依法處置。所成問題的是，明明知道其中存有僭逆割據的陰謀，而偏偏有負責的官吏為之袒護，竭力反對一切公開的討伐。這種夾入了政治是非的糾紛，便不是單純的軍事力量所能解決的了。何況陝、甘的動亂歷時數年，人民殺戮，地畝拋荒，物產凋耗，無論是征討或招撫，都互相牽掣，不易解決。面對這種情勢，庸劣無能之人固然一籌莫展，才幹敏練之人也一樣躊躇卻顧。左宗棠家書中有〈寄諸子書〉云：

吾移督陝、甘，有代為憂者，有快心者，有料其必了此事者，有怪其遲久無功者，吾概不介意。天下事總要人幹，國家不可無陝、甘，陝、甘不可無總督，一介書生，數年任兼圻，豈可避易就難哉！

看了這樣的話，我們不能不佩服左宗棠勇於任事與不避艱危的偉大精神。事實上，當時並沒有另外人更有如此偉大的抱負與胸襟，也並無其他人更有如他的才具足以擔當此一艱巨的任務。左宗棠之所以要這樣不避艱危，一方面是他公忠為國的精神使然，一方面也因為他自認有此把握可以勝任此事，故而毅然引為己任，立志要為國家消此隱憂。左宗棠書牘中有與友人夏小濤之書云：

> 西事大類養癰，失今不圖，西陲恐非復朝廷所有。弟不自忖量，引為己任。

又有與浙江巡撫楊昌濬書云：

> 西事大類養癰，當事知其不了，欲以不了了之。

由這些話中，我們很可以看出，左宗棠之所以毅然要以西事為己任，正是因為他目擊西事危急，而當事者猶復顢頇畏葸，勢必要將陝、甘、青、寧這大片土地完全斷送不止。因此，他不得不挺身而出，要竭盡一身之力，為國家民族保存此一塊土。至於他當時何以有此把握，敢於挺身而出呢？我們只要看他以後的施為次第，便可知道他本自成算在胸、邱壑分明的。

《左宗棠奏稿》卷二十一，同治六年正月由閩赴陝，行次漢口時所上〈敬陳籌辦情形〉一摺，其中屢陳他對於剿捻、剿回的計畫說：

今所患者，捻匪回逆耳。以地形論，中原為重，關隴為輕。以平賊論，剿捻宜急，剿回宜緩。以用兵次第論，欲靖西陲，必先清腹地，然後客軍無後顧之憂，餉道無中梗之患。……甘省回多於漢，蘭州雖為省會，形勢孑然孤立，非駐重兵不能守；駐重兵則由東路分剿各路之兵，又以分見單，不克挾全力與偕，一氣掃蕩。將來臣軍入甘，應先分兩大枝，由東路廓清各路，分別剿撫，俟大局戡定，然後入駐省城，方合機局。是故進兵陝西，必先清關外之賊；進兵甘肅，必先清陝西之賊；駐兵蘭州，必先清各路之賊。然後餉道常通，師行無梗，得以一意進剿，可免牽掣之虞。亦猶之江、皖布置周妥然後入浙，浙江肅清然後入閩，閩疆清然後入粵。已復之地，不令再被賊擾，當進戰時即預收善後之效，民志克定，兵力常盈。事前計之雖似遲延，事後觀之反為妥速。自古邊塞戰爭，屯由最要，臣已屢陳其利矣。漢宣帝時，先零羌反，趙充國銳以自任，所上屯田三疏，皆主持久之議。宣帝屢詔誚責，充國持議如初，卒收底定成效。可知兵事利鈍，受其事者固當身任其責，至於進止久速，則非熟悉彼己長短之形、饑飽勞逸之勢，隨機立斷不能，此蓋未可臆度而遙決者也。臣頻年轉戰東南，於西北兵事，未曾經歷，所部南方健卒，於捻、回伎倆並無聞見，若不慎之機先，加以迫促，誠恐所事無成，時局亦難設想。伏懇皇上假臣便宜，寬其歲月，責臣以西陲討賊之效，不效則治臣之罪，以明軍令。臣惟勉竭駑鈍，次第規畫，以要其成。剿捻、剿回，均惟事機所在。若兵力未集，馬隊未練，屯務未舉，車營未成，則無所措手以報君父，雖身任咎責，無補時艱。此則耿耿愚忱，有不能不預為披瀝者。

這一道奏疏，大致已經勾繪出他此後在陝、甘剿捻、剿回的具體情形。而他從同治六年十二月因追剿西捻而馳驅於山西、河北諸省，至西捻剿平後入京陛見，皇帝及太后詢問他平回需時幾年，他對以需時五年。及後他於同治七年十月回抵西安，由此節節展開攻剿，自陝西而甘肅，由甘肅而寧夏，由寧夏而青海，至同治十二年九月關、隴、寧、靈全部肅清，前後時間，恰為五年，適符前言之期，說來也實在是很湊巧的。其中的實際作戰經過，亦正與他在此疏中所說的一樣——先逐步肅清後路，然後節節向前推進，不貪近功，不求速效，收復一處地方，即辦妥一地之難民賑濟及善後復員工作，所以戰事甫經結束，地方已有欣欣向榮的生機。自古以來，料理兵事與民事能夠像左宗棠這樣有條有理、一絲不紊的，實在少見。然而，這一切似乎是在一開始即已了然於其胸中，這一種大經濟、大學問，也就太不容易了。

回顧左宗棠在同治七年至十二年用兵關、隴所遭遇的實際困難，我們當可體認出左宗棠為了平定陝、甘回亂，所耗費的心血是何等的勞瘁艱難。

首先需要提出來的，乃是籌措糧餉及運輸方面的困難。這一困難問題，在關隴用兵所遭遇的各種困難之中，應為最大的一種。為了解決此一困難，所耗費的心血也最多。下面先摘錄左宗棠奏疏及書牘中的一些文字，以略見一斑。

書牘卷十七頁四十六〈答吳子健書〉曰：

> 弟自出山以來，備嘗艱苦，由湘入閩，均未嘗請撥部款。蓋東南諸省，尚可於捐款釐務設法，比調督陝、甘，則偪入窘鄉，一籌莫展矣。隴之苦瘠，甲於天下，通省地丁錢糧徵收額僅二十七萬兩有奇。變亂以來，徵收十不及一。所恃以支持數年者，專在省關協濟。其仰面求人，良非得已。

這一段文字說出了甘肅本省籌措兵餉之困難。為了養兵，為了購辦糧秣、器械與軍火，這一切費用之所出，都來自各省的協濟，也就是戶部分撥的所謂「協餉」。為了求討協餉，左宗棠必須運用各種關係軟求硬討，然而仍然有解有不解，以致軍餉奇絀，困苦萬狀。如《光緒東華錄》中就有一條說到西征之餉：

各省撥解之數，有過半者，有不及一半者，惟湖南止解三分之一，河南撥解不及十分之一，廣東、福建、四川，欠解亦多。

又，《光緒東華錄》引《左宗棠奏疏》云：

臣二次督師入關渡隴，各省每年解到協餉約五百萬兩。合捐輸入款，極力撙節支銷，截長補短，挪東掩西，每年虧挪勇餉百數十萬兩。

各省協餉解不足額，影響所及，一是軍士及官長的月餉不能依時發放，不免影響士氣。但這還是小事，較此更為重要的，則是因此而使糧秣的採購及運輸都發生延誤，軍士無米果腹，勢將無法打仗，這問題就大了。

《左宗棠奏稿》卷三十二，同治八年五月十九日〈奏請敕各省力籌協餉摺〉云：

臣軍餉事短絀，蒙天恩諭各省，除每年原協臣軍餉銀三百三十萬兩，署督臣穆圖善軍餉銀一百二十萬兩，署撫臣劉典軍餉銀六十萬兩，又添撥釐金三百萬兩。各省如果遵旨分撥起解，

> 臣自可一意馳驅。乃函牘頻催，自正月起截至四月底，計各省應解銀二百三十萬兩，除穆圖善提解不計外，其解到並起解在途者，止七十餘萬兩，臣與劉典軍積欠已久。而自董志原平後，令各營前進，就近墾荒布種，招輯流亡，所需經費，不得不於正餉內通融挹注。五月節前，各軍僅求一月足餉，迄不可得。秦、隴用兵，籌糧難於籌餉，籌轉運又難於籌糧，古今不易之局。而採糧、轉運二者，尤非實餉到手，無從籌措。雖有良將，不能點鐵而成金；雖有神兵，不能煮沙以當粥。迨軍士因饑致潰，伍籍空存，搜括民糧以為食而民亡，強募游手以充兵而兵廢，卒致戰不能戰，守不能守，楊岳斌之急赴隴西趨戰而潰，穆圖善之急保蘭垣竭蹶而危，足為前鑑。臣奉命出師，豈敢逗遛不進。然不預將後路稍為布置，餉道概予疏通，而貿然前行，再蹈覆轍，其必貽朝廷異日之憂也決矣。臣才智、技能與閱事之久，無以加於楊岳斌、穆圖善，而責任之重，時局之艱，無以異。此後師行愈遠，得餉愈艱。應懇天恩敕下各督撫臣，於協撥陝、甘各款，按日如數解到西征糧臺，毋有短缺，俾得預為布置，速復戎機，大局幸甚。

然而，即使有左宗棠的力疾聲呼，以及皇帝的煌煌諭旨，各省協餉之依時如數解到者，仍是寥寥。大部分的情形是解八成而欠二成，或者指東抵西，設法抵賴不解。在無法可施的情形之下，一般所用的應急辦法是：

> 於餉銀解到時，先盡購運糧食、草料、軍裝、軍械、軍火之需，每月每營僅給鹽菜柴薪銀六七百兩，俾勇丁長伕聊資餬口。至疾病之藥餌，傷亡之卹養，與夫統領、營哨、官弁之薪水辦公銀兩，概停不發。以故將領雖極窘乏，而士卒尚免饑疲。

由於官長與士卒的生活同樣地艱苦，所以士兵的欠餉雖多，生活雖苦，全軍上下始終鬥志堅強，士氣不隳。相傳左宗棠駐兵安定時，歲暮天寒，雪壓行帳，帳篷中的溫度極低，左宗棠仍是照樣穿著他的老羊皮袍子，手披圖籍，據案批閱軍報不少懈。蘭州道蔣凝學勸他移住蘭州督署，他批覆云：

該道稟請移節省垣，自是體念衰軀之意。惟念前敵諸軍冒寒履冰，袒臂鏖戰，本爵大臣斗帳雖寒，猶愈於士卒之苦也。所請應作罷論。

又，《左宗棠奏稿》卷四十七，光緒元年九月〈奏請以楊昌濬來甘相助〉一摺，中云：

臣之馭軍，別無才能權智，所恃者誠信不欺，絲毫不苟，不敢以一時愛憎稍作威福，致失人心。行之既久，湖湘子弟習而安之，雖欠餉積多，尤無異說。

凡此俱可以說明，由於左宗棠之與士卒同甘共苦，誠信不欺，西征士兵深知欠餉是由於協餉不解所致，雖處於至困極苦之境地，始終能含容隱忍，奮戰到底，而全無怨言。由這些地方，我們看到了左宗棠公忠為國、白首行邊、勤勞刻苦、精誠感孚、與士兵生活打成一片的實際情形。

糧餉之外，與之同樣困難的問題，是購糧。俗話說：「大軍未發，糧草先行。」意思說軍隊的補給要在行軍之先就準備妥當。作戰而缺乏糧秣的供應，雖猛將銳卒亦將因饑疲而致潰敗。但陝、甘的情形如何呢？《左宗棠書牘》卷十，〈答蔣之純書〉云：

秦隴兵燹連年，各處千里無人。陝之延榆、綏鄜，甘之平涼、涇固，一望黄茅白骨，蒿目心傷。

大亂之後，人民死亡、流徙殆盡，地畝拋荒，一片榛莽，根本沒有糧食生產，所以征西大軍所需的糧食，必須先從外地購運。但西北地方山嶺崎嶇，轉運困難，從湖北、河南等地購買糧米運達陝、甘前線，不但運費奇昂，而且運輸工具也極難覓致，籌購、籌運，勞費萬狀。所以，左宗棠要說：「秦隴用兵，籌糧難於籌餉，籌轉運又難於籌糧。」為了解決這些困難，左宗棠向來主張屯田，一可供官兵食用之需，二可省轉運之費，三可為善後工作奠定基礎，凡一舉而三得。所以，凡是西征大軍所收復的地方，左宗棠都要命令那些距前敵較遠的隊伍，利用職守之閒暇，在附近從事耕作。所收穫的糧食和蔬菜，即由營中作價收買。這樣做法也有幾項好處：第一，兵士不致習逸成惰；第二，多種則多穫，可以增加士兵的收入；第三，耕熟之地准由原主認領，可使逃荒的地主聞風而趨，自然而然地發生招徠的作用。至於百姓有願墾荒的，左宗棠不但發給耕牛及種籽，並且按丁口大小，逐日給米，以為餬口活命之計。《左宗棠奏稿》卷四十，同治十年八月奏曰：

> 陝、甘頻年兵燹，孑遺僅存，往往百數十里人煙斷絕。新復之地，非俵給牛種賑糧，則垂斃之民，殆將盡填溝壑。各省克復一郡縣，收一處丁糧釐稅；甘肅收復一郡縣，即發一處牛種賑糧。非如是則有土無民，朝廷亦安用此疆土也。

百姓墾荒所穫糧食，也由軍隊照市價購買。亂後糧價高昂，麥一石至值銀四、五兩，自然更足以發生鼓勵招徠的作用。對於甘肅境內作戰力極差而極須淘汰的部隊，左宗棠也以勸導屯田的辦法令他們從事屯墾，給予荒田使之耕種，一方面免其流落為匪，一方面轉兵為民，無形中辦好散遣餘兵的善後工作。如此，凡是征西大軍所收復的地區，不久便有糧食生產，可以補充前方軍隊的需要，而收復區內的善後復員工作，也逐漸地走上了軌道。在事後看來，這樣的做法當然極其正確；而在實施之當時，正不知費卻多少心血。更因各省協餉不繼而致軍費短絀，凡此牛種、賑糧等復員所需，亦必須從軍費內抽撥匀支，在調度上便更不免捉襟見肘，困難重重了。

在糧餉與轉運問題之外的第二種重大困難，乃是來自朝中和同僚的掣肘。這種困難，足以影響到他原預定的軍事計畫，使之無法依時實施。為了克服這種困難，又不知費盡了多少周章。

盤踞金積堡的叛回首領馬化灐，左宗棠早知他便是陝、甘回亂的幕後領導之人，所以一開始就以此為目標，以為如能拔此根株，即可收正本清源之效。殊不知當時署理陝甘總督的寧夏將軍穆圖善，對此根本抱著不同的看法。一切的阻撓和掣肘，便都由此人而生。

穆圖善是滿洲人。清朝末年，滿洲人靠著他們豐鎬世家的身份，養尊處優，盤踞要津，一向最善於作威作福，貪污舞弊，但是卻最沒有能力領兵作戰，應付困難。遇到地方發生叛亂，他們所惟一能拿得出來的辦法，便是招撫。穆圖善署理陝甘總督，轄下的兵力多至一百四十營，年耗兵餉一百二十萬，但卻應付不了境內的回亂。馬化灐看準了穆圖善之貪庸無能，因此假名求撫，藉此玩弄穆圖善於掌股之上。左宗棠家書中有一信述及此事，云：

> 甘肅官兵事，均不可問，整理最難。以前署督庸妄太甚，而樞廷袒之也。馬化灐夜郎自大，封授偽官，自稱大總戎，稱官軍為敵人。穆將軍三年前辦此不了，遂以撫局羈縻之，並劾主剿之都將軍以誤國。其實中外無不知馬化灐之終為異患也。穆又自陳得馬化灐糧數千石，其實納賄亦不少。阿拉善王上書於我，痛詈穆將軍。穆曾奏馬化灐為良回，隱以我為激變也。與旗員鬧口舌，是吃虧事，與前任爭是非，非厚道。然事關君國，兼涉中外，不能將就了局，且索性幹去而已。

由於穆圖善得馬化漋之厚賄而處處為之包庇，故當左宗棠的大軍肅清陝西，又攻下甘南董志原的回匪巢窟，兵鋒漸向金積堡時，穆圖善就奏請朝中，以河州總兵胡昌會率同馬化漋安撫回眾，及以南路河狄之回阻梗蘭州餉道為言，請旨飭下左宗棠移兵南向秦州，以阻撓左軍之進剿金積。左宗棠覆奏，以為駐軍當求居中調度，而秦州地偏南路，不能兼顧北路、中路，又其地無賊，亦不可避勞而就逸。朝旨以為是，於是命劉松山由董志原北向定邊、花馬池，趨靈州及金積。馬化漋此時，一方面據堡堅守，一方面以劉松山濫殺激變為詞，唆使綏遠將軍滿人定安上疏訐奏劉松山輕進濫殺激變。及至朝旨命左宗棠及穆圖善查奏，則穆圖善又堅執馬化漋係「已撫良回，劉松山激成事端，恐甘省兵禍無已時。即將來左宗棠剿而後撫，亦未必能堅回民之信。奴才不敢知而不言，聞而不顧」。左宗棠因此覆奏曰：

馬化漋之陰賊險狠，天下共知。自就撫後，築寨修堡，購馬造械，仍與陝回互相首尾。陝回敗則資以馬械，陝回窮則助以軍糧，從前屢見章奏。自靈寧西達西寧，南通河狄，各回民無不仰其鼻息。且常嗾所部掠蒙古回部。定安所訊據活賊白天才之供，劉松山自花馬池南下時曾擊敗飽掠回巢韋州蘇光棍之黨，事皆在八月以前，是時官兵未抵下橋，其變果誰激之？言者所稱濫殺激變，自是指八月初三日郭家橋大捷而言。馬化漋八月初四日所上臣稟，於劉松山軍抵何處，一字不提，豈果有激變之事而反為之諱乎？白彥虎、楊文治諸逆之突犯固原州，實馬化漋嗾之以來，豈亦固原各軍激之而然乎？甘肅漢、回雜處，昔本漢多於回，今則回多於漢。寧靈一帶周數百里，漢民幾無遺類，其產業、婦女均歸金積堡，老弱死亡，壯丁為其傭工細雇，

> 漢民之痛心疾首，抑何怪其然？臣接靈州紳民之稟，聳惕不安，頗慮失此不圖，張駿、元昊之患，必見諸異日。

但即使左宗棠如此大聲疾呼地以馬化漋將成元昊之續為言，當時的朝廷之中，仍頗以左宗棠為危言聳聽，懷疑他的話並不可靠。直到這年九月，劉軍攻克金積堡以北的馬家寨，在寨中搜出馬化漋給逆回馬重三等人的偽札一道，稱馬重三等人為「參領」，而自署的頭銜則為「統領寧郡兩河等處地方軍機事務大總戎馬」，上鈐偽印一方，由此方才使人確信馬化漋果有割據叛亂之心，而穆圖善之阻撓掣肘，至此時方才歸於無效。然而，左宗棠的軍事行動，則已較他的原定計畫躭延甚久，而金積堡之防務，也因之而加強不少，益增進攻的困難了。

除此之外，左宗棠征西所遭遇的困難，當然還有很多，諸如前引左宗棠家書中所說的甘省吏治敗壞、兵不能戰，收拾整頓，均極費苦心等，均是。而在金積堡攻克，河州、肅州等處的逆回亦一一掃清之後，對於這些仇殺漢民輾轉逃來的作亂逆回究竟如何安插，也是一件煞費周章之事。左宗棠當時所採的辦法，是將他們集中起來，遷徙到固原、平涼等處安置，一方面避免漢民的報復，一方面免致與本地回民難以相處。這些事情太瑣碎，而且頭緒也太多，不便在此處屢述，故爾從略。

左宗棠自同治五年九月奉調陝甘總督，至同治十三年九月肅清關隴，前後歷時凡七年。這七年之間，剿捻、剿回，圖軍實，籌善後，清吏治，卹民生，雖然克蕆大功，但也使他神勞形瘁，白盡了滿頭的黑髮。曾國藩從前曾與左宗棠交惡多年，在聽說西征大功告成之後，也不禁大為欽佩說：「雖起胡潤芝於九泉，亦不能及左季高之成就，餘子不足言矣。」

但左宗棠的事業並非到此為止，因為關隴雖平而新疆尚未收復，西北回民的叛亂並未全部戡定。而左宗棠雖然七年勞瘁，卻仍然意興勃勃，自覺廉頗健飯，寶刀未老，正當及時為國宣勞，效新息侯馬援當年建功絕域，立銅柱為銘的往事，收復新疆，還我金甌無缺。於是，在光緒元年三月間，他又奉命督辦新疆軍務。

平定回亂，肅清關隴，在當時已是人所難能之事；新疆遠在西陲，千里黃沙，號稱「瀚海」，無論行軍作戰與轉運糧餉，都要比陝、甘用兵困難得多。但當時的滿清政府為了維護他們的種族利益，最初還不肯放棄滿人專制的想法，仍舊希望要由滿人來加以收復，以便始終作為滿洲人所獨享的禁臠。所以，在關隴肅清，行將開始用兵新疆的時候，他們所派出來負責軍務的欽差大臣，兩個都是滿洲人——一個是景廉，另一個是金順。

景廉是滿洲正黃旗人，翰林出身，由侍郎改授伊犁將軍，從此轉文為武，一直在新疆擔任軍職。《清史・景廉傳》說他「循分供職」而「經濟非所長」，可知他實在沒有經國濟世的長才。至於金順，則是驍騎校出身的滿洲鑲藍旗人，雖有軍功而胸無韜略，一樣擔當不了大事。這樣的人選，在當時的滿洲世家中已可算得上是「才望」。無奈他們雖能做大官而實無匡時濟世之才，勉強派他們去做督辦新疆軍務的欽差大臣與幫辦大臣，碌碌經年，寸長未效。恰在此時，臺灣發生了牡丹社生番殺害琉球遭海難人民之事，日本派兵三千渡臺，聲言實行「膺懲」；中國方面亦派船政大臣沈葆楨帶兵前往布置，一時雙方劍拔弩張，大有開戰可能。李鴻章時為直隸總督，深知中國海陸軍非日本之敵，力主和平解抉，沈葆楨亦主此議。而日本的態度強硬，堅索巨額賠款。此事後雖經英、美等國的調停解決，而中國的朝野上下因此大受刺激，以為中國海防不修而致見侮於自本，此可忍孰不可忍？於是主張暫停西北方面的軍事行動，撤西北用兵之餉以建設海防，藉此為生聚教訓之計。這就發生了海防與塞防孰重孰輕的問題。清政府為此降旨密詢左宗棠的意見。左宗棠具疏覆奏，除了力陳塞防的重要性外，更堅決主張新疆絕不可放棄。他在此疏中有許多極為警策的名言讜論，即使在一百年後的今日，仍為不能改變的國防理論。只因文字太多，無法在此引敘。所應注意的，則是此時的朝議，頗多贊成海防論者的停止西北用兵之議。若非有當時的軍機大臣文祥力排眾議，一力贊成左宗棠的用兵主張，則當時的西北局面，很可能因海防論者的主張得行，而致棄新疆予回部，坐致一百數十萬方里的疆域淪為外國，這其間的關係，就太大了。這方面的情形，可以引據清人李雲麟所撰的《西陲述略》一書所說，述之如下：

> 當光緒紀元之始，海防、邊防並急。冬十一月，雲麟進謁故相國文忠公祥。文忠曰：「方今建議諸臣，多因海防吃重，請暫停西陲用兵，畫關而守，廷論疑之。余因會議時排眾議之不決者，力主進剿，幸蒙俞允，因有命左節相督師之命。前此所以力爭者，我朝疆域與明代不同。明代邊外皆敵國，故可畫關而守；今則內外蒙古皆臣僕，倘西寇數年不剿，養成強大，無論壞關而入，陝、甘內地皆震，即馳入北路，蒙古諸部落皆將叩關內徙，則京師之肩背壞，彼時海防益急，兩面受敵，何以禦之？此次以陝、甘百戰之師乘銳出關，破未經大敵之寇，烏魯木齊轄境不難指日肅清。烏垣既克，乘得勝之威，南鈐回部，北撫蒙古，以備禦英、俄，實為邊疆久遠之計。」

文祥的見解，實在即是左宗棠請將新疆建為行省的理論根據。光緒三年三月，吐魯番城克復，全疆底定在望，左宗棠即於此時奏請新疆建省，以國防形勢之觀點提出其理由，謂：

> 我朝建鼎燕都，蒙部環衛北方，百數十年無烽燧之警，不特前代所謂九邊盡成腹地，即由科布多、烏里雅蘇臺以達張家口，亦皆分屯列戍，斥候遙通，而後畿甸晏然。蓋祖宗朝削平準部、兼定回部、開新疆、立軍府之所貽也。是故重新疆者所以保蒙古，保蒙古者所以衛京師。西北

臂指相連，形勢完整，自無隙可乘。若新疆不固，則蒙部不安，非特陝、甘、山西各邊時虞侵軼，防不勝防，即直北關山，亦將無晏眠之日。

亦正因為主持中樞的軍機大臣之中，有文祥這樣明白事理的人在，所以左宗棠力主新疆絕不可棄的理論，方能順利得到通過。更因景廉不足以勝任收復新疆的重責，於是，朝議又以為此時必須要有左宗棠這樣的宿望重臣出而統率，方足以聯絡各軍，有利兵機。於是，朝旨將景廉調為正白旗漢軍都統，回京任職；金順仍以烏魯木齊都統作為幫辦大臣。但他這次所幫的已非景廉而是左宗棠，因為就在這一道旨意中，左宗棠已經以陝甘總督的身份，被授為督辦關外軍務的欽差大臣了。

左宗棠肅清關隴，已經因籌糧餉、籌轉運而致耗盡心血。現在在肅清關隴之後，又要再出兵新疆，而最近的新疆前敵，亦在肅州的西面二千餘里之外，長途轉運，再加上採購的困難，使左宗棠頭上的白髮更多了一些。

根據《左宗棠年譜》等書的記載，左宗棠因準備出兵新疆而在各地採辦糧食，分地儲存。截至光緒三年四月為止，由甘肅運至安西、哈密的，約一千萬斤，由哈密運存古城子的，約四百萬斤；由歸化和包頭運存巴里坤的，約五百萬斤；從寧夏運存巴里坤的，約一百萬斤。另外，他還從俄國境內買糧四百八十餘萬斤，經北路運存於古城子。以上合計，約共二千四百八十萬斤。這一批糧食，若以現代的交通工具來擔任運輸，亦須載重五噸的卡車二千四百餘車次。而由上述採糧地區經肅州或哈密以達巴里坤前線，路程都在三千五百里以上，長途轉運，車輛的調遣與油料的消耗，都非常驚人。若在左宗棠出兵新疆的時候來說，這一切都要靠人力或獸力來擔任輓運，所遇到的困難更不止百倍了。這裡面的主要原因，自然是程途太長，交通工具太落後，以致途中所消耗的糧食太多。如以車運而言，一車載糧不過六百斤，一夫兩騾，日須耗糧二斤，料十六斤，途程四十餘日，車未至而車糧已罄。駝運的耗糧較少，每駝日餵料一升，一夫可管五駝，每駝可負五百斤，日行八十里。到達時尚有四百斤的餘糧。比較起來，自然只能以駝運為合宜。但蒙古、新疆所產的駱駝有限，為了運輸二千四百餘萬斤的糧食而需要雇覓數以萬計的駱駝，這就是一件十分困難的事。不得已，只好視道路情形及水草便易，酌量兼行車、駝二運。僅此一點，所費的周折與所耗的精神便已不可計量。

路程遠而運輸困難，所需要的運輸費用自然也多。由《左宗棠奏稿》中可以見到新疆之役運輸費用方面的若干資料。例如在肅州購糧，每百斤需銀五兩五錢，運至安西的運費是十一兩七錢，運到巴里坤是十五兩。這是說，運到巴里坤的糧食，運費約為糧價之三倍。從前左宗棠用兵關隴，由河南、湖北等處採辦糧食運往甘肅，轉運所費，大約為糧價之一倍。以此相比，用兵新疆，單是運輸費用的支出，就要比關隴用兵時增加二倍。如此一來，兵餉的支出相對增多，而籌餉的問題也就更加困難。

由於各省的協餉拖欠不前，而軍餉的採辦、轉運與軍械、火藥等一切軍需供應事事不能停止不辦，左宗棠當時所用的辦法是借洋債——向外國設在上海的各銀行借債，然後將協餉解去償還。在這方面，左宗棠有一個最為得力的幫手——在上海主持採辦局的候補道胡光墉。此人頭腦聰明而手段靈活，不但憑他個人的信用為左宗棠借得洋債，並且在上海主持蒐集軍事情報及購辦最新出品的槍械大砲。

當時，德國曾造成一種最新式的後膛螺絲開花大砲，即左宗棠奏疏中所說的「義耳砲」。此砲的口徑大，測距準，命中率高，破壞力大，比之當時新疆叛軍所擁有的英式大砲厲害得多。由於有這種遠較叛軍裝備精良犀利的新式大砲，所以，左宗棠的大軍在向叛軍所據守的城堡或陣地展開攻擊時，往往只須短時間的轟擊，就會把叛軍駭得魂飛天外，奔竄逃遁之不暇。左宗棠的軍事行動，由此也就得到順利的進展。不過，這已經是後話，在此可以暫且不提。

光緒三年三月，左宗棠在甘肅所做的西征準備，已經大致完成，各路先頭部隊，也在指揮官張曜、金順、徐占彪等人的統率之下，分頭出關，他本人便也於三月十三日由蘭州移師肅州，展開了對新疆的軍事行動。

由於運輸能量有限，與沿途水草缺乏之故，出關部隊的行動，處處都被限制在定量的範圍之內。因此，左宗棠所計畫的戰術，是「緩進速戰」。所謂「緩進」，是當他的部隊進占一地後，先用營中的車、駝將後方的糧料逐漸搬來儲存，隨後二批部隊跟著進駐，騰出的車、駝，又可回去搬運第二批糧料，然後第三批部隊又跟著進駐。如此層遞銜接轉運，必俟兵員和給養都達到足夠的數量，然後方對選定的次一目標發動攻擊。所謂「速戰」，即因給養的補給不易，必須爭取時間，以迅速有效的方法集中全力展開攻擊，務期一舉摧敵之後進占預定的目標，以便繼續展開次一目標的攻擊行動。由於出關大軍之精銳勇猛，前敵總指揮劉錦棠更以善戰著稱，所以，左軍的進攻著著得手。到了光緒二年的九月間，已將烏魯木齊、昌吉、呼圖壁、瑪納斯等重要據點先後克復，肅清天山北路。這是收復新疆的第一階段，軍事行動到此暫時中止，原因是九月以後天氣漸冷，作戰不便。而在一場重大戰役之後，消耗的軍火與糧食極多，也需要經過較長時間的存儲補充，然後可有足夠的力量進行次一戰役。

但軍事行動雖然暫時停頓，左宗棠在新收復地區內所做的屯由與復員工作，則已在全力進行。因為，左宗棠始終相信，用兵新疆，必不能永久倚賴後方的糧食供應，此不但因為補給線太長，運費太貴，接濟困難的單純原因，從長遠的觀點看，總需要在新疆能有足夠的糧食生產，方是有恃無恐的長久之計。所以，北疆一經收復，他就在巴里坤、烏魯木齊及昌吉等地努力從事兵屯與民屯。兵屯是用駐防的兵力，民屯則是由嘉峪關內招去的甘肅窮民。經過一年的努力，到了光緒四年，已墾田六萬餘畝，徵糧數目不詳。左宗棠以這種辦法解決軍糧補給困難的情形，在我國官方的紀錄中雖然沒有資料可尋，但在當時的外國報紙中卻曾明顯地加以讚揚。清光緒年間逐年編印的《西國近事彙編》，譯載光緒四年五月某西報的一篇論評說：

喀什噶爾為中國克復，則彼處確為中國之一隅，中國於亞洲，即為有權。當初陝甘總督左欽帥募兵於關外屯田，外國人方竊笑其迂。及今觀之，左欽帥急先軍食，謀定而往，老成持重之略，絕非西人所能料。一八七六（即光緒二年），兵克烏魯木齊，分略諸地。部署定，然後整兵進對強勁之虜。自吐魯番、庫車，進阿克蘇，勢如破竹，迎刃而解。其部伍嚴整，運籌不苟，如俄人攻碁法（即基輔）一般。其兵亦耐勞苦，志堅力果。計二十日經過一千二百里荒野沙漠，而得三城一大捷，由是葉爾羌、和闐各城先後克復。一八七七年，兵在喀什噶爾過冬，中國至喀什噶爾一律肅清，可謂神矣。其克喀喇砂爾也，兵以寡勝；其克喀什噶爾也，兵以合圍勝。使歐人當此，其軍律亦不過如此。平時歐洲人輕料中國，謂中國人不能用兵。今觀中國之恢復回部，足令吾歐洲人一清醒也。

此文於讚揚左宗棠之屯田新疆外，更將他收復新疆的戰績亦做了客觀的分析，可以使我們知道左宗棠謀定而戰的老謀深算，雖外國人亦為之心折不止。文中所說的光緒三年左軍由北疆越吐魯番進克南疆東四城，光緒四年再由東四城進克西四城，全部肅清新疆叛回，亦正是左宗棠用兵新疆的後二階段軍事行動。既然上文所引敘的西報論評業已述及，這裡也就從略。不過，左宗棠的屯田成績，此時亦已由新疆北路推廣及於新疆南路，渠道、水井，一一興建，不久新疆局勢大定，駐紮在新疆的大軍就不需要從內地去轉運軍糧了。

左宗棠平定陝、甘，收復新疆，前後歷時十四年。到了大功告成的那一年，他也已經到了六十七歲的高齡。此時全疆雖已底定，而新疆問題尚未完全解決。原因是俄國人乘新疆回亂之時出兵占我伊犁，以保衛其邊境為藉口，至全疆底定以後猶不肯交還，清政府派滿人崇厚前往交涉，俄人要索賠款五百萬兩，又盡割伊犁附近的要隘，只肯交還孤城一座。消息傳來，舉朝大譁，左宗棠反對尤力。清廷改命曾紀澤重新去與俄人談判，並命左宗棠統籌戰守事宜。左宗棠主張三路進兵，以武力收復伊犁，他本人並且由肅州輿櫬西行，以示與俄人做死戰的決心。這一問題，最後由於俄人之態度軟化而得到和平解決，曾紀澤與俄人另訂新約，爭回不少權利。大家都認為這是中國外交史上的勝利，其實則曾紀澤固然折衝有功，而左宗棠在此時所表示的實力後盾，實有決定性的影響。所以，歷史學家對於左宗棠當年的貢獻。都有極佳的論評。近代史專家郭廷以先生就曾說過：「一部清朝晚年的歷史，幾乎都是吃敗仗、割地賠款、喪權辱國的記載，讀來令人氣沮。惟有左宗棠的西北經略則是例外，確實值得我們興奮。」這一番話說明了左宗棠在中國近代史上的貢獻與地位。清人宋伯魯曾有詩詠之，曰：

> 左侯崛起中興日，誓掃天驕擴帝仁。萬里車書通絕域，三湘子弟盡功臣。
> 鳳林魚海春風遠，玉塞新城柳色新。今日西陲需保障，九原誰為起斯人？

讀了這首詩，能不使我們對左宗棠油然而生敬仰懷念之心嗎？

左宗棠後來於光緒六年春奉詔回京陛見，旋充軍機大臣。不久後又出為兩江總督。光緒十年，「中法戰爭」發生，左宗棠奉派前往福州督辦軍務，就在第二年得病身故，享年七十四歲。自清末以至民國，有關他的遺聞軼事流傳頗多，但大都誇張他的傲慢自大，很多都並不可靠。倒是劉聲木所撰的《萇楚齋隨筆》中有一條說：

> 湘鄉楊石泉制府昌濬，由諸生官至封疆，皆為湘陰左文襄公宗棠一人栽培之力。及文襄督師陝、甘，剿平回匪，制府適任浙撫。浙省例有西征協濟之餉，每到日稍遲，文襄即來函詰責，

並問以：「官從何來，而吝於協餉？」制府無奈，悉索敝賦以應之。

這一條記載，頗與當年左宗棠因協餉不前而焦慮煩惱的情形相合，似為確實的事實。由這一條記載，我們不但可以想見左宗棠當年處境之困難，而對於他處駱秉章幕府時代之開罪多人及僻氣不好等等光景，亦彷佛見之。大概這就是左宗棠的真面貌——豪邁爽朗而才具揮霍，只是性氣剛烈，有觸必發，以此不能為人所曲諒，如此而已。至於他的素行高潔、廉介儉樸，雖垂老不改其志節，則已是一般的公評，不須再在此多所論述了。

第四章

張之洞

張之洞

於光緒、宣統年間，在滿清中央有舉足輕重的關鍵地位，但闇於知人，又應付無策，終不能使他的聲望與地位在實際政治上發生制衡的力量。

在晚清末年的歷史上，張之洞這個人，頗具有舉足輕重的力量。因為他在光緒、宣統之間做過大學士兼軍機大臣，乃是實際上的宰相，所以一般人就以他的籍貫——直隸南皮縣為代名，稱之為「南皮」而不名。

宰相以原籍的郡縣為代名，其制度起於明代。李調元《淡墨錄》云：「自明至國朝，士大夫相沿，稱閣臣不舉其姓，但稱其本貫郡縣；如李文勤公霨，只稱『高陽』，是也。尚書以下即不然。唐之中葉，稱宰相但舉長安邸所居坊里之名，又與今異，蓋一時風尚云。」但清代三百年中，南皮人做到宰相的，並不止張之洞一人。如張之洞的堂兄張之萬，在光緒十年甲申朝局變革時入相，亦被稱為「南皮」。只是張之萬的相業無足稱道，他在晚清歷史上的重要性又遠不及其堂弟之洞，於是，所謂「南皮」之名，習慣上也就只成了張之洞的代名了。

說到張之洞，就可以想到後人對他的一些不客氣批評。如《凌霄一士隨筆》的作者徐一士，及《花隨人聖盦摭憶》的作者黃濬，都曾很不客氣地批評他「巧宦熱中」，與「好大喜功」。這與《清史稿·張之洞傳》中的文字，頗有契合之處。但近年以來所行世的若干專書，都頗以張之洞為晚清以來不可多見的傑出政治家。如果「巧宦熱中」之說足以成立，則張之洞的道德與人品便大有問題，如何能被推崇為傑出的政治家？如果「好大喜功」的批評沒有錯誤，那麼他的一切建樹就沒有切實的成效可言，傑出政治家的頭銜當然更有問題。面對這種互相不能調和的歧見，倒也頗有令人無所適從之感。

為了澄清這兩種不能調和的歧見，對於張之洞這個人，實在有深入研究以求瞭解之必要。

以下先略述張之洞的生平簡歷，然後再由他的言論思想與實際施為，以檢討他的行為動機與所生的影響。

張之洞，字孝達，號香濤，直隸南皮縣人。生於清道光十七年。父瑛，以舉人官貴州，由知縣歷陞至知府。張之洞生於貴州，其時伊父即在貴州興義府任知府。之洞天賦並不很高，但由讀書用功之故，在十六歲的那年，就以舉人第一名高中了順天鄉試的解元。其後，張之洞丁父憂。及守制期滿，則他的堂兄張之萬又屢次被派充為會試考官，張之洞例須迴避，不能應試。直到同治三年赴京會試，方被取中為一甲第三名的「探花」。自此以後，他在京中的翰林院中供職，由編修歷陞至侍講學士。光緒七年六月，擢內閣學士兼禮部侍郎銜。這年十一月，就由內閣學士補授山西巡撫，開始出膺疆寄。在山西做巡撫一共三年，光緒十年，中、法兩國因越南問題發生戰爭，廣東防務緊張，淮軍出身的兩廣總督張樹聲，與湘軍出身的督師尚書彭玉麟不能合作，朝命調張之洞前往接代，不久就有諒山大捷之功，張之洞也因此而被實授為兩廣總督。在兩廣六年，調補湖廣總督，自此一直坐鎮武漢，直到光緒三十二年。這期間，他雖然也曾三度由湖廣調往兩江，署理兩江總督，但始終只是署理而已，不久仍回任湖廣。光緒三十二年，他以體仁閣大學士內召為軍機大臣，入參大政。至宣統元年，卒於任，享年七十三歲。總計他一生之中，居翰苑十八年，任巡撫三年，任總督二十三年，居相位三年，與政治上的關係不能說不深。尤其是在湖廣總督任內，前後凡十七年之久，舉凡湖北所辦的一切新政，悉出於張之洞所規畫經營。這在中國近代化的歷史上頗有長遠的影響，對張之洞而言，尤其是應當大書特書的。

張之洞在翰林期間，乃是著名的清流黨人物。《清史稿》本傳就說：

> 往者，詞臣率雍容養望，自之洞喜言事，同時寶廷、陳寶琛、張佩綸輩蜂起，糾彈時政，號為「清流」。

這是光緒初年的事。但當時號稱為清流黨的顯要人物，除了張之洞以外，到後來都沒有好結果。如寶廷，因典試納妓事上疏自劾免官，放廢終身。據說，他之所以這樣做，乃是因為看出朝廷將對他有所不利，所以藉此求去，以免落得更加不利的後果。如陳寶琛及張佩綸，先後被慈禧太后派往南洋及福建會辦軍務，陳寶琛丁憂後未再起用，張佩綸則因馬江兵敗而遭革職，從此永不翻身。既然這些人的遭遇挫折，明顯地是由於他們遇事敢言的緣故，那麼，張之洞亦同為清流黨人，何以他不但未曾與寶廷、張佩綸等人同遭不幸，反而外放巡撫，旋擢總督，身膺疆寄者歷二十六年，甚得慈禧之寵信，宦途得意，始終不衰呢？這一點，就是徐一士與黃濬所批評的「宦術甚工」之力了。

說張之洞的宦術甚工，並非空言誣衊，而是有具體的事實可徵的。關於這個問題，還是應當從張之洞處身於「清流」的時期說起。

比較張之洞與其他清流黨人的不同，可以看《清史稿》張佩綸、鄧承修等傳中所說的話。《清史稿・張佩綸傳》云：

是時吳大澂、陳寶琛好論時政，與寶廷、鄧承修輩號清流黨，而佩綸尤以糾彈大臣著。一時如侍郎賀壽慈、尚書萬青藜、董恂，皆被劾去。光緒八年，雲南報銷案起，王文韶以樞臣掌戶部，臺諫爭上其受賕狀。上方意任隆密，乃援乾隆朝梁詩正還家侍父事，請令引嫌乞養。不報。又兩疏劾之，遂罷文韶，而擢佩綸署左副都御史，晉侍講學士。

又，《清史稿・鄧承修傳》：

與張佩綸等主持清議，多彈擊，號曰「鐵漢」。先後疏論闈姓賭捐，大乖政體，關稅侵蝕，嬰害庫帑。以考場積弊，陳七事糾正之；吏治積弊，陳八事肅澄之。又劾總督李瀚章失政，左副都御史崇勳無行，侍郎長敘違制，學政吳寶恕、葉大焯，布政使方大湜、龔易圖，鹽運使周星

> 譽諸不職狀。會邊警，糾彈舉朝慢弛，請召還左宗棠柄國政。逾歲，彗星見，則又言宗棠莅事數月，未見設施，而因推及寶鋆、王文韶之昏眊，請罷斥，回天意。是時文韶方嚮用，權任轉重。會雲南報銷案起，又嚴劾之。

由張佩綸、鄧承修兩傳中的文字看來，清流黨人大都喜歡彈劾權要而臧否人物，但這卻是最易招致最高統治人物之厭惡與忌諱的。如前引兩傳中所彈劾的，很多都是赫赫有名的人物，他們在朝中大致都有奧援，一旦因罪證確鑿而不得不將他們罷免，勢必會因此而得罪了他們的幕後支持者。如王文韶之「上方意任隆密」，更明顯地可以知道他是慈禧所信任之人。而張佩綸與鄧承修卻必要一再上疏嚴劾，務欲去之而後已，這在慈禧看來，分明就是討厭的眼中之釘，一旦遇到機會，必然要拔之而後快的了。張佩綸後來會以素不知兵的一介書生，派到閩、浙前敵去應付法國人之入侵，就是慈禧的借刀殺人之計，而張佩綸果然也因此而落得身敗名裂，百劫不復。鄧承修的遭遇，本與張佩綸彷彿，在中法戰後被派往越南與法國人會勘邊界，歷盡艱辛，夾在進退兩難之中，幾乎無法完成使命。最後也只好知難而退，謝病歸里，以讀書養母終老於家。陳寶琛之所以得罪，亦是由於他彈劾李鴻章而使慈禧大不高興之故。從這些地方可以知道，清流黨人彈擊權貴，固然可以大快人心，卻也可以葬送自己的政治前途，因為這是在位的慈禧太后所不願看見的。反過來看，如果清流黨人僅只喜言時政而並不糾彈人物，就不致引起慈禧太后的討厭。張之洞與其他清流黨人不同的地方，便在這裡。

收在《張之洞全集》中的《張文襄公奏議》，凡七十二卷，最前面的一、二、三卷，即是他在翰林期間所上；亦即是他在身居清流黨人時的言論紀錄。綜觀這三卷奏議中所收的奏摺及附片，共計三十九件，其中沒有一件是因彈劾他人而上的。再細看這三十九件奏摺及附片的內容，又無一不是因事陳言，提出各項籌議內政、外交的意見，其中所流露的一片忠君愛國之心，以他的生花妙筆娓娓道來，著實可以使閱者感動，斷不致被誤認為「出位妄言，干政撓權」。

最明顯的事例，就是發生在光緒六年十一月間，午門護軍玉林與太監發生衝突，慈禧必欲違法處死護軍之事，刑部尚書潘祖蔭不能抗，因此引起舉朝爭議，張之洞與陳寶琛二人在此時所表示的不同態度。

《張文襄公年譜》卷一，記有張之洞與陳寶琛商議上奏諫諍的情形說：

先是，有中官率小奄二人，奉內命，挑食物八盒賜醇邸，出東右門，與護軍爭毆，遂毀棄食物回宮，以毆搶告。兩宮震怒，立褫護軍統領職，門兵交刑部，將置重典。太傅（即陳寶琛，宣統時為皇帝之師傅）擬上疏極諫。公謂措詞不宜太激，止可言漸不可長，門禁不可弛，如是已足，我當助君言之；若言而不納，則他事大於此者，不能復言矣。太傅以為然，改正義為附片，有云：「皇上遵懿旨不妨加重，兩宮遵祖訓必宜從輕。出自慈恩，益彰盛德。」公猶慮其太峻，夜馳書謂：「附子一片，請勿入藥。」太傅以示幼樵侍講，侍講曰：「精義不用可惜。」卒上之。公聞而嘆曰：「君友諫不納，如何能企主上納諫乎？」翌日，以俄事遇太傅於直廬，問：「消息如何？」曰：「如石投水。」意謂留中也。又數日，兩宮視朝，諭樞臣此事可照原議，無庸加重。公聞之，折簡與太傅曰：「如石投水，竟成佳讖。」

張之洞的原奏，見於《張文襄公奏議》卷三。疏中確實不曾要求從寬處分護軍，而只以「閹宦之禍最烈，履霜之漸當防」為言。婉轉提醒皇太后不可因此而啟太監窺伺之隙，從而希望慈禧能夠自己覺悟，對於宮門護軍的執法行為不可藉端苛責。張之洞自己所撰的《抱冰堂弟子記》，對於此一奏疏甚為得意，曰：

前數日內，有兩御史言事瑣屑，不合政體，被責議處。恭邸手張、陳兩疏示同列曰：「彼等摺真笑柄，若此真可謂奏疏矣。」

張之洞的文筆向來極好，像這樣旁敲側擊而婉轉陳言的奏疏，當然游刃有餘。他之假託旁人撰書而引述恭王對他的誇獎之詞，藉以顯示他之立言得體，正不足怪。至於陳寶琛的奏摺，雖然正摺的主要內容與張之洞的奏疏相似，只因多了一個附片之故，情況就不一樣。陳疏及附片，均見於《陳文忠公奏議》卷上。奏摺無甚特出，其內容可以略而不提；至於此摺的附片，因與前引《張之洞年譜》中所述的記事有關，且直接關係到張之洞、陳寶琛二人對此事的不同態度，需要擇要摘述其主要內容如次：

此案本緣稽查攔打太監而起，臣恐播之四方，傳之萬世，不知此事始末，益滋疑議。臣職司記注，有補闕拾遺之責，理應抗疏瀝陳。而徘徊數日，欲言復止，則以時事方艱，我慈安皇太后旰食未遑，我慈禧皇太后聖躬未豫，不願以迂憨激烈之詞，干冒宸嚴，以激成君父之過舉。然再四思維，我皇太后垂簾以來，法祖勤民，虛懷納諫，實千古所僅見，而於馭制宦寺，尤極嚴明。臣幸遇聖明，若竟曠職辜恩，取容緘默，坐聽天下後世執此細故以疑議聖德，不獨無以對我皇太后、皇上，問心先無以自安。不得已附片密陳，伏乞皇太后鑑臣愚悃，宮中幾暇，深念此案罪名有無過當？如蒙特降諭旨，格外施恩，使天下臣民，知至愚至賤荒謬藐抗之兵丁，皇上因尊崇懿旨而嚴懲之於前，皇太后因繩家法防流弊而曲宥之於後，則如天之仁，愈足以快人心而光聖德。

細看陳寶琛的此一附片，本沒有什麼過分激烈的言詞，只不過以護軍執法，無可加罪為言，希望慈禧太后凜懼天下後世議論之可畏，特予加恩曲宥，如此而已。措詞如此恭謹小心，立言又極為周正得體，所以無怪乎連張佩綸（即前文所說的「幼樵侍講」）也要以為「精義不用可惜」，主張仍與原摺一同遞呈的了。此案之得以轉圜，畢竟還是由對「附子一片」之力；因為此片使慈禧凜然而知清議可畏，不敢再堅持她的無理專恣。而由此一事，亦正可以看出，張之洞雖與陳寶琛、張佩綸同為清流，他們的立身處事，卻正有著極大的分野。

古語曾有所謂「為政不得罪於巨室」的話，雖是鄉愿之甚，卻深含明哲保身之理。張之洞一生宦途得意，未嘗不是得力於這一句話。從他入仕以來的一切作為看，他之所以能夠一帆風順，就是能牢守原則，絕不開罪掌握政權之最高權威人物。這一個掌握政權的最高權威人物，自然就是晚清歷史上獨攬大權達四十餘年之久的慈禧太后。在光緒親政的期間，頗有人誤以為光緒已由慈禧手中取得了政柄，連張之洞也幾乎因此而誤認；但當一旦認清大清皇朝的主人仍是隱居幕後的慈禧太后，而不是暫時處身臺前的光緒皇帝時，他的侍奉對象即刻又轉變了。由於他的善於變化迎合，後世史家因此很不客氣地批評他「宦術甚工」。若以此與陳寶琛、張佩綸等其他清流黨人相比，他的做官方法，確實要高明得多。

張之洞的一生，特點甚多。關於他「宦術甚工」的部分，後文另有敘述。在這裡需要先說一說關於他的一項特別長處——清廉；這對於瞭解張之洞的為人，也是很重要的。

張之洞在做翰林的時期中，曾經被點放過兩次試差與兩次學差。試差，是同治六年時以翰林院編修奉旨充浙江鄉試副考官，與同治十二年以編修加侍讀銜奉旨充四川鄉試副考官。學差，是同治六年浙江鄉試出闈後，奉旨簡放湖北學政，至同治九年十月，任滿交卸。同治十二年十月四川鄉試事竣，又奉旨派充四川學政，至光緒三年十一月任滿交卸。清代的翰林，生活甚為清苦，全賴外放學政與考差時所得的陋規程儀等沾潤。俗語有所謂「一任學政，十年吃著不盡」之說，可見學政收入之豐。尤其是四川的學政，因為省份大而生童人數甚多之故，所得的陋規收入，就有二萬數千兩銀子之多，素來被視為肥缺。但張之洞的作風頗與人不同。他做學政，將舊習相沿的陋規一概裁去不要，以致在任滿交卸時，依然是兩袖清風，一擔行李，與來時無異。回到京中，仍然過那翰林院的清苦生涯，而處之泰然。這種不事貨利的清廉作風，在他後來歷任封疆大臣時，依然不改。所以，《清史稿》本傳說他：「任疆寄數十年，及卒，家不增一畝。」清代末年，政風穢濁，貪污盛行，像張之洞這樣皎潔清白的作風，大可以勵廉隅而風當世。他之所以能夠被當時的清流領袖李鴻藻所賞識，成為清流黨中的一員大將，未始不是由於此一特性使然。他後來能夠出膺疆寄，極得慈禧太后之倚信，這也是一項很重要的因素。

張之洞中探花，是同治二年的事。中探花之後，照例即授職為翰林院編修，官正七品。由此一直到光緒七年二月，他方由詹事府的左春坊左庶子補授翰林院侍講學士，官從四品。同年六月，再陞為內閣學士兼禮部侍郎銜，官從二品。本來，翰林院官陞至侍讀學士或侍講學士之後，再上面的陞銜，不是正三品的詹事，就是從二品的內閣學士。張之洞在陞至侍講學士後再陞內閣學士，亦只能說是循序而陞，並沒有超擢之意。只是他在陞任內閣學士之後不過只有五個月，就奉命補授兼兵部侍郎銜的山西巡撫，頓時成為封疆大吏，上距他之由左庶子陞侍講學士，不過只有十個月，看起來便不免使人覺得陞遷太驟了。關於他陞授山西巡撫的原因為何，史傳不詳，私家筆記中亦未見記述，所能看得出來的，只是他在到山西巡撫任後所上謝恩摺中的幾句話。

《張文襄公奏議》卷四，〈到山西任謝恩摺〉中，有句云：

惟有虔稟懿訓，奉宣皇仁，期無負公正之特許，誓一掃因循之錮習。

照清代的政治制度，監司以上的方面大員奉派新職，例須由皇帝召見訓示，然後方能前往到任。由上面的話，可知張之洞蒙慈禧召見時所得到的訓示，乃是要他到山西去整頓官方錮習，刷新政治風氣，而慈禧更曾當面褒嘉張之洞居官公正。然則張之洞所以能夠被任命為山西巡撫，大概便是由於慈禧太后對他甚為賞識，所以才有這一番特殊的遷擢了。按，張之洞終身對慈禧懷有極大的好感。同治二年，張之洞參加殿試，因為對策不用常格，已被讀卷大臣抑置三甲，賴大學士寶鋆之特別賞識，始拔置為二甲第一。及進呈試卷，慈禧太后認為他的文字特佳，再拔置為一甲第三，因此方才得居鼎甲。這是他對慈禧最為感恩的事。這一次由內閣學士擢陞山西巡撫，又蒙慈禧親口褒獎為公正，顯然可知他在慈禧心目中的「簾眷」甚為優隆，在感德之餘，又焉得不刻骨銘心，頌揚聖恩不止？正因為慈禧即是當時大清朝的實際柄政之人，既然此一最高權威者如此寵遇有加，無論是基於報恩或是為自己的政治前途著想，他都需要對慈禧格外效忠。於是便註定了張之洞在性格上只能成為一個迎合慈禧意旨為主的人。所以儘管他在政治、軍事、外交、教育、經濟等幾方面都有過很多的意見，而他所有一切的思想與見解，都以不與慈禧太后相違背為原則。這樣的特性，也終於使他只能成為一個調和折中的改良主義者，而沒有獨特的思想與見解可言。最顯著的事例，就是他所提出的，「中學為體，西學為用」的教育主張。

「中學為體」與「西學為用」的教育主張，正是張之洞所撰《勸學篇》一書的精義。此書撰成於光緒二十四年三月，其後曾經一再被人翻刻，風行一時，也因此而使張之洞在晚清的學術思想界發生了頗大的影響。

《勸學篇》全書，凡二十四章。第一至九章曰「內篇」，所言「皆求仁之事」，其主旨在「務本以正人心」；第十至二十四章曰「外篇」，所言皆「求智求勇之事」，其主旨在「務通以開風氣」。他在〈序言〉中說：「今日之世變，豈特春秋所未有，抑秦漢以至元明所未有也。」由於西方潮流對中國所發生的衝擊太大，於是，「圖救時者言新學，慮害道者守舊學」，各種思想上的矛盾衝突，因此而起。但是，「舊者因噎而廢食，新者歧多而亡羊，舊者不知通，新者不知變」，終其所至，將使「舊者愈病新」而「新者愈厭舊」，「學者搖搖，中無所主」，「邪說暴行，橫流天下」矣。所以，他認為：「吾恐中國之禍不在四海之外，而在九州之內。」為了補救新舊兩種思想的偏敝，他提出了「中學為體，西學為用」的主張，希望能將中西思想與新舊歧見調和融洽，使中國在接受近代文明的洗禮時，能有中西之長而無中西之弊。從這一觀點看張之洞所撰的《勸學篇》，立論中正，觀點正確，理應是當時思想界的一大創見。可是，我們如果進一步研究張之洞寫作此書時的真正動機，對於他的思想內容，便不免抱持若干懷疑不信的態度了。

《勸學篇》的內篇第一章，名曰〈同心〉。他認為當此世變日亟，國步艱難之時，全國上下，必須同心一致，以保國家、保聖教、保中華種族為最主要的目標。「夫三事一貫而已矣，保國、保教、保種合為一心，是為同心。」他所謂的「教」，即是我國的儒家學說；所以「保教」的意義即是尊儒崇經，以期激發忠義思想，講求富強之道，尊朝廷而衛社稷。在闡明這一意義之後，接著就要「教忠」了。他以〈教忠〉列為第二章，是因為第一章必須開宗明義，說明全書各章的次第；若是沒有這開宗明義的第一章，則「教忠」必為第一。所以，這一章才是他寫此《勸學篇》的主要用意。

他在〈教忠〉一章的開頭部分便說：「自漢唐以來，國家愛民之厚，未有過於我聖清者也。」接著他就一一列舉大清列朝皇帝愛民仁政的實際內容凡十五項，自輕徭薄賦以至減貢戒侈、慎刑戢兵，凡可以證明大清皇帝之勤政愛民，惠養黎元者，細大不遺。這就是他在〈序言〉中所說的：「曰『教忠』，陳述本朝德澤深厚，使薄海臣民，咸懷忠良以報國也。」《勸學篇》的對象並非革命黨人，張之洞為什麼要首先揭櫫大清皇朝的愛民仁政以喚起讀者之注意呢？顯然可見，其主要目的，實在是要與內篇第六的〈正權〉一章相呼應，以闡明他的反民權思想。這只要看他在〈正權〉章中所說的話，便可知道。

張之洞在《勸學篇》的序文中曾說，他寫作〈正權〉一章之目的，是在「辨上下，定民志，斥民權之亂政也」。照他的看法，「方今中華，誠非雄強，然百姓尚能自安其業者，由朝廷之法維繫之也。使民權之說一倡，愚民必喜，亂民必作，紀綱不行，大亂四起」，「且必將劫掠市鎮，焚毀教堂，吾恐外洋各國，必藉保護為名，兵船陸軍，深入占踞，全局拱手而屬之他人。是民權之說，固敵人所願聞者矣。昔法國承暴君虐政之後，舉國怨憤，上下相攻，始改為民主之國。我朝深仁厚澤，朝無苛政，何苦倡此亂階，以禍其身而併禍天下哉」？照他的這種說法，提倡民權就是鼓勵愚民作亂，不但足以禍及一身，而且可以造成亡國。所以，他以為：「若強中禦外之策，惟有以忠義號召天下之心，以朝廷威靈，合九州之力，乃天經地義之道，古今中外不易之理。」於是，他所歸結的論點，仍然只是全國一心擁戴大清聖君，以求達到保國、保教、保種之目的而已。這與他在〈教忠〉一章所說：「當此時世艱虞，凡我報禮之士，戴德之民，固當各抒忠愛，人人與國為體。凡一切邪說惡行，足以啟犯上作亂之漸者，拒之勿聽，避之若浼，惡之如鷹鸇之逐鳥雀。大順所在，天必祐之」等等的話，前後呼應，其重點無非在申明，大清皇朝的統治權必須被絕對尊重，犯上作亂的「民權」思想絕不可有。作《勸學篇》而殷勤教人以尊戴帝室，感念皇恩，一再力斥民主自由的思想為邪說暴行，這才是值得特別注意的地方。

張之洞作《勸學篇》，為什麼要在書中竭力宣揚這種效忠滿清而排斥民主的忠君思想呢？要瞭解這個問題，還得先從當時的政治環境說起。

自「甲午戰爭」中國慘遭敗績之後，朝野上下，都瀰漫了自強維新、報仇雪恥的發憤之心。張之洞身為中國人的一份子，當然也不例外。這時的張之洞，已經在武昌做了五六年的湖廣總督了。為了自強雪恥，他曾經奏請訓練自強新軍，聘請德國教練來實行西法訓練。又在署理兩江總督時，創設儲才學堂及陸軍學堂、鐵路學堂於南京。及至回任湖廣，又積極興辦鋼鐵廠及京漢鐵路，對於促進中國現代化的各種措施，甚為努力。而在這一片自強維新聲中最引人注目的人物，則是康有為與他的學生梁啟超。康有為主張維新變法，始於「甲午戰爭」以前。及甲午戰敗，康、梁適在北京參加會議，曾聯合十八省的應試舉人一千餘名，奏請拒和、遷都、練兵、變法，是即有名的「公車上書」。其後康有為又摘取奏疏中的變法主張而加以引伸，另成一書，詳述富國、養民、教士、練兵等等辦法，呈由都察院代為奏達皇帝。光緒得之，意尚猶豫，其說亦未行。但在經過了這一連串的請願、上書之後，康有為的大名，已經傳布中外，很多人都以為他是有思想、有學問的改革家。張之洞在此時，亦曾與康有為有所來往。這在張之洞的年譜及其他有關資料中，都有記載可尋。

許同莘所編的《張文襄公年譜》卷五頁六，光緒二十一年十月內一條云：「康祖詒來。」其下另有小字附註，云：

祖詒在京師創立強學會，朝士集者百數十人。是月十一日來見，旋赴上海設分會，諸公列名。公覆電云：「群才薈集，不煩我，請除名。捐費必寄。」乃助會款五百兩，撥公款一千兩。

康祖詒即為康有為的原名；「有為」二字，乃是後來所改。康有為在上海創立強學會的分會，致電請求張之洞捐助經費。張之洞電覆允捐會費，而要求康有為將他從贊助發起人的名單中刪去，想必康有為當時已經在報端所刊載的贊助發起人名單中，未得張之洞的同意而先行擅自列入了。張之洞允捐款而不肯列名，這是他的聰明之處。他大概已從二人的會晤中看出康有為是一個言大而夸的激烈份子，對於他的言論與作為頗具戒心。但康有為卻在並未事先徵得其同意之前，擅自將張之洞的名字列入了發起或贊助人的名單之內，這就使張之洞大感不安了。張之洞當然也贊成中國應當力求自強維新，他在湖廣總督及署理兩江總督任上，就先後做過許多自強維新的改革措施。只是，張之洞的維新與改革，都是以朝廷疆吏的身份在為清政府效力，其立場不能越出忠君愛國的範圍；若是倡導自強維新而越出忠君愛國的範圍，既有悖於他的政治認識，亦絕不是他所敢做的事。張之洞最初與康有為相識，或許尚未察覺他們之間，存有政治立場與思想的差異。及後，他察覺到這種差異的嚴重性後，於是乃迫使他亟求洗清他與康有為之間的關係，以免遭受到康有為的牽累。

張之洞與康有為之間的關係，前述年譜資料所透露的只是極小的一部分；其真實的情形，目前已很難知道。黃濬所撰的《花隨人聖盦摭憶》，曾經載有張之洞親信之一，梁鼎芬寫給張之洞的一些信，其中頗曾透露了一部分康、張二人間的交往關係，乃是極珍貴的史料，值得注意。關於這方面的梁鼎芬來書，共計兩件，其一云：

比聞公傷悼不已，敬念無既。今思一排遣之法：長素健談，可以終日相對。計每日午後，案牘少清，早飯共食，使之發揮中西之學，近時士夫之論，使人心開。……壺公前輩左右，鼎芬頓首。

另一書云：

> 長素於世俗應酬，全不理會，不必區區於招飲。鼎芬可先道尊意與近事，渠必樂從。如可行，今日先辦。或欲聞禪理，兼約禮卿，使之各樹一義，粲花妙論，人人解頤，連日皆如此。康、蒯二子，深相契合，兩賓相對，可以釋憂。比中弢病苦，鼎芬忙苦，此舉可支五日，五日之後，中弢可愈，鼎芬卷可少清，便能接續矣。尚書足下，鼎芬頓首。

此信中所說的「壺公」與「尚書」，都是張之洞。因為張之洞在「孝達」與「香濤」這兩個常用的「字」以外，另有「壺公」之號；而張之洞官湖廣總督之後，他的官銜，已歷陞至兵部尚書兼都察院右都御史，稱之為「尚書」，正是他的官稱。至於「長素」，就是康有為的別號；「禮卿」，則是康有為的友人蒯光典。這兩封信雖然都沒有記明作書的時間，但由其內容推測，便可知道當在光緒二十一年的十月間。因為康有為於這月由北京南下，曾於十一日謁見張之洞於南京的兩江總督衙門，《張之洞年譜》卷五頁六中已有記載。而張之洞的長子仁頲，甫於上年十月內完婚，此時亦隨張之洞居於江寧督署，忽然於九月二十日半夜裡墮溺於督署花園中的池塘，竟致殞命，張之洞為此痛悼萬分，至於時時涕泣。梁鼎芬在信中說：「憂能傷人，況涕泣乎？」為了替張之洞解憂，他乃想出了這麼一個極妙的辦法：請康有為和蒯光典二人到總督衙門來陪張之洞談學說禪，「粲花妙論，人人解頤」，「兩賓相對，可以釋憂」。看梁鼎芬信中所說的話如此具體，可以知道，康有為光緒二十一年十月的南京之行，必定與張之洞有過一段不短時間的盤桓交往。《張之洞年譜》說，康有為在進謁張之洞以後，「旋赴上海設分會」，這「旋」字所代表的時間意義就極為含混，頗有意存隱諱的可能。

張之洞與康有為之間的關係，由於有此事實可證之故，相信在當時必定彰彰在人耳目。何況康有為在上海，創設強學會的上海分會，張之洞的親信梁鼎芬，更是赫然有名的創始人之一哩！在這種情形之下，不管張之洞怎樣表現他本人並非上海強學會的發起人或贊助人，總無法擺脫他與康有為之間，「往來頗密」的說法。至於他何以在戊戌政變發生以前就極為重視此一關係，亟亟地謀求洗刷辨白之法，則顯然與康有為此時所發表的言論有關。

康有為的言論，在刊布了他的兩部名著《新學偽經考》與《孔子改制考》之後，已被當時的上層知識份子認為是洪水猛獸一般的心存叵測之人。《新學偽經考》的成書時間較早，其言論尚不十分激烈；《孔子改制考》刊行於光緒二十三年，其主要內容係以所假託的孔子學說為根據，以為凡西洋近世所有之民主政治及民權思想，均為中國所固有，中國如在此時實行西方式的民主政治，實為發揚孔子之遺制。由於此書顯然寓有鼓吹民權及非議專制政治的意圖，所以自刊行以來，所受到的謗議及攻擊極多。湖南巡撫陳寶琛以為其書「流為偏宕之辭」，「傷禮而害道」，奏請飭下康有為自行銷毀。協辦大學士孫家鼐更直攻康有為之學術不端，心術不正，請皇帝即依陳寶琛所奏，將《孔子改制考》一書完全銷毀。康有為的政治思想在當時所遭致的反對與攻擊如此強烈，不必等到「戊戌政變」的發生，已可意識到其將來的前途必定極為惡劣。而康有為在上海創辦強學會的上海分會，全部開辦費只一千五百兩銀子，悉出自張之洞的捐助。這一件事，更不免使人誤會張之洞亦是贊成康有為的變法維新派人物了。為了自行表襮他對滿清皇室的忠忱，及澄清他的政治立場，於是，他撰成《勸學篇》一書以自明。《清史稿・張之洞傳》，對於張之洞的巧於逢迎趨避，頗多皮裡陽秋的譏諷文字。關於這一件事，張傳云：

> 二十四年，政變作，之洞先著《勸學篇》以見意，得免議。

其言外之意，顯然便以為張之洞即是因意存趨避而作此書的了。張之洞宦術甚工，這又是第二件可資證明的具體事例。揆其用心，總以保全自身功名富貴及迎合慈禧意旨為原則。由康、梁二人後來為慈禧所痛恨的事實來看，張之洞藉《勸學篇》以表明他反對康、梁的政治思想，確實具有先見之明。而且他不僅是撰著《勸學篇》而已，由於梁啟超曾經著有《中國六大政治家》一書，將宋朝的王安石亦列為偉大政治家之一，讚譽備至之故，於是，連張之洞自己一生所崇尚的臨川詩派，也必須加以詆毀，藉以表示他與梁啟超之立場絕對不同。關於這一個問題，黃濬所撰《花隨人聖盦摭憶》一書中亦有論述，轉引如後：

> 吾讀廣雅詩，覺其時有口是心非處。南皮詩最佳者絕句，純學王荊公。其〈弔袁爽秋詩〉：「江西魔派不堪吟，北宋清奇是雅音。雙井半山今一手，傷哉斜日廣陵琴。」其尊荊公甚至。然其集乃再三非難臨川，皆顯然不肯認此法乳者。細求其故，殆由於南皮先曾保康、梁，為之延譽甚力。及戊戌變起，乃亟亟印《勸學篇》以自明。任公時著《大政治家王安石》一書，南皮則亟詆之。吟詠之不足，又躬自注釋，以明其宗尚正大。此中矯揉，皆為逢迎西后，正為自全一念驅使之。今觀其詩，晚年諸絕句，實宗北宋，尤學半山，豈可諱乎？

「廣雅」詩即張之洞詩，「臨川」、「荊公」，及「半山」，則皆指王安石而言。張之洞詩學臨川，只是為了政治上的原因，反而對王安石詆諆備至，這種做法，實在也有欠光明正大。然而這尚不過只是這些事件的一二端而已，類此事例，正尚有之。最明顯的，還可以舉出下述三事。第一，是他在張佩綸失職閒居以後，對待張佩綸的態度。第二，是他在「戊戌政變」以後，對於維持光緒皇帝的地位一事所持之立場。第三，是他在「庚子拳亂」以後，附和慈禧太后遠避西安的主張。先舉第一事。《花隨人聖盦摭憶》云：

清流中以張繩庵最為風厲。南皮雖與繩庵、弢庵善，傳聞豐潤、南皮，晚年頗有違言。南皮督兩江時，以繩庵適寓江寧，夙為西后所嫉，與之往還，懼失歡西朝，不與往還，又失故人之誼，乃陰諷繩庵移寓蘇州。繩庵大怒，謂：「我一失職閒居之人，何至並南京亦不許我住耶？」其後聞南皮又使人先容，微服往訪，至於相對痛哭。此事弢老時已有所聞，故繩庵之歿，特千里唁之。南皮時督鄂，聞弢老至寧，要約其遊廬山。而弢老自言：「吾為弔喪來，非遊山也。」謝不往。今廣雅堂詩有題云：「江行望廬山，約陳伯潛遊不至。」是此事也。

上文所說的「張繩庵」與「豐潤」，俱指張佩綸：繩庵是其號，豐潤則其籍貫。「弢老」即弢庵，指陳寶琛。張佩綸、陳寶琛與張之洞，當年都是清流黨中的顯赫人物，交誼甚篤。後來，張佩綸與陳寶琛都倒了楣，張佩綸因馬江僨師事革職充軍，後釋回，賦閒家居。陳寶琛則在會辦南洋軍務期間丁憂，後因所保薦的廣西巡撫徐延旭、雲南巡撫唐炯二人僨事失律，追究及於原保薦之人，奉旨實降五級，亦不再出仕。只有張之洞一帆風順，居然身任兼圻，又由湖廣總督調署兩江，居然成了張佩綸的「老父臺」。張佩綸此時雖然住在南京，以舊時的交誼而言，偶一過訪，亦是人情之常。即使慈禧太后當年曾經討厭過張佩綸，此時亦早已事過境遷，並不一定始終懷恨在心。而張之洞對於這些事情卻是特別敏感，凡是慈禧所嫉惡之人，一概避之如恐不及，雖是自己的當年至交，亦不例外。為了個人的功名利祿而寧願犧牲朋友，未免有見利忘義之嫌。陳寶琛在福建聞張佩綸之喪，千里赴弔，正是對張之洞的極大諷刺。他之所以拒絕與張之洞同遊廬山，更是明顯不過的事實。

關於「戊戌政變」時慈禧欲將光緒廢黜一事，張之洞當時所持的態度如何？可由徐一士所撰的《凌霄一士隨筆》及胡思敬所撰《國聞備乘》二書中見之，惟二說頗有不同。徐書云：

之洞既深自結於西后，故對光緒帝不滿。帝諡曰「景」，廟號「德宗」，聞出之洞主張。或謂陰擬唐德宗、明景泰帝，取「信用奸邪」及「不當立而立」之義也。昔西后欲廢帝，慮人心不服，徵之洞及劉坤一意見。坤一一再力爭，之洞則效徐勣之口吻，謂權在太后，非疆臣所得干預。固見之洞之軟滑，亦以方厚結后黨，不願持異議也。當帝行新政時，之洞奉行頗力，時共陳寶箴疏陳興革事宜，為帝所倚重。軍機四卿中之楊銳，亦以其為之洞親厚弟子而擢用。坤一則以玩視新政，明詔申斥。而至政局一變，乃二人態度如是。故士論稱坤一之有守，無愧大臣之節，非之洞所及焉。

以上是《凌霄一士隨筆》中的記述，至於《國聞備乘》中的記述，則是：

戊戌訓政之後，孝欽堅欲廢立，榮祿諫不聽，而恐其同負惡名於天下也，因獻策曰：「朝廷不能獨立，賴眾力以維持之。疆臣服，斯天下莫敢議矣。臣請以私意先覘四方動靜，然後行事未晚。」孝欽許之。遂以密電分詢各省督臣，言太后將謁太廟，為穆宗立後。江督劉坤一得電，約張之洞合爭。之洞始諾而中悔，摺已發矣，中途追摺弁回，削其名勿與。坤一曰：「香濤見小事勇，見大事怯，姑留其身，以俟後圖，吾老朽何殫？」遂一人挺身獨任，電覆榮祿曰：「君臣之義至重，中外之口難防，坤一所以報國者在此，所以報公者亦在此。」道員陶森甲之詞也。榮祿以坤一電入奏，孝欽懼而止。逾年，乃建東宮。聞粵督陶模亦有電諫阻，其詞則佚之矣。

比較徐、胡二人的設法，除了兩江總督劉坤一表示反對的部分，二說無異外，關於張之洞的立場，徐說以為張之洞覆電表示聽任太后做主，外臣不願干涉，胡說則以為張之洞初時願與劉坤一同時覆奏為光緒爭帝位，後乃中悔，至於追回奏摺，削去己名不書。姑不論二說之孰是，張之洞在這一件事情上，不肯與劉坤一同樣地表示強硬意見，以求維護光緒之帝位，當是不爭之事實。所以然之故，亦無非因為立場強硬則將招致慈禧之不滿而於己不利，所以他絕不能與劉坤一那樣地力申「君臣之義」。如果說，劉坤一在這件事情上的有守有為，乃是「無愧大臣風節」，那麼，張之洞的軟滑，就顯得太沒有風骨了。

關於張之洞在「庚子拳亂」時贊成慈禧太后遠避西安的事，見於張之洞自撰的《抱冰堂弟子記》，原文如下：

> 庚子七月中旬，京師危急。聞兩宮意將西幸，合肥李相糾合各督撫力阻聖駕，並未先商，已電山東請發摺，然後電知。乃急報項城，謂此議大謬，萬不可行，鄂斷不會銜。如已發，當單銜另奏。乃撤去鄂銜。幸此摺到京之日，畿郊已亂，疏未達而乘輿已行，不然，大局不堪問矣。合肥又有聯銜疏，請駕留山西，勿赴陝。亦駁之。

上文所說的「合肥」，即李鴻章，時為兩廣總督；「項城」，則袁世凱，時為山東巡撫。庚子之亂，八國聯軍破北京，慈禧及光緒倉皇逃至太原，再往西安。當北京未破之時，慈禧已有西逃的打算。李鴻章以為如此則聯軍入京後沒有了議和的對象，必將使戰爭延長而議和困難，以後所增加的賠償亦更多，所以亟亟聯合各省督撫，力勸慈禧不可離京。張之洞素來以慈禧之意旨為意旨，聽說慈禧意欲逃離京師，而李鴻章聯合各省督撫上奏力阻，自己的湖廣總督名義亦在借用之列，急電袁世凱勿列己名。及後慈禧欲由太原再往西安，李鴻章又倡議聯銜奏諫，則張之洞又去函與之辨駁。總而言之，則李鴻章不贊成皇帝及太后離京遠逃，各省督撫亦多附和李鴻章的主張，所不贊成的，只有張之洞和他的姊丈，江蘇巡撫鹿傳霖，兩人而已。瘿公跋《抱冰堂弟子記》，曾有一節論及此事，說：

按兩宮在太原時，江蘇巡撫鹿傳霖以勤王師至，力請幸西安，遂降入陝之旨。江督劉坤一聯合督撫電奏，言：「陝西古稱天府，今非雄都，又與新疆、甘肅為鄰。新疆近偪強俄，甘肅尤為回藪，內訌外患，在在可虞。」又云：「各國曾請退兵回鑾，不占土地，正可藉回鑾之說，以速其撤兵之議。倘西幸愈遠，拂各國之請，阻就款之忱。朝廷徒局偏安，為閉關自守之計，以偏僻凋蔽之秦隴，供萬乘百官之糧，久將不給。」等語。當時若仍駐太原，聯軍亦斷無逼駕之事，回鑾較速，和議亦較易成。乃入陝經年，糜費數千萬，至臣工屢次籲請，乃議回鑾。雖由孝欽之懼逼，亦傳霖啟之也。

鹿傳霖當時已年逾七十，其怯懦衰庸，不足深責。可怪的是，張之洞素來號稱通達有識見，在保守派人物中又素來被視為是前進份子，而在此一事件上竟然也與鹿傳霖一樣地贊成慈禧遠避西安，他的外交知識，是否真要比李鴻章、劉坤一、袁世凱等人差得遠呢？這是一個不容易解答的問題。只是，鹿、張乃是郎舅至親，鹿傳霖因倡為西幸之說而大得慈禧之歡心，隨即擢為兩廣總督，入值軍機，由此扈從西安，晉位尚書大學士，宦途甚為得意，當然是張之洞所知道的事。然則鹿傳霖倡議於先，張之洞附和於後，毋寧正可視之為他在得悉慈禧意旨之後所採取的將順行動，事實也是很明顯的了。而且不僅此也，當慈禧駐蹕西安之時，行宮百物缺乏，陝西又素稱貧瘠，宮中日用，未免窘迫，因此各省疆吏，多有進貢。張之洞此時，專門選擇慈禧所喜愛而為陝西所缺乏的物品，陸續自湖北輦致西安，大為慈禧所喜。隔了四五年之後，張之洞在湖廣總督任內被命入覲，召對之時，慈禧還特別提出此事來當面誇獎一番。《廣雅堂詩集》中收有關於此事的〈紀恩詩〉一首，云：

敢道滹沱麥飯香，臣慙倉卒帝難忘。艱難險阻親嘗到，天使他年晉國強。

其下有注云：

述西幸在陝時，湖北貢品，豐足濟用。

由上面這些文字紀錄，儘可以使我們看出，張之洞在慈禧太后心目中的「簾眷」，確實甚為優隆。有了這些事實，自然儘可以使他長被寵倚，久任疆寄，之後並且入閣拜相，以大學士兼任軍機大臣，成為實際上的宰相。

張之洞在晚清時代，有「賢督撫」之稱。他之成功，固然得力於他之善於結納當時的最高統治者——慈禧；其才能與操守，亦是不可或缺的條件。操守方面，前文已經約略說過他的平生清節之一斑；才能方面，當然就是他在出任督撫以後的各種實際政績了。張之洞首次出任山西巡撫，在光緒七年十一月，至十年四月調陞兩廣總督。據《清史稿・張之洞傳》所說，他在山西巡撫任內，「當大祲後，首劾布政使葆亨，冀寧道王定安等黷貨，舉廉明吏五人，條上治晉要務，未及行，移督兩廣。」可知他在山西巡撫任內的治績，因任期過短而來不及有多大的展布。《張之洞奏議》卷四頁一，載有他到山西接任巡撫所上的一通謝恩摺，中云：

身為疆吏，固猶是瞻戀九重之心；職限方隅，不敢忘經營八表之略。

味其文義，大有偪促一省，難展其經營八表的揮霍長才之意。那麼，我們就看看他在調陞總督以後的「經營八表」長才吧！

清代中葉以後的總督，總數只有八個，即直隸、兩江、湖廣、兩廣、閩浙、陝西、雲貴、四川。其中直隸總督與四川總督只轄一省，兩江總督轄三省，其餘各轄兩省。到了光緒末年，方才增加了一個東三省總督，亦轄三省。以較早時的八個總督額缺而言，直隸總督為疆臣之領袖，地位最尊，兩江總督則轄地最廣而財賦最多，號為「大缺」。再往下數，比較大的缺分，就要算是兩廣與湖廣了，張之洞由巡撫擢總督，所得的不是陝甘、雲貴等小缺，而是兩廣大缺，顯然可知他的遷擢非出尋常。所以然之故，則因當時正當中、法兩國因越南問題發生戰爭，原任的兩廣總督張樹聲出身淮軍，與湘軍出身的欽差大臣彭玉麟相處不洽，清政府恐因此而有僨事之虞，乃將號稱通達時務的清流翹楚張之洞由山西調去，使之輯睦將帥，捍禦外侮。果然，張之洞到了廣東之後，由於處置得宜，不久就得到諒山大捷，使得驕橫的法國侵略者暫時戢止其侵略野心，戰爭亦得以在不賠款、不割地的有利條件下結束。諒山之捷，奠定了張之洞的事業基礎，他後來之得諡「文襄」與得賞花翎，也都由於諒山之捷的功勳。至於諒山之捷的原因，則應當歸功於張之洞的善於選擇統將。

張之洞未到兩廣以前，越南方面的清軍前敵主帥，是廣西巡撫潘鼎新。廣西軍敗，潘鼎新被免職，接統其軍的是廣西提督蘇元春。其時清軍屢敗，士氣不振，法軍則由北圻深入，漸次侵入粵邊，形勢至為岌岌。張之洞到廣東後，目睹情勢危急，知道若非有宿將元戎出而振奮士氣，鼓勵軍心，戰事將愈趨不利。因此，他禮聘在籍的前廣西提督馮子材重新出山，自募一軍，以當勁敵。由於馮子材的出山，清軍始有諒山之捷。趙鳳昌所撰《惜陰堂筆記》曾說：

諒山大捷，是為中國與外兵交鋒始稱戰勝之一次也。同時滇邊覃修綱，在臨洮府亦獲大勝，法國因此次戰敗而更換政府，立向我要求停戰議和矣。當日奏報，僅可述戰勝之跡，不及論戰勝之理。戰勝之理，全在統領得人。其人品必德優於才，廉能服眾，始能駕馭部將，保衛士民。

照此說法，諒山戰役之所以獲大勝，完全在於統帥之得人。當時的統帥，即馮子材。關於馮子材在諒山戰役中短衣帕首、赤足草履，以七十衰暮之年奮身陷陣，殊死搏戰，以致所部將士人人感奮效命，終獲大捷的情形，《清史稿》馮子材傳記中敘之甚詳，可以參看，這裡無須多贅。所值得提出來一說的是，馮子材因年老退職家居，息影已久，這時何以能如此效命搏戰、矢死不顧呢？據趙鳳昌所記，乃是得力於張之洞的禮遇與識拔之故。《惜陰堂筆記》云：

馮任廣西提督最久。土匪李揚才等擾邊多年，馮率部三次進剿，至關外及越境以平之。撫循地方，邊民越族，同深愛戴，均以「馮爺爺」呼之，表尊而且親之意。自西提乞病，在欽州本籍，因越事奏辦團練。甲申十二月，忽接粵督南皮遣員賚書，並餉銀五萬兩。書中聲明：「一面奏聞，不及公牘，先此函達，速募練成軍，迅赴桂邊。」馮謂：「南皮係巍科名流，乃能識我，越事已急，我允之矣。」隨即招募部署，赴鎮南關。

我們中國人向來重視「知遇」，故而有所謂「士為知己者死」的話。對於一個富感情而重然諾的節義之士來說，忠臣廉吏的知遇，尤其能使人感激奮勵。張之洞中過解元、探花，以翰林學士出任巡撫、總督，清望素著，在很多人的心目中都認為是極其高貴的人物，一旦能得其盼睞，無不認為是極大的榮寵。馮子材當時，便是在這種心理狀態下感激奮起，毅然出而效命疆埸的。這在張之洞來說，誠然是意想不到的事。官運亨通的人，往往富貴逼人而來。為張之洞奠定後半生功名富貴的諒山大捷，竟然在這種情形之下出現，實在可說是機緣湊巧。張之洞一生，機緣湊巧之事頗多。這是值得指出來的一件。

張之洞做兩廣總督，前後凡六年。《清史稿》本傳在敘述諒山之捷後，接敘其此後的政績大概，說：

之洞恥言和，則陰自圖強，設廣東水陸師學堂，創槍砲局，開礦務局，疏請大治水師，歲提專款購兵艦。復設廣雅書院，武備文事並舉。十二年，兼署（廣東）巡撫，於兩粵邊防控制之宜，輒多更置，著《沿海險要圖說》上之。在粵六年，調補兩湖。

史稱張之洞「蒞官所至，必有興作，務宏大，不問費多寡」，在此時已可見其端倪。許同莘所撰的《張之洞年譜》記此，則云：

在任六年，始則經營戰守，繼則整飭吏治，培養民生，講求立國自強之道。凡所規畫，其用款率取之清釐中飽。閻文介在樞府日，與公內外同心，有所奏請，輒蒙報可。十四年，文介去位，樞府不愜於公。賴醇賢親王一意扶助，遇事奏請特准。

閻文介即閻敬銘，乃是當時管戶部的軍機大臣；醇賢親王，則是光緒的生父，老醇王奕譞。關於奕譞特別照顧張之洞的事，張之洞自撰的《抱冰堂弟子記》中亦曾有敘述，云：

己丑、庚寅間，大樞某、大司農某，立意為難，事事詰責，不問事理。大抵粵省政事，無不翻駁者，奏咨字句，無不吹求者。醇賢親王大為不平，乃於曩所議奏各事，一一皆奏請特旨准行，且事事皆極口稱獎。並作手書與樞廷諸公曰：「公等幸勿藉樞廷勢恐嚇張某。」又與大司農言曰：「如張某在粵有虧空，可設法為之彌補，不必駁斥。」其實粵省報銷款固無所謂虧也，然賢王之意，則可感矣。

己丑乃光緒十五年，庚寅則十六年。當時在樞廷的各軍機大臣，除禮王世鐸外，依次為額勒和布、張之萬、許庚身、孫毓汶。上文所謂蓄意與張之洞為難的「某大樞」，竟不知所指何人。至於「大司農某」，則可以確定為當時的戶部漢尚書翁同龢；因為《張之洞詩集》中曾有明白的記載，說到翁同龢當年做戶部尚書時，曾經「一意傾陷，僅免於死」。翁同龢何以要一力傾陷張之洞，至必欲置之死地而後快？這也是無法解答的謎題。而醇賢親王在此時毅然出來代抱不平，並為多方調護關照，對張之洞的方便就太大了。奕譞之為人，志大而才疏。他之所以特別看重張之洞，無非覺得張之洞做兩廣總督，既不要錢，又肯為國家任勞任怨，乃是不可多得的有用人才。有此一念，所以才要多方為之調護關照，以期能有所展布。其實則張之洞誠然有其「經營八表」的雄心壯志，然而他所具備的知識與學問，卻實在不足以在歐美文化劇烈衝擊而來的當時，擔當起自強維新的建設大業。他不具論，單以他在兩廣總督任內所倡議籌設的煉鐵廠而言，在我國工業建設史上，就是一個很大的笑柄。《張之洞奏議》卷二十七，收有他在光緒十五年八月二十六日所上的〈籌設煉鐵廠摺〉，說：

竊以今日自強之端，首在開闢利源，杜絕外耗。舉凡武備所需槍砲軍械、輪船砲臺、火車、電線等項，以及民間日用、農家工作之所需，無一不取資於鐵。兩廣地方產鐵素多，而廣東鐵質尤良。前因洋鐵充斥，有礙土產，經臣疊次奏請開除鐵禁，暫免稅釐，復奏免爐餉，請准任便鑄鐵，以輕成本，而敵侵銷。多方以圖，無非欲收已失之利，還之於民。查洋鐵暢銷之故，以其向用機器，鍛鍊精良，工省價廉。察華民習用之物，按其長短大小厚薄，預製各種料件，如鐵板、鐵條、鐵片、鐵針之類，凡有所需，各適其用。若土鐵則工本既重，鎔鑄欠精。生鐵價值雖輕，一經煉為熟鐵，反形昂貴。是以民間競用洋鐵，而土鐵遂至滯銷。

以下他列舉廣東各口岸洋鐵入口及土鐵出口之數，並以光緒十二年的貿易冊所載為例，說明洋鐵之入超，一年中達銀二百三十萬兩，為一絕大之漏卮。此項入超，至光緒十四年更增至銀二百八十萬兩。為補救計，亟應自行設廠，購買外洋新式機器，照西法煉製洋鐵，以期斷絕洋鐵之內銷。他並且在摺中說明，業經託由出使英國大臣劉瑞芬，與英國諧塞德公司訂立契約，即由該公司代製鎔鐵大爐二座，日出生鐵一百噸，並隨附煉鐵、煉鋼、壓板、抽條及製作鋼軌等項機器，共價英金八萬三千五百鎊。該項機件，約定分五次運粵，十四個月交清云。這一個計畫中的煉鐵廠，原定設於廣州城外的鳳凰岡。但在機器運回之前，張之洞業因奉旨籌辦蘆漢鐵路之故而調為湖廣總督，繼任的兩廣總督李瀚章奏陳廣東產鐵不多，不便建立煉鐵廠，於是又由張之洞奏報移設於湖北，亦就是後來的漢陽鋼鐵廠。就漢陽鋼鐵廠設立以後的情形來說，張之洞的建廠計畫，笑話實在太多了。

在上文所引的〈籌設煉鐵廠摺〉中，張之洞曾說：「兩廣地方產鐵素多，而廣東鐵質尤良。」照此說法，他似乎已曾對廣東、廣西二省的鐵礦蘊藏情形做過一番勘察調查，並已瞭解礦質情形；事實何嘗如此！根據民國三十四年的估計，廣東、廣西二省的鐵礦蘊藏量，只有六百餘萬公噸，遠不及遼寧、湖北、察哈爾、福建等省。煉鐵需煤，而廣東、廣西卻又所藏甚少，廣西居全國之第十五位，廣東居二十六位，可稱貧乏。由李瀚章後來奏報廣東不宜設廠的情形看來，張之洞當時所說的，只是一些臆測之詞而已。不僅如此，張之洞對於當時歐美所用的煉鐵方法一無所知，就貿貿然地買回兩座煉鐵爐來，完全不知道所買的煉鐵爐是否合於煉鐵之用，看起來就更加使人覺得可笑又復可憐了。《凌霄一士隨筆》引述《中國鐵礦志》一書中所載，某地質學家對於此一段往事所說的話，略云：

張之洞任廣督，議建煉鐵廠以為製鋼軌之用，因委駐英公使薛福成在英訂講機器。廠主謂須先將煤焦及鐵砂之樣品寄英化驗，始可視其品質決定設計煉鐵用之機器。薛以告張，張曰：「中國之大，何處無佳煤、佳鐵？但照英國所有者購辦一份可也。」於是英國梯特賽廠遂依英國所用酸法煉鐵，設計色麻爐二座運華。其時張之洞已由兩廣移督兩湖，而大冶已發現鐵礦。有議廠宜設於大冶者，張曰：「大冶路遠，照料不便，若建於漢陽，吾猶及見鐵廠之煙囪也。」於是乃在龜山之麓建廠，地址狹小而一帶水田，斥巨貲以經營之。又於各處徵詢煤礦，最後得馬鞍之煤，灰礦並重，實不適於煉焦，煉得生鐵，實不合用，而鋼軌更無論矣。

這一段話，說大冶之鐵不適於使用色麻爐冶煉，及馬鞍之煤不適煉焦，更不適於煉鐵等，以與近人全漢昇氏所撰的《漢冶萍公司史略》一書相參看，可知其大致不錯。漢冶萍公司即是漢陽鋼鐵廠的擴大。此公司後來因生產成本太重而經營困難，以致鐵廠停止冶煉，年年只以所採掘的礦砂低價運售日本償付所欠債務，說來極可痛心。我們若留心探究，漢陽鋼鐵廠的生產成本，何以會高得迫使該廠無法支持冶煉的工作，便可知道，此正是先天性的因素，其根本原因在張之洞籌建此廠之初便已種下，所以到後來才會成了無法醫治的痼疾。

十九世紀中葉以後，西洋人所研究成功的煉鋼法共有兩種，一是以酸性冶煉的貝色麻法，一是以鹼性冶煉的西門士馬丁法。這兩種煉鋼法的區別是：貝色麻法不能除去鐵中的磷質成分，因此不適宜用於含磷較多的鐵礦；反之，西門士馬丁法恰恰沒有此一缺點，如果鐵礦的磷質較多，就應採用西門士馬丁法煉鋼。英國的梯特賽廠在接受張之洞的委託時，曾要求張之洞將礦砂及焦煤的樣品先寄英國化驗，目的就是希望能夠確定，煉鋼廠所需的冶爐，應該根據哪一種煉鋼法來設計。張之洞當時既未尋得鐵礦，自然無從知道鐵廠冶爐應用何種型式。何況他當時也根本無此認識，能夠知道不同品質的礦砂需要採用不同煉法的問題。他只是以他揮霍宏闊的做事氣派，大言炎炎地以為這乃是不成問題的問題，任令英國廠商自行決定冶爐的設計。這一次，張之洞的機緣不大湊巧，梯特賽所設計的貝色麻式煉鋼爐，並不適於後來的煉鋼廠。

從英國訂購的機器及附屬設備，於光緒十七年間運到中國。張之洞為了照顧方便的理由，堅持要在漢陽的大別山麓建廠。那裡的地勢低窪而潮濕，必須大規模地填高地基，方能建立工廠。結果，建廠的工作要先從填高地基做起，所填的厚度達一丈一二公尺之譜，計填土九萬餘方，費銀三十餘萬兩。這在漢陽鋼鐵廠的全部建廠經費（包括購買機器及運輸回國的運費在內）三百萬兩之中，已占去了十分之一，差不多相當於在英國訂購機器的價格。雖然，張之洞的手面宏闊，對於用錢向不計較，但這筆帳總是要算到鐵廠的生產成本裡去的。

湖北省的大冶有豐富的鐵礦，那是盛宣懷雇來英國工程師實地探勘之後，在光緒元年時就發現了的。張之洞在漢陽建立鋼鐵廠，盛宣懷就正好把大冶鐵礦賣給了他。此礦的鐵砂蘊藏量極為豐富，當時僅就露出地面的部分做一概略的估計，數目就有二千七百餘萬噸之譜。如以每年開採一萬噸為率，僅表層的露頭部分就可供二千七百年的採掘之用。張之洞辦鋼鐵廠而得此豐富鐵礦，應該說是運氣很好的了。但是，此礦的最大缺點，是礦砂中的磷質較多，煉成的生鐵，含磷在百分之零點二五左右。如果煉鐵廠的冶爐根據西門士馬丁法設計，這當然不是問題。但成問題的是，煉鐵廠的機器乃是根據貝色麻式煉鐵法設計的，對於鐵中的磷質無法除去。於是漢陽鋼鐵廠所製成的鋼鐵，就因磷質不能除去之故，而容易脆裂折斷，無論用於鍛製或鑄造，都不合適。即使只用來鑄製鐵路用的軌條，亦仍然因容易斷裂而不適用。光緒二十年，漢陽鋼鐵廠的製品開始應市。當時，進口的洋鐵在上海的售價是每噸銀三十餘兩，漢陽廠的製品，只能賣到每噸銀二十三兩，猶且乏人問津。產品的價格低而銷路滯，當然會增加鐵廠經營的困難。而其根本原因則在於鐵廠的煉鐵設備不適宜。這是張之洞在建廠之初所種下的先天缺陷，無法補救，終於使他的一腔熱忱與滿懷的壯志，也都成了畫餅。

鋼鐵工業的基本原料是煤與鐵，而鐵礦與煤礦很少能夠毗連在一起。為了節省運輸費用，現代的鋼鐵工業，都需要視運輸條件的利便，或以鐵就煤，或選擇煤鐵二者的中點，作為建立鋼鐵工業的地點。反觀張之洞所辦的漢陽鐵廠，其地既不產煤、鐵，亦不是煤、鐵二礦的交通中點。鐵礦所需的鐵砂，來自一百二十公里外的大冶，每噸鐵砂的運費，在當時是三角四分。以漢陽鐵廠每日出鐵百噸計，須支付鐵砂運費六十餘元。湖北的馬鞍山雖然產煤甚多，但因所含的灰分與磺質太多，需要搭用開平焦煤或外洋焦煤，方能用於煉鐵。而開平焦煤與外國焦煤的來路都極遠，運到漢陽，每噸要賣白銀十六、十七兩。把這些生產成本加起來算，即使不包括員工薪金及外國顧問的巨額薪酬在內，已經超過上市產品所售得的價格，何況這些產品的銷路還是十分呆滯，賣不出去！所以，漢陽鋼鐵廠一開辦甫經半年，就已明白看出其虧折。到了光緒十四年，虧折的累計數已經達到一百餘萬兩。

張之洞到了這時，也慌了手腳，知道這種賠本生意不能再做下去，亟欲設法脫去此一累贅不堪的包袱。於是乃有後來的盛宣懷接辦之事。

胡思敬《國聞備乘》卷一，有關於盛宣懷接辦漢陽鐵廠的一段記事，說：

盛宣懷辦洋務三十餘年，電報、輪船、礦利、銀行，皆歸其掌握，攬東南利權，奔走效用者遍天下，官至尚書，貲產過千萬，亦可謂長袖善舞矣。其始起推挽，由李鴻章。鴻章內召，王文韶繼為北洋大臣，倚之如左右手。北洋京畿左輔，為洋務總匯之地，湖廣總督張之洞忌之。是時，鐵路議成，南端由之洞主政，北端由文韶。文韶欲保用宣懷，恐之洞不從，遣宣懷私詣武昌，探其意旨。之洞辦武昌鐵政，虧空過百萬，方窘迫無以為計。宣懷至，許為接辦，任彌補。之洞大喜，遂與文韶合疏，保薦宣懷為督辦蘆漢鐵路大臣。

以上所述，乃是關於張之洞如何將漢陽鐵廠交與盛宣懷接辦的一種說法。而據另一種非正式的記載，盛宣懷當時似曾涉及某一貪污案件，為人所參劾，有旨交予湖廣總督張之洞查辦。張之洞為他開脫洗刷，故而盛宣懷亦答應張之洞的要求，允為接辦漢陽鐵廠。不論哪一種說法對或不對，張之洞因漢陽鐵廠虧折太重，無法經營，不得不將之交予盛宣懷經營，由初期的官辦改為此時的商辦，當是不爭之事實。

盛宣懷對於經營實業，有他的特殊長才。他接辦鐵廠以後，深知由遠道去買開平焦或洋焦到漢陽來煉鐵，絕對不是辦法。所以在接辦以後，就積極從事煤曠的探勘。後來在江西萍鄉尋得豐富的礦藏，煤質又極優良，就大量投資開發，以鐵路及船隻接駁運輸之法，運到漢陽鐵廠來煉鋼，降低了很多的生產成本。到了光緒末年，又把原有的兩座煉鐵廠拆除，新建日出生鐵二百五十噸的西門士馬丁式煉鐵爐三座。自此以後，漢陽廠的產品中不再存有化煉未盡的磷質，品質純粹，聲譽日起，產品亦可遠銷歐美。到了歐戰結束以後，漢冶萍公司雖因歐美列強的競爭而再度陷於經營困難，那也已經是後來的事。至少在盛宣懷接辦以後，已將張之洞當年所留下的病根，設法除去了許多。至於漢陽廠地址選擇的錯誤，使得鐵廠與鐵、煤二礦分別位於相隔遙遠的三個地方，以致原料轉送的成本始終無法降低，那是誰也無法改變的事。這一筆帳，當然只有記在張之洞的頭上了。

張之洞任湖廣總督，前後歷時十七年之久，所辦的各項工商業建設，極多。《清史稿・張之洞傳》說：

海軍衙門奏請修京通鐵路，臺諫爭陳鐵路之害，請停辦。翁同龢等請試修邊地，便用兵。徐會澧請改修德州濟寧路，利漕運。之洞議曰：「修路之利，以通土貨、厚民生為最大，徵兵、轉餉次之。今宜自京外蘆溝橋起，經河南以達湖北漢口鎮。此幹路樞紐，中國大利所萃也。河北路成，則三晉之轍接於井陘，關隴之驂交於洛口，自河以南，則東引淮吳，南通湘蜀，萬里聲息，刻期可通。其便利有數端：內處腹地，無慮引敵，利一；原野廣漠，墳廬易避，利二；廠盛站多，役夫賈客，可捨舊圖新，利三；以一路控八九省之衝，人貨輻輳，足裕餉源，利四；近畿有事，淮楚精兵，崇朝可集，利五；太原旺煤礦，運行便則開採必多，利六；海上用兵，漕運無梗，利七。有此七利，分段分年成之，北路責之直隸總督，南路責之湖廣總督，副以河南巡撫。」得旨報可，遂有移楚之命。大冶產鐵，江西萍鄉產煤，之洞乃奏開煉鋼廠漢陽大別山下，資路用，兼設槍砲鋼藥專廠。又以荊襄宜桑麻枲而饒皮革，設織布、紡紗、繅絲、製麻革諸局，佐之隄工，通之以幣政，由是湖北財賦稱饒，土木工作亦日興矣。

這一段話，概述張之洞由兩廣總督調為湖廣總督的原因，是由於奉旨興辦蘆漢鐵路，負責南段工程，及在湖廣從事各項工商建設的情形，敘次大致不錯。所交代欠明的，乃是開辦漢陽鐵廠的部分。因為，張之洞計畫籌備煉鋼廠，並不始於到湖廣之後；及至建廠完成，尚只有大冶之鐵礦而不知何處有合用之煤。這些情形，前文已有敘述，今不再贅。至於鐵廠以外的槍砲、鋼藥、織布、紡紗、繅絲、製麻革等廠，以及鑄造銀元的工廠，種類繁多，具可見張之洞辦理新政的局面之大，與氣度之宏闊。張之洞素來以「經營八表」自負，他在湖北的各種設施，庶幾可以配稱。但後人對於張之洞的論述，除了他在鐵路問題上所發表的意見甚為正確，能得後人之稱道外，其他各項工商業方面的建設，則對之多有微詞。如《清史稿》本傳就以「由是湖北財賦稱饒，土木工作亦日興矣」的話，來譏諷張之洞的好興作。《花隨人聖盦摭憶》的作者黃濬，對張之洞的批評更多。將這些有關的資料彙集起來看，我們對張之洞的這一番作為，乃能有較為正確的估量。

黃濬評許同莘所撰《張之洞年譜》，關於他在光緒二十年至二十二年署理兩江總督期間的施為行事，論云：

> 以南皮之聲譽，兩江總督之地位，其所獻替，所左右者，宜若洪鉅非常。今觀其舉措，似側重鋪張應付，專力為物質上之角逐者。不知政治思想苟不更張，人民智識苟不增進，則一切建設，盡成逐末。四十年間，懸崖轉石，前此所恃為富國強兵之要政，及今思之，無量黃金，何莫非擲於虛牝耶？惟緣本原不立，故創造適以資弊。《清史稿》・南皮傳，出桐城馬通伯先生手筆。傳中所云：「蒞官所至，必有興作，務宏大，不問費多寡」，不能不謂為紀實也。然南皮所造諸事，皆極有關係，亦皆近代設備所必不可少者。如有廉摯之性行，與精銳之專家，繼續為之數十年，非不能資以興國。所惜者，當時人才缺乏，一切皆以官僚充任。設一局所，只為候補道增一差使，遂寖成弊藪。予按許君是書，頗似李瀚章之《曾文正公年譜》。蓋其心目所景仰者，若甚龐大，落筆遂甚敬謹，取材不得不狹隘。凡舊日官文書所表現者，大人先生，往往如是，未可為許君病也。其實南皮之事功不如文章，意存建樹而力希忠寵，故有創而鮮穫。

以下續論許撰《張之洞年譜》所未諦之處，文長不錄。黃濬此文，除了評論許同莘編撰《張之洞年譜》的態度及取材問題俱極中肯以外，對於張之洞的批評，尤其入木三分。按，中國在清代末年所推行的洋務運動，早在「甲午戰爭」以前，就已著著進行。見於具體設施的，如創辦新式兵工廠自造洋槍大砲，建立新式海軍艦隊，及派遣各項專門人才赴歐美留學等均是。其時北洋艦隊的噸位居世界第四，中國的國威，一時大有隆盛氣象。但是，也有一些具有遠見的外國人士說：「日本維新，係從改革教育、政治、社會、軍事，及工商建設等全面著手，遠比中國單單從事軍備方面的改革為澈底而有效。將來中、日兩國如果一旦發生戰爭，中國必非日本之敵。」這一番預言後來在「甲午戰爭」中果然完全得到證實，而清朝中國所推行多年的洋務運動，至此亦完全暴露其缺點。「甲午戰爭」以後，清朝中國如果澈底瞭解洋務運動之何以失敗，及日本維新之何以成功，便當首先從革除窳敗的政治習慣、轉移社會風氣、健全國民教育、培養愛國精神等根本工作做起。倘仍不此之圖，依舊只是從造槍砲、練軍隊、興實業等等方面力求富國強兵、雪恥報仇，就不免要如黃濬所說：「惟緣本原不立，故創造適以資弊」的情形了。即使規模闊大，耗財無數，最後仍然是「無量黃金，何莫非擲於虛牝」，說來實堪惋惜。張之洞是否不能懂得這一番道理，很難知道。不過，我們當然瞭解，清代末年的政治窳敗，政風污濁，其本源來自掌握政權的慈禧太后與當朝權要。欲言改革，首先便會遭遇到這些力量的反對與阻撓。以張之洞的聰明，當然不至於見不及此。然則他之不肯輕易談論這些，顯然亦與他為官的作風表裡一致，不足為怪，亦無足深責的了。

近人柴蕚所撰的《梵天廬叢錄》，對於張之洞亦有類似的批評，說：

> 論者謂：「使文襄生於乾嘉全盛之時，論思獻納，潤色鴻業，則必能於阮、紀兩文達之間占一席地位。即不生於太平時代，而終其身為文學侍從之臣，亦必能於潘文勤、翁文恭而後，主都下風雅之壇坫。」昔人恨王荊公不做翰林學士，而惜褚彥回之做中書而後死，以為「名德不昌，遂有期頤之壽」，予於文襄亦云。

前文所說的「阮、紀兩文達」，指乾隆、嘉慶之間的學者名流阮元與紀昀；潘文勤即潘祖蔭，翁文恭即翁同龢，則同治、光緒間有名的文壇泰斗也。柴萼以「恨王荊公不做翰林學士」與「惜褚彥回之做中書而後死」，顯然也與黃濬所說，張之洞「事功不如文章」的論點相同，以為張之洞實在不應該外放督撫，再入軍機，以致文章既不能名世，事功又甚遭謗議，說來實在可惜之至。通觀張之洞一生的宦途及建樹，對於這樣的批評，亦不能說是持論過苛。因為，他在湖北所做各項工商建設，由於經費無著之故，曾以膨脹通貨的方式以為生財之道，其結果則對清末以迄民國以來的物價上漲，發生了極為不好的領導作用。這一點，對於當時的無數斗升小民，都曾受到很大的拖累。若以社會經濟的觀點而言，所留下的後遺症，亦是很不好的。

近人瞿宣穎所撰《人物風俗制度叢談甲集》，引錄筠連曾所撰之文，述及宣統三年辛亥與民國十四年乙丑之物價比較情形云：

> 昔者辛亥也，今者乙丑九月也，皆以制錢計。銅幣一枚合制錢十文。物價之以升計者，米昔六十，今六百。苞穀三十，今四百。以斤計者，麥麵昔二三十，今四百。火酒昔四十，今七百。桐油昔五十，今六百。菜油昔七八十，今五百。紅糖昔四五十，今五百。牛肉昔四十八，今四百。豬肉曰和身滾，昔七十四；曰淨肉，今七百四十；曰帶頭，今六百四十。雞昔四十八，今六百。……工資之以月計者，耕種昔八九百，今七八千。女傭昔七八百，今二千。以日計者，縫工昔八十，今九百。泥瓦匠昔六十，今七百。木匠昔八十，今八百。其他小工昔四十，今三百。

根據上文的記述，自宣統三年清祚告終至民國十四年，十四年之間的物價上漲率，大約是十倍之譜。由於物價上漲之故，各種勞工之薪酬，亦相繼上漲，但其比率則顯有不同。大致縫工、泥瓦匠、木匠等均上漲十倍或十倍以上，相當於一般物價之上漲比率。農耕者之工資上漲率只八九倍，已較物價之上漲率稍見落後；至於城市中的女傭，則其工資的上漲率只三倍尚且不足，比之物價的上漲率，瞠乎其後矣。自遜清末年至民國十四年，物價的上漲何以有十倍之多？這不是此文所要討論的問題，不過在這裡提出來做一參考比較而已。後文所引述的，則是另一項關於物價上漲的參考資料。

徐珂《可言》卷十四：

> 百物之貴，始於清「庚子拳亂」以後。自是而繼長增高，閱二十年，有數倍之者。民國十年辛酉夏秋之交，滬之物價騰踊，穀類益貴，每石米銀幣十二圓。銅幣益賤，一銀幣易銅幣百五十餘枚，當制錢一千五百數十文。於是，日得傭值數百錢之數米為炊者，啼饑號寒，日夕怨咨，而以銅幣之濫鑄，稻米之出洋，歸獄於官吏矣。

據此云云，可知民國初年穀價之貴，一個原因是米穀出洋，另一個原因是官方濫鑄銅幣。當時所謂銅幣，指面值當制錢十文的「當十銅元」而言，其制度始於湖北，主其事者即為湖廣總督張之洞。胡思敬《國聞備乘》記此云：

> 錢幣之制，必鑄本與錢價相埒，乃可取信於民，久行無弊。古未聞以圜法為利者。自釐金興，所收制錢，每緡重至七八斤。外人潛運出口，消化為銅，中國始憂錢荒。偷為一切取巧之計者，乃倡議改鑄銅元。始行於湖北，每枚重二錢七分，當制錢十文。較其贏絀，六倍其利不止。各省仿效行之，銅元餘利，遂為入款大宗。端方張之洞皆藉此以濟新政，於是局所增至

二十餘處。奸商結黨盜鑄，或更從海外輸入。幣日益多，銀日益漲，每銀一兩，易錢至二千。物價既昂，商業大窘。

據徐珂《可言》所說，當銅元未鑄之前，由於制錢缺乏之故，每銀一兩約易制錢八九百文。如果鑄行銅元以後，銅元的幣值不跌，則每銀一兩應該只能兌換銅元八九十枚，伸合制錢八九百文。在這種情形之下，幣值穩定，物價也就不致因而引起波動。但是，後來所見的情形則是，由於銅元一枚的重量不過只有二錢七分，而一枚制錢的重量約為一錢，銷燬制錢三枚改鑄銅元一枚，可獲七文之利，是即胡思敬所說的：「較其贏絀，六倍其利不止。」大利所在，自然會促使主事之人不復顧及銅元增多之後所引起的通貨膨脹問題，濫鑄不已，終於引起銅元貶值，物價上漲。影響所及，則就是徐珂《可言》一書中所說的情形：

物價以銅幣充斥而日增，購物者苦之，而販夫販婦亦苦。蓋市井細民之日入皆計錢，雖工資漸增，究不能與物價之增同其速率，購買力乃銳減，銷路自隘。此販夫販婦之所以咨嗟太息也。

同書又說：

物價日貴，由於銅元之充斥。鑄造銅元，為官營業之一，主其事者利其有可朘削，乃濫鑄不已，非盡內國、外國奸商之私鑄也。

由上面這些記述，可知民國初年物價上漲之所以十倍不止，除了米穀出洋等等的因素外，最主要的原因，乃是官方所辦的銅元局，將舊有的制錢銷毀改鑄銅元，銅元充斥市面的結果，舊日以制錢作為計價單位的物價，逐漸改以銅元計價，於是由一變十，物價之上漲乃以十倍計。因鑄銅元而使清末以來的物價上漲至於十倍，這其間所發生的影響，當然很大。胡思敬說，此事之始作俑者為湖北，乍聽之下，以為像張之洞那樣處處以福國利民為己任的朝廷重臣，當不至於目光短淺，孳孳為利，至於如此地步的吧！然而，事實上的情形，卻真令人難以想像。《凌霄一士隨筆》引《蘭隱齋筆記》，云：

> 福建陳石遺孝廉衍，詩才清俊，庚寅之秋，與余同在上海製造局，後又與余同在張文襄幕府。時正苦庫儲匱乏，石遺建議改鑄當十銅元，謂二錢之本可得八錢之利。余謂此病民之策，何異飲鴆救渴，絕不可為，君他日亦必自受其害。石遺撫頭不答。文襄欣然從之。未幾，各省紛紛效尤，民生自此益蹙，不免災害並至矣。哀哉！

這一段記述，如以《陳衍年譜》中所記的資料互相證明，可信其確為事實。《侯官陳石遺年譜》卷四，光緒二十八年壬寅秋間記事云：

> 首議鑄銅幣。初，廣雅讀家君所著《貨幣論》一書十餘篇，欲創鑄當十紫銅元，恐其終不能通行，未決，匆匆移鎮。至是，撫部又疑之。家君又著論，與反覆辨說。乃以停鑄一兩銀元所剩機器試鑄之。至年底，不及四閱月，估計工料，已贏餘利五十萬銀圓。明年，乃大開小學堂，會城計六十處。並大派學生留學日本。次年一年，贏利二百萬銀圓，而廣雅回任矣。

張之洞於光緒二十八年九月初六日奉旨署理兩江總督，湖廣總督由湖北巡撫端方兼署，至翌年二月，方交卸兩江總督，回湖廣總督本任。上文所說的「移鎮」，即指此事而言；「撫部」，即是端方。按《張之洞年譜》光緒二十八年記事，亦有：「八月，設銅幣局」的記事。可知湖北之議鑄銅元並設局籌辦，即在光緒二十八年，獻議者即是陳衍。陳衍後來被張之洞保舉為經濟特科的人才，想來便是因為他在創議鑄造當十銅元一事上的特殊貢獻，甚得張之洞的欣賞之故。《石遺年譜》卷四，光緒三十年壬寅春間的記事，續記此云：

廣雅歸，益用家君言，盛鑄銅元。前後數年，獲餘利一千四百萬銀元。用以百廢俱興。漢陽兵工廠添造快槍，由每日五枝至五十枝而未已，子彈稱之。武健諸軍外，練成第二鎮新軍，砲隊營、輜重營等俱備。以外派遣各種學生留學日本，士官為盛。卒成武昌革命之局，非廣雅所及料矣。

民國前一年陰曆八月十九日，武昌新軍發動革命起義，由於軍械庫所存儲的槍械、彈藥極為豐富，所以，新成立的軍政府得以迅速擴充軍力，由一鎮變成四鎮，後來便以此作為抵抗南下清軍的武力基礎。追本溯源，張之洞之功不可沒。但張之洞當年在湖北竭力經營軍備，其目的固不僅在為革命鋪路。總由張之洞乃是一個好大喜功而又務為規模宏大的人，所以他不論是在教育文化、工商實業，以至政治、軍事等方面，都喜歡以大量金錢從事規模巨大的建設，不如此不能愜心悅意。然而，湖廣所轄只湖南、湖北二省，財賦所入有限，而滿清政府又因財政困難之故，不能給予大量金錢的支援，以致凡所興作，都不免因經費支絀而不如理想。陳衍所創議的鑄造當十銅元之法，使他能「以二錢之本而得八錢之利」，數年之間，就得到贏利一千四百萬銀元，於是積久以來的財政困難問題，亦迎刃而解。這在張之洞來說，自然是極妙不過的利源了。殊不知道，一人作俑而他人紛起效尤，轉眼之間，舊時所行用的制錢都變成了銅元，最小的貨幣單位由面值一文的制錢變成面值十文的銅元，如之何不使一般物價在一二十年之間，暴漲至於十倍呢？由這一件事情來說，張之洞因謀興利源而籌鑄銅元，因廣鑄銅元，致使幣制紊亂而使社會廣大民眾因通貨脹膨而飽嚐物價上漲之痛苦，所造成的不良後果，不能說不大。縱使如此，倘使社會民眾在支付了如此巨大的代價之後，能夠得到國富民強的效益，則這種代價也仍然值得。而試一檢討張之洞耗費如此大量金錢在湖北所從事的建設事業，對於國家的進步及人民的生活究竟有什麼裨益？這就實在難說了。黃濬說：「不知政治思想苟不更張，人民智識苟不增進，則一切建設，盡成逐末。」張之洞的建設事業，其成績正是如此。然則，他所造成的通貨膨脹及物價上漲，其結果不是也太沒有意義了嗎？

近代國家常不免有因政治目的而從事人為的通貨膨脹手段，藉以促進消費、刺激生產、繁榮社會。利害相權的結果，常是利多於害。所以近世以來，大家對於通貨膨脹一事，早已耳熟能詳，見慣不驚。但若膨脹通貨的目的只在增加政府收入，對於人民生活方面的影響不能同時兼顧，這樣的通貨膨脹手段，就大有可議了。陳衍不明白鑄造當十銅元足以造成通貨膨脹，以此作為開闢利源的奇謀祕計，張之洞亦不知其中利害，欣然加以接納，此不但足以證明張之洞本人的經濟學知識所知太少，他幕下的所謂「人才」如陳衍者，也實在太不高明。胡思敬以為張之洞「闇於知人」。所以然之故，一方面是由於他缺乏新思想與新知識，以致對於人才之賢否，沒有鑑別的能力，自更談不上知人善用；如誤信陳衍之言，便是一例。第二方面，則因張之洞對人常多偃蹇無禮之態度，又好謾罵，以致人多畏之。這種情形，在《國聞備乘》一書中多有記述，引述兩條於後。

《國聞備乘》卷二：

張之洞以內閣學士出任山西巡撫，後遂建綰疆符。自負才地，多做度外之事，不屑拘守舊規，年愈邁而氣愈驕，自享太平五十年，俯視一切，蓋以為天下莫己若矣。湖北提學使黃紹箕用一人為學堂監督，已札委矣。之洞聞而怒曰：「汝今做學司，當受督撫節制；不比提督學院，銜命馳節而來，可稱欽差也。」紹箕垂頭喪氣而出，自是悒鬱不伸。未幾，得疾卒。直隸人聞之洞內用，皆欣欣有喜色，合八府三州京官，張宴於湖廣會館，徵集名優，衣冠濟濟，極一時之盛。之洞收柬已三日，屆時催者絡繹載道，卒託故不往。鹿傳霖、徐世昌忍饑待至二更，皆掃興而散。聞其性情怪僻，或終夕不寐，或累月不薙髮；或夜半呼庖人具饌，稍不愜即呼行杖；或白晝坐內廳宣淫；或出門謝客，客肅衣冠出迎，偃臥輿中不起。其生平細行大節，鮮不乖謬者。

這一段話說，張之洞的性行怪僻及驕蹇無禮，清末以來的筆記小說亦多有之，今不贅引。文中所說的「聞之洞內用」，指的是他在光緒三十三年以體仁閣大學士管湖廣總督的職銜，召為軍機大臣之事。清代以入軍機為拜相，張之洞在此以前雖已陞授大學士，但因未兼軍機大臣之故，並不能算是真宰相。此時由湖廣總督內召，算是真的做宰相了，他的直隸同鄉京官們為了歡迎他，才定期會集在湖廣會館公讌，以表慶賀之意。誰知他初時則並不拒絕，到時卻託故不去，累得大學士兼軍機大臣鹿傳霖以下的一班同鄉京官，「忍饑待至二更」，仍是「掃興而散」，這樣的作風，亦未免偃蹇之甚了。

同書卷三又云：

之洞自領封圻以至入參樞政，推轂人率不過道府、丞參而止，故小人有才者不甚附之。又性驕好諛，士踵門求見者，或七八往不一延接；或引至花廳，歷數時不出；或出見，略詢數語，即欠伸，呼茶欲退。幕僚侍立白事，小有失誤，訶責之聲達於戶外。故君子亦望風遠避。平時所識拔者，只一二浮華淺露之士而已。

這一段話，則又說張之洞由於缺乏含容之量與不樂為人援手，故而不但小人不附，即君子亦不敢親近，其結果則所識拔者僅止一二淺露浮華之士。此所謂淺露浮華之士，所可以舉得出來的，大約即是梁鼎芬與陳衍。陳衍之才識，在他建議鑄造當十銅元一事中已可略見一斑。至於梁鼎芬，則本是張之洞的翰林後輩，因參劾李鴻章而落職。張之洞做兩廣總督，把他請來主講端溪書院及廣雅書院；及調湖廣，又請他主講兩湖書院。由於梁鼎芬逢迎有術，張之洞後來保他署理武昌知府，歷陞至湖北按察院，與張之洞的關係甚為密切。《凌霄一士隨筆》曾經記述梁鼎芬與張之洞的軼事，說：

文襄秉性，自以為吾素賞識之人，苟措事不衷於理，惟吾方能詆毀之，而他人必不可附和。蓋人之昨是而今非，昔賢而茲不肖，吾自有辨之之術在，他人程度，殆不足以及此。且不特不可附和已也，又必為之湔祓而曲原之，以見大帥平日賞識之誠不謬，此遭不過偶爾失誤，而無損於大帥知人之明。清季高官，虛憍之氣皆類此，而文襄為尤甚。梁從文襄久，習之有素。一日，文襄召梁會食，黃紹箕仲弢、鄭孝胥蘇龕諸名士皆在座。有朱惠之觀察，名澤滋者，文襄素重其才，委辦宜昌土藥局，忽措置大不洽文襄之意。席中偶談及惠之，文襄嚴詞遙責之曰：「吾始以朱道為尚有可為，故以要差畀之。不意其今日行事荒謬，乃至於此。」遂侈言其種種之不合。此時文襄，實深有憾於惠之，意念與平日大異，而梁不知也，猶以故態測之，起而言曰：「不然。朱道平素辦事穩健，頗知大體，此次舉動，或別有用意，或偶然不檢。君子不以一眚掩大德，幸吾師曲宥之，而勿加以苛責也。」文襄大怒，曰：「吾任封疆，閱人多矣。

乃吾所謂非，而汝是之，吾所謂不肖，而汝賢之，是吾於是非、賢不肖之辨，尚不如汝之真確也，吾將此座讓子！」言畢而喘。梁觳觫萬狀，同席皆失色，不歡而散。明日，梁晤蘇龕，猶戰慄而言曰：「昨日天威咫尺！」蘇龕哂之，梁急改易其詞曰：「帥威咫尺！帥威咫尺！」可謂窮形極相，而張氏之虛憍自用，亦自可見。梁為人丰骨崚峻，示人若儼然不可犯。獨對於文襄，則遇事迎合其心理，視於無形，聽於無聲，猶孝子之事親也。

看了這一則故事，對於梁鼎芬之畏懼觳觫，固然覺得可憐，對於張之洞的帥威不測，也很使人不敢領教。所謂「君子亦望風遠避」者，在這種情形之下，何得不然？其結果所致，是張之洞雖然歷任封疆達二十餘年，幕府人才，卻只有梁鼎芬、陳衍、鄭孝胥之流，說來實在可憐！從前曾國藩開府兩江，幕中人才輩出，有很多人後來都歷仕至督撫專閫之寄，在「同治中興」的業績上做出了很多的貢獻。張之洞的幕府人才寥落如此，他本人平素又不喜為人推轂援手，一旦由總督入參樞機，必將有無人可資臂助之嘆。後來的情勢發展，不幸而正是如此。

光緒三十三年七月，張之洞內召為軍機大臣。據胡思敬《國聞備乘》等書所說，慈禧太后所以要在此時將張之洞用為軍機大臣，乃是因為慶王奕劻與袁世凱二人的勢力太大，為了制衡奕劻與袁世凱的勢力，所以即命小醇王載灃入軍機學習行走，又將張之洞調回京來與載灃合力，好作為載灃的幫手。第二年十月，慈禧病將不起，召張之洞及另一軍機大臣世續入內，商定以載灃之子溥儀繼光緒為帝，以載灃為攝政王輔立溥儀。為了預防奕劻之反對，事先將奕劻遣往普陀峪驗收工程。一等奕劻回京，即刻宣布此一立嗣大事，明顯地將奕劻與袁世凱二人排除在參與密謀的決策人士之外。在這一重要關頭，假如張之洞有適當的得力幫手可為臂助，必可在此時發揮重大作用——乘慶、袁勢力排除以後的空隙，組成有能力的政府，既可一洗昔日慶、袁貪污弄權的局面，亦可刷新光緒末年頹廢委靡的積弱情勢。但因張之洞此時只是孑然一身，無人為之羽翼，他本人又無法使攝政的小醇王載灃聽從他的安排指授，所以在這重要關頭上竟然發生不了作用。終於，在慶、袁勢力被排除之後，圍繞在攝政王載灃周圍的皇族親貴，紛紛起而攘奪政柄，國家大事越發變得不堪聞問。慈禧召張之洞入軍機，目的在希望他能與載灃協力，共維大局。卻不料後來的情勢發展如此，這當是慈禧生前所不及料的吧！

張之洞死於宣統元年十二月，據說，其死因是由於他在親貴典兵的問題上，與監國的攝政王載灃發生爭執，載灃對於張之洞的反對意見堅拒不納，以致張之洞發憤嘔血而死。《陳衍年譜》記述其事云：

> 是冬，廣雅薨於位，即日定謚文襄。先是，載灃為攝政王，專用親貴。滿洲人初疑漢人排滿，至是，不排於漢而見排於親貴，率多解體。洵貝勒既長陸軍，濤貝勒又長海軍。又將以某市儈為京卿，廣雅力爭，以為不可，為載灃所斥。歸寓，搥胸嘔血曰：「今始知軍機大臣之不可為也。」遂寢疾不起。

「洵貝勒」即載洵，「濤貝勒」即載濤，皆載灃之弟。所謂「某市儈」，似指唐紹儀。胡思敬《國聞備乘》卷四，「張之洞抑鬱而死」一條，曾有關於這方面的記述，說：

> 及袁世凱既罷，無人掣肘，自料可伸己志。已而親貴盡出攬權，心甚憂之。軍諮府之設，爭之累日，不能入。唐紹儀為世凱死黨，監國欲委以津浦鐵路，之洞不可，紹儀聞而銜之。先是，粵漢鐵路拒美款，本謂收回自辦，旋以款絀，又改借英債，皆之洞為政。紹儀因是嗾美使詰路事以撼之洞。之洞生平多處順境，晚歲官愈高而境愈逆，由是鬱鬱成疾。

以上述兩條記事互相對照，當可知道，張之洞之死，實由於監國攝政王載灃遇事不肯接受張之洞的諫諍，在親貴典兵之外，又欲以唐紹儀督辦津浦鐵路，之洞力爭，反為載灃所斥，由是氣憤難堪，嘔血而病。所謂「軍機大臣不可為」一句，尤其值得玩味。蓋張之洞自從由山西巡撫調任兩廣之後，歷任總督凡二十餘年，早已養成了他頤指氣使的驕慢習性。清代末年，督撫權重，總督兼轄二省，爵高位尊，倨見屬僚，儼如皇帝，尤其不可一世。相傳張之洞由湖廣總督內調為軍機大臣後，仍遙控湖北之政。當時的說法，有所謂：「溥頲為載振管家，津鄂為張袁外府。」奕劻之子載振先為商部尚書，被劾去職候，溥頲繼之，事事皆請命載振而後行。故而人稱溥頲雖為商部尚書，其實只是前任尚書載振的管家。至於「津」與「鄂」，一指直隸總督，一指湖廣總督。直督袁世凱與鄂督張之洞均已內調軍機，繼袁者楊士驤，繼張者趙爾巽。楊士驤為直隸總督，一切秉承袁世凱之指授行事，每年以巨額經費輦致袁宅，供其上下交際結納，常在百萬以上，故而人稱直督所駐之天津，實為袁世凱之「外府」。張之洞之於湖廣總督，情形亦復彷彿。後任總督趙爾巽接任後，換掉了一個財政局總辦，張之洞以為趙爾巽未經先行關照，就先加撤換，大為發怒，立將趙爾巽調往四川，而另調江蘇巡撫陳夔龍前往接任。其把持湖北省政的情形，一如袁世凱之於直隸。胡思敬所謂「之洞生平多處順境」，即指他外任督撫時期的一呼百諾，風行草偃的情況而言。一旦內調軍機，權位雖尊，亦只可以挾王命之重，脅持外省督撫，對於當國的攝政王，卻全然無可奈何。此又所謂「晚歲官愈高而境愈逆」也。

由於張之洞的死因，是由於監國攝政王不肯接受他的諫諍，以致氣憤嘔血而死，而清祚不久即亡於親貴之專恣跋扈及袁世凱之陰謀篡奪，於是在清亡之後，又有人對張之洞深致懷念，以為假如張之洞不死，當不致出現袁世凱陰謀竊國之事，其實這又何嘗有此可能。他不具論，即以張之洞入為軍機大臣以後的施為行事看，就可知道此說絕不能夠成立。

《清史稿・張之洞傳》綜述張之洞在清代末年的重要建樹，曾說：

（光緒）二十六年，京師拳亂。時劉坤一督兩江，（李）鴻章督兩廣，袁世凱撫山東，要請之洞，同與外國領事定保護東南之約。及聯軍內犯，兩宮西幸，而東南幸無事。明年，和議成，兩宮回鑾，論功加太子少保。以兵事粗定，乃與坤一合上變法三疏。其論中國積弱不振之故，宜變通者十二事，宜採西法者十一事。於是停捐納，去書吏，考差役，恤刑獄，籌八旗生計，裁屯衛，汰綠營，定礦律、商律、路律、交涉律，行銀圓，取印花稅，擴郵政，其尤要者則設學堂、停科舉、獎遊學，皆次第行焉。二十八年，充督辦商務大臣，再署兩江總督。有道員私獻商人金二十萬為壽，請開礦海州，立劾罷之。考鹽法利弊，設兵輪緝私，歲有贏課。明年入覲，充經濟特科閱卷大臣，釐定大學堂章程畢，仍命還任。陛辭奏對，請化除滿漢畛域，以彰聖德，遏亂萌。上為動容。三十二年，晉協辦大學士。未幾，內召，擢體仁閣大學士，授軍機大臣，兼管學部。三十四年，督辦粵漢鐵路。德宗暨慈禧太后相繼崩，醇親王載灃監國攝政，之洞以顧命重臣，晉太子太保。逾年，親貴寖用事，通私謁，議立海軍。之洞言海軍費絀，可緩立。爭之不得，移疾遂卒，年七十三。朝野震悼。贈太保，謚文襄。

由上文所述可以知道，張之洞為史傳所稱道的具體建樹，都是他在入為軍機大臣以前的事；及入為軍機，反而碌碌無所表見。如果要說有，那就是他與慈禧太后密議立溥儀為幼帝，以載灃監國攝政，及在載灃監國攝政之後，共同密謀排去袁世凱這兩件「大事」了。關於這兩件「大事」的內幕情形，《清史稿》張之洞本傳及《張之洞年譜》均未記載，惟因此二事關係於清末政局變革及張之洞個人者太大，殊有必要加以說明，庶足以瞭解其中的內情真相及後來變化。先說立溥儀之事。胡思敬《國聞備乘》云：

> 孝欽臨危，張之洞請定大計，孝欽頷之。翌日，出奕劻勘易州陵工，密召世續及之洞入內，議以立今上為穆宗嗣。今上，醇親王載灃子也，生四年矣，視德宗嗣位尤弱。國難方殷，連三世臨以幼主，世續、之洞恐皇后再出垂簾，因合詞奏曰：「國有長君，社稷之福，不如逕立載灃。」孝欽戚然曰：「卿言誠是，然不為穆宗立後，終無以對死者。今立溥儀，仍令載灃主持國政，是公義、私情兩無所憾也。」之洞曰：「然則宜正其名。」孝欽曰：「古有之乎？」之洞曰：「前明有監國之號，國初有攝政王之名，皆可援以為例。」孝欽曰：「善，可兩用之。」之洞又曰：「皇帝臨御三十餘載，不可使無後。古有兼祧之制，似可仿行。」是時，德宗故無恙也。太后默不言。良久，目之洞曰：「凡事不必泥古，此事姑從汝請，可即擬旨以進。」策既定，電召奕劻回京，告以謀。奕劻叩頭稱善。遂以十一月某日，頒詔明告天下。

張之洞死後，宣統的御祭文中，曾有所謂「自兩宮之奄棄，彌臣職之憂勞。匕鬯不驚，共球無恙」的褒獎之語，所指的當即是此密謀「定策」之事。關於去袁之事，亦見於胡思敬《國聞備乘》，云：

> 太后之病亟也，已屬意今上，恐為奕劻所撓，令勘陵工，密召之洞、世續夜半定策，不及世凱。世凱既不與定策功，意頗怏怏。載灃監國之初，推心以任之洞。之洞與監國密商處置世凱事，累日不決。其子君立洩之於御史趙炳麟，炳麟曰：「是可憾也。」猶恐勢孤不勝，復邀陳田，兩人同日各具一疏參之。疏上，世凱果罷。

此所云張之洞與載灃密謀去袁而「累日不能決」，據《花隨人聖盦摭憶》作者黃濬所說，乃是顧慮袁世凱握兵柄已久，門生、故吏，布滿中外，欲殺之則恐引起大變，欲放之歸里則恐貽後患，故而遲遲不能決定處置之法。張之洞既不像袁世凱那樣地機詐猛鷙，在這種情形之下，自然也只有勸載灃不可驟加刑戮。於是，袁世凱款段出都，施施然地回到河南洹上老家，去等接再度出山的機會了。後人論此，亦常咎張之洞為婦人之仁，以為「縱虎歸山，禍將不測」，日後袁世凱之陰謀篡奪，禍機即伏於此。其實則就當時之客觀情勢而言，北洋兵柄，盡在袁世凱及他所培植的嫡系將領掌握之中。殺袁不難，所難者在殺袁之後勢將引起北洋將領之兵變，有誰能尸其咎？屆時又有何策可以善後？然則，張之洞主張不加殺戮而放袁歸里，未始不是無辦法中的辦法。假如政府有能，在去袁之後再逐漸剪除袁之羽翼，袁世凱後來就不可能有再度出山的機會，篡奪之禍，自亦可以潛消於無形。而張之洞在袁世凱未有不軌之心以前，既不能收攬之以為己用，在去袁之後，又不能把握此千載一時的機會刷新朝政，坐令袁去之後，親貴並出，國事益非，身為輔相而一籌莫展，則張之洞即使不死，對滿清的國祚又有何裨益可言？所以，要說張之洞之早死是滿清政府的不幸，事實並不正確。比較有可能的，倒是袁世凱當年對張之洞極為欽佩，假若張之洞那時能對袁假以詞色，虛心籠絡，則滿清末年的政治演變，也許不致如後來的模樣。但因張之洞的驕慢自大，終於連這一種可能也沒有能夠出現。這一點，到現在仍是很有事實根據可尋的。

據野史相傳，張之洞於光緒二十九年由武昌北上入覲時，路經保定，其時袁世凱方為直隸總督，由於平素對張之洞的聲望及科名均極為欽佩之故，至時遂盛設筵席招待，奉為上賓。詎料正當北洋名流畢集，袁世凱躬親為張之洞奉卮上壽之時，張之洞卻已鼾鼾而睡，以致袁世凱大為難堪。惱怒之餘，袁世凱以為張之洞存心輕侮，自後遂不願與張之洞相結交。徐樹錚《視昔軒遺稿》中有〈致馬通伯書〉，所論即為袁、張之會對於後來政局的影響，引述如下：

通伯先生道席：南皮公傳稿，諦誦數四，裁剪嚴絜，愜心貴當，重事輕舉，蕭然若無覺矣。篇中多用側筆，運以曲致，諷譽相孕，抗墜在心，殆合取龍門六一之神髓，別造新妍，而不襲貌似者也。惟鄙見以為有清中興以來，自合肥李公逝後，柱國世臣，資望無愈公，幹略無逾項城，公於項城，爵齒德俱尊，而輩行又先。項城功名中人，仰公如神。其時公果涵以道氣，馭以情真，兩美訢合，共憂國是，項城不憤親貴之齮齕，盡其材畫，戮力中朝，公雖前卒，而武昌之變至今不作可也。詎公與相遇，殊形落寞，項城執禮愈恭，則愈自偃蹇以作老態。壬寅之春，公過保定，項城時權直隸總督，請閱兵。既罷，張讌節府，樹錚恭侍陪席，親見項城率將吏以百數，飭儀肅對，萬態竦約，滿座屏息，無敢稍懈。而公欹案垂首，若寐若寤，呼吸之際，似盡盡然隱鼽動矣。蓋公去後數月，項城每與僚佐憶之，猶為耿耿也。一色息之細，不能稍自節束，以籠絡雄奇權重之方面吏，徒使其心目中，更無可畏、可愛、可敬之人生與並世，漸滋其驕譎之萌，致力於拒納之術，以遺後世憂。當日袞袞諸公，何人曾足語此？此亦清室興廢一大關鍵，而春秋責備之議，所不容不獨嚴於公也。鄙見以為，宜於傳中微書數言，俾後世之讀史者，有所考而知所以自處之道也。先生其謂可乎？惟幸教及之。

馬通伯乃是《清史稿・張之洞傳》的作者。徐樹錚寫此信，目的在希望馬通伯能將光緒二十九年袁、張保定之會對於後世歷史的影響，在〈張之洞傳〉中「微書數言」，藉以點明張之洞此時的偃蹇作態，對於袁世凱此後臣事清朝的態度大有影響，但似乎並未為馬通伯所採納；因為，《清史稿・張之洞傳》中，迄今並無袁、張保定之會的任何記載。徐樹錚是北洋軍閥中的重要人物，當時曾親與其會，其所見所聞，當屬可信。據此云云，則袁世凱在光緒二十九年前後，對清朝政府尚沒有跋扈不臣的野心。至於後來之所以跋扈不臣，則因舉目朝中，盡是自噲以下的碌碌庸才，遠處於袁世凱本人之下，於是乃日長其驕慢譎詐，馴至有問鼎輕重之野心。如果徐樹錚所說的不錯，則當時還只有一個張之洞可以籠絡而駕馭之。假如張之洞亦如當年的曾國藩，品德純粹而推誠待人，則袁世凱或許真有可能為張之洞的道德學問所鎮懾，不敢萌生其狼子野心。但張之洞當時既見不及此，一味以袁世凱之粗魯不學為可鄙，不肯輕假詞色，終於也使袁世凱看輕了他，從而失去了這惟一可以籠絡駕馭的機會，說來實在是袁世凱的不幸，也是清朝的不幸。

又據另外一種傳說，袁、張的保定之會，袁世凱所率部屬，將領之外，更有司道各官陪會。當時的直隸藩司楊士驤，乃是光緒十二年丙戌科的翰林，算是張之洞的翰林後輩。張之洞因為楊士驤亦出身翰林之故，引為同調，座間惟與楊士驤娓娓而談，於袁世凱若無睹。所談者又皆翰林故事，袁世凱枯坐一旁，至不能贊一詞。士驤敏於應付，甚為之洞所讚賞，出語人曰：「不意袁慰庭做總督，藩司乃有楊蓮府！」袁聞此事，謂士驤曰：「君既受香帥知遇，何不請其奏調湖北，俾可日常相處？」士驤笑曰：「縱使香帥有此意，司裡亦不願伺候這種上司！」

清代的督撫，通稱「大帥」；「香帥」，即指張之洞。楊士驤雖蒙張之洞賞識，卻不願做之洞的部屬，雖則是對袁世凱而說的場面話，其實亦是實情。前文所引《國聞備乘》的記述，已曾說到張之洞對於所部，「小有過失，訶責之聲遠達於戶外」。而其性行怪僻，起居無節，又都是遐邇皆知的故事。這樣的上司，當然為一般人所不願伺候。更何況袁世凱最善於籠絡人才，慣以國家的爵祿、名位和金錢，大量作為收攬人心之用，如之何不使一般稍有才幹之人，在感念之餘，人人樂為之效力奔走呢？在這些地方，已可看出袁世凱之所以能夠成為北洋首領，而張之洞之所以無羽翼相助的道理。身居宰輔之位而人情之向背如此，亦儘可以看出他們在實際政治上所發生的影響為何如了。早在張之洞由兩廣總督調任湖廣不久，大理寺卿徐致祥具疏參劾，就曾老實不客氣地批許他說：

統觀該督生平，謀國似忠，任事似勇，秉性似剛，運籌似遠，實則志大而言誇，力小而任重，色厲而內荏，有初而鮮終。徒博虛名，無裨實際，殆如晉之殷浩；而其堅僻自是，措置紛更，有如宋之王安石。方今中外諸臣，章奏之工，議論之妙，無有過於張之洞者。作事之乖，設心之巧，亦無有過於張之洞者。此人外不宜於封疆，內不宜於政地，惟衡文校藝，談經徵典，是其所長。昨歲該督祝李鴻章壽文，極意諛頌，末有自述語云：「度德量力，地小不足以回旋。」夫以兩湖幅員之廣，畢力經營，猶恐不足，而顧嫌其地小，夷然不屑為耶？何其狂誕謬妄若此之甚也？

這一段話，對張之洞的批評也許稍嫌苛刻；但如以張之洞一生的行事施為來衡量，則其中所說的許多事情，又彷彿都很貼切。然則，張之洞的性格與作風，可說在他五十多歲時早就定了型，也無怪乎他此後之倨傲偃蹇，目無餘子，馴致連袁世凱這樣的一世之雄也不放在眼中了。張之洞於光緒、宣統之間，在滿清中央居有舉足輕重的關鍵地位。只因其闇於知人而又應付無策，終於不能使他的資望與地位在實際政治上發生制衡的力量，說來自然可惜。然而，此正是張之洞之所以為張之洞，我們讀史論人，除了深致惋惜之外，事實上也正是無可如何的。

綜括起來看，張之洞的一生事功，以在教育方面的貢獻較多，除此之外，殊不足稱道。徐致祥以為，張之洞外不適於封疆而內不宜政地，與柴萼之深惜張之洞未能永為文學侍從之臣，俱極有見地。對於張之洞的評價，大概亦只能做如是觀。

第五章

劉銘傳

劉銘傳

清朝末年缺乏有遠見、有魄力的政治家和軍事家，而劉銘傳正是少有的這種人才，曾出任臺灣第一任巡撫，在財政、經濟、交通各方面均有眾多建樹，奠定了臺灣的自立基礎。

仗英雄三尺劍，橫掃中原，卻東國旗，麾西土旌，豎南天柱，任北門鎖，聞聲破膽不言動。但萬里留題，處處輕紗籠勝蹟。

披居士六朝衣，來尋舊雨，吟梁父詞，賭謝傅棋，顧周郎曲，策韓王蹇，拜爵抽身纔及壯。勞九重垂念，年年優詔問元戎。

上面所錄，乃是清人全椒薛時雨撰贈劉銘傳的一副對聯。據說當年劉銘傳對這副對聯十分滿意，懸之廳壁，寶愛無比。就事論事，此聯對劉銘傳的一生功績與事業，未免諛頌過分。如上聯所說，劉銘傳一生的戎馬戰功，遍及東西南北各處邊疆，事實何曾如此？而下聯所引的幾個典故，「梁父吟」指諸葛亮，「謝傅棋」指東晉時大破苻堅八十萬兵的謝安，「周郎曲」指三國之周瑜，「韓王蹇」指南宋時的中興名將韓世忠，因為他在解甲歸老之後終日「策蹇」（即騎驢）湖上，十分悠閒之故。凡此俱所以形容劉銘傳在壯年封爵之後便急流勇退，不熱中於功名利祿，而其勳業又足以與這些有名的歷史人物相比擬，所以一一搬舉出來作為襯托。其實則劉銘傳雖有戰功，若要與諸葛亮、周瑜、謝安、韓世忠等人相比，恐怕其間的距離還遠得很。從前張居正在明神宗初年做內閣首輔，振衰起敝，弼成萬曆初年的治績，功在國家。就因為有人送過他一副諛頌的對聯，曰：「上相太師，一德輔三朝，功光日月；狀元榜眼，二難登兩第，學冠天人。」而張居正竟亦「欣然懸於廳事」，才使人覺得此張居正也是一個驕矜自誇的人，從而減低了他在歷史上的評價。劉銘傳的功業不如張居正而驕矜則似之，就此而論，已可依稀想見其為人。不過，若是將他在整個清代歷史上貢獻如何的問題撇開不論，而專就他在臺灣歷史上的影響而言，劉銘傳這個人，仍是值得稱道的。

要評論一個人在歷史上的是非及功罪，自然得先從他的一生事蹟說起。劉銘傳雖然在臺灣史上的影響很大，但他在臺灣的時間前後不過七年，而劉銘傳享年六十，七年的時間不過他一生中的八九分之一而已。所以，要討論到劉銘傳這個人，仍得從頭說起。以下先介紹劉銘傳之生平，然後逐次論述其事功。

劉銘傳，字省三，安徽合肥人，與淮軍創始人李鴻章是小同鄉。合肥地當皖北平原，生活環境困難，民風素稱強悍。清文宗咸豐二年，太平天國亂起，很快就由廣西蔓延到了湖南、湖北，又逐漸及於江蘇、安徽。皖北地當南北衝衢，形勢重要。而當政府的統治力量漸見薄弱之時，地方上的惡勢力，亦乘機蠭起。當地人民為了保家、保身，相率建築堡壘，團練鄉民，以求自衛。歷史上的任何一個朝代，每逢到了這個時候，社會秩序必定日趨混亂，而擁有武裝力量的人就可以據地自雄、獨霸一方了。劉銘傳生於清道光十六年，到這時正是十八歲。初生之犢不畏虎，不久，就因為代父報仇一事而一舉成名，在這種割據混亂的局勢中開始嶄露頭角。

劉銘傳的家鄉，在合肥縣西鄉的大潛山下，地名蟠龍墩。當劉銘傳十八歲的那年，淮河平原一帶，已因倡辦團練之故而紛紛建築堡寨。一時之間，合肥西鄉也出現了許多互爭雄長的鄉里大豪，在據地自雄之外，並向附近人民派糧徵銀，以發展他們自己的勢力。劉銘傳家世代務農，向來是紳糧大戶的魚肉對象。這時當然也只有遵照命令，按時繳銀納糧，不敢抗違。某一次，不知是為了什麼原因，劉銘傳的父親，沒有能夠按照規定限期將糧米送去繳納，即刻就招來了里中大豪的侮辱。桐城馬其昶撰〈劉銘傳墓誌銘〉敘次此事云：某日，此一大豪途經劉家所居村莊，呼劉父至馬前，「責供給不時至，訶罵而去」。陳澹然撰〈劉銘傳墓碑文〉，則說是：「年十八，土豪假團練虐其父。」推想當時的情形，此一鄉里豪紳對劉父的訶罵凌辱，必定十分難堪，否則當不致招來劉銘傳的極大反感。陳文說：

豪去，公（指劉銘傳）自書塾歸，怒謂諸兄曰：「丈夫當自立，安能耐此辱哉？」徒手躡豪馬，請決戰。豪顧狂笑曰：「孺子！敢當我哉？吾授若刀，能殺我，則壯士也！」公喜，手豪刀猝斬之。乘其馬，手其頭，登高大呼曰：「某豪虐鄉里，吾斬之，能從吾者當保吾里。」壯士大喜，歸者數百人，遂築堡寨為其長。

這一段話敘述劉銘傳因報父仇而手刃里豪，並號召村中壯士，自築堡寨保衛鄉里，及自為之長的情形，極為明晰。劉銘傳身高不過中人，十八歲的年齡，看起來應該不過只像一個大孩子，所以這個橫行鄉中的豪紳十分藐視他。卻不料這個外形不過像個大孩子的年輕人，不但行動果決，而且做起事來十分有擔當。所以，此豪紳不但因此而被劉銘傳所殺，他的地位，也旋即為劉銘傳所取代。不久之後，劉銘傳就憑藉了他所號召起來的這支鄉里自衛武力，屢卻強敵，並響應當地政府的號召，出來征討賊寇，建立戰功，從此一步步地走向創立下他一生的事業前途，說來實在太使人感到突兀了。

清朝政府在咸豐、同治之間，對外則有英法聯軍的侵迫，內部則先後遭遇到太平天國及捻軍之亂，軍事上屢遭敗績，綱紐解體，幾將不國。幸而有曾、左、胡、李等一班中興名臣先後出力討平亂事，國家大局，方才轉危為安。其時，清政府舊有的滿洲八旗及綠營軍隊，已經喪失了作戰的能力，代之而興的，是曾國藩、左宗棠所統率的湘軍，與李鴻章所統率的淮軍。而太平天國之亂既定，曾國藩把大部分的湘軍都解散歸農，所以淮軍在後來更成了清朝政府所倚畀的主要武力。劉銘傳崛起於這一場千載難逢的風雲際會之時，憑藉了他的聰明才智，終於建立起一番不尋常的功業。淮上自古為英雄生長之鄉，劉銘傳出生在這樣一個好地方，他之能夠建立非常之功，並不使人感到意外。所使人感到意外的是，劉銘傳所生存的時代，乃是重文輕武的清朝末年。劉銘傳以一個不為社會所重視的武人出身，而居然能夠不畏環境的阻礙，建立起如此不尋常的功業，那就太使人感到意外了。

說到這裡，我們應該轉過頭來，先談談劉銘傳的出身問題。

清朝的政治制度，以從科舉考試中得到功名出身的人稱為正途。科舉考試所經過的階段有三：縣試、鄉試、會試，其功名出身依次稱為生員、舉人、進士。進士是科舉考試中的最高階層，考起來最難，而且名額也少，每三年只取二三百人。舉人在科舉考試中次於進士，其取中名額依省份之大小及與試人之多寡而定，自二三十人以至八九十人不等，其時間則亦是三年一次，名曰鄉試。至於生員，俗稱秀才，以一府及一縣為單位，定有名額，約自二三十人至六七十人，必須有缺額方能考補。秀才之下，無功名的，就是童生了。所謂童生，是指書讀得差不多了，自覺有希望可以考取秀才了，那時，就可由家長為他到縣裡去報名應考，並由州縣衙門登記其姓名，承認其應試資格。一個報名應試過的童生，即使一生中不曾考上一個秀才，政府仍然承認他是讀書人，這亦就是科舉制度中所謂的「文童」。但如只讀書而不曾到州縣衙門裡去報名應試，那就連童生的名義也沒有，政府也不承認他是讀書人。這種是讀書人還是非讀書人的身份，在文武官員的出身中分得極為清楚，對個人的此後發展尤其重要。這在劉銘傳的身上，也可以明顯地看出來。

清代中葉以後，重文輕武，文武官的地位相去懸絕。一個武職正二品的總兵官，甚至不敢跟文職正四品的兵備道分庭抗禮；而武職三四品的游擊、都司，更連文職七品官的知縣還比不上。這雖然是湘、淮軍興起以前綠營軍隊的情形，而自湘、淮軍代興以後，情形亦復如此。

湘軍初起，一般是以文人領軍。湘軍大帥曾國藩、左宗棠、彭玉麟、楊岳斌、曾國荃、劉坤一等人，均以文官職銜領兵打仗，漸陞而至巡撫總督之後，湘軍將領，仍然視之為主帥。淮軍初起，略仿湘軍，但亦兼用武職。淮軍將領中較有名的如張樹聲，最後官至總督，其出身係以廪生（有月糧可領的生員）從軍，帶兵時期的最高官職是道員。其次如吳毓蘭，以監生身份參加淮軍，在軍中時以戰功自道員屢保至布政使，後授天津兵備道。再如在劉銘傳軍中自領一軍的劉盛藻，係以俊秀投效，歷保至布政使銜，後官至直隸按察使。以上這幾個人，是文職身份領軍的實例。至如以武職身份領軍的實例，一是以「開軍」為名的領軍主帥程學啟，其人本係太平天國降將，官職係武階的記名提督。二是以「銘軍」為名的領軍主帥劉銘傳，初起時官不過武職中的末秩——千總，漸因功陞至都司、參將，最後陞至提督。劉盛藻的出身是「俊秀」，而所謂俊秀也者，其實只是一個沒有「功名」的文童而已。但文武兩途的出身之別，也就在這一點些微之差別上——即使僅僅只是一名文童，由於他也算是讀書人之故，一樣可循文職之途出身；如果連文童也不是，那就只好改循武職一途了。劉銘傳開始加入淮軍時的官職是千總，而並非文職微員的巡檢、主簿一類，可知他連文童的出身資格亦沒有。表面上看起來，這似乎與他在淮軍中的領軍職務並無關係；而在他一旦晉陞到最高職位時，這種重大的差別便顯示出來了。

經過了太平天國及捻、回等無數次的重大戰亂之後，湘、淮軍將領之中，因戰功而保陞至武職最高階的，多至不計其數。據清末的稗史、小說所記，左宗棠、曾國藩在南京做兩江總督時，總督衙門中的差弁，都是得過黃馬褂與保至提督、總兵職銜的一二品武職大員。武職官的冗濫至於如此，即使是從一品的提督，也不免被一般文職視為地位卑微的「武弁」。劉銘傳在咸豐十一年二十六歲時參加李鴻章所練的淮軍，官階是千總。不過三年的時間，他就因戰功而陞至直隸提督，賞穿黃馬褂。實缺的直隸提督不比永遠補不上缺的記名提督之類，是實實在在的一品大員。然而武職官的發展，已經到此為止，再往上，就沒有官可陞了。雖說劉銘傳在同治七年因平捻之功得封為男爵，但爵與官是兩回事，爵位雖尊而官職依舊，自不免使功名之士為之氣沮。我們由很多地方可以看得出來，劉銘傳乃是一個有抱負、有大志的功名之士，他很希望能夠做出一番偉大的事業，以期對國家有所貢獻。無奈他的出身限制了他的發展，使他無可作為。及到後來，政府當局知道了他的意願所在，命他以提督而兼巡撫銜，又正式任命他為臺灣建省以後的第一任巡撫，總算打通了他在仕途上求發展的阻礙，可以改循文職去另行發展了。而偏在此時，朝廷中又有了南北之爭與新舊黨派之爭，劉銘傳不幸而捲入了黨派傾軋的漩渦，於是又迫使他不得不見機而退，仍舊走上他在此以前一再引疾求去的道路。我們若是從他的志業及抱負來看，這種行動，毋寧是很違背他自己之本意的。至於他因出身武職之故，而屢遭出身文職的同僚或屬吏之輕視，以致生出很多乖張齟齬的不當行為，亦可說是一種原因的兩種反應。

以上的分析，尚須在他以後的思想及行為中列舉事實為證。以下且先說他在軍事方面的顯著功業。王樹枏撰《劉銘傳傳》云：

同治元年，江蘇巡撫李鴻章募淮勇東征，銘傳以千總率所部從。至上海，獨立一幟，號曰「銘軍」。戰降南匯賊首吳建瀛、劉玉林，以其眾來屬。別賊吉慶元寇南匯，擊卻之。克川沙，連破奉賢、金山衛，累功擢參將，予驃勇巴圖魯名號。再踣野雞墩，解四江口圍，擢副將。二年，會攻福山，驅常、昭之賊，陞總兵。楊庫汛者，沿江要隘也，悍賊密布營壘為死守計。銘傳會水師攻之。戰六日，江陰援賊屢受創，不得逞。而偽忠王李秀成渡江率五偽王水陸軍數十萬分道來援。銘傳合諸軍迎擊，大破之。乘勢克江陰，取無錫、金匱，蘇州之勢遂孤。詔以提督記名，賞頭品頂戴。既大軍克蘇州，降賊皆見殺，偽護王陳崑書死守常州不下，而程學啟又戰死嘉興，鴻章亟檄銘傳特將一軍，攻常州。銘傳遣將壁奔牛嶺，降賊渠邵小雙，即令扼丹陽賊援，而躬率敢死士攻城，破賊十餘壘，降萬餘人。偽章王犯奔牛，牽我師，李秀成復鼓輪舶濟師，砲擊奔牛，餉且絕。銘傳聞之，宵驅五百人襲賊後，內外夾擊，呼聲震天地，剗賊壘三十餘座，斬馘十萬，蹙諸江。三年，遂拔常州，賞穿黃馬褂。

淮軍在太平天國之戰中的戰績，至克復常州為止，暫時告一段落。原因是李鴻章要把克復南京的首功讓給曾國藩、曾國荃兄弟，所以故意使淮軍在打下蘇州、常州二府之後頓兵不進，好讓湘軍成其大功。於是，劉銘傳在這一時期內的戰功，也只好暫且停頓一時。不過，我們從這裡已經不難得到一些粗淺的概念，即是劉銘傳不但善於作戰，而且在勇猛果敢之外，更長於以寡擊眾。試看劉銘傳在蘇、常血戰時所遭逢的大敵，動輒數萬以至十數萬，而他所統率的銘軍，不過數千而已。王樹枏所撰《劉銘傳傳》中就曾說過：「銘傳善用兵，能以少擊眾，與程學啟齊名。其初也，將五百人，稍增至七千，常敵賊數十萬。討捻，益騎兵合萬二千人。」以七千敵十數萬，單靠勇敢當然不夠，其主要原因，則由於：「其用械器，悉改泰西新式。戰髮賊、戡捻匪，卒以此收功。」由於劉銘傳在這些克敵致勝的戰果中體認到西洋新式槍砲的厲害，所以他後來才一再主張效法西洋，造鐵路，造船艦、大砲，以及革新內政，以求自強。至於他後來在剿捻之戰中，則又因地制宜，與此並不一樣。

湘軍進攻據守城池與堡壘的太平天國軍，所進行的是陣地戰與要塞爭奪戰。捻匪並不像太平天國軍那樣地憑堅而守，他們所用的是流竄戰術，常常是打了就跑，而且跑得極快，原因是他們的馬騾極多，一晝夜可奔馳數百里，很像是明朝末年的流寇。清政府最初以僧格林沁親王所統率的蒙古騎兵為剿捻主力，捻流則軍亦流，雖然屢有勝捷，最後還是中了捻軍的埋伏，自主帥僧格林沁以下，全軍覆沒。蒙古騎兵全軍覆沒之後，換了湘軍與淮軍上來接棒。他們不像蒙古騎兵那樣擁有大批的馬隊，可以在戰場上與捻軍奔馳追逐，所以打起來比蒙古騎兵更難取勝。但李鴻章後來受命為總領剿捻大軍的主帥時，所恃以制勝的淮軍主力，就是劉銘傳所統率的銘軍。銘軍只有少數騎兵，大部分都是步隊，究竟憑什麼能制勝捻軍呢？除了火器精良這一項因素之外，就是善於奔走，能以行軍的速度來彌補馬隊不足的缺點。這在有關劉銘傳的傳記資料中，亦是有記載可資佐證的。

陳澹然撰〈書劉壯肅公碑陰〉說，劉銘傳率軍討捻，幕中士有名朱景昭者，合肥優貢生，博學多奇識，銘傳甚敬禮之。討捻之師久不效，銘傳向朱景昭問計。朱曰：「捻如馬賊，官軍欲以步武勝之，如何哉？惟以捻制捻耳。」銘傳聞此言，大領悟。「即日焚短香，置巨金壁門外，令曰：『能刻寸香繞六營三匝，首至者取此。』軍士皆樂奔，最後，至有刻寸香繞十四營三匝者。故捻飆疾如風雨，銘軍亦風雨赴之。卒以成大功，名天下。」由這一段話中可以知道，劉銘傳領兵，很能夠視需要而制機變，並不拘泥一格。他之所以能夠以軍功建立功名，在這裡當可見及一斑。但李鴻章剿捻，之所以終於能夠成功，也並非專靠銘軍之善戰。因為，捻軍本來以流竄起家，最善於鑽罅乘隙，避實擊虛。如銘軍也像僧格林沁所統率的蒙古騎兵一樣，跟蹤捻軍之後窮追猛打，即使僥倖而不致中伏敗亡，也必然會落得個疲於奔命，兩敗俱傷。所以，劉銘傳所發展的，只是剿捻的戰術，若要希望終成大功，仍需有賴於正確的戰略指導。而戰略之擬定與運用，就是主帥李鴻章的責任了。

在李鴻章之前，擔任剿捻主帥的是曾國藩。曾國藩當時就已想出一個辦法——要「以有定之兵」，來「制無定之賊」。他選定了黃河、運河、潁河、賈魯河、沙河之間的廣闊地區作為預定的戰場，打算利用此一地區四周的河道障礙，限制捻軍的奔馳。所以他除了挑濬河道，構築防堵工事之外，更在徐州、周家口、濟寧，及臨淮關四地設置重兵，以備防堵，另外則用鮑超、劉銘傳二軍作為「游擊」部隊，負責追剿捻軍，驅之進入防堵圈內，然後待機將之擊殲。但他還來不及完成此一戰略部署，就把主帥的職位讓給了李鴻章。李鴻章接任之後，雖然作戰計畫稍有變更，戰略原則則仍照此進行，最後終於將捻軍驅迫到黃河以南、運河以東的狹隘地帶內，悉數將之殲滅。由於此一戰略原則之確立，當時的湘、淮軍剿捻，一方面固然仍舊隨捻軍之所向攔截窮追，另一方面也始終未曾忘記統帥所交付他們的指導決策，儘量擾亂捻軍之流突方向，在不知不覺中將他們驅入預定的圍剿地區中去。雙方面如此地巧妙配合運用，終於使李鴻章完成了平捻之大功。所以，我們固然不可忽視劉銘傳在平捻戰爭中所立的戰功，但也不必過信若干傳記作者的誇張描寫，以為捻亂之平，悉由劉銘傳之勇猛善戰所致。至於他在剿捻戰爭中所受到的尹隆河之敗，尤為他一生中的重大挫折，關係及於他此後的事業前途甚巨，更須特加注意。

尹隆河之役，發生在同治六年之正月。關於此一戰役，有關劉銘傳的各種傳記文字中都略而不提，惟有同時人薛福成所撰的〈書霆軍、銘軍尹隆河之役〉詳記其事。這一篇記載翔實的重要史料，見於薛福成在光緒十二年所刊印的《庸庵全集》中。全篇的文字雖繁，但因對劉銘傳的個性及人品都有極真確的反映，非常重要。不憚辭費，為之擇要轉引如下：

> 同治五年冬，捻賊偽魯王任柱、偽遵王賴汶光、偽衛王李允等，糾合步馬精銳，由河南趨湖北，緣道驅脅，眾逾十萬，盤旋德安、安陸之間，謀以一枝越襄河，躪蜀疆，一枝屯湖北為聲援，一枝闖武關，聯西捻張總愚。十二月辛卯，松軍統領提督郭松林被圍於沙岡集，受傷突走，其眾大潰。丙午，樹軍統領總兵張樹珊戰死於楊家河。是時賊騎數萬，雲翔風馳，勁疾慓悍。常以前隊挑戰，別選健騎繞出官軍後路以輅之。官軍畏避其鋒，輒憑村堡自固，罔敢與遻，遻之尟不挫者。賊勢張甚，連陷應城、雲夢、天門。旋棄城去，屯踞臼口、尹隆河以窺安陸。於是浙江提督一等子鮑武襄公超，總統霆軍二十二營，合萬六千人，今福建臺灣巡撫前直隸提督劉公銘傳，總統銘軍二十營，合萬人，皆從南陽南下，銘軍由隨、棗，霆軍由襄、樊，分路進剿，迭有斬擒。

以上這一段文字，概述尹隆河戰役發生之前的雙方軍事情勢，由清軍之屢敗及捻軍之屢勝，可以看出捻軍之強。其中所說到的「松軍」及「樹軍」，均是淮軍系統中的各支；霆軍，則是鮑超所統率的湘軍。捻軍因屢獲勝捷之故，暫時由流竄改為定駐，由此可知捻軍的戰術亦是隨時在改變的，所謂遇強則走，遇弱則攻，並非一味地流竄奔突。由於捻軍定駐於臼口及尹隆河一帶，於是乃有同治六年正月鮑超、劉銘傳二軍約期會攻捻軍之事。薛文敘此，續云：

六年春正月，霆軍、銘軍會於安陸。賊走踞楊家埄尹隆河等處。於是霆軍駐臼口，銘軍駐下洋港，期以庚午日辰刻，進軍夾擊。先是，劉、鮑二公意氣不相下。鮑公自謂宿將，殲勁寇，功最多，劉公後起，戰績不如霆軍遠甚，乃亦比肩為總統，意稍輕之。劉公謂鮑公勇而無謀，僅一戰將才耳，顧聞其威名出己上，尤邑邑不怡。然此時鮑公志在協力剿賊，無他意也。劉公召諸將謀曰：「度我軍之力，可以破賊。若會合霆軍而獲捷，鮑軍必居首功，人且謂我因人成事。不如先一時出師，俟剪此寇，使彼來觀，亦當服我銘軍之能戰也。」乃於庚午卯刻，秣馬蓐食，由下洋港逼尹隆河。賊隊盡在隔岸，劉公分五營留護輜重，躬率馬步十五營渡河鏖之。

以上這一段文字，敘述劉銘傳在與鮑超約定，庚午日辰刻兩軍會師合攻尹隆河的捻軍之後，因為他希望要自建大功之故，竟然不遵守約定，提前一個時辰，由銘軍先行發動攻擊。以此時清軍與捻軍雙方面的軍事實力加以衡量，捻軍眾逾十萬，雖然中多裹脅而來的老弱婦孺，估計亦不下三四萬，否則何致連敗松、樹兩軍，又在霆、銘兩大勁旅先後來到之時，猶敢屯踞不去呢？霆、銘二軍合計，戰兵之數約二萬六千。由於兩軍皆曾屢當強敵，其戰鬥力甚強，剪此巨寇，當無問題。但銘軍與霆軍分駐東西，雙方面加起來的實力雖可勝過捻軍，若是分割運用，就不一定能穩操勝算。戰史上常有劣勢一方藉各個擊破之法打敗優勢一方的往事，這其間的成敗關鍵，極為微妙。劉銘傳久經行陣，諳熟兵法，當然知道在強敵當前、勝負未分的重要時刻，不可為敵方製造各個擊破的機會。然而，他竟然低估敵方的實力，要想藉銘軍獨自的力量，以七千五百人的十五營兵力，去擊敗屢獲勝捷、銳氣方新的十萬捻軍，他所犯的錯誤實在不可原諒。果然，以後的情勢就是朝著這一方面而發展的。捻軍太強而銘軍數寡，以寡擊眾的戰爭，變成了以弱攻強，其後果當然不堪設想。薛文敘此，續云：

> 任柱以馬隊撲左軍，牛洪撲右軍，賴汶光、李允合撲中軍。左軍劉盛藻五營先遇賊騎，不能支，敗退渡河，任柱來攻中軍，甚急，惟右軍唐殿魁擊退牛洪，來援中軍，中軍亦亡敗退矣。群賊萃於右軍，唐殿魁及其營官吳維章、田履安等力戰，死之。殿魁，銘軍之良也。師大奔，賊益縱，渡河追擊，銘軍崩潰。

此時的戰敗情形，據薛福成在此文的末後所說，是這樣的：

> 余遇銘軍將士，及隨從劉公之僚友，皆云，尹隆河之戰，一敗塗地，總統營官與幕僚等，俱脫冠服，坐地待死。

幸而此時的時間已到了與霆軍約定會攻的辰時，霆軍適時踐約而來，「勢如風雨，張兩翼以蹴賊。酣戰良久，呼聲震十餘里，大敗賊眾。剗毀楊家㙦、拖船埠，尹隆河賊館數百，生擒老賊八千有奇，殺賊萬餘，奪獲馬騾五千匹，救拔劉公及劉盛藻等於重圍之中，暨銘軍將士二千人」。銘軍之敗，使獲勝的捻軍亦亂了陣腳，於是乃為突如而來的霆軍製造了輕易得勝的機會。何況捻軍久戰而疲，更難敵有如出柙之虎一般的霆軍！亦正由於有此一情況存在，所以銘軍雖然敗得很慘，而對於霆軍之勝，劉銘傳仍是很不服氣的。

㙦

劉銘傳尹隆河之敗，除了薛福成的記述外，徐宗亮《歸廬談往錄》中亦有一段紀錄，說：

開軍之後，惟銘軍為勁。東西捻之役，功冠諸軍，號淮軍第一大支。其始賴唐忠壯殿魁、劉廉訪盛藻二人為之左右。唐之調度、劉之訓練，合為兩美，又得劉省三中丞為帥，以故虎步一時。其部下驍將，著稱者頗多，大率蘇滬降將，更事老練。忠壯陣亡於鄂，銘軍奪氣，然後亦未有大敵矣。忠壯之亡，事由廉訪。時各統一軍，分左右兩翼。捻氛甚惡，忠壯以守為戰，力主持重。帥意不然，廉訪又急求見功，帥益怒忠壯為怯。及戰，劉軍先馳，遽敗走，帥隨之。忠壯急往援，深入賊中，不見帥，復出至河干。有誤報帥亡者，忠壯奮勇陣死，一軍盡覆。賴鮑軍門率銳軍繼至，帥以下得收軍立營云。

以這一段紀錄與薛福成所記參看，除了證實薛文的正確性之外，更可知道劉銘傳在戰事未曾開始以前，竟不肯接受他部下大將唐殿魁力主持重之見，一意要行險徼功，而劉盛藻又從而附和之，終於造成這一場重大的挫敗。由這些地方可以看出，劉銘傳尹隆河之敗的主要原因有二：一、是他不應違約先攻，以致蹈犯為捻軍製造各個擊破的重大錯誤；二、是他不省本身實力，又剛愎拒諫，及至發現錯誤，則已為時無及。至於劉銘傳何以會蹈此兩大錯誤而不自覺呢？其根本原因，當由於他的不健全心理及高傲之氣性使然。

我們如能著眼於尹隆河戰役發生之前，劉銘傳與其高級將佐會商的情形，便不難發現，在劉銘傳的性格中，實在存有不肯服人的高傲氣性。在劉銘傳的心目之中，他的學識、他的戰功，以及他在作戰統馭方面的才能，每一樣都比鮑超強過許多倍。鮑超只不過是一個有勇無謀的武夫，憑什麼得到百戰百勝的光榮，以致自己的聲光顯得反而不如鮑超？為了要跟鮑超比一個高低，所以他要在大敵當前之時一展他平昔以寡擊眾之長，好教鮑超從心裡佩服他的本領！由於這種不健全的心理狀態，不但使他對捻軍的實力完全估計錯誤，更不肯接受僚屬的建議，不自知事涉行險徼幸，蹈犯了兵法之大忌。終於，他在鮑超面前丟盡了顏面。若不是霆軍及時來救，他與他的殘餘部隊，更勢必要在捻軍的四面包圍之下悉數被殲。使氣任性的結果如斯，實在令人可悲。而鮑超雖然在劉銘傳生死存亡的重要關頭救了他的命，劉銘傳對於鮑超，似乎並不感激。不僅如此，劉銘傳後來的所作所為，看起來更像是對鮑超「恩將仇報」。這種作風，不但使劉銘傳的人格掃地，也嚴重地影響到他此後的事業前途，說起來也誠然是很不幸的。

劉銘傳在尹隆河的戰役以後如何對鮑超恩將仇報？這在薛福成〈書霆軍、銘軍尹隆河之役〉那篇文章中有詳盡的記述。因為原文太長，不能詳細轉引。其中大致內容是說劉銘傳在敗戰之後，自覺難免損軍折將之重咎，在與僚屬商量了一番之後，竟將失敗的責任推在鮑超身上，說是事先與霆軍約定黎明會攻，霆軍失時未至，銘軍孤進，幾為捻軍所乘。賴銘軍奮戰不退，會合霆軍迎擊，遂轉敗為勝。這一個虛偽不實的戰報由劉銘傳報經李鴻章轉報到皇帝那裡後，鮑超的報捷奏章隨後亦到了。軍機處看了兩方面互不相合的奏報，以為鮑超虛張戰功，言多不實，擬旨科以失期及虛飾之罪，嚴加申飭。這時鮑超正在棗陽、唐縣一帶追擊敗逃的捻軍，忽然接到朝廷的申飭諭旨，方才曉得為劉銘傳所出賣，一氣之下，急怒攻心，引動舊傷，百病俱發，全身痿痺不仁。曾國藩為他代上奏章，請求開缺調理。於是霆軍步騎兵三十二營之中，只留下步兵十四營交給曾國荃管帶，其餘一律遣散。霆軍既散，劉銘傳的銘軍又新遭敗衄，捻軍沒有了敵手，從此轉危為安，又再度猖獗起來了。

捻軍在由打運動戰改為陣地戰，又在尹隆河之役中一敗塗地之後，本來已很有可能被一舉聚滅。只因劉銘傳恩將仇報，李鴻章又左袒劉銘傳之故，憑空把剿捻最為得力的霆軍弄得瓦解，才使瀕於危殆的捻軍能夠從死裡逃生。就事論事，劉銘傳的自私行為，不但對不起救回他性命的戰友，更對不起國家人民。而霆軍既散，李鴻章所可資倚畀的大將，只剩下一個劉銘傳，自然更非得支持他、提拔他不可。於是，劉銘傳的殘餘銘軍，在經過一番補充訓練及新購器械之後，重新成為強大的勁旅，在此後的剿捻戰爭中發揮了重大的作用。不過，那已是後來的事。何況李鴻章的剿捻戰略既已確立，捻軍的前途也已被判定了非失敗不可，劉銘傳只不過是感恩圖報，努力地執行了李鴻章所交付給他的任務而已。所以，這以後的事，便沒有什麼值得提出一談的價值了。倒是鮑超，經此一番重大挫折之後，心灰意懶，並不想認真為清政府出力賣命。而據陳衍所撰的《劉銘傳別傳》說，鮑超在四川原籍病故時，皖人劉秉璋方為四川總督，藉事興獄，多方鍛鍊之，不但抄沒其家產，超妻亦因此而死。假使這一段記載果真確實不訛，那麼，淮軍將領對鮑超的怨毒實在可說太深，而鮑超所受到的報復，也實在太慘了。

劉秉璋也與劉銘傳一樣，是淮軍中的大將。鮑超死後興獄，恰巧發生在劉秉璋手中，而劉秉璋更藉此從旁煽焰，這其中的痕跡，自然十分明顯。但是，劉秉璋為什麼要代替劉銘傳尋仇報復？劉銘傳對鮑超的仇恨，又究竟因何而怨毒至此呢？推想起來，當然仍是尹隆河戰役所種下的禍根。

薛福成〈書霆軍、銘軍尹隆河之役〉一文，記述鮑超在尹隆河戰役之後對待劉銘傳的態度，說：霆軍既救拔劉銘傳、劉盛藻等人於重圍之中，更奪還銘軍所失洋槍四百桿、號衣數千件，並一切軍械輜重，暨劉銘傳所陣失之紅頂花翎，俱於翌日退還銘傳營中。不僅如此，霆軍於銘軍雖有救命之恩，而鮑超在與劉銘傳相晤時，猶復「強自抑，無幾微德色」。鮑超是被劉銘傳看做一介武夫的粗人，而他在這件事情上的表現，居然如此謙抑知禮，實在令人欽敬。在這種情形之下，劉銘傳當然沒有理由懷恨鮑超。只是，他此後的揑飾戰報，諉過霆軍，雖然使鮑超因此而倒了大楣，而悠悠之口，畢竟難以盡掩，有如薛福成所寫的那篇文章，便十足暴露了劉銘傳的小人面目，使他從此不理於世人之口。陳澹然撰〈書劉壯肅公碑陰〉中說：「當告歸時，清流論將才，於公率訾議，獨閩人陳閣學寶琛奏議中一語推重之。厥後公撫臺，陳適罷，貧甚，公恆以他事給之，其肝膽如此。」劉銘傳在討洪、楊與討捻的戰事中軍功卓著，他所為人訾議的，除了這一品格上的污點之外，更沒有什麼。然而，僅這一件品格上的污點，就使他在李鴻章的屢次保舉中受到難堪的訾議，以致嚴重影響到他的事業前途，追源禍始，如何不令他將一腔怨毒都發洩到鮑超的身上？這大概便是鮑超死後得禍的原因了。從另一方面看，劉銘傳後來與湘軍人物的關係極壞，大概亦是受了這一事件的影響。

劉銘傳於同治八年在直隸提督任上因病奏請開缺，得旨照准。翌年七月，李鴻章奉旨督辦陝西軍務，專責清剿陝西回匪。旋因直隸發生教匪事件，李鴻章被調為直隸總督，督辦陝西軍務的欽差大臣一職，就因李鴻章之保奏而落到了劉銘傳的身上。所謂欽差大臣，在從前大都出於朝廷之特派，其地位即使不致高過地方的封疆大吏，至少亦與之相當。劉銘傳以武職出身的前任直隸提督膺此大任，而且出於李鴻章的保薦，可以知道李鴻章對他的照拂程度如何。此時，湘軍出身的前任閩浙總督左宗棠，亦以「欽差大臣督辦軍務」的名義統率大軍，在甘肅前線與反清的叛回艱苦作戰。同治十年二月，左宗棠麾下的大將劉錦棠，在長時間的圍困之後，打下了叛回的堅強堡壘金積堡，殺掉很多投降的回民首領，又把大批回民遷徙到固原、平涼等地方安置，在當地引起很大的騷動不安，因此影響了他繼續向西進軍的日程，陝甘軍務，看來亦因此而更難結束。清政府為了顧慮兵餉難籌，曾降旨詢問劉銘傳對此事的意見。劉銘傳遵旨覆奏，乘機對左宗棠放了一支冷箭，說左宗棠所統率的大軍，在攻克金積堡之後，「諸將星散，至今尚無進剿之期。賊騎肆掠鞏、秦之間，如入無人之境。兵貴乘勢，乃有虛聲，抑或猛攻，乃見實力。今特遷延歲月，不計虛糜，賊勢未衰，兵氣已散，揆度形勢，既恐蕆事無期，叛勇降回，猶恐發生意外」。這些話不但足以影響清政府對左宗棠的倚信，也大大貶低了左宗棠在陝、甘剿回的戰績。於是，左宗棠對劉銘傳極度不滿。

左宗棠平回，在清代歷史上是值得大書一筆的勳業。當時，若不是左宗棠憑著其過人的才智與堅忍的毅力獨任艱巨，從陝西帶兵一直打到新疆，則今日的甘肅、新疆一帶，早已不復是中國的領土。左宗棠安內攘外的功績如此卓越，劉銘傳為什麼要摭拾浮言，動搖清政府對他的倚信？關於這一問題，我們可以看看陳澹然對此的說法。

陳澹然撰《劉銘傳奏議集》卷一《出處略》序，中云：

綜其生平，自始戰江蘇訖臺灣，凡五進，而辭退乃十有八焉。乞退之疏，存者十有五，按其歲月，皆處恩綸稠疊之時，實為千古名將所未有。豈潔身高蹈，如古石隱者流哉？蓋其雄略縱橫，不可一世，喜勞惡逸，樂任人所難，尤以奉節度、擁虛名為深恥。當其提督畿疆，授封五等，中原大定，千里謳歌，斯亦武臣之至勞矣。脫令優遊輦下，坐擁節旄，疇復能議此者？獨念風塵無警，上將虛糜，左武右文，已成風氣，提臣雖貴，展布莫由，故決焉捨其官而不屑。其督陝軍也，異軍特起，專達朝廷，不復見制文吏，斯亦上將之殊遇矣。然關中既靖，終類虛糜，詔出新疆，更憂餫饋，而西陲經略，又非可共功名，絕塞蹉跎，且將牾牴，故決焉捨符節而不居。

這一段話的最後幾句，極可玩味。所謂「西陲經略」，指的當然是督辦甘肅軍務的欽差大臣左宗棠。何以左宗棠不是一個可與劉銘傳「共功名」的人？這句話中的問題最大。我們知道，左宗棠素來自負才智，好以管仲及諸葛亮自比。也許他根本看不起這個武夫出身的劉銘傳，居然也來與他同做欽差大臣。也許他因為尹隆河之役的緣故，更把劉銘傳的小人作風看得一文不值。以二人的名位及功業而言，劉銘傳跟左宗棠自然差得太遠。左宗棠平素連曾國藩、李鴻章等比肩共事的人都不大看得起，如今怎會把劉銘傳看在眼中？但此時的劉銘傳，卻也是一個鄙武夫而不屑為，一意想在學問和政治事業上力爭上游的人。他的好勝心愈強，愈是不高興人家看不起他；而他的感覺，在這些地方也最為敏銳。如今左宗棠卻偏偏正是這麼一個人——不但眼高於頂，慣好使氣罵人，而且視劉銘傳如無物，如何不使劉銘傳為之氣結難堪。陳衍撰《劉銘傳別傳》，據其幕客劉宗海相告之言，謂銘傳「素惡左宗棠，督辦陝西軍務，即奏劾之」。由《劉銘傳奏議集》見之，銘傳到陝西就任督辦軍務的欽差大臣一職，是在同治九年的十一月初八日。他所上〈密陳左宗棠軍情〉的那一個奏片，則上於同治十年的四月二十四日。到了這年的七月初九日，他就藉口「頭風肝氣，坐臥難安，漸入秋寒，愈增羸劇」，奏請給假回里調治。至九月初九日，又再以「痼疾難瘳」為由，奏請續假三月，自此即離陝長往，一去不復再返的了。由這些奏疏年月可以知道，劉銘傳攻訐左宗棠，並不是一到陝西就上此密奏，而是在隔了五個半月之後方才發生的事。既是隔了五個半月之後方才使左、劉二人的關係正式惡化，那亦可以知道，左宗棠與劉銘傳之間，並不是早就有了惡感，而是在劉銘傳到陝將近半年之後，因感事事受制於左，處處遭其白眼，不但難堪，而且亦已意識到無法在此與左宗棠共建功名，所以才借事上此密奏，然後脫屣而去的。瞭解了這一層關係之後，我們當可知道，劉銘傳之就任督辦陝西軍務的欽差大臣，原本抱有極大的心願，只因無法與左宗棠共處，所以才不得不借病求去。就事論事，這既不是劉銘傳的高蹈，也並非他之見機而作，事實上倒正是他在尹隆河戰役做了一次小人所種下的惡果。

劉銘傳是淮軍系統下首屈一指的大將，雖屈居武職而才具縱橫，素為李鴻章所賞識。李鴻章為了培植他的幹部人才，及儲備後繼之選，也很希望劉銘傳能由武轉文，及出任疆圻，漸膺大任。所以，他每次遇到機會，總要為劉銘傳引薦推轂。所以，他不但在此時推薦劉銘傳出任督辦陝西軍務的欽差大臣，後來又使他以直隸提督的原官，而加兼巡撫職銜，到臺灣來督辦軍務，無非希望能由此遞遷，以為由武改文之漸。李鴻章的努力，在同治九、十年間本已頗有實現之望。只因左、劉交惡，遂使劉銘傳之改任文職，還要再等十幾年。這當然不是劉銘傳的本願，無奈卻是情勢使然。王樹枏撰劉銘傳的傳記，說他：「自始出兵，訖居方鎮，凡五進，而乞退之疏至十八上。識者謂其見機而作，不俟終日，銘傳庶幾近之。」這種說法，未免概括籠統而且涉及皮相。劉銘傳之五進五退，每次的原因都不同。如此混沌不分的敘述，實在不是良史之筆。

劉銘傳於同治十年辭去督辦陝西軍務的欽差大臣職務，到光緒十年以前任直隸提督名義加巡撫銜督辦臺灣軍務，中間相隔了十三年。這十三年之中，他一度因中俄外交關係緊張，經由李鴻章之保薦而被命由原籍來京，「以備任使」。到京以後，知道政府已經決定與俄國言和，故而仍復藉病請假回籍。除此之外的絕大部分時間，他都住在南京。那裡有他在秦淮河畔所築的水榭，精美為一時之冠。居常則與文人墨士相往還，吟詩為文，詩中並常作白樂天、邵康節之恬淡疏放語。他所作的詩，今存者惟有《大潛山房詩鈔》一卷，所收錄的都是同治六年以前領軍作戰時期所作的舊詩，同治六年以後所作的，並沒有留下來。但即使只是同治六年以前所作的舊詩，我們也仍然可以從中讀出劉銘傳的一些思想與性格來。

《大潛山房詩鈔》頁十七，〈感成〉：

> 武夫如犬馬，驅使總由人。我幸依賢師，天心重老臣。
> 上官存厚道，偏將肯忘身。國事同家事，誰看一樣真。

又，頁二十二〈陳州防次〉：

> 盜賊東西流，士卒奔馳久。陳州中原地，息兵且防守。
> 軍中消閒事，只有詩棋酒。一日不相離，三者是吾友。

客兵遠道來，鄰封交不厚。官場賤武夫，公事多掣肘。
我生性不羈，欺侮亦甘受。濟世重經綸，自慚無抱負。
日識甲胄士，努力滅群醜。一朝洗甲兵，還鄉為田叟。

像這類「官場賤武夫」、「武夫如犬馬」的詩句，在其他篇什中尚有，不必枚舉。由此不難看出，劉銘傳雖然陞到一品的提督大員，何以不願永居武職之故。而所謂「濟世重經綸，自慚無抱負」也者，亦是皮裡陽秋之筆，正所以反映他以武職而空懷濟世抱負的不平之慨。詩鈔頁十九，有〈送金太守鐵珊入都詩〉，云：

客路逢秋雨滿天，故人一見兩歡然。行程往返三千里，別後睽違五七年。
才大君應思報國，寇平我已望歸田。入都朋友如相問，只說寒蟬不足傳。

仗馬寒蟬，乃是一個很老的典故，用來比喻一個人之尸位素餐，無足輕重。劉銘傳在平洪、楊及平捻亂的戰爭中卓著軍功，如何是尸位素餐之人？所以然之故，則因他對自己的武職一途，早已心灰意懶，只望在戰事平定之後解甲歸田，此後將不再有所表現，故以不鳴之寒蟬自況耳。劉銘傳譽人則曰「才大君應思報國」，譬己則以仗馬寒蟬之典自況，其內心之思想如何，由此當不難想見。詩鈔頁二十一有〈告歸〉一首，云：

中原欣且定，解甲覓歸途。去就不關繫，還鄉退守愚。

平寇立功，勳名方立，何致於「壯志折磨盡」，而「憔悴剩微軀」呢？從這些詩句中，我們當可看出劉銘傳的真正意向與他的中心苦悶了。凡此俱可與本文前曾述及的進退出處原因互相參看，今不多贅。

劉銘傳出身武職而官居一品，他所究心的應該是韜鈐武略與節制統馭等等的方法。然而，在他的詩中，卻從不見有關於這方面的吟詠；常被提到的，反而倒是文人墨士所最擅長的詩酒雅事。陳衍撰《大潛山房詩鈔・序》，亦說：「余年十有幾，即聞中興諸將，邁跡行伍者，惟合肥劉公省三能詩文詞。」身為中興名將，不樂武事而惟好詩文，這所顯示的意義又是什麼呢？很明顯地，劉銘傳是希望要在這些地方讓人知道：他是不同於一般平常武夫的風流儒將；他的平生志業，除了武功方面的建樹之外，尚有更高一層的政治抱負。亦正因為這一原因，所以，他不但嚮往於改武就文的政治事業，更看不起胸無點墨的武人。由此更進一層，他更以為所謂中興名臣如左宗棠者，其學問、文章，亦不過爾爾，於是更不免因自己不能與之比肩等夷而心懷不滿，甚至不免遇事與之牴牾了。平心而論，他在戰場上的表現確實夠得上勇敢善戰之稱，至於他在兵法戰略方面的造詣，究竟是否可與左宗棠並駕齊驅，實在難說。倒是因為他出身淮軍，久知西洋船艦、槍砲之厲害，因而體認到中國欲圖自強禦侮，非效法西人，在教育文化及實業建設等方面痛下功夫不可，這種見識，似又遠勝於當時一般士大夫階層之人物。

清光緒十年，中、法兩國因越南問題交惡，逐漸走上以兵戎相見的道路。法國人積極增援他們部署在遠東方面的軍力，他們的軍艦，並有窺伺臺灣進而加以占領的意圖。為了防患未然，清政府亦必須加強臺灣方面的防務。於是，劉銘傳有了再次出山的機會。王樹枬撰《劉銘傳傳》敘此云：

光緒九年，法人奪越南，擾閩越，窺臺灣，扼我南洋門戶。十年，上命李鴻章趣劉銘傳治軍，不之應。閏五月，法事岌，詔給巡撫銜督臺灣軍。乃強起，條上海防十事。

至於陳衍所撰的《劉銘傳別傳》，則對此又有更明白的敘述，說：

甲申，朝命督辦臺灣軍務。銘傳時已不屑為欽差大臣，欲為督撫。廷寄下，故挾數姬遊西湖。鴻章急遞促之，不顧，寄語曰：「非封疆，勿相溷也。」鴻章為婉陳，加巡撫銜，始受命。

欽差大臣督辦軍務的職銜雖榮，但只有兵權而無籌餉之權。陳澹然論此，謂：

昔者粵寇之亂，曾文正以侍郎督師湖南北、江西之間，所至督撫牴牾，州縣抗其威令，崎嶇奔走，卒以父喪逕謝以歸。故胡文忠抗疏力陳，謂非督撫身任地方，不能治兵討賊。文正卒得江督，乃展其才，厥後左、李分師，皆授吳、越撫臣，始得各行其志。

這些話的目的無非旨在說明，督兵之人如無疆吏身份，必難收臂指之效。這誠然是清代末年的實在情形。證以劉銘傳到臺以後，臺灣道劉璈對他的桀驁不馴態度，亦可知此說之不謬。但劉銘傳之必欲得巡撫而不願為欽差大臣，這卻並非主要的原因。前面已曾說過，劉銘傳本是一個很想有一番作為的功名豪傑之士。只是他的武職出身限制了他的前途，而欲改文職，則又為政府的制度規章所限，窒礙難行，以致心中每引以為恨。所以愈到後來，他愈加認定，非改文職，絕難以展布抱負。於是，逢到政府有意徵用他，他就要藉此要挾一番。他的借事要挾，在最初都不能達到目的。而漸到後來，情況漸有變更。原因是崛起於「咸同中興」期間的一班宿將元戎，都已逐漸凋零，清政府可資倚畀的得力重臣，只剩下李鴻章一個。而李鴻章自己手下，又沒有什麼能幹的幫手。在這種情形之下，李鴻章既然要竭力為劉銘傳援手，清政府最後也只好賣李鴻章的面子了。劉銘傳多年以來鬱結在心的願望，此時總算達到，其內心的快慰，可以在他自己所撰的謝恩疏中明顯地看得出來。

《劉壯肅公奏議》卷一，光緒十年十一月十二日所上〈補授福建巡撫謝恩摺〉，其中說：

> 伏念臣猥以譾陋庸材，渥荷生成知遇。南征三載，提督神機，北討五年，忝邀爵秩，養痾田里，謬拜督師關陝之榮，久臥江干，屢邀奉詔入都之寵。凡荷聖慈之曲逮，輒慚圖報之無從。今夏督師臺疆，尤切枕戈達旦。只以才非遠猷，莫由展效涓埃。屢迫孤軍困守之難支，上煩聖主憂勞之遠繫，深宵繞泣，徒喚奈何！茲復仰被恩綸，畀以封圻重寄，承命戰慄，莫知所為。竊念我朝武臣中，如趙良棟、岳鍾琪、楊遇春等，皆以非常勳烈，特簡專圻，微臣自顧何人，膺茲殊遇。……蠟丸奉表，彌深犬馬依戀之忱，戰壁拜恩，矢圖頂踵捐縻之報。

按，同書同卷，同治九年十月劉銘傳所奏〈督師陝甘請訓摺〉，亦即他在奉到督辦陝西軍務之命後所上的第一道奏摺，其性質亦略如謝恩之疏，但其中卻只說：「謹陳感悚微忱，無任企切屏營之至！」兩相對照，便可知道，劉銘傳由督辦臺灣軍務的提督加巡撫銜正式被命為福建巡撫時，其內心之快慰程度為何如！謝恩疏中所提到的趙良棟、岳鍾琪，由提督改任總督，是康熙年間的事；楊遇春由武改文，亦是嘉慶年間的事。在康熙年間，文武兩途的地位還相當平等，即使在嘉慶年間，亦未如後來之懸絕。劉銘傳以此諸人為比，又特別強調他們之由武改文，係由於「非常勳烈」而始「特簡專圻」，然則，他之由提督而轉任巡撫，更是得之不易了。他在補授福建巡撫之後，旋因建議臺灣設立行省之故而被改為臺灣建省以後的第一任巡撫。在職期間，清理田賦，整頓稅收，建設省會，剿撫生番，又陸續舉辦鐵路、電線、煤礦等項新設施，逐漸奠定臺灣的自立基礎，其政績俱彰彰在人耳目。凡此，俱可說是他在得遂改任文職之願後，一力希望在政治事業上有所建樹的具體表現。若非如此，他就絕不會在台灣軍務告一結束之後，又在臺灣繼續停留至七年之久的了。

劉銘傳到臺灣督辦軍務以後的作戰情形，有關劉銘傳的傳記資料中都有極明白的記述。為簡明計，摘引王樹枬所撰轉記中的有關文字一段如下：

行抵基隆，巡視砲臺，僅存五砲，不能軍。居七日，法來犯基隆，臺立碎。基隆南距省治臺北府六十里，而獅球嶺橫亙萬山之中，法既毀臺，乃更築堅壘，置巨砲。銘傳移軍基隆山後，曉乘大霧，選驍將，率精卒百人，潛入壘旁空屋，出其不意，猝以砲擊壘，近陴者半傷死；別以鎮兵出儳道，超敵後，鼓譟薄之。敵驚潰，爭赴舟，多墮水死。是役也，斃法酋三人，斬馘數百，奪纛二，他兵械數十，遂復基隆。事聞，上嘉獎，出帑銀三千兩犒軍。銘傳念滬尾為瀕海要區，距臺北僅三十里，軍資、餉械皆萃臺北，死守基隆，敵且襲後路制吾命。且敵船駛海上，我無艦以應之，而江督以三輪舟濟師，輒敗返。此絕域也，不捨基隆啗敵，避艦攻，致陸戰，直坐斃耳。乃徙軍滬尾，留將卒二百人扼獅球嶺。明日，法果以巨艦十二載師至基隆，而別分精卒襲滬尾，毀壘而進。我以羸卒誘近大軍，戰移時，別將張李成伏兵突出叢箐中，腹背夾擊，殊死鬥。敵大潰，蹙至海濱，斬千人。時法人毀我砲臺殆盡，我軍全恃肉搏。銘傳每當陣一呼，將士皆奮躍致死。法人既三犯滬尾不得志，月眉山之戰，將士忍饑冒雨，誓死拒，營將跣足往來督戰，無不一當百。法人益驚慴，自此不敢輕試。

文中所說的「滬尾」，即今之淡水，「月眉山」則在基隆附近暖暖地方之對河。劉銘傳當年在臺灣指揮兵餉不足而又無後援的孤軍奮戰，力保臺疆，其偉大戰績將與臺灣的歷史同垂不朽。不過，他因作戰指揮的關係而與當時的臺灣兵備道劉璈弄得很不愉快，在他正式當上了福建巡撫之後，就借事加以報復，一直把劉璈送上了充軍新疆的道路，這種做法，也為他自己帶來很多不利的批評。

陳澹然為《劉銘傳奏議集》卷十《懲暴略》》作序，略云：

> 臺灣之暴，莫大於劉璈，而彰化盜次之；朱守謨、潘高陞，則狐兔之屬也。昔者李相國之潛兵上海也，始至，以延建邵道晉二品階督蘇軍，處上海絕地。上海道吳煦兼布政使攝餉，權勢蓋與劉璈等。相國嘆曰：「餉，軍命也；寄命為軍，其可飽乎？」一夕，單騎岸幘入吳廨，談謔甚歡。瀕行，微問曰：「君司蘇餉，月出納幾何？其簿帙可一覽觀乎？」吳坦然出帙示之。相國一瀏覽，顧左右懷之，曰：「猝難遽罄，明旦返君矣。」上馬逕去。吳大愕，不敢言。相國歸，摘其隙，疏劾罷之，卒按吳帙，命專官司出納，軍以不饑。蓋英雄大略固如此。公之渡臺也，視上海軍危益甚。自古外戰易，內戰難，內外交攻，靡不危且覆者。璈之穴此，四年矣。督撫久居閩，璈擁大兵二萬，皆湘人，生殺號令若大帥。一旦以客帥臨之，況乃挾湘淮之見，假故帥之威，重之以守謨之讒，乘之以基隆之退，其能帖焉奉節度乎？嗟乎！左相之來，年且八十矣。誠若李相之豁焉大度，盡遺關陝之嫌，則璈與守謨之謗，將斥不行；李彤恩之難，且將不作，璈雖跋扈，即烏敢遏民捐，挾巨餉，激軍變以困新帥，促敵禁以絕全臺也？且璈之遏餉，公既密薦龔照瑗為代矣，江督曾忠襄輒復挽照瑗不使東，故公益堅忍刻厲，法事既定，而後圖之。嚮非濡忍歲時，即臺北湘軍服公無變，而臺南湘將三倍北軍，內外交訌，臺事尚忍言乎？故竊以為璈之貪黷，植黨鶩財，猶為當時之公罪；而激軍陷帥，險喪封疆，其罪乃不容

誅。惜乎楊勇愨之賢，奉詔以治斯獄，終乃調停左相，舉彤恩、守謨兩罷之，而因斥絕守謨示不用以彰其罪，璈則遣戍，以畢其事。故公辭臺撫，一年內幾不復與軍事。

這一段文字中所說到的李相，即李鴻章；左相，即左宗棠，亦即劉璈之「故帥」；楊勇愨，則是前任陝甘總督，而與刑部尚書錫珍同時奉旨至福建，審訊劉璈為劉銘傳所奏劾一事的欽差大臣楊岳斌。至於朱守謨與李彤恩，本是劉銘傳到臺灣時所帶的兩名部屬，朱守謨是候補道職銜，李彤恩則是知府。朱守謨到臺灣以後，因為生活奢侈，暮氣太深，而為劉銘傳所不喜。李彤恩任滬尾通商委員，則因辦事認真，肯負責任，而甚得劉銘傳信任。朱守謨由此遂遷怒及於劉銘傳，值法軍來攻之時，請假規避，又在繞道臺南回至福州之時，沿途散播謠言，謂基隆未敗而退，乃是李彤恩得銀數十萬賣於法國人之故。當時，左宗棠在福州督辦軍務，聽了這項謠言以後，不辨真偽，使即刻據以上聞，於是有旨嚴責劉銘傳收復基隆，並將李彤恩革職查辦。在這中間，由於劉璈本係由左宗棠幕府出身，是否亦曾從旁添加言語，以堅定左宗棠對謠言之信任程度，則不能完全知道。至於劉璈，則以臺灣兵備道的職銜駐守臺南，在當時乃是臺灣全島的最高行政官吏，兵餉大權，悉在其手。據陳澹然文中所說，劉璈當時曾藉口種種理由，將他自己所掌握的二百多萬軍餉勒措不發，完全不管劉銘傳之因缺餉而無法作戰。以上種種，乃是出於劉銘傳一方面的說法。如果參看其他方面的記述，則其中情形，似又頗不一樣。

陳衍撰《劉銘傳別傳》，亦曾述及劉銘傳與劉璈交惡的情形，說：

初，福建巡撫未移臺，全臺專政於兵備道，遙受督撫節度。時臺道湖南人劉璈，號稱才幹。何璟為總督，兼巡撫事，懦；璈專橫，事皆先行後白。璟偶指駁，輒惡聲相向。素輕銘傳武人

> 無所知，非真巡撫，臺北又挫衄，臺南天險，法人不至，自謂有設備，視銘傳如無物，事事與忤。和議定，銘傳實授巡撫，使湘人提督李定明查璈贓巨萬，及姦淫諸不法事，列款嚴劾。且關說軍機處，必置死地。朝旨逮問下獄，年餘，將定讞繯首。璈有貲，傾家營救，乃效力軍臺，死戍所。

這一段文字，不說劉璈之貪贓及姦淫不法等罪狀是否實有其事，卻以「使湘人提督李定明查璈贓巨萬及姦淫諸不法事」的筆法寫了出來，使人感覺到這似乎是一種「故入人罪」的「羅織」。參以下文所說，「關說軍機處，必置死地」云云，則劉銘傳對劉璈的借事報復行為，更是十分明顯的了。劉璈號稱有才，又係出身左宗棠幕府，有才之人，常不免恃才傲物而不能容人，如劉銘傳自己，就是如此。劉璈與劉銘傳之間，本來就因彼此不能相容而勢難並立的了，偏偏劉璈又是從左宗棠幕府中出來的人，而左宗棠此時恰又以「爵相」之尊，駐在福州督辦軍務，仗腰有人，自不免更不把劉銘傳放在眼中；何況劉銘傳當年與鮑超之間，還有那麼一段不愉快的恩將仇報之事，劉銘傳又如何能令劉璈對他發生景仰服從之心呢？所以，「視銘傳如無物，事事與忤」自是必有之事；借事勒措兵餉不發，以陷劉銘傳於困境，也是可能有的事。至於婪贓與貪淫諸罪，那就是不可知之數了。看劉璈所著的《巡臺退思錄》，他在臺灣擔任兵備道期間的凡所措置，俱有規模，「有才」之說，當屬不虛。最不應該的，是當劉銘傳放棄基隆，專攻滬尾，以求鞏固臺北之後路時，劉璈不應運用他擔任臺灣兵備道可以向皇帝「專摺言事」的權力，直接向皇帝奏上一本，對劉銘傳有所指責，這就不是部屬事上官之體，而且有借事傾陷的嫌疑了。

劉銘傳後來之羅織報復，上面所說之事，當是最明顯可見的導火線。就事論事，劉璈之得罪，誠然是自取其咎，而劉銘傳之報復，亦未免過分。從前薛福成論劉銘傳尹隆河之敗，已曾說過：「議者於是嘆劉公始終不肯讓人，其氣盛不撓，固不可及，而以怨報德為已甚也。」由於銘傳之氣盛不撓，不肯下人，報德尚且以怨，其報怨自然亦必更甚了。由這些地方，我們可充分看出劉銘傳的真正性格。

劉銘傳在出任福建巡撫以後，因鑑於臺灣地位重要，福建巡撫難以兼管，建議立臺灣為行省，得旨允准，並即以劉銘傳為臺灣建省以後的第一任巡撫。綜觀劉銘傳一生的建樹，當以他出任臺灣巡撫以後的種種設施，最有貢獻。王樹枬撰《劉銘傳傳》，對此頗有簡明扼要的說明。摘錄一段如下：

> 於是斟酌舊制，奏增府一，曰臺灣；縣三，曰臺灣、雲林、苗栗；廳一，曰基隆。改舊臺灣府為臺南府，臺灣縣為安平縣，卑南廳為臺東直隸州。增設布政司一，澎湖鎮一。臺灣之立行省，自此始。生番窟宅於臺南北七百里，與民居犬牙相錯，歲戕民千餘，盜賊出沒其間。土豪假防番釀金募士，抗官吏，違號令，賦稅不以時至。銘傳檄將吏分路剿撫，時親督大隊入山，威懾惠懷，南中北三路及前後山諸番皆薙髮歸化。又念足兵必先足食，於是丈田畝，清糧賦，四年溢經額三十六萬三千三百兩有奇。其諸所創土田、茶鹽、金、煤、林木、樟腦之稅，充羨府庫。始至，歲入金九十萬，後至三百萬。因築砲臺，購火器，設軍械局、水雷學堂，要以興造鐵道為綱紐，輔之以電線、郵政。穴山梁水，闢巨道七百里以通南北，臺防益固。

這雖然只是短短三百餘字的概述，卻能大致勾畫出劉銘傳出任第一任臺灣巡撫以後，在臺灣的各種新政治與新建設。臺灣在未曾建立行省以前，歲入賦稅只九十萬，尚不敷行政及軍事方面的開支，有賴福建的財政支援。財政方面如果不能自立，一切建省以後的建設事業，便事事無從談起。劉銘傳深知臺灣賦稅之少，其真正的原因完全在於大戶之逃漏與官吏之侵漁，所以他首先辦理田畝清丈，俟實地清丈完畢，完全掌握了各項田地山蕩的數目之後，然後視地畝之肥瘠，訂立課賦的準則，頓時就使年徵賦銀由舊時的十八萬兩增至七十萬兩。其他如清理關稅、釐捐、鹽課等等，所用的方法亦大率類此，「蓋其術皆奪豪強私利入之官，故賦溢而民不病。」（《劉壯肅公奏議・清賦略・序》）劉銘傳在剛到臺灣之時，即曾說過：「闢臺灣自有之利，養全臺自守之兵」，並非難事，後來果然證明他所說不錯，足見他對當時的吏治民生，認識極為清楚，所以才能以大公無私的精神，堅貞不屈的毅力，力掃姑息頹風，創立面目一新的革新局面。這種切實負責的態度，在當時的官場中已經極為難得，如果再從他在臺灣所推行的各種實業建設來看，其識見之卓犖與氣魄之偉大，在當時的中國，更沒有人可以與他匹敵！

劉銘傳在臺灣巡撫任內所做的種種政治革新及實業建設，《臺灣文獻專刊》第四卷一二期《劉銘傳特輯》內曾有詳細的論列，這裡可以無須多贅。所值得提出一述的，乃是他在未曾來到臺灣以前的光緒六年，就曾向清政府提出他心目中的全盤革新計畫，其內容與他後來在臺灣出任巡撫時期的種種興革措施，若合符節。可知在劉銘傳的心目中，對於如何革新自強，以求湔雪國恥的想法，早就有了一套完整的觀念，只是當時尚沒有這樣的機會使他充分發揮而已。劉銘傳當年的計畫，見於《劉壯肅公奏議》卷二，光緒六年十一月初二奏上的〈籌造鐵路以圖自強摺〉。其時清政府以對俄外交關係緊張，恐有發生戰事可能，爰因李鴻章之推薦，召劉銘傳入京以備任使。抵京以後，銘傳覘知政府已無用兵之意，乃奏上此摺，另附一片，以目疾未癒為理由，請假就醫。此摺原文甚長，但其意見甚為精闢，值得注意。今摘錄其對於「急造鐵路」所持之理由一段如下：

自強之道，練兵、造器，固宜次第舉行，然其機括則全在於急造鐵路。鐵路之利於漕務、賑務、商務、礦務，以及行旅、釐捐者，不可殫述，而於用兵一道，尤為急不可緩之圖。中國幅員遼闊，北邊綿亙萬里，毗連俄界，通商各海口又與各國共之。畫疆而守，則防不勝防；馳逐往來，則鞭長莫及。惟鐵路一開，則東西南北呼吸相通，視敵所趨，相機策應，雖萬里之遙，數日而至，雖百萬之眾，一呼而集，無徵調倉皇之慮，無轉戰艱阻之虞。且兵合則強，兵分則弱。以中國十八省計之，兵非不多，餉非不足，然各省兵餉主於各省，督撫此疆彼界，各具一心，遇有兵端，自顧不暇，徵餉調兵，無力承應，雖詔書切責，無濟緩急。若鐵路造成，則聲勢聯絡，血脈貫通，節餉裁兵，併成勁旅，防邊、防海，轉運槍砲，駐防之兵即可為游擊之旅，十八省合為一氣，一兵可抵十數兵之用。

他這種基於軍事學上的觀點，認為鐵路最便於調動軍隊及機動作戰，對於幅員廣大而東西南北動輒數千里的我國情形來說，可謂切中時弊。所以，他心目中所擬造的鐵路，以為暫時應先修要道三條，俱以京師為樞紐，東邊則至瀋陽，南面則一由山東至清江浦，一由河南至漢口。前者即今之北寧路，後者即今之津浦路與平漢路，俱是縱橫南北的鐵路大動脈。劉銘傳作此主張之時，李鴻章亦曾提議將唐山胥各莊間的一條運煤鐵路向東西展築，東面築至山海關，西面築至天津，由於反對之人太多，一直遲遲未能實現。除此之外，則當時的中國可說尚沒有現代化建設。劉銘傳在舉國上下如此閉塞保守的環境中，能夠有如此高瞻遠矚的識見，實在太不容易。陳澹然撰〈劉銘傳神道碑〉，其中就曾說到：

同治間，士大夫方詠太平，競黨爭，詬西法，公獨謂非罷科舉，火部案、闢學校、拔真才，不出十年，中國將不可問。及伊犁事起，獨抗言開鐵道，通國脈，使兵餉出朝廷，督撫無能牽制，然後天下事可為。今事敗乃踐公謀，患且不可治矣！

陳澹然說這些話的時候，已是中日「甲午戰爭」以後，中國因軍事上一敗塗地而割地賠款，受盡恥辱了。到此時方才追想起劉銘傳在三十年以前有此遠見，足見劉銘傳在軍事與政治方面的見識，確實高人一等。然則，他出任臺灣巡撫以後，所以要岌岌在臺灣革新政治，振興實業，及從事各項軍事、經濟等方面的建設，也正可說是他平素政治主張之實踐。假如當時的政府不對他所做的種種革新措施加以不合理的掣肘限制，以致劉銘傳因自感不能貫徹其理想而中途離去，則臺灣的建設事業，必定早有可觀。臺灣的建設事業成功以後，以此作為榜樣，推而及於全國，則中國之自強維新，在光緒二十年以前必已有成效可觀。然而，當時的清朝政府，朝中則因黨派傾軋而舉棋不定，國內的知識份子則目光短淺，識見鄙陋，竟沒有人為劉銘傳作隔海之聲援。於是，劉銘傳只好在這種擾攘傾軋及懵懂昏沉的環境下黯然去職，上距他之受任為臺灣巡撫，不過只有六年的時間而已。

劉銘傳因不能安於其位而請辭臺灣巡撫之職，究竟是由於什麼樣的可見原因？據現在所能看到的直接原因，是由於基隆煤礦的官辦抑商辦問題。

基隆煤礦原係官辦，資金只十二萬兩銀子。由於礦質不佳及經營不善等雙重原因，賠累不堪，轉眼即將難以為繼。劉銘傳請來一位外國工程師實地前往勘察，這工程師隨後提出報告，謂非另選地點新開礦井，不能起死回生。而開新礦井則須購新機器，加上償還舊礦的資本，非一百萬兩的資金不能敷用。他建議新礦由官商合辦，英商范嘉士願承乏其事。奏上，總理衙門奏駁不准，並責令另選賢員，仍由官辦。銘傳以官本短絀，仍當由官商合辦為便。如洋人不便令其參加經營，則另選本國商人合股。此案於光緒十六年六月奏上，奉旨交由戶部會同總理衙門合議。由於部議遲遲未覆，而招到的商股已約定在七月間開始接辦礦局。到了八月間，戶部及總理衙門會商仍舊不准，劉銘傳則在七月間已經先行同意了官商合營的辦法，並實際進行開礦事宜，至是據實奏上，旋即奉到嚴詞譴責的上諭一道，說：「劉銘傳以特旨勅令另議之件，並不奏明請旨，輒即議立章程，擅行開辦，尤非尋常輕率可比。劉銘傳著交部議處。」吏部遵旨議處的結果，是：「應革職。」雖然，另外仍有旨意，說是「著加恩改為革職留任」，但一葉落可知天下秋，劉銘傳已經清清楚楚地認識到負責辦事之難。於是，他覺得不適宜再繼續做下去了。

為什麼劉銘傳因此一事就深深瞭解到不能再戀位不去？這有兩種原因存在：第一，自然是他在臺灣所做的種種革新與建設事業，在當時的中國都顯得格調太高，很少人能瞭解其重要性。而一般文墨之吏，動輒以迂徐緩慢的辦事程序及陳腐的法令規章來約束他，已經使他感到動輒得咎，縛手縛腳，無法盡力施展。第二，是朝中南北黨爭的主要人物翁同龢、潘祖蔭等人，都與李鴻章不睦，常欲借事中傷。劉銘傳是李鴻章的得力臂膀，打擊劉銘傳即所以打擊李鴻章，於是劉銘傳章成了他們的目標人物。即以基隆煤礦一事而論，奉旨核議其事的戶部，掌權的漢尚書正好是李鴻章的對頭翁同龢。劉銘傳將基隆煤礦交由官商合辦，原是視實際需要的權宜措施，只要其後效可期，儘可假以時日，徐觀其成。然而，翁同龢卻要以劉銘傳故違詔旨為言，責之以專擅，處之以革職，顯然是小題大作，公報私仇。一事如此，諸事可知；小事如此，大事可知。情況如此，如之何不使劉銘傳心懷警惕而生及早抽身之計呢？清代末年的朝政傾軋，不知道誤了多少國家大事。現在，劉銘傳也成了被犧牲的人物。這種但論恩怨而不問是非的惡劣作風，誠然不免令英雄氣短。而一個朝代到了這個地步，距離它的末日也就不遠。所以，這正是無可奈何的事啊！

據史傳所記，劉銘傳任臺灣巡撫之日，「嘗登滬尾砲臺，東望日本，唏噓嘆曰：『即今不圖，我為彼虜矣！』未幾，醇親王薨，鴻章孤立。戶部忽奏請：『天下海軍，十年內毋增艦砲。』銘傳喟然嘆息曰：『人方甚我，我乃自抉其藩，亡無日矣！』鴻章爭之不得，銘傳遂上疏求去。去四年而朝鮮之難作。」中國在清代末年，缺乏有遠見的政治家和軍事家，而劉銘傳恰是少有的這種人才。有人才而不能容其有所展布，又任令無識之人顛倒簸弄，國家大事，豈復堪能聞問！由這些事實，追念我國在「甲午戰爭」以前的種種政治措施，更加可以使人體認，重要人物之出處進退，對於國運之隆衰具有何等密切的關係！劉銘傳的性格雖然高傲，他的人品雖然亦有不光明的一面，但在清代末年，劉銘傳確實是一個有識見、有抱負，與有擔當的人。人之云亡，邦國殄瘁，我們在今天追論當年的史事，誠然不免為劉銘傳之不能竟其才用致其惋惜。然而，這不就是歷史演變之契機嗎？

第六章

咸豐、慈禧與恭王

清文宗（咸豐）

即位不久就因內憂外患之交相煎迫而變得消極頹廢，因耽於酒色而致早戕其生，三十一歲就崩駕了，又因猜忌而使他的親弟奕訢不能輔政，把一片殘破江山交給六歲的兒子，終讓野心勃勃的慈禧製造了竊柄弄權的機會。

孝欽顯皇后（慈禧）

晚清五十年的中國歷史，始終是在慈禧支配下的。她極有才幹、也極有手段，但卻是一個未嘗學問而權力欲望極強的無識女流。在她的統治下，中國由一度頗有希望的中興局面日益走向衰破沒落，終且淪為西方列強的次殖民地。

恭親王奕訢

道光皇帝之第六子，在清末有「賢王」之稱，不但才具開展，而且思想明敏，勤於國事。為慈禧所利用而替她爭奪權柄，最後又被削奪政權，逐出軍機。

在「鴉片」戰爭發生之後的七十年間，中國歷史所發生的變化最大也最劇烈。由於帝國主義侵略者在「鴉片戰爭」中戳破了中華帝國虛弱而又老大的紙糊外殼，一連串的外國侵略接沓而來，使得一向自居為天朝上邦的中國，逐漸淪落成為各國列強所共同角逐的次殖民地。這七十年，正是清代咸豐、同治、光緒、宣統四個皇帝在位之時。宣統祚短，而同治、光緒兩朝的實際統治者則是大名鼎鼎的慈禧太后。所以，要追溯中國歷史在這七十年中具有最大影響力量的統治人物，無疑當數咸豐皇帝及慈禧太后這兩個人。

慈禧在最初是咸豐的貴妃，後因其子載淳繼立，而被尊為皇太后。《清史・后妃傳》後有一段文字論斷慈禧在清代歷史上的地位與影響，說：

> 文宗末造，孝貞、孝欽兩皇后躬收政柄，內有賢王，外有名將，削平大難，宏贊中興。未久而穆宗即世，孝貞皇后崩。孝欽皇后聽政久，稍稍營離宮，修慶典，視聖祖奉孝莊皇后，高宗奉孝聖皇后，不逮十之一，而世顧竊竊然有私議者；外侮迭乘，災祲屢見，非其時也。不幸與德宗意恉不協，一激而啟戊戌之爭，再激而成庚子之亂。晚乃一意變法，怵天命之難諶，察人心之將渙，而欲救之以立憲。百端並舉，政急民煩，陵土未乾，國步遂改。綜一代之興亡，繫於宮闈，亦一異也。

上文所說的「文宗」，即咸豐；「穆宗」，即同治；「德宗」，即光緒，「孝欽皇后」，即慈禧。這一段話，直以為晚清同治、光緒兩朝的興亡關鍵，繫於慈禧一人之身，然則慈禧太后這個人在晚清歷史上的關鍵影響，當可想見了。

慈禧是同治皇帝的生身之母，亦是咸豐皇帝的「懿貴妃」。如果不是她生了同治皇帝的緣故，她當然做不了皇太后，干涉不了晚清末年同治、光緒兩朝的政治，也不會導致中國歷史在這兩朝中發生了如許惡劣的悲慘事故。但如果不是咸豐皇帝因得到他父親道光皇帝之寵愛而致登上皇帝寶座的話，這一切的事情，當然也都沒有發生的可能了。又假如咸豐在做了皇帝之後不因耽於酒色而致早戕其生，及在他自己崩駕之時，不因猜忌之故而使他的親弟奕訢不能居於輔政的地位，亦不會造成慈禧之盜竊國柄。然則追本溯源，道光之選立咸豐為帝，以及咸豐之兄弟不和，無疑又正是造成此一切事故演變之張本了。奕訢，即死後被諡為「忠」的恭親王，亦即是前引后妃傳論中所說到的「賢王」。本文以〈咸豐、慈禧，與恭王〉為題，旨在以此三人的相互關係及重要事蹟，來解釋咸豐、同治、光緒三朝中的政局變化何以如此而非如彼的道理。由此自不難看出，清代末年的七十年中，中國歷史所受於這三個人的影響，是怎麼一種情況。

首先要敘述的，是咸豐皇帝的得位經過，以及他的性格、嗜好，與所信用的人物。這其中當然還要說到他與恭王手足參商的經過，及慈禧當時所處的地位。

咸豐名奕詝，乃是道光皇帝的第四子。按，道光共有子九人。長名奕緯，和妃出，道光十一年卒。次名奕綱，靜妃出，道光七年卒。三子奕繼，五子奕誴，六子奕訢，亦均靜妃出，只四子奕詝係皇后所出。其餘三子，奕譞、奕詥、奕譓，則均為莊妃所出。清代自康熙一朝發生皇太子悖逆不孝的事件之後，歷朝相承，均不預立皇太子。只由在位的皇帝暗中選定一個可以繼位的皇子，親筆寫下詔書，分貯在兩個鐵盒之中，一存乾清宮正大光明殿之後，一貯皇帝寢宮，俟病重將死，方宣示遺命，由侍奉在側的王公大臣會同請出鐵盒，啟視無訛，然後立為嗣皇帝。咸豐雖是皇后之子，但如未能被道光所選中，並不一定能夠成為下一任的皇帝。而照當時的情況來看，他之能夠被選中，也只有百分之五十的機會而已。其原因則由於道光當時所屬意的繼位人選有二人，一是奕詝，另一人則是奕訢。

如奕訢被道光所選中，則奕詝雖為嫡出，一樣只好屈就做個親王。這是清代立嗣制度勝於前代的地方——立嗣以賢不以嫡。而由當時的事實而言，咸豐被選中的機會，實在不大。《清稗類鈔・宮闈類》中一則云：

> 宣宗倦勤時，以恭王奕訢最為成皇后所寵，嘗預書其名，置殿額內。有內監在階下窺伺，見末筆甚長，疑所書者為奕訢，故其事稍聞於外。宣宗知而惡之，乃更立文宗。

此一說以為道光之本意在擇立奕訢，後因其事外洩，始改立奕詝。此事之真相如何雖不可知，然而，奕訢有希望繼立為君，當是事實。另據《清宮遺聞》所述，則情況亦復相似，但最後之變化係由於奕詝之師傅教導得當，故而終於影響到道光的決心。據說，當時奕詝和奕訢各有師傅教之讀書，奕詝之師為杜受田，奕訢之師則是卓秉恬。道光晚年，體衰多病，對立嗣問題頗難有所抉擇。一日，召奕詝、奕訢二子親加垂詢。二人皆向師傅求教。卓秉恬教奕訢對道光所詢之事均應知無不言，言無不盡。杜受田則知奕詝之才學不如奕訢，如係條對時政，必定屈居下風；因教之以如聽道光自言老病不久人世，即當伏地流涕，以表孺慕，而不必自逞才智。奕詝如教行事，果得道光歡心，因之得立為嗣。這是前說之外的另一種異聞，雖稍有歧異，卻能相輔相成。至若由《清史・杜受田傳》中考之，則杜受田的教導，又是另一種形式。傳云：

> 尋充上書房總師傅。文宗自六歲入學，受田朝夕納誨，必以正道，歷十餘年。至宣宗晚年，以文宗長且賢，欲付大業，猶未決。會校獵南苑，諸皇子皆從，恭親王奕訢獲禽最多，文宗未發

> 一矢。問之，對曰：「時方春，鳥獸孳育，不忍傷生以干天和。」宣宗大悅，曰：「此真帝者之言。」立儲遂密定，受田輔導之力也。

將三種記載合起來看，當可知道，道光之初意本欲立奕訢為嗣，一則因事機外洩而引起道光之不快，再則杜受田所教導的奕詝一再以慈孝仁愛的方式表現他性格中的高貴特性，終於影響了道光的抉擇，然則奕詝之得立與奕訢之不能得立，實在可說是有幸與有不幸的了。

就奕詝與奕訢二人的性格與才具而言，奕訢在哪一方都要比奕詝強得多。這可以在奕訢與奕詝的後來表現上，明白地看出來。奕訢在清末有「賢王」之稱，不但才具開展，而且思想明敏，勤於國事。不比奕詝，做了皇帝之後不久，就因內憂外患之交相煎迫而變得消極頹廢，沉湎酒色，不能振拔，最後終因酒色戕身，只活了三十一歲就短命而死，把一片殘破的江山丟給了六歲的兒子載淳，徒然為野心勃勃的慈禧製造了竊柄弄權的機會。因此，道光之誤立奕詝，實在是導致晚清歷史走向積弱腐敗的重大原因。如果他所立的是奕訢，此後的情勢當然不致如此。他不具論，最少，清代歷史上不會出現慈禧太后垂簾聽政的局面，不致以一個淺薄無識的婦人而一手握定中國的命運達四十餘年，當可斷言。

咸豐在位十一年。這十一年中的具體政績如何？清人林熙春所撰的《國朝掌故輯要》一書中曾有論列，云：

> 上誕膺天命，四方多事，旰食宵衣。每日披覽章奏，引對臣工，指示周詳。軍興以來，所授機宜，無不愜當。建元之初，詔免天下錢糧千有餘萬。歲一不稔，捐租緩徵，無不如疆吏之請。被賊之區，恩施尤渥。命儒臣繕寫《朱子全書》及《貞觀政要》，朝夕講求，幾於灑翰。或述

志以示廷臣，或手詔以褒直諫，莫非夙夜緝熙所見端也。進退臣工，明而善斷。正位之初，即頒手詔正穆彰阿、耆英之罪，遍諭臣僚，改平素因循取巧之習。飭內外大臣保舉人才，不拘資格，一秉大公。是故兵不足而兼用勇，漕不繼而改海運，餉不足而更製大錢。改口岸以整鹺綱，輸米石以實倉庾，裁河員之冗浮，減京餉之成數。凡此新章之改革，無不與時為推遷。在熱河時，未嘗一日忘宮闕。辛酉仲春，有詔回鑾，而聖躬不豫，寖至大漸，亦聖心初不自料者。普天之下，見升遐素詔，莫不奔走呼號，若失怙恃也。

就事論事，在咸豐一朝之中，內憂外患，紛至沓來，無論軍事、政治、經濟、財政，都呈現出一片分崩離析之象。若不是有英明果斷的君主維持於上，賢明幹練的文武大臣匡濟於下，要想渡過危局，再造邦家，當然很難。所以，咸豐在即位之初所表現的幹濟果斷之才，確實頗有可稱。曾幾何時，由於太平天國的亂事日見擴大，失陷的地區日見增多，稅源短絀，財用日見困難，將帥無能，馴至無兵可用。在這種江河日下的情況中，咸豐負擔不了精神上的沉重壓力，不知不覺地走向逃遁避匿的道路。《清稗類鈔》中有一條說：「咸豐季年，天下糜爛，幾於不可收拾，故文宗以醇酒婦人自戕。」身為一國之主，而當時局十分艱難困苦時不思竭力支撐，竟以醇酒婦人自戕，這不是逃避責任的懦怯行為嗎？反觀奕訢，在同治、光緒之間雖迭經挫折、飽嘗憂患，卻始終不曾有過這種逃避責任的表現。即此而論，奕訢的才具和性格，自應優於奕詝。至於同治一朝戡平大難的一班中興名臣，如曾、左、胡等人，其進用雖始於咸豐之時，而其所以能得到大用之故，據近世史家的論述，多歸功於軍機大臣文慶與肅順二人的主持，並不能視為咸豐之知人善用也。

近世史家，頗有稱咸豐為好色之徒的。好色必有事實，這在官書正史中當然沒有記載，但在野史中則頗有之，摘引數條，以見一斑。

《滿清野史三編》有一種名為〈圓明園總管世家〉，專敘管園大臣文豐如何迎合咸豐之意旨為皇帝搜求美女的情形，說：

文宗因東南太平軍起，中心憂焦，頗懷信陵君醇酒美人意，常居園內，命宮監四出覓漢女，充下陳。文豐有心腹奴二，皆漢人也。一走維揚，一去金閶，購得民女四人，皆絕艷，或云取自妓家。文宗為特設四院以處之。亭館崇宏，隔垣相望，複道屬焉，即世所傳杏花春、、武林春、牡丹春、海棠春是也。杏花春尤妖冶，係廣陵方氏女，幼曾鬻於娼家，心腹奴物色得之，以二千金脫其籍。時海棠春亦新自金閶來，文宗益樂甚，為詩以賞文豐之能，賜賚重疊。未幾，心腹奴又獻牡丹春。女亦蘇人，善媚工歌舞。文宗嘗攜那拉妃聽歌，妃頗賞之。其後寵眷愈隆，妃遂嫉忌，別遣心腹至粵江選花，得珠兒之麗者，以間牡丹之寵，即武陵春是也。四春爭妍鬥媚，由文豐進者實居其三。故文宗朝文豐寵貴，比於內府。

文豐所寵幸的圓明園四春，在清代頗負盛名。但此書所說四春之名為杏花春、海棠春、牡丹春，及武陵春，在他書中又頗有異名。如許指嚴所撰的《十葉野聞》一書，則除了牡丹、海棠、杏花三春之名相同外，武陵春之名作陀羅春，謂係北京某浣衣女子，為咸豐所自見而以重金羅致入宮者，與前說差異，不知何者為是。四春以外之有寵者，則是後來的慈禧太后，當時的懿貴人，亦即前引〈圓明園總管世家〉中所說到的「那拉妃」，因為此便是慈禧的姓氏之故。

慈禧太后本係葉赫部族的那拉氏，小名蘭兒。父名惠徵，曾為江南省的徽寧池太廣道。慈禧自幼隨同父母服官江南，熟悉南方人的生活習慣，又善唱南方小調。由於她天生艷麗聰明，所以在咸豐初年挑選秀女時得以被選入宮，得幸後被冊為懿貴人。據說，她之所以得幸，也還是因為她所唱的吳歌及所扮的漢女裝束，深為咸豐所喜愛的緣故。咸豐喜愛漢女，《十葉野聞》一書中有甚多記述。此書的卷上〈豹房故智〉中有一則云：

> 文宗眷漢女，其目的所在，則裙下雙鉤是也。宵娘新月，潘妃蓮步，古今風流天子如一轍哉！

中國人最為世界所詬病的纏足惡習，自古以來，不知道曾經顛倒過多少色情狂的男人。如今咸豐也成了嗜痂成癖的一份子，自然要多物色蘇揚佳麗以充後陳了。

於是，纖趺如筍，腰支嫋裊之圓明園四春先後被羅致而來，嬌媚容悅，寵之專房，而懿貴人則苦矣。懿貴人之美，並非不及圓明四春，吃虧的是滿洲婦女天生不纏足，所以即使懿貴人明艷嬌美，為滿洲世家的一時之選，在這些地方無論如何仍舊不是四春之敵手。所以，慈禧在入宮之初雖也曾寵冠一時，而一等到圓明四春先後入園之後，她就很快地被冷落了。慈禧之為人，胸懷褊隘而心狠手辣。為了遭受皇帝的冷落，她也曾試圖以習畫、作文、學字等方法來排遣心中的寂寞，及以代替皇帝批答奏章的辦法來引起咸豐對她的注意，最後當一切希望都不能成功之時，她的一腔仇恨報復之必，就愈來愈強烈而難以忍受了。所見於表面的，便是她對於咸豐的蓄意頂撞及借事弄權。近人黃濬所著《花隨人聖盦摭憶》引述惜陰老人所談端肅遺事，中間有關於慈禧的記事，云：

> 李芍農侍郎文田，最喜蒐拾掌故，鉤稽祕聞。一日告予：西后先入宮，又娠，始冊封。及晚年，厭其專權。文宗最喜肅順，言無不盡。一日，以那拉妃忤旨，又謀於肅順。肅順請用鉤弋故事，文宗濡遲不忍。亡何，又以醉恚漏言，西后聞之，銜肅次骨，後遂有大獄。芍農蓋聞於內廷舊監，談此戒勿妄泄，此外間所莫知也。

所謂鉤弋故事，即漢武帝鉤弋夫人的故事。鉤弋夫人即趙婕妤，以所居在鉤弋宮，故稱鉤弋夫人。鉤弋夫人生子有寵，武帝將立為太子，恐主少母壯，女主專恣淫亂，遂藉故賜死，而立其子為太子，亦即後來的漢昭帝。肅順請咸豐用鉤弋故事，意思就是請皇帝仿照漢武帝處置鉤弋夫人的辦法，殺母而留其子。慈禧之子，當然就是後來的同治。咸豐在位十一年，所生皇子，止此一人。慈禧之所以敢於頂撞咸豐而借事弄權，當然亦因為恃子而驕之故。肅順預見慈禧將來必定驕恣難制而請皇帝行鉤弋故事，這是肅順的識見遠大之處。只因咸豐之濡遲不決，遂為大清江山留下了無窮的禍根。而肅順自己，亦因此而與慈禧結怨，言出禍隨，種下了他日後的殺身之禍。這且暫時不談，現在再來看咸豐晚年的情況，以及慈禧當時所處的地位。

慈禧生子，在咸豐六年。這在咸豐皇帝來說，乃是莫大的喜事。因此，慈禧亦由懿貴人晉封為懿妃，再晉封為懿貴妃。按照清宮的規制，皇后之下為皇貴妃，皇貴妃之下為貴妃。慈禧僅封貴妃，去皇后兩等，在宮中的地位雖高，尚不足以比擬皇后。但是，她後來何以又能被尊為皇太后，與咸豐的皇后鈕祜祿氏同時垂簾聽政呢？說起來，這還是明朝萬曆初年張居正所創下的惡例。在張居正以前的歷朝制度，一個皇帝死了以後，皇后可以由繼位的嗣皇帝尊為皇太后。如果嗣皇帝並非皇后所出，則因嫡庶有別之故，嗣皇帝的生母只能晉封為太妃，而不能與皇后同樣地被尊為皇太后。當年張居正擁立幼主，為了搏取皇帝生母的歡心，創下了此一「兩宮並尊」的惡例——皇后尊為「母后皇太后」，皇帝的生母則尊為「聖母皇太后」。這就使得後來凡是誕育嗣皇帝的妃嬪，都有希望做到真正的「母以子貴」，與先朝的皇后不分嫡庶，比肩並尊，同為皇太后。自明朝出現此一前例之後，清代亦遵此例不改。所以，清世祖時也同時有兩個皇太后——孝端皇太后與孝莊皇太后，一係嫡母，一則生母。康熙、乾隆兩朝的情況，亦復如此。咸豐皇帝在咸豐十年八月間因英法聯軍侵入北京而避難前往熱河，至咸豐十一年七月，就因斲傷過度而致一病不起，崩於熱河行宮。據說，當咸豐自知不起時，亦曾預見慈禧將來必定要當上皇太后，而咸豐的皇后鈕祜祿氏仁厚柔弱，屆時恐無法制馭慈禧之怙勢專權，因此預先立下一道詔書，付與鈕祜祿氏收存。詔書內說：

西宮援母以子貴之義，不得不並尊為太后。然其人絕非可倚信者。即不有事，汝亦當專決。彼果安分無過，當始終曲全恩禮。若其失行彰著，汝可召集廷臣，將朕此旨宣示，立即賜死，以杜後患。

這一詔書之有無雖不可知，而咸豐之對慈禧深有戒心，當係事實。只可惜咸豐當機不斷，在他自己生前既不願行鉤弋之事，在他死後，又留下了近支親王與顧命大臣之間的政爭嫌隙，於是為慈禧製造了攫取政權的機會，而咸豐生前所憂慮的事實，也終於出現了。這實在可說是咸豐之「人謀不臧」，也可說是中國之不幸。

這裡所說到的，咸豐死後所留下的近支親王與顧命大臣之間的政爭嫌隙，即是清末有名的「辛酉政變」。要說到這件事，還得從咸豐的遺命及政爭各主要人物說起。

「辛酉政變」的主要政爭人物有兩方面：一方面是咸豐遺命為嗣皇帝輔政的「顧命八大臣」；另一方面，就是咸豐的親弟，恭親王奕訢。奕訢乃咸豐之親弟，而顧命八大臣中並無奕訢之名。這個問題，實與咸豐與恭王間的手足參商有關。

咸豐之母鈕祜祿氏，即《清史．后妃傳》所稱之「孝全成皇后」。於道光十一年生奕詝，二十年崩，時奕詝年方十歲，由恭親王奕訢之母博爾濟吉特氏代為撫育，故奕詝與奕訢雖非同母，卻親愛逾於他兄弟。奕詝繼位後，即命奕訢入軍機，以示恩禮。咸豐初年，迭授為都統，右宗正、宗令，仍在軍機大臣上行走，寵遇有加。至咸豐五年七月，奕訢生母康慈太貴妃薨，咸豐降旨譴斥奕訢，責其禮儀疏略，罷軍機大臣及宗令、都統等職，仍在內廷行走，上書房讀書。這其間的內情，王闓運的《祺祥故事》中曾有記述，引述一段如下：

恭忠王母，文宗慈母也，故與王如親昆弟。即位之日，即命入軍機，恩禮有加，而冊貴妃為太貴妃。王心慊焉，頻以宜尊號太后為言，上默不聽。會太妃疾，王日省視，帝亦省視。一日，太妃寢未覺，上問安至，宮監將告，上搖手令勿驚。妃見床前影，以為恭王，即問曰：「汝何尚在此？我所有盡與汝矣。他性情不易知，勿生嫌隙也。」帝知其誤，即呼：「額娘。」太妃覺焉，回面一視，仍向內臥不言。自此始有猜，而王不知也。又一日，上問安入，遇恭王自內而出。上問：「病如何？」王跪泣言：「已篤，意待封號以瞑。」上但曰：「哦，哦。」王至軍機，遂傳旨令具冊禮。所司以禮請，上不肯卻奏，依而上尊號。遂慍王，令出軍機，入上書房，而減殺太后喪儀，皆稱遺詔減損之。自此遠王，同諸王矣。

奕訢之母，初尊為康慈皇貴太妃，奕訢於康慈太妃臨終時必欲咸豐尊之為皇太后，竟不待命俞允，即傳旨命所司具禮儀以進，於是造成了咸豐的不快，也種下了兩人間的嫌隙。咸豐十年，英法聯軍入犯，北京不守，皇帝北狩熱河，而令恭王留京與英、法議和。及咸豐在熱河行宮病重，在側者只御前及軍機處諸王大臣，而奕訢及奕譞等雖為咸豐親弟，反不在扈從及侍疾之列。奕訢知咸豐病重，具奏請由北京前來熱河省疾。咸豐時已支離不堪，猶強起倚枕，手批奕訢摺尾，曰：「相見徒增感傷，不必來覲。」據說，當時頗有謠傳，說奕訢在北京留守，頗有不臣之心，因此咸豐更不願見他。但由此亦可知道，咸豐與奕訢之間的嫌隙，自咸豐五年至今六載，不但仍無化解之跡象，反而好像更加嚴重了。在如此這般的情形之下，咸豐的臨終末命，當然也不會考慮將奕訢列入顧命之列的了。而以當時的情況看，咸豐所最倚任的親信人物，共有三人——怡親王載垣、鄭親王端華，及端華之弟肅順。這三個人，後來被稱為「三奸」或「三凶」。三人之中，又以肅順的才智、能力最為高明，所以咸豐所最倚任的人，實際又當以肅順居首。

奕詝於咸豐十一年七月十七日丑時崩於熱河行宮之煙波致爽殿。當彌留之際，慈禧曾抱載淳入見咸豐於病榻，泣問：「事當如何？」咸豐瞑目不答。復告以兒子在此，奕詝始張目答曰：「當然立之為君。」當時儲位未定，咸豐既作此言，自然就是決定繼位之人的「聖旨」了。於是，應召前來的御前及軍機大臣即請皇帝親寫硃諭，立載淳為皇太子，以便繼位為君。咸豐時已不能執筆，命軍機大臣寫來述旨。當即由軍機大臣承寫諭旨一道，曰：

軍機大臣承寫上諭：皇長子載淳著立為皇太子，特諭！

雖然，載淳已被立為皇太子，但載淳時年只有六歲，童穉無知，無法行使皇帝權力，一旦皇帝崩駕，載淳如何繼立為君？這也還是一個很大的問題。據說，咸豐當時還曾經口授遺詔，指派載垣、端華等御前及軍機八大臣贊襄政務，盡心輔立皇太子，這就是所謂「顧命八大臣」的由來。這一個顧命及贊襄的遺詔，由於亦是軍機大臣所承寫之故，後來由慈禧、奕訢等人加以否定，謂係出於載垣、端華等人所自加。這當然是政爭敵對一方面的「讎口之言」，不足為信。但因咸豐當時已經不能自行執筆，自寫遺詔，所以這也確實是予人攻擊的不利之處。不過，不管事實如何，由於軍機大臣當時曾經另外承寫了此一諭旨，御前大臣載垣、端華、肅順、景壽，及軍機大臣穆蔭、、匡源、杜翰、焦佑瀛等一共八人，就因為詔書有名之故，而成為輔佐皇太子的「贊襄政務王大臣」，亦即「八顧命大臣」了。這八個人，是「辛酉政變」中與恭王奕訢處於敵對方面的。政變之後，慈禧與慈安以兩宮皇太后的身份垂簾聽政，恭王入領軍機。此亦即是《清史・后妃傳》所說的，「孝貞、孝欽兩皇后躬收政柄」的內幕情形。揆之當時事實，咸豐不欲女后干涉朝政，而指派他所親信的御前及軍機八大臣輔立載淳，贊襄一切政務，原已將國家政柄畀予此顧命八人。而「辛酉政變」一舉推翻此一為咸豐本人所親自安排的政權行使方式，反稱之為「孝貞、孝欽兩皇后躬收政柄」，其為違背咸豐意旨的篡奪政權，不問可知。當時，慈安既柔懦無能，慈禧又只是一個無兵、無權的女流，她有什麼能力可以從八顧命大臣手中將政柄奪回呢？這就得靠恭王的全力協助了。恭王在清末歷史上之所以成為關鍵性的人物，發軔於此。

黃濬所撰《花隨人聖盦摭憶》，曾將上海涵芬樓當年得自私人收藏的十二通有關端肅遺事的密札，全部加以轉載，因此使我們得以窺見當年「辛酉政變」的幕後真相，可謂珍貴的秘辛。這項密札中的第十二信，乃其時行朝軍機章京某人寄與其京中某友人的黃紙密札，未署姓名。以時間而論，此信乃十二封書札中之最早者。信中述咸豐病卒時之景況說：

> 十六午後暈厥，囑內中援散。至晚甦轉，始定大計。子初三刻見時，傳諭清楚。各位請丹毫諭，以不能執筆，著寫來述旨，故有承寫字樣。

此即載淳立為太子及八大臣輔導贊襄之由來。其下續云：

> 八位共矢報効，極為和衷，大異以前局面。兩印均大行所賜，母后用御賞印，印起，上用同道堂印，印訖。凡應用硃筆者，用此代之。述旨亦均用之，以杜弊端。諸事母后頗有主見，垂簾輔政，蓋兼有之。

這一段所敘，即是咸豐死後，載淳繼立初期的政務推行光景。由於載淳年幼不能理事，顧命的八大臣以皇帝名義頒行的一切諭旨，皇帝不能親閱，慈禧乃以防杜八大臣壅蔽專擅為名，在徵得慈安皇后的同意之下，想出了這麼一個辦法：在贊襄王大臣所擬呈的諭稿上，首尾各鈐一印，以表示曾經兩宮皇太后閱過並認可之意。這所鈐的首尾二印，即上文所說的「御賞」及「同道堂」印，一印起，一印訖。至於上文所說的「母后頗有主見」，此「母后」即指慈禧而言。因為在慈安與慈禧二人之中，慈禧有才識，凡裁決庶政及諮詢利弊，悉中竅要，而慈安則言語木訥，諸事不願多所過問。按照咸豐所親自安排的政權行使方式，皇帝年幼，政事委於顧命八大臣，則顧命八人實負有行使政權的全部權力，又何須皇太后核閱諭旨稿件，並在上加鈐印章以示認可之意呢？顧命八大臣在一開始時就未能防止慈禧之借事干涉，已啟此後垂簾聽政之漸。此信中所說的「垂簾輔政，蓋兼有之」，亦即指此而言。然而，即使顧命八大臣對兩宮太后曾做如此重大的讓步，在慈禧太后心中，似乎仍未感到滿足。因為在此以後，慈禧與顧命八大臣之間，曾爆發一場極為激烈的爭執。

爭執的焦點，即是「垂簾兼輔政」抑或「只垂簾而不輔政」的問題。這在涵芬樓所藏《端肅遺事》十二札中，曾有明白的記述。如十二札中之第一札（套格密札）中云：

> 玄宰摺請明降垂簾旨，或另簡親王一二輔政，發之太早，擬旨痛駁，皆桂翁手筆。遞上，摺、旨俱留。又叫有兩時許，老鄭等始出，仍未帶下，但覺怒甚。次早仍發下。復探知是日見面大爭，老杜尤肆挺撞，有「若聽人言，臣等不能奉詔」語。太后氣得手戰。發下後，怡等笑聲徹遠近。此事不久大變，八人斷難免禍，其在回城乎？密之，密之。

此信未署年月，發信與受信者亦俱無名。由內容推測，當亦係在熱河之軍機章京發致京中某友人信。與前引第十二札不同的地方是，前信之發信者係肅順一黨中人，此則是反肅黨者，觀其語氣可知也。信中多用隱語，如「玄宰」隱「董」字，所指即御史董元醇奏請皇太后垂簾聽政之摺。「桂翁」隱焦佑瀛，因焦佑瀛字桂樵故。「老鄭」指鄭親王端華，「老杜」即禮部右侍郎杜翰，皆當時掌握政權之顧命王大臣。董元醇的奏摺，係於咸豐十一年八月初十日奏上，這不但見於《清穆宗實錄》及《同治東華錄》等書，由十二密札中的第四札亦可考見。此札係咸豐十一年八月十三日署名「守墨道人」者寄與署名「結一廬主人」者，內云：

千里草上書，初十日未下。此處早人上去，要留看。夸蘭達下來說：「西邊留閱。」心臺冷笑一聲。十一日叫，見面說寫旨，下來叫寫明發痛駁。夫差擬稿尚平和，麻翁另作，諸君大讚。「是誠何心？尤不可行」等語，原底無之。遂繕真遞上。良久未發下（他事皆發下），並原件亦留。另叫起，耳君怒形於色。上去見面，約二刻許下來（聞見面語頗負氣）仍未發下。云留著明日再說。十二日上去，未叫起。發下早事等件，心臺等不開視（決意擱車），云：「不定是誰來看。」日將中，上不得已，將摺及擬旨發下照抄，始照常辦事，言笑如初。如二四者，可謂渾蛋矣。夫今日之事，必不得已，仍是垂簾，可以遠禍，可以求安。必欲獨攬其權，是誠何心？鄙意如不發下，將此摺淹了，諸君之禍尚淺。固請不發，擱車之後不得已而發，亦不見聽，徒覺多事耳。昔人云：「霍氏之禍，萌於驂乘。」吾謂諸君之禍肇於擱車矣。高明以為何如？……聞西邊執不肯下，定要臨朝，後來東邊轉灣。雖未卜其意云何，大約是姑且將就。果如此行，吾不知死所矣。

將此信與前引第一信互相參看，當時兩宮皇太后為董元醇奏請皇太后垂簾聽政一事，與顧命八大臣之間所發生的爭執，已可使人看得十分清楚。此信中亦多隱語，如「西邊」指慈禧，「東邊」指慈安，因慈安與慈禧在當時被通稱為東宮皇太后與西宮皇太后之故。「心臺」指怡親王載垣。「夫差」指初次擬旨駁斥的某吳姓軍機章京，後來另擬一稿而加入了許多嚴厲文字的「麻翁」即焦佑瀛，因焦佑瀛面麻，在當時被稱為「焦大麻子」之故。「耳君」隱「鄭」字，所指即鄭親王端華；「二四」隱「八」字，所指即顧命八大臣。而所謂「夸蘭達」，所謂「明發」，所謂「叫起」，則都是當時的習俗用語。夸蘭達即滿語之太監，「明發」即「明發諭旨」。至於「叫起」，則指皇帝傳旨召見而言。

從這兩封信中所能看出的當時情形，可知在咸豐初卒之時，顧命八大臣雖已由受遺詔輔政做了適當的讓步，變為請皇太后看摺核稿方式的「垂廉兼輔政」，在慈禧方面，似仍未感滿足，因為董元醇上了這一建議之摺，遂欲乘機即行垂簾之事。但顧命八大臣以為咸豐遺詔只命顧命八人輔立太子為君，並贊襄一切政務，請皇大后看摺核稿，已屬過分，如果再有明明白白的垂簾聽政，豈不是顯然違背了咸豐的遺命？何況此摺中又有另簡一二親王輔政的話，更寓有擅議國家大政、排斥顧命八人的意圖在內，尤其是他們所不能容忍的，所以立意要擬旨痛予駁斥。殊不知慈禧因對肅順懷有宿怨之故，對於另簡一二親王輔政及皇太后垂簾聽政之說，深覺合意，對於所擬駁斥之旨，甚不願照擬發出。所以，當旨稿呈進之後，並原摺亦留中不發。翌日，召見軍機，遂因此事而大起爭執。據政變以後皇帝降旨處分八大臣的詔書中語，有「載垣等非獨擅改聖旨，並於召對時，有伊等係贊襄朕躬，不能聽命於皇太后，伊等請皇太后看摺，亦係多餘之語」，見薛福成所撰《庸庵筆記》卷一。由於顧命八人應對時的立場如此，慈禧無詞可駁，所以才因此而「氣得手戰」。但此日之爭執並無結果，奏摺及旨稿亦均未發下。再越一日，已是八月十二日了。八大臣入內上值。太后跟著發下的摺件中仍無董摺及旨稿，八人遂將一切摺件俱皆擱下不看，以「擱車」的形式抗議皇太后的此一舉措。因為此八人掌握了推行政務的軍機處，一旦「擱車」，所有政務勢將俱皆不能推行。皇太后不得已，始將董摺及擬旨發下照抄，八人亦遂照常辦事如初。此信中所說，摺、旨發下之後「始照常辦事，言笑如初」，而據十二札中的第一札，尚有「怡等笑聲徹遠近」之語，可知此一回合的政爭，顧命八人因得到完全勝利之故，甚為開心，而不知道下一回合更為驚駭險惡的政爭密謀，早已在暗中進行了。「守墨道人」在原信中說：「昔人云：『霍氏之禍，萌於驂乘。』吾謂諸君之禍肇於擱車矣。」此雖為旁觀者之言，所見卻極為清楚。只是，考之當時事實，政變之肇端，並不由此事而起，此則是身處局外者所不能瞭解的。

清人薛福成撰寫咸豐十一年「辛酉政變」的歷史考證，頗以為恭王奕訢在後來幫助慈禧發動政變，一舉而廢黜顧命八大臣，並明頒皇太后垂簾聽政之旨，完全推翻咸豐生前所做的政權行使安排，其動機即由於慈禧不堪顧命八人的抗命而起。涵芬樓所藏有關《端肅遺事》的十二札，第七札係署名「樵客」者致與署名「黃螺主人」者，發信日期為九月一日，起首即云：「恭邸今日大早到。」。若以此信所記恭王到熱河的日期與前述政爭發生時間相參看，自八月十二日至九月一日，中間相隔十七八日之久。若是恭王到熱河的日期果為九月一日，則恭王之來，便很有可能是出於慈禧的招致了。按，王闓運所撰的《祺祥故事》中，亦頗有相似的記述，引敘如下：

於是軍機三日不視事。孝貞問，則對以前摺未盡下。於是，孝貞涕泣自起，檢奏與之。越日大臨，后見醇王福晉而泣。醇王福晉，孝欽妹也，孝貞亦妹之，故相親善，訴其事曰：「欺我至此，我家獨無人在乎？」福晉言：「七爺在此。」孝貞喜，曰：「可令明晨入見。」及明，醇王入直廬，肅順訪問：「何為？」對曰召見。肅順哂曰：「焉有此？」斥令退。王退立外階。俄宮監來窺直房，旋去，而軍機至晏竟不叫起。叫起者，召見分班，一見則一起，軍機則皆同入，為頭起。此日不召頭起，先召醇王。宮監來窺者三，終不見醇王。至三至，乃自語曰：「七爺何不來？」。醇王在外聞之，即應曰：「待久矣。』來監亦曰：「待久矣。」遂引王入。肅順在內坐，不能阻。既對，孝貞訴如前。醇王言：「此非恭王不辦。」后即令往召恭王。醇王受命，馳還京，三日，與恭王至。

如果王闓運《祺祥故事》所記不差，則慈禧因為顧命八人發生政爭而召來恭王謀行政變，此往召之人，即是恭王之弟醇郡王奕譞了。但這一段記事與薛福成《庸庵筆記》同樣有一極大的錯誤。即是恭王之來熱河，並不是八月十二日政爭以後的事，而是八月十二日政爭發生之前的事。由於此一錯誤，遂使後人對於這一事實的瞭解，完全走入了錯誤的境地。

史學家吳相湘先生撰《王湘綺錄《祺祥故事》正誤》，曾引翁同龢日記及咸豐十一年的內奏事處奏事檔為證，考明《端肅遺事》十二札中的第七札——樵客致黃螺主人札的發信日期，乃是咸豐十一年的八月初一日而非九月一日。因為，此信的第一句就說：「恭邸今日大早到。」所以，恭王到熱河的日期，亦應該是八月初一日而非九月初一日，其說甚是。其實則恭王到達熱河的日期是八月初一日而非九月初一日，原信中就有明白的證據，殊不必費力從翁同龢日記及奏事檔中去探索，試論之如下。

密札第七札：

恭邸今日大早到，適趕上殷奠禮，伏地大慟，聲徹殿陛，旁人無不下泪。蓋自十七以後，未聞有如此傷心者。

此函所云，恭王到達熱河時適為咸豐死後的殷奠之期，則查考殷奠之期在何日，便可知恭王何日到熱河了。《同治東華錄》卷一，有關於此方面的記述，云：

咸豐十一年八月癸卯朔，上詣大行皇帝几筵前，行殷奠禮。

八月朔日即八月初一，此日為咸豐死後的殷奠禮舉行之期，與樵客所記內容相合，可知「九月一日」乃「八月一日」之誤。按，此函亦曾為吳慶坻收入他所撰著的《蕉廊脞錄》之中，發信日期作八月一日，非九月一日，不知涵芬樓在刊布這批密札時，何以將日期寫作九月一日，以致為後來的史家帶來如許困擾。這八月與九月之間的差別，雖只一字之差，其間的出入可就大了。因為慈禧與顧命八人發生爭執在八月十二，如恭王之來熱河在後，當然與慈禧之招致有關。但因恭王之來，其實乃是八月初一日，其時尚無政爭發生，則恭王之協助慈禧發動政變，其動機便不會是出於替慈禧「料理家務」的心理了（由《祺祥故事》所記慈安太后對醇王福晉語，恭王之應召前來熱河，可以看作是小叔為寡嫂「料理家務」，除去抗命不服之「奴才下人」）。按，咸豐十一年八月初一日恭王熱河之行，對於此後政局演變的關係甚大。此年的九月三十日，兩宮皇太后與幼帝載淳由熱河返抵北京，召見恭正奕訢及大學士桂良、周祖培、賈楨、侍郎文祥等一班留京大臣，歷數肅順等跋扈抗命諸罪狀，即時決定罷免顧命八人的贊襄政務大臣職務。第二日，恭王入軍機直廬候召見，載垣、端華又以「太后不應召見外臣」為言，加以攔阻。此時載垣、端華尚不知昨日已有罷斥伊等贊襄大臣之旨，而恭王則已預行布置侍衛人員，待有旨將載垣、端華、肅順等三人革去爵位拿交宗人府，立命侍衛將二人擒下交送宗人府，同時另派睿親王仁壽及醇郡王奕譞馳往密雲，在途中將肅順擒回亦交宗人府。這就是造成兩宮皇太后垂簾聽政局面的「辛酉政變」，自開始以至結束，首尾不過兩天。這一場政變在清代歷史上的影響極為深遠，如非事先早有周密的布置安排，事實上不可能在皇太后及幼帝回到北京的當天，就能將罷斥八顧命大臣及改變政體的重大決策，在極短時間之內就排除了反對方面的一切阻力，迅速地作成周詳完密的決定。更因在政變之後，恭王以議政王領袖軍機的身份執掌國政，更可知道此一政變之發生，實出於慈禧與恭王的密謀安排，故能於還京之時，即在俄頃之間做成決定。然則，恭王的熱河之行，顯然便是他與慈禧達成協議，並商定政變密謀之時了。在此也就連帶地引出了一個問題——既然皇太后與八顧命大臣之間此時尚未因意見不協而發生政爭，垂簾而兼輔政的形式，在當時又頗能順應時勢而愜服人心，那麼，恭王與慈禧為什麼又要亟亟以罷黜八顧命大臣為急務，必欲易輔政為垂簾的局面呢？這個問題所牽涉到的，便是慈禧與恭王的政治野心與權力欲望了。

恭親王奕訢自咸豐五年七月退出軍機，直到咸豐十一年七月奕詝在熱河病故，前後歷時八年，一直未能與聞國家的決策大計。像他這樣一個自負聰明才智，而又希望有所作為的人，當然不甘心長時期處於淡泊寂寞。至於慈禧，在咸豐未死之前，就早已看出她將是一個難於制馭而好怙勢弄權的人。而在前引《端肅遺事》諸密札中，亦已明明有人說到，慈禧必欲垂簾聽政，只有慈安知道事機尚未成熟，力主暫時妥協。可知由輔政之變為垂簾而兼輔政，然後又欲由垂簾而兼輔政的局面，必欲再變為完全垂簾，皆是慈禧一人在那裡出花樣，拿主意，慈安太后不過是她所利用的幌子而已。

既然慈禧在咸豐晏駕之後就想以皇太后的身份垂簾聽政，而肅順又是她務欲殺之而後快的大仇，那麼，她之主謀勾結奕訢，利用奕訢與八顧命大臣之間的敵視態度發動政變，當然便是很可能的事了。她們之間的協議，在慈禧一方面，當然是變輔政為垂簾的政體改變；在奕訢方面，則慈禧必曾以授予實際政權的條件作為交換，否則奕訢當不致如此熱心為她出力效勞。政變成功之後，奕訢被授為「議政王」，食親王雙俸，其生母康慈皇太后特予加上尊謚及升祔太廟，其長女被賞封為固倫公主，視同中宮皇太后所生。凡此異常之恩寵，均於咸豐十一年十月以後的一兩個月之間，先後以皇帝的上諭形式見諸實行，其作用顯然在酬庸政變之功。這也就是更明白的證據，說明慈禧之勾結奕訢，正是「辛酉政變」發生的主要原因。但慈禧與奕訢雖為此一政變之主謀，若無在京王大臣之全力支持，要想發動政變以推翻咸豐臨死以前所做的政權行使安排，仍然會有極大的困難。此不但因咸豐的遺命難以顯然違背，而母后臨朝，更是清代歷朝皇帝所視為大忌之事，雖有慈安、慈禧二人之意旨，仍難得朝臣之完全支持也。在這種情形之下，奕訢在傳達太后意旨之後，自大學士桂良、周祖培以下的一班在京王大臣，居然都樂於遵奉行事，這裡面的道理何在？倒也是一個耐人尋味的問題。

「辛酉政變」的失敗一方是顧命八大臣，其領袖人物是肅順。要瞭解這個問題，當先研究肅順這個人入手。

肅順在後來是被指為奸臣的人物。據《清史．肅順傳》所記，肅順得咸豐恩寵，與其兄鄭王端華及怡王載垣相互結納，務為攬權之威，排斥異己之事。因之數興大獄，以致廷臣側目，輿論久不平。「辛酉政變」之後，端華、載垣賜死，肅順則被處斬。「就刑時，道旁觀者爭擲瓦礫，都人稱快」云。凡此記述，因為是出於政變勝利一方的手筆，免不了政治恩怨的影響，因此不能視為真實的信史。但由「廷臣側目」一事看來，肅順當時，或曾因某種革新措施過於激烈之故，招致朝中頑固守舊份子之不滿。《滿清野史續編》第十三種《奴才小史》，有關於肅順的如下一段記載，說：

肅順秉政時，待各署司官，毗睢暴戾，如奴隸若。然惟待滿員則然，待漢員頗極謙恭。嘗謂人曰：「咱們旗人渾蛋多，懂得什麼？漢人是得罪不得的，他那支筆厲害得很。」故其受賄，亦只受滿人，不受漢人也。漢人中有才學者，必羅而致之，或為羽翼，或為心腹。如匡源、陳孚恩、高心夔，皆素所心折者；曾國藩、胡林翼之得握兵柄，亦皆肅順主之。惟最不理於人口者，則咸豐戊午順天科場案發，柏葰以宰輔主試，竟遭刑戮，實肅順一人有以致之也。刑部定案後，行刑之日，各犯官皆赴菜市口，候駕帖一到即行刑。是日柏葰照例冠摘纓冠，衣玄色外褂，同赴市口，先向闕謝恩，同候駕帖。時謂其子曰：「皇上必有恩典，我一下來，即赴夕照寺候部文起解，爾回家，速將長途應用之物趕緊送來。」蓋向來一二品大員臨刑時，或有格外恩典，柏意謂非新疆即軍臺，故云至夕照寺候起解也。乃言甫畢，見刑部尚書趙光一路痛哭而來，尚書蓋在內廷候駕帖者。柏一見，云：「完了，完了，皇上斷不肯如此，此必肅六從中作祟。我死不足惜，肅六他日，亦必同我一樣。」云云。聞是日趙光候駕帖時，文宗持硃筆頗遲疑，並云：「罪無可道，情有可原。」肅順在旁對曰：「雖屬情有可原，究竟罪無可逭。」上意猶未決，肅順即奪硃筆代書之。趙光一見，即痛哭出宣武門矣。

這段話有兩處地方很可注意：一是肅順之斥責旗人而敬禮漢人，可知當時必有很多旗人痛恨他。二是大學士柏葰之獄本為肅願所一手促成，當行刑之日，咸豐有意從寬免其一死，而肅順必欲置柏葰於死地。今就此二事分論之。

《清朝野史大觀》中一條云：「肅順極喜延攬人才，邸中客常滿，如陳孚恩、匡源、焦佑瀛、黃宗源等，皆肅所舉也。而獨不喜滿人，常謂滿人糊塗不通，不能為國家出力，惟知要錢耳。故其待滿人不如其待漢人之厚，滿人深惡之。」這一條與前引《奴才小史》的內容頗相似，但此云肅順不喜滿人而致「滿人深惡之」，則為前文所不記。滿人之惡肅順，事實上恐尚不僅因肅順之不喜滿人而然。《清史・肅順傳》中說：「肅順攬權立威，數興大獄，輿論久不平。奏減八旗俸餉，尤府怨。」旗人即滿人。旗人多無他長，頗多專恃俸餉為生者，一旦因肅順之奏請而遭減削，勢將影響及其生計，則其怨恨之情，必非泛常者可比。這兩種情形，構成了甚多旗人對肅順的痛恨。等到肅順倒臺，拍掌稱快的人當中，必定就有因本身利害關係而對肅順切齒痛恨的旗人。他們未必能夠分別得清楚，肅順之所以如此做，究竟是為公為私？更不能分得清楚，肅順之倒臺，乃是因為堅守「祖宗成法」與文宗「遺訓」之故，而被慈禧視為眼中釘，不拔不快。然則，這些人在肅順將被處斬之時出來同看熱鬧，並向之抛擲瓦礫以發洩一己之恨，所反映的就並不一定是真正的「民意」了。這是第一點當注意的地方。

柏葰之獄，起因於考試舞弊。清代的科舉考試號稱至大至公，而自乾隆、嘉慶以來，就已弊端叢生，至道光、咸豐以後而更甚。其中最大的弊竇，即為「關節」。咸豐八年戊午科順天鄉試，大學士柏葰充主考官，副都御史程庭桂等充副主考。風聞在考試尚未舉行之前，應試舉人就已紛紛各尋門路，暗通關節。當時所通行的方法，是「遞條子」。何謂條子？薛福成《庸庵筆記》中曾有解釋，說：「條子者，截紙為條，定明詩文某處所用之字以為記驗。凡與考官、房官熟識者，皆可呈遞，或輾轉相託而遞之。房考官入場，凡意所欲取者，憑條索之，百不失一。」薛福成對此曾有極深的慨嘆，說：「蓋自條子興，而糊名、易書之法幾窮矣。」所謂糊名與易書，本是宋、明以來所一貫用以防止考試舞弊的方法。「糊名」法使閱卷者不能知道此卷是何人所作，「易書」之法則是在考生交卷之時，另由考場專雇的謄錄之人將考卷重抄一遍，那就連考生的筆跡也認不出來了。然而，自有條子之法暗通關節，俗語所謂「錢到公事辦，火到豬頭爛」的說法，就一點都不錯了。通了關節的人，即使文義惡劣，亦有取中的機會；不通關節，則一旦關節額滿，即使所寫的文章美若珠璣，也必定有滄海遺珠之憾。關節之弊竇如此，自然足以屈抑真才，而使科舉考試失去公平競爭的精神。而自乾隆、嘉慶以來，此風日盛，主試之人，皆視為當然，所影響及於政治社會者，就不是小事了。柏葰之獄，適起於肅順當權之時。為了整肅官常及消滅貪污風氣起見，他建議皇帝從嚴懲辦，甚至不惜以處死一個位高望著的當朝宰輔，以為嚇阻其他貪官污吏之用，其用心不可謂之不善。而時論必以皇帝有意從寬而肅順一力主殺之說，來作為肅順的主要罪狀，毋寧也是很不公平的。

《花隨人聖盦摭憶》的作者黃濬，曾經根據《清史．肅順傳》及其他有關資料的記載，竭力為肅順辯護，以為「肅順治事之猛，識別之精，不避權貴，尤不顧八旗貴冑，故宗室旗人，恨之尤甚。其實史傳之所謂功者，固卓然為功；而所謂罪者，又何莫非守法律、繩貪懦之善政乎？」這些話對肅順一生事蹟之批評，可說極為中肯。但成為問題的是，肅順所生的時代，乃是泄沓成習而貪污成風的清代末葉，其時政治風氣的錮習已深，肅順欲以猛烈的殺戮手段加以矯正，自難免遭致同時在朝的八旗貴冑及滿漢官吏之反對。咸豐信肅順甚專，當咸豐在位時，這種反對派的力量處於被壓制的地位，無法抬得起頭來。卻不料朝局發生變革，肅順的新主人，換了一個與他處於敵對地位的慈禧太后，這些反對勢力既能有適當機會容許他們對肅順行使報復，又怎肯坐失這千載一時的大好機會呢？因此，當周祖培、桂良等一班留京王大臣在奕訢轉達之下，得悉兩宮皇太后意在垂簾聽政，而垂簾聽政所必須除去的作梗之人，又正是以肅順為首的八顧命大臣時，他們當然樂於從命，即使明知此事有違「祖宗遺訓」與「先帝遺命」，亦在所不顧。更何況事成之後，兩宮皇大后與他們處於利害一致的地位，他們的政治利益，必然會有更確實的保障，因此也更足以堅定他們對此事的興趣與信心。政治上的事，往往只講恩怨利害而不顧是非公理，說來實在可嘆。然而，影響及於晚清五十年的朝局變革，就在這種心理狀態之下順利進行，最後並且見諸完成了，這豈不是更可慨嘆的事嗎？說到這裡，我們應當回過頭來，看看這一場在中國近代歷史上具有如此深遠影響的「辛酉政變」，究竟是以什麼樣的形式上演的。

薛福成《庸庵筆記》卷一，〈記咸豐季年三奸伏誅事〉云：

> 兩宮俟恭親王行後，即下回鑾京師之旨。三奸力阻之，謂皇上一孺子耳，京師何等空虛，如必欲回鑾，臣等不敢贊一詞。兩宮曰：「回京後設有意外，不與汝等相干。」立命備車駕。三奸

又力阻，兩宮不允，乃議以九月二十三日派肅順護送梓宮回京，上恭送登輿後，先奉兩宮間道旋蹕，載垣、端華皆扈從。

上文所說的「三奸」，指八顧命大臣中的載垣、端華，與肅順。這一段話，說明兩宮皇太后在恭王離關熱河之後所採取的第一個步驟，是不顧肅順等人的反對，決定回鑾北京。肅順等雖為贊襄政務王大臣，握持政柄，對於皇太后之決意帶同小皇帝回鑾京師之舉，卻苦於無法阻止。這與王闓運《祺祥故事》中所說，「恭王至，軍機前輩也。至則遞牌入謁梓宮，因見后。后訴如前。恭王對，非還京不可」的話互相參看，可以知道恭王與兩宮太后商定的政變計畫，首先必須回京，然後方可置肅順等人於恭王的控制之下。肅頗等人未能遏阻皇帝與太后之回京，顯然在一開始便落入了對方的預謀計畫之中。而肅順護梓宮，端華與載垣則扈從皇帝及太后，三個人分作了兩路，作為三人小組之靈魂的肅順，又因靈車的行程緩慢而落在車駕的後面，形勢更見不利，然而他們卻均未曾覺察到其中的作用。這以後，《庸庵筆記》即記述留京大學士周祖培、賈楨與尚書沈兆霖、趙光等人所聯名奏上的一疏，援漢、晉、宋、遼以來的垂簾聽政故事，敦請兩宮太后垂簾聽政，以免大權無所專屬，而致人心驚疑，文長不錄。此疏奏上的日期，恰在車駕已離熱河之後，未到北京之前，目的在使兩宮太后及皇帝一到北京，便可據以行事，而肅順等三人分為兩路，肅順落在後面，三個人又無法及時商議應付對策，在時間上最為合宜。此後的記述，是：

十月朔，車駕至京師。將至之日，諸大臣皆循例郊迎。兩宮對大臣涕泣屢述三奸欺藐之狀。周祖培奏曰：「何不重治其罪？」皇太后曰：「彼為贊襄王大臣，可逕予治罪乎？」祖培對曰：「皇太后可降旨先令解任，再予拿問。」太后曰：「善。」乃詔解贊襄王大臣八人之任，以恭親王奕訢為議政王，從民望也。垂簾典禮，令在廷大小臣工集議以聞。先召見議政王大臣，上南面稍東席地坐，兩宮亦南面坐稍北。皇太后面諭三奸跋扈諸不法狀，且泣下。上顧曰：「阿孋，奴輩如此負恩，即砍頭可也，請勿悲。」遂與王大臣密定計，即另派大學士桂良、戶部尚書沈兆霖、戶部左侍郎文祥、右侍郎寶鋆、鴻臚寺少卿曹毓英為軍機大臣。

這一段話，說明了兩宮皇太后甫抵北京，便趁留京王大臣循例郊迎的機會，立決大計。其內容分為三點：第一，降旨罷斥顧命八大臣的贊襄政務王大臣之職，褫奪其所握政權；第二，決定了垂簾聽政之制；第三，任奕訢為議政王，由他負責組成新的軍機處。

這是兩宮太后與恭王發動政變的第二步驟，成立新的行政中樞以執行垂簾聽政的意旨。此一舉措，由於有在京王大臣的擁護而得以順利遂行。至此，以肅順為首的顧命八大臣，顯然已註定了失敗的命運，然而他們卻並不知道。薛文記此，續云：

初二日，恭親王率周祖培、文祥等入朝待命。載垣等已先至，尚未知解任之信。蓋三奸解任之旨及召見王大臣等，已在初一日之申酉間特命辦事處勿知會怡鄭二王，故二王皆不知，然已微有所聞，見恭親王等，則大言曰：「外廷臣子，何得擅入？」王答以有詔，復以不應召見呵止王。王遜謝，卻立宮門外。俄詔下，命恭親王將載垣、端華、肅順革去爵職，拿交宗人府，會同大學士六部九卿翰詹科道，嚴行議罪。王捧詔宣示，載垣、端華二人厲聲曰：「我輩未入，詔從何來？」王命擒出，復呵曰：「誰敢者！」已有侍衛數人來前，擁出隆宗門，尚顧索肩輿及從人等。或告已驅散矣，遂踉蹌擁至宗人府，幽之。肅順方護送梓宮，次於密雲，逮者至，遂械至京，亦繫宗人府。

清代自雍正以後，政權漸移至軍機處，舉凡一應國家大政及重要人員的黜陟進退，皆由軍機處承旨擬稿，然後以皇帝的名義頒發上諭行之。顧命八大臣之中，有四人是軍機大臣，亦即是掌握行政中樞的宰輔大臣。唐朝的制度，皇帝聖旨，必須經由中書、門下二省的簽署，方得以詔書名義頒發。所謂「不經鳳閣鸞臺，何謂聖旨？」所指即此。清朝中葉以後的情形，亦與此相彷彿。皇帝的聖旨，從沒有不經由軍機處的擬呈而直接發出的。端華與載垣不知道恭王在前一天已經組成了以他為首的新軍機處，猶以為我尚未入軍機處上直，就不可能出現對我不利的詔旨，簡直可說是昏聵糊塗已極，不敗何待？情勢發展到了此一地步，顧命八大臣所憑以與兩宮皇太后抗逆顏行的政權已被剝奪，雖然他們確有咸豐皇帝臨終授命的旨意可憑，然而死的皇帝敵不過活的太后，更何況溫和派與守舊派都已甘心歸附太后，肅順等人所領導的改革派孤立無援，事實上亦非失敗不可。一場關係中國近代歷史極為深遠的「辛酉政變」，至此落幕。咸豐身為皇帝，卻無法防止他的小老婆在死了之後竊奪政權，實在是十分可悲的事。然而，這又能怪得了誰呢？

檢討此一局面的出現原因，其中的關鍵因素甚多。第一當然是道光之誤以咸豐為嗣，乃是造成此後一切錯誤之根本。其次是咸豐之不知以國事為重，酒色自戕，造成了他的短命早死，也造成了慈禧得以乘機出頭的機會。第三就是咸豐之疏遠奕訢，使得慈禧在意圖藉垂簾聽政之名竊奪政權時，得以利用奕訢以打擊其政敵，初步達到其專恣弄權之目的。至於慈禧，則天生是一個權力欲望極強的女人，其政治手腕之高明，在當時更幾乎沒有敵手。這樣的一個危險人物，咸豐在位時既然當斷不斷，未曾早為採取防範措施，一旦咸豐早死，政治上既然沒有更大的權力可以對她發生壓制作用，又如何能阻止得了她以皇太后之尊出而干涉朝政呢？以上的這些關鍵性影響因素，，關係於咸豐一身的，最大而且最多。所以我們也很可以這樣說，由於咸豐之自誤而且誤國，才會使慈禧以皇太后的身份掌握實際政權達四十餘年之久。然則，咸豐一身所關係於中國近代歷史的命運，當然也就太大了。

自咸豐「辛酉政變」，中國出現了新的皇太后垂簾聽政局面以後，滿清政府的實際政權，就落入了慈禧之手。此後歷同治一朝十三年，光緒一朝三十四年，直到光緒三十四年十月，慈禧與光緒先後賓天為止，慈禧主宰中國政治的時間，一共有四十七年之久。雖然，這其間也有同治親政與光緒親政的兩段時間，曾使慈禧暫時交還政權，但一則其時間甚為短暫，二則慈禧始終未曾完全放棄她的政治權力，所以她在政治上的主宰地位也始終是隱然存在的。由於此一緣故，我們也很可以說，晚清五十年的中國歷史，始終是在慈禧支配之下的。

在滿清二百七十餘年的歷史中，康熙、雍正、乾隆三朝可稱盛世。這三朝的皇帝，在清代歷史上都有赫赫的聲名。慈禧以母后臨朝，歷時將五十年，在她的統治之下，中國由一度頗有希望的中興局面日益走向衰破沒落，終且淪為西方列強的次殖民地。所以，慈禧當政的五十年，在清代歷史上也赫赫有名——只是此赫赫之名由衰破沒落而來，比諸康熙、雍正、乾隆之盛世，恰為強烈之對比，如此而已。

在慈禧統治之下的晚清五十年，何以會由最初頗有希望的中興局面，日益走向衰破沒落呢？要瞭解這個問題，就得由她當政以後的一切重大舉措談起。

概括一點說，慈禧當政的前後五十年，約略可以區分為三個時期。第一個時期起自「辛酉政變」以後，歷同治一朝而至光緒十年。在這一時期內，恭王為軍機領抽。其初政局頗有清明氣象，其後漸見偷墮苟安，於是乃有光緒十年的朝局變革，恭王出軍機，軍機亦全班盡撤，代之者乃禮親王世鐸。第二個時期起自光緒十年的恭王退出軍機，以至光緒二十六年的庚子拳亂，中歷甲申年的中、法越南之戰、甲午年的「中日戰爭」、「戊戌政變」，以至由義和團所招致的八國聯軍之役。在此一時期內出領軍機的王大臣，初為禮王，後為榮祿。禮王其實是醇王奕譞的傀儡，而奕譞與榮祿二人均為慈禧所驅策使令之人，均不足以匡正慈禧的錯謬措施。所以，中國的開明知識份子在國家迭遭屈辱挫敗之餘，雖欲藉「自強維新運動」以資振作，亦以不能見容於慈禧之故，而慘遭殘酷的壓制，終且因仇視洋人而將中國帶上與舉世列強為敵的危險道路，幾導致亡國之禍。第三個時期起自辛丑回鑾，迄於光緒末年慈禧之死。在此一時期之間，榮祿已死，貪污無能之慶王奕劻繼見柄用，因之清代的政治急速趨向貪污腐化。政以賄成，貪黷者嚮用而耿直者遭黜，因之袁世凱得以運用財賄伸張其權勢。到了慈禧身死之後，小醇王載灃監國，除了袁黨人物以外，舉朝皆是無能之輩，無一人可與袁世凱相抗衡。「武昌革命」事起，袁世凱乘機取得政權，而滿清亡於袁世凱之手矣。以這三個時期所經歷的時間而論，第一個時期歷時二十三年，第二個時期減至十六年，第三時期則更只有短短的八年。這三個時期的歷史久暫，恰與晚清中國的國運由復興而走向衰微，由衰微而趨於沒落的過程相同，其進行的速度亦相同。所代表的意義，即是慈禧的統治能力，愈到後來，愈顯得是綆短汲深，肆應無力。所以，整個政治局勢愈變愈糟，如治絲之益棼，不至完全瓦解不止。但在這整個五十年中，慈禧個人的治事能力，只能因經驗之積累而日見增進，絕非因年紀之老邁而顯見退化。然則，她在第一時期內之所以表現頗為不惡，正是由於別的原因使然了。此一別的原因是什麼？檢討起來，正應當歸功於恭王奕訢與慈安皇太后之同心謀國、協力維持之故。

咸豐十一年十月的「辛酉政變」，達成了慈禧以皇太后身份干預朝政之目的。但此時以皇太后身份垂簾聽政的，除了慈禧，尚有以同治嫡母稱為慈安太后的鈕怙祿氏在；時稱之為東太后，以別於亦稱為西太后的慈禧。慈禧與慈安雖同為皇太后，以在咸豐朝的地位而言，慈安係皇后，慈禧係貴妃，此亦與人家妻妾之分嫡庶，慈禧雖因係皇帝生母之故而得為太后，在地位上仍應遜慈安一步。假如慈安亦如慈禧一樣，是一個精明強幹的女人，那麼，這兩個同為皇太后的嫡庶二母，勢必會有一番權力鬥爭發生。在這種情形之下，身為政府領袖的恭親王奕訢必難免要有左右袒。以名分而言，慈安係奕訢之嫡嫂，兼之性情寬厚，奕訢也必然容易與之合作。然則，慈安與慈禧二人之間如有權力鬥爭，慈安因能取得奕訢合作之故，必定較容易得到勝利，則慈禧欲圖攫取政治實權，恐怕不一定能夠遂願。然而，慈安不但性情寬厚，其處事才能亦遠不及慈禧，兼因其凡事不樂與人爭執而言詞木訥，於是使得一二人間的關係，由最初期的推誠合作，逐漸演變為慈安之凡事退讓，而慈禧則遇事包攬。因之，漸到後來的情形是，慈禧在政治上的權力與影響與日俱增，慈安則相反地日見退縮。這種情形，首先破壞了兩宮太后與恭親王所共同維持的政治安定，最後更因慈安之暴卒而使慈禧獨攬政柄，終於連奕訢亦被削奪政權，逐出軍機，而大權全歸於慈禧一人。再以後，便是慈禧太后獨裁專制的時代了。

奕訢在清史上頗著賢聲。他在「辛酉政變」後出任政府領袖，與當時的軍機大臣文祥、寶鋆及後進軍機的沈桂芬等人同心輔政，朝局一新。在用人行政方面，他頗能繼續肅順的遺規，重用曾國藩、左宗棠、李鴻章等漢人，並賦予適當的權力。所以，在同治一朝之間，太平天國、捻亂及陝、甘回亂等內部叛亂均先後削平，舉國喁望太平，一時頗有中興之象。《清史・諸王列傳》對奕訢甚有好評，贊語中說他：「綢繆宮府，定亂綏疆，罷不生懟，用不辭勞，有純臣之度。」可見他實在是一個弼亮忠貞而又能盡瘁國事的賢王。有這樣一個忠勤賢能的近支親王出任政府領袖，當時的同治皇帝雖然年幼，只要垂簾聽政的皇太后對奕訢始終尊禮信任，清朝的國運，未始不是沒有中興的希望。但曾幾何時，不但恭親王的銳氣日見挫折，朝中亦出現了黨派傾軋的局面，一連串的外國侵略接沓而來，國事日非，中國在國際舞臺上的聲望與地位也急遽下降，這又是怎麼一回事呢？

黃濬所撰《花隨人聖盦摭憶》，有一段論恭親王的話，說：

> 恭親王奕訢，為同、光間握政柄最久之親王，其舉措進退，有關於清社之運特大，視後此一味貪婪之慶王不同，不可不記。恭親王之生平有兩大事、三罷黜，俱極有關係。兩大事者，一為

英法聯軍之役，怡親王載垣偕與英、法議和，而忽執法國公使巴夏禮，與戰。戰不利，文宗乃召回怡王，而授恭王為欽差便宜行事全權大臣。王初奏激勵兵心以維大局，後克勤親王慶惠奏釋巴夏禮，請王入城議和，而聯軍已焚圓明園。王卒與英法聯軍議和，而自請議處。此一大事也。又一大事，則為與兩后定計，殺端華、載垣、肅順，詳已見前。三見黜者，一為同治四年三月，兩太后諭責王信任親戚，內廷召對，時有不檢，罷議政王及一切職任。尋以惇親王奕誴、醇郡王奕譞，及通政使王拯、給事中廣誠等奏請任用，廣誠語尤切，兩太后命仍在內廷行走，管理總理各國事務衙門。王入謝，痛哭引咎。兩太后復諭：王親信重臣，相關休戚，期望既後，責備不得不嚴，仍在軍機大臣上行走。此即湘綺所記蔡壽祺等事，揆其實際，殆西后小弄玄虛，意在褫其議政王一職，以恣所欲為，非真有仇隙也。二為同治十二年正月穆宗親政，十三年七月上諭，責王召對失儀，降郡王，仍在軍機大臣上行走，並奪載澂貝勒。翌日，以兩太后命，復親王世襲及載澂爵。此為穆宗之輕躁妄動，起訖才兩日。三為光緒十年中法越南之役，王與軍機大臣不欲輕言戰，言路交章論劾，太后諭責王等委靡因循，罷軍機大臣，停雙俸，家居養疾。此次家居十年，至光緒二十年中日之役，始再起，至二十四年四月薨於位。綜計三黜中，以光緒十年甲申之出軍機，最為有意義。

恭親王奕訢之三遭黜責，首尾相去二十年。由於前後相隔的時間甚長，中間所歷的事故甚多，非簡單文字所能概括。今且據有關方面的記載分別敘述於下，然後再一一加以討論。

發生在同治四年的革去議政王及一切職任事，王闓運《祺祥故事》中曾有記述，云：

恭之任事，委權督撫，朝政號為清明。頗採外論，擢用賢才能，特達者不為遙制。然宮監婪索，親王密邇，時有交接，輒加犒賚，則不足於用。國制，王貝勒不親出納，俸給莊產，皆有典主者，率資侵以自給。及入樞廷，需索尤繁，王恆憂之。福晉父，故總督也，頗習外事，則以提門包為充用常例。王試行之，而財足用。於是府中賕賂公行，珍貨猥積，流言頗聞，福晉亦患之，而不能止矣。王既被親用，每日朝，輒立談移晷。宮監進茗飲，兩宮必曰：「給六爺茶。」一日召對頗久，王立御案前，舉甌將飲，忽悟此御茶也，仍還置故處，兩宮哂焉，蓋是日偶忘命茶。而孝欽御前監小安方有寵，多所宣索。王戒以國方艱難，宮中不宜求取。小安不服，曰：「所取為何？」王一時不能答，即曰：「如瓷器杯盤，照例每月供一分，計存者亦不少，何以更索？』小安曰：「往後不取矣。」明日進膳，則悉屏御瓷，盡用村店粗惡者。孝欽訝問，以六爺責言對。孝欽恆曰：「乃約束及我日食耶？」於時蔡御史聞之，疏劾王貪恣。他日召王曰：「有人劾汝。」示以奏，王不謝，固問：「何人？」孝欽言：「蔡壽祺。』王失聲曰：「蔡壽祺非好人。」於是后積前事，遂發怒，罪狀恭親王，有「曖昧不明，難深述」之語。舉朝大驚疑，而外國使臣亦詢軍機諸臣事所由。用是得解，復召見，王痛哭謝罪，復直如初。

王闓運說，恭王因被太監安得海所讒構，以致慈希心中久懷不滿，及至御史蔡壽祺參劾恭王貪墨恣肆，恭王又不自檢點，應對失態，以致觸發慈禧之新仇舊恨，乃有降旨罷黜議政王及軍機大臣之事，其說雖似可信，實際則尚未探及內中之隱情。吳相湘先生所撰的《晚清宮廷實紀》，曾將故宮博物院所藏同治四年罷黜恭王的慈禧親筆硃諭一件，製成圖版，弁於卷前。由此推測慈禧之真正用心，庶幾或可探出其中之內情。硃諭原文，別字連篇，不加改易，僅在錯字下註明不應寫錯的文字，錄載如下：

諭在廷王大臣等同看。朕奉兩宮皇太后懿旨，本月初五日據蔡壽祺奏，恭親王辦事徇情貪墨，驕盈攬權，多招物議，種種情形等弊。嗣（似）此重情，何以能辦公事？查辦雖無實據，是（事）出有因，究屬曖昧知（之）事，難以懸揣。恭親王從議政以來，妄自尊大，諸多狂敖（傲），以（倚）仗爵高權重，目無君上，看朕沖齡，諸多挾致（制），往往諳（暗）始（使）離間，不可細問。每日召見，趾高氣揚，言語之間，許多取巧，滿口胡談亂道。嗣（似）此情形，以後如何能辦國事？若不即（及）早宣示，朕歸（親）政之時，何以能用人行正（政）？嗣（似）此種種重大情形，姑免深究，方知朕寬大之恩。恭親王著毋庸在軍機處議政，革去一切差使，不准干預公事，方是朕保全之至意也。特諭。

由慈禧親筆所寫的此一硃諭真跡，可以知道慈禧此時所加予奕訢的罪名有二：一是辦事徇情而貪污恣肆，雖查無實據，而事出有因。二是從議政以來，妄自尊大，狂傲挾制，目無君上，應對言詞，尤多胡言亂道。這兩項罪名中的第一項，出於蔡壽祺的參劾。因為查無實據，只能以「是出有因」、「曖昧難知」的說法，強加以莫須有的罪名。第二項罪名，則純出於慈禧之主觀觀念，亦正是奕訢為慈禧所不滿的真正原因所在。但所謂妄自尊大、狂傲挾制、暗使離間、胡言亂道等等，歸結起來，無非是恭親王遇事好自做主張，或是對慈禧的主張不肯事事接受之意。這種情形，若是兩宮太后對他能始終倚信而不加掣肘，則恭王的做法毋寧正是負責盡職的表示，無可厚非。但目前的情形是，慈禧亦有其自己的主張，而遇事復好弄權力，那麼，她對於恭王之不肯絕對服從其驅策而好自做主張，無疑便是「目無君上」與「狂傲挾制」了。由此可知，恭王之所以要被慈禧降旨罷黜，正是由於二人間的權力衝突，其醞釀已非一日，只是恭王未曾察覺而已。安得海之讒構，加深了慈禧對奕訢之厭惡；蔡壽祺之參劾，與奕訢之應對失態，恰好給予慈禧藉此予以嚴譴之藉口。由於這些緣故，乃造成了同治四年三月恭親王的初度蹉跌。此事後來雖然由於在廷王大臣之竭力諫爭而由兩宮太后降旨寬免，恭王亦獲准仍在軍機大臣上行走，其真正原因，亦是由於慈禧當時尚無法以一人對抗舉朝的反對力量，不得不藉此轉圜之故。另一方面，則慈安太后不願因此而失去一個可以倚信之人，亦是奕訢不致一蹶不起的另一個主要原因。但因為有此一事，已可使奕訢意識到慈禧的手段厲害，在以後的應對與行事方面，必須要凡事小心，以免再觸忌諱。王闓運《祺祥故事》說：「恭王自是益謹。」此當是事實。然而，影響及於實際政治的，就是很不利於國家大政的了。

關於奕訢如何因行事小心而致影響及於國家大政的問題，留待後面再說。現在且續記奕訢生平的第二次見黜——同治十二年正月，穆宗降奕訢為郡王，並將奕訢之子載澂亦一併革去貝勒之事。《清朝野史大觀》卷一〈清宮遺聞〉，「恭忠親王諫復建圓明園」一條云：

> 圓明園起於雍正朝，事成於乾隆，宏敞壯麗冠中國。清制，宮中祖制嚴，與居有時，飲食服御有常度，帝恆苦之，時巡幸熱河。林清變後，則罕幸熱河，而常駐園，后暨妃嬪、皇子悉侍焉。咸豐末年，英法聯軍入京，內閣中書龔自珍之子龔橙，導之毀園。穆宗御極，洪金田事敗，張樂行、賴汶光先後斃，內外頌承平。慈禧、穆宗思所以為樂者，於是重建圓明園之說起。庫無儲蓄，諫言不行，恭忠親王坦然力爭之。一日，叩宮門請見。穆宗知為園事也，曰：「亦來為阻建園乎？朕志已決，亦何必拂太后（太后謂慈禧）意？且朕居彼，與爾等討論國事，亦甚便。」恭王叩首曰：「當今內患雖平，外患日亟，庫藏無存蓄。園明園憲、純兩廟所修，當時財力遠過今日。且純廟諭旨，後世子孫勿得踵事華飾。今建園簡陋，無以備翠華之臨幸，復舊則國帑不足。以某之慮，不若少緩便。」穆宗默然良久，臥榻上。王更言祖制不可失，歷數所以訓儉者。時穆宗好著黑色衣，謂曰：「爾熟祖訓，於朕事尚有說乎？」王曰：

「帝此衣即非祖制也。（宮中制色衣無黑色）因戒穆宗勿微行，引白龍余且事釋之。穆宗曰：「朕此衣同載澂一色，爾乃不誠澂，而來諫朕！爾姑退，朕有後命。』旋召大學士文祥入，且坐正殿，曰：「朕有旨，勿展視，下與軍機公閱，速行之。」文祥知其怒，折視則殺王詔也。文祥碰頭再三請，終不懌。文祥退，叩太后宮泣訴之。太后曰：「爾勿言，將詔與予。」殺王之事乃寢。

這一段話，敘恭親王因諫阻修復圓明園一事，為穆宗所惡，所記頗為詳盡。但其後並非降奕訢為郡王，並革去載澂之貝勒，而乃是降手詔欲將奕訢處死，賴文祥叩訴於慈禧太后，將所降詔收去而得免，其內容頗不合當時實情。關於這方面的情形，又以《桐城吳汝綸日記》所記的最為正確，亦轉錄於後，以資比看。

《桐城吳汝綸先生日記》，同治十三年九月五日記云：

見都下某官與某中丞書，云停罷園工之事云：「七月十八日，政府親臣，聞大內將於二十日園中演戲，十餘人聯銜陳疏。復慮閱之不盡，乃先請召見。不許，再三而後可。疏上，閱未數行，便云：『我停工何如？爾等尚何嘵舌？』恭邸云：『某所奏尚多，不只園工一事，請容臣宣誦。』遂將摺中所陳，逐條讀講，反覆指陳。上大怒，曰：『此位讓爾，何如？』文相伏地一慟，喘急幾絕，乃命先行扶出。醇邸續復切諫，至『微行』一條，堅問：『何從傳聞？』醇邸指實時地，乃怫然語塞，傳旨停工。至二十七日，召見醇邸，適赴南苑驗砲。復召恭邸，復詢『微行』事：『聞自何人？』恭邸以『臣子載澂』對，故遷怒恭邸，並罪載澂也。」又某樞言：「二十七日原旨中，有『跋扈弄權，欺朕年幼，著革去一切差使，降為庶人，交宗人府嚴行管束』語。文相接旨，即陳片奏，將硃諭繳回，奉旨復奏，請暫閣一日，明日臣等有面奏要件。比入，犯顏力爭，故諭中有『加恩改為』字樣。逾日，復草革醇王諭。不如何人馳慰，忽傳旨召見王大臣，不及閣學。時已過午，九卿皆已退直，惟御前及翁傅。直入弘德殿，兩宮垂涕於上，皇上長跪於下，謂：『十年以來，無恭邸何以有今日？皇上少未更事，昨諭著即撤銷。』」云云。

這一段記載，因為是得自京中官員的傳述，其內容當然要比野史之類為可信。若與當時的官書記載相比較，則官書所諱言的部分（如兩宮傳見王大臣，皇帝長跪地上等），尤可於日記中見之，更可視為翔實的信史了。黃濬論及此事，已曾指為同治皇帝之輕躁妄動，與慈禧之蓄意罷黜奕訢不同。而且，在這一次的被譴諸人中，尚包括有醇王奕譞在內，亦可知道其事非慈禧之本意。至於光緒十年甲申之黜退恭王，其情形就不一樣了。

前面曾經說過，同治四年三月恭王因事被黜，最初是罷議政王，並一切差使俱皆革去。後因在廷王大臣之極諫，兩宮太后難違公論，慈禧一人更不便堅持到底，故復降旨仍令管理總理各國事務衙門，及恭王入謝，則又令仍在軍機大臣上行走，其事權盡復，只是議政王的頭銜則未再恢復。這對於奕訢，是一個不小的打擊。昔人有所謂：「趙孟之所貴者，趙孟亦能賤之。」用在這裡作為比喻，正甚適當。由此可使奕訢懔然有所警惕，知道議政王的頭銜雖然尊貴，而予奪之權操在人手，稍一不慎，就會遭遇不測之禍。自有這一次的經驗，奕訢開始意識到慈禧雖為女流，其個性之剛毅堅強與手段之狠毒，則不可測度。為了不希望再遭致類似的難堪與挫折，他必須更加寅畏小心，以免再觸慈禧之忌。於是在此後的行事舉措上，便隨處可以看出恭王之遇事模稜而缺乏負責精神，與他在此以前之毅然擔當而直前不顧，大異其趣。關於這一點，可以在他的推行洋務運動一事上明白地看出來。

自從太平天國的革命運動被削平之後，清朝的士大夫與知識份子間，頗有人主張效法洋人的練兵、製器之法，以為自強維新之計。咸豐十一年「辛酉政變」之後恭王柄政，既奏准設立總理各國事務衙門以為對外交涉之用，又奏准設立同文館，招收生徒，肄習西學，以為效法西人改革軍備及提高戰力的長遠打算。其後，李鴻章、左宗棠等一班中興名臣，先後在上海、福州等地設立機器製造廠及造船廠，竭力提倡西法。恭親王因於同治五年之十一月，奏請在同文館內增設分館，招收舉人、貢生等較高級知識份子入學，肄習天文、算學，以為學習製造外國槍砲、輪船之本。這一主張假使能得順利通過，中國的全盤西化運動必可在此時肇其端倪。然而，由於守舊派知識份子的全力反對，新成立的同文館只有寥寥數人前來應考，多數人則對之極為藐視，甚至出於不屑的態度，假如恭親王在此時握有足夠的權力可以壓制守舊派知識份子的反對，他們的態度或者不敢如此囂張；又假如慈禧能夠給予恭親王充分的支持，恭親王亦不致依違兩難，徬徨不安。這是他在推行洋務運動方面所遭致的挫折，雖由於守舊派知識份子的阻力太大，亦因為他無復當年的勇氣與決心，不敢力排眾議，全力貫徹其主張的退縮態度有以使然。光緒初年，李鴻章致郭嵩燾書云：

西洋政教規模，弟雖未至其地，留心諮訪考察二十年，亦略聞梗概。自同治十三年海防議起，鴻章即瀝陳煤鐵礦必須開採，電線、鐵路必應仿設，各海口必添設洋學格致書館以造就人才。其時文相（指文祥）目笑存之，廷臣會議皆不置可否，王孝鳳、于舫蓮獨痛詆之。曾記是年冬底赴京叩謁梓宮，謁晤恭邸，極陳鐵路利益。邸意亦以為然，謂無人敢主持。復請乘間為兩宮言之，渠謂兩宮亦不能定此大計。從此遂絕口不談矣。

既然兩宮皇太后於自強維新之事「不能定此大計」，則正應委權責於能定大計之人，方是謀國之道。但因兩宮太后雖無定大計之才識與能力，卻仍攬持權力，不肯輕易授人，而恭親王又深恐越權遭忌，不肯多做主張，於是對於國家前途具有如此重大影響的自強維新大計，終因無人為之主張之故，而只好付之「絕口不談」，說來該是多麼可痛之事？然而，此亦正是慈禧多方打擊恭王，又復不肯賦予充分權力之結果。誰實為之？孰令致之？回溯當年的這一段歷史，我們實在不能不為清代中國的國運感到惋惜。

郭則澐所撰《十朝詩乘》卷二十，收有清人吳圭盦所作的〈冢婦篇〉及〈小姑篇〉各一，下附註釋，云：

> 冢婦謂恭忠親王，小姑謂沈文定。恭邸當國久，春秋寖高，倚文定若左右手。文定厚貌深情，廉介自託，而大事難於匡正，故圭盦望湘陰入政府，助樞邸以整飭朝綱。

此文中所說的「沈文定」，即沈桂芬，「湘陰」，則左宗棠。按，沈桂芬乃同治、光緒間的軍機大臣，於同治六年以禮部侍郎入軍機，歷升至兵部尚書、協辦大學士，仍在軍機，於光緒六年十二月病卒，在軍機大臣任上首尾凡十三年。沈桂芬在軍機，甚得恭王之倚信。其時文祥已前卒，沈桂芬以熟悉外國事情之故，遇事獻替可否，即慈禧亦深知其人之幹練有識。但因其處事過於慎重，故人多謂其謹飭有餘而難以匡正大事。吳圭盦之所以希望由左宗棠接沈桂芬之遺職，以期對恭王多所翼贊輔助，即此之故。其時之軍機大臣，多有若干朝士與之依附結託。沈桂芬是江蘇吳江人，附之者稱為南黨；另一個漢軍機大臣李鴻藻籍貫直隸高陽，附之者稱為北黨。南黨與北黨，在當時的政治上頗曾發生若干影響力量。尤其是在沈桂芬死後，江蘇常熟縣籍的翁同龢入軍機，繼為南黨領袖，與李鴻藻不能相得，彼此隱相齮齕，所產生的後果就是很不好的。

胡思敬《國聞備乘》卷二，有一條記述李鴻藻的北黨人物，說：

> 李鴻藻好收時譽，諸名士皆因之以起。光緒初年，臺諫詞垣，彈章迭上，號為清流，實皆鴻藻主之。惟鄧承修、邊寶泉無所依倚。鴻藻每入見，凡承旨詢問事，不即對，輒叩頭曰：「容臣細思。」退朝，即與諸名士密商。計既定，不日而言事者封章紛紛上矣。南皮張之洞、豐潤張佩綸，尤為鴻藻所器重。

光緒初年，號為清流黨的人物，以張之洞、張佩綸、宗室寶廷、黃體芳、鄧承修等最著名，彈擊人物，評騭時政，幾無虛日。他們之所以要這樣做，一方面固然由於目擊恭王所領導下的政府因循保守，雖處於外國列強的侵迫之下，仍然一味退縮苟安，不敢輕言主戰，因而感到極度的不滿；另一方面，亦由於李鴻藻在軍機處中居於劣勢地位，他自己的發言既然得不到恭王的重視，自然亦只好利用清流黨的力量來督促恭王力求振作。再從另一方面來說，慈禧雖然很討厭清流黨人的干涉國家大政，但她也深深知道，這是一種可以用來壓迫恭王的力量，所以她一方面雖然也在時時謀求對付清流黨人之法，一方面也希望暫時利用清流黨人的言論來讓恭王應付為難。因為，這時慈安太后已死，恭王已失掉了一個對他比較同情支持之人，而慈禧積多年以來對恭王的厭惡，此時亦已到了可以讓她放手幹去的時機。因此之故，恭王的處境，自然要愈來愈為困難的了。慈安太后之死，清代野史中多有記述，但其內容多涉於誇誕，頗不可信。比較中肯一點的，乃是胡思敬《國聞備乘》的記載，引述如下：

> 先是，文宗北狩得疾，知不起，察孝欽（即慈禧）悍鷙，異時抱子臨朝，恐不可制，欲效西漢鉤弋故事，未忍發，以遺詔密授孝貞（即慈安），令謹防之，即有過宣詔賜死，毋游移。同治

初，誅鋤八大臣，賴孝欽剛斷以濟。孝貞仁賢，遇事咸推讓之。後聞其不謹，甚憂懼。一日，東宮傳旨召西佛（宮人稱孝貞為東佛，孝欽為西佛），西佛嘻嘻而往。入門，見孝貞盛服珠襠，宮人佩刀森然侍立左右，大駭。孝貞指御案遺詔示之，默誦一過，伏地痛哭請死。孝貞仁而寡斷略責數言，下席引與同坐，勉以好語，隨取案上遺旨引火焚之，示毋他意。孝欽回至宮中，五日夜不寐。李蓮英進密謀，越數日，孝貞暴崩。廷臣入臨者，見十指俱紫黑，不敢言。李蓮英自此擅權，寵之終身。

慈安之暴崩，事在光緒七年三月。自此以後，慈禧集兩宮之權於一身，凡事俱可獨斷獨行，不復再有其他的顧慮。情勢發展到了這一地步，恭王的地位，當然也就更加岌岌可危了。

慈禧與恭王之間的恩怨，由來已久。同治四年三月恭王初次被黜，雖然他本人不無過失，但衡情而論，究竟是功大過小。而且，以一個秉持國政、位居議政王之尊的近支親王，一旦有言官論列，即使罪狀不明，亦遽降罷黜之嚴旨，無論中外古今，可以說都沒有這樣的事例。所以，恭王心中也十分明白，這無非是慈禧皇太后在那裡播弄是非，藉事生風而已。只因誼屬君臣，尊卑有別，所以即使明知是慈禧在居中生事，亦只好徒呼負負。但事有湊巧，到了同治八年的七月間，慈禧派太監安得海駕坐船隻，由運河一路南下，欲往江南織辦龍衣錦緞。安得海雖為慈禧之親信，依清代祖制，太監出都門者，立斬。當時的山東巡撫丁寶楨，乃是一個骾直而廉介的人。安得海甫至泰安，丁寶楨已一面派兵將安得海及其隨行員役等嚴密監視，一面具摺奏報。據說，當丁寶楨的奏摺遞送到京時，慈禧正在觀劇，並不知有此事。恭王即請晉見慈安，力言太監不得出都門，祖訓昭垂，此非立即正法不可。遂與慈安商定，擬諭旨發下山東，命丁寶楨迅速遴派幹員查拿，拿獲後無庸審訊，立即就地正法，不准任其狡飾。於是，慈禧身前甚得寵信而屢次借事弄權的安得海，在慈禧毫無辦法可救的情形下，眼睜睜地看著他被恭王與丁寶楨用「祖訓」二字作為招牌，就在山東被殺掉了。這在恭王而言，可說是對慈禧與安得海報復了當年的一箭之仇；但若由慈禧而言，對恭王的怨恨，可就又加深了一層。由此更進一層的，則是光緒五年太監違禁攜帶物品出宮，為護軍攔阻，以致發生互毆的事件。黃濬《花隨人聖盦摭憶》敘此云：

清代故事，凡死刑，必三法司全堂畫押。缺一押，即不得繕奏。吳柳堂劾成祿，清穆宗欲殺之，賴大理寺少卿王家璧力持不可而免，可見爾時對於法猶尊重。當時西后遣閹至太平湖之舊醇王府。凡閹人出入，例由旁門，不得由正門，值日護軍依例阻之。閹恃勢用武，護軍不讓，閹歸告西后，謂護軍毆罵。時西后在病中。遣人請慈安太后臨其宮，哭訴被人欺侮，謂：「不殺此護軍則妹不願復活。」慈安憐而允之，立交刑部，並面諭兼尚書房行走之刑部尚書潘祖蔭，必擬以斬立決。時論大譁，右庶子張之洞、左庶子陳寶琛力爭之。祖蔭到署傳旨，訊得實情，護軍無罪。秋審處坐辦四員，提調四員，皆選自各司，最精於法律者也，時有「八大聖人」之稱，同謂：「交部即應依法，倘太后必欲殺之，則自殺之耳，本部不敢與聞。」祖蔭尚正直，即以司官之言覆奏。慈安轉告西后，乃大怒，力疾召見祖蔭，斥其無良心，潑辣哭叫，捶床村罵。祖蔭回署，對司官痛哭，於是曲法擬流。自是閹人攜帶他人，隨意出入，概無門禁。迨慈安歿後，則刑部一聽宮中嗾使。光緒二十九年，湖南沈北山入獄，時在夜半，宮中傳出片紙，天未明而沈以碎屍。其明年，王照入獄，即居沈之屋，粉牆有黑紫暈跡，高至四五尺，沈血所濺也。獄卒為王言，夜半有官來，太后傳諭，就獄中杖斃，令獄吏以病死報。沈體極壯，群杖交下，徧身傷折，久不死，連擊兩三點鐘，氣始絕。

黃濬的記述，說明了慈禧是敗壞清代司法制度的罪人。而據另一種記述，則在潘祖蔭與慈禧的爭執中，恭王亦曾站在潘祖蔭的一方，因之更引起慈禧的極端憤恨。金梁《清宮外傳》引《皇室聞見錄》云：

命下之日，盈廷騷然，張之洞、陳寶琛且上封奏力言。恭王亦以為不可，致與太后爭辯。太后曰：「汝事事抗我，汝為誰耶？」王曰：「臣是宣宗第六子。」太后曰：「我革了你！」王曰：「革了臣的王爵，革不了臣的皇子。」太后無以應。

話雖然如此說，這畢竟還是慈安太后在世時的事。若是當時慈安已死，恐怕恭王就不敢這樣與慈禧頂撞了。但總因為二人之間的嫌隙已深，加上恭王在後來愈加變得因循保守，深為輿情所不滿，於是慈禧遂因左庶子宗室盛昱之奏劾，一舉而將恭王奕訢及軍機四人全班罷斥，造成了清代末年繼「辛酉政變」之後的另一場重大政治變革。盛昱的原奏，在他自己所編的《意園文略》中已被刪去，《清德宗實錄》及《光緒東華錄》中亦均不載。近年以來，始因吳相湘先生的留心搜尋，得以在故宮檔案中發現。由於這一奏摺直接關係到軍機大臣的全班進退，對於清朝光緒十年以後的政局影響甚大，有必要加以引錄，以資瞭解此奏的真正內容及原來涵義如何。原奏的開頭部分如下：

奏為疆事敗壞，責有攸歸，請將軍機大臣交部嚴加議處，責令戴罪立功，以振綱紀，而圖補救事。竊越事失機，議者皆謂咎在雲南撫臣唐炯、廣西撫臣徐延旭，現已奉旨拿問。奴才謂唐炯、徐延旭坐誤事機，其罪固無可逭，而樞臣之蒙蔽諉卸，罪實浮於唐炯、徐延旭。奴才敢不避嫌怨，為我皇太后、皇上陳之。

由這一段話，可知盛昱之參劾軍機處諸人，原是由於自恭王以次的諸軍機大臣，在中、法兩國因越南問題而起的交涉中，自始即未能把握時機，早決和戰大計。而軍機大臣所安排在廣西、雲南二省擔任領兵作戰的巡撫大員，則又都是虛憍無用的唐炯、徐延旭之輩，以致軍不能戰，一旦面臨法人來攻，即刻潰敗相繼。其下續論唐、徐二人乃張佩綸與李鴻藻所保薦，是為輕信濫保，失人僨事。更以恭王以下的其他各軍機大臣俯仰徘徊，坐觀成敗，其罪實與李鴻藻同科。但在失律僨事之後，太后及皇上雖有旨將唐、徐等人革職拿問，而軍機處並不擬頒明發諭旨，欲使天下之人不知有此失律逮問之事，其粉飾蒙蔽之罪，實不可恕。所以他最後的論點是：

> 該大臣等參贊樞機，我皇太后、皇上付之以用人行政之柄，言聽計從，遠者二十餘年，近亦十數年。乃餉源何以日絀？兵力何以日單？人材何以日乏？即無越南之事，且應重處，況已敗壞於前，而更蒙蔽諉卸於後乎？有臣如此，皇太后、皇上不加顯責，何以對祖宗？何以答天下？惟有請明降諭旨，將軍機大臣及濫保匪人之張佩綸，均交部嚴加議處，責令戴罪圖功，認真改過，諱飾素習，悉數湔除。迅將拿問唐炯、徐延旭及更調各省撫臣之諭旨即行明發，並責令將沿邊各督撫孰堪勝任，孰是替人，於五日之內和衷商榷，公同保奏，將來即以此數人之功罪為該大臣等之功罪，一有敗衄，刑即隨行。倘復互諉，即予罷斥，以專責成。當今之要，無過於斯。

看了盛昱的這些話，可知他上此奏摺的主要意思，是要請皇太后及皇上嚴厲責成恭王以次的全班軍機大臣，在僨事失律之後速謀補救之法，並革除舊時的因循粉飾之習，力圖振作革新之意。奏摺的原意如此，照一般情形來說，恭王及其他各軍機大臣勢必要被降旨嚴譴，但即使降旨嚴譴，亦不過責令他們改過補救，斷不至於即予全班罷撤。而慈禧之處事，正有使人難以逆料之處。幾天之後，內閣大學士靈桂等接到以慈禧皇太后名義所頒降的一道懿旨，對盛昱的劾奏有了明白的處分。旨意的內容，是這樣的：

現值國家元氣未充，時艱尤鉅，政虞叢脞，民未敉安，內外事務，必須得人而理，而軍機處實為內外用人行政之樞紐。恭親王奕訢等，始尚小心匡弼，繼則委蛇保榮，近年爵祿日崇，因循日甚，每於朝廷振作求治之意，謬執成見，不肯實力奉行。屢經言者論列，或目為壅蔽，或劾其委靡，或謂簠簋不飭，或謂昧於知人。本朝家法綦嚴，若謂其如前代之竊權亂政，不惟居心所不敢，亦實法律所不容。只以上數端，貽誤已非淺鮮，若不改圖，專務姑息，何以仰副列聖之貽謀？將來皇帝親政，又安能諸臻上理？若竟照彈章一一宣示，即不能復議親貴，亦不能曲全耆舊，是豈朝廷寬大之政所忍為哉？

其下就是宣布對奕訢以下全班軍機大臣的處分：恭親王奕訢開去一切差使，家居養疾；寶鋆，原品休致；李鴻藻及景廉，降二級調用，退出軍機；翁同龢，革職留任，退出軍機。此外的門面話尚有許多，不贅述。

將盛昱的原奏與前述諭旨互相參看，就可發現，盛昱的奏摺，恰好被慈禧用來作為罷撤軍機大臣的藉口，而並不問其原奏的主意何在。諭旨中所說的壅蔽、委靡、簠簋不飭、昧於知人等等指責的話，俱都是一些若有若無之事，但現在居然作為罷黜降革的口實，說來便未免強詞奪理，罰重於罪了。照清代晚期的政治制度，皇帝所降諭旨，悉出於軍機處的擬呈。當年慈禧為了要罷黜恭王，由於無法假手于軍機之故，而不得不親筆寫了一道錯字連篇的硃筆上諭，交由內閣發出。那麼，這一道罷黜恭王並斥退全班軍機的上諭，又是何人為慈禧所代擬的呢？由恭王等人被黜，新發表的軍機大臣人選推敲，主謀之人似為醇王奕譞，而草擬諭旨之人則似為醇王的親信孫毓汶。

徐梧生《白醉棟話》中有一則關於甲申朝局變更的掌故，說：

光緒甲申三月，恭王摒出軍機，而以貪庸之禮王繼之，朝局日非，遂如江河之日下矣。是年退出軍機者，為恭王及大學士寶鋆、李鴻藻，尚書景廉、翁同龢；新入軍機者，為禮王世鐸，尚書額勒和布、閻敬銘、張之萬，侍郎孫毓汶、許庚身。樞臣全行撤換，為前此所未有，且新樞臣中惟閻文介差負清名，其餘非平庸即貪黷，不孚眾望。相傳孝欽屢欲與修離宮，皆為恭王所阻，即蓄意予以罷斥；而醇親王奕譞亦與恭王不洽，授意孫毓汶密先擬旨，遂成此變局。禮王既領樞府，仰承意旨，以海軍經費移充頤和園工程。外人知我無備也，越十年，遂有東藩之役。識者以為，甲午之外侮，先肇於甲申之內訌。仲堪此舉，國之亡徵，洵不爽矣。

按，醇王奕譞即光緒帝之本生父，醇王福晉又是慈禧的親妹，彼此間的關係遠比奕訢為親密。奕譞當同治在世時，對政治就很有興趣。只因當時是恭王柄政，醇王的才具又遠為不如，所以只好長時期地屈居槽瀝，未能一騁所長。等到光緒繼立之後，奕譞身為帝父，不便過問朝政，更加需要隱退了。然而，他對於實際政治的興趣始終不減當年，不得已，就只好乘著慈禧對奕訢極度不滿的時候，以禮王世鐸作為他的替身，隱居幕後，暗執朝權。《清史．孫毓汶傳》說：

毓汶權奇饒智略，直軍機逾十年。初，醇親王以尊親參機密，不常入直，疏牘日送邸閱，謂之過府。諭旨陳奏，皆毓汶為傳達，同列或不得預聞，故其權特重云。

又，胡思敬《國聞備乘》卷一，「兄弟不睦」一條云：

恭王在文宗時已出參樞政。穆宗中興，兩宮並出垂簾，封為議政王，內外多賴其調護，天下稱為賢王，醇王雖嫉之，莫能擠也。及德宗立，醇王勢漸張，趨附者益眾，日伺恭王之短而攻之，遂有甲申三月十日之諭。恭王雖罷，醇王以太上之尊，不便逕入樞府，乃援孫毓汶為軍機大臣。毓汶人甚狡詐，曾充醇邸蒙師，既得志，倚勢驕橫。每入對，班在後而發言最先。孝欽嘗目送之，見毓汶如見醇王也。醇黨多小人，稍通賄賂，自是政治日脞。甲午和戎之役，皆毓汶等從中主持，而國勢駸駸弱矣。

看了上回這些記載，就可知道，慈禧之所以要罷斥恭王而改用禮王的原因，蓋恭王守正而醇王依阿取容，禮王又為醇王之傀儡，孫毓汶則狡詐而好弄權通賄，凡此諸人，俱較恭王為易於驅使也。軍機甘聽宮廷之驅使，則慈禧自可為所欲為，其在實際政治上的影響，當然也就如江河之日下了。《花隨人聖盦摭憶》的作者黃濬論此，曾經很感慨地說：

所謂去賢任佞，以至於亡國敗家，皆由於婦人之攬權與縱欲之敗度，有史以來數千年至茲，未能悖此定律。鑑之哉，鑑之哉！

清末時事，因奕訢、慈禧二人之地位升降與權力變化所受到的實際影響如何？這一段短短的話可以道盡其中的消息。

慈禧罷斥奕訢，充分達到她收攬權力於一身之目的以後，在清末歷史上究竟造成一些怎樣的後果？這個問題，且留待後面再說。這裡應當先來看看，奕訢在被黜以後的心理狀態，又是如何？

奕訢的文才頗佳，所撰《樂道堂全集》八種，其內容為：《賡獻集》一卷，《岵屺懷音》一卷，《廣四時讀書樂詩試帖》一卷，《豳風詠》一卷，《正誼書屋試帖詩存》二卷，《古近體詩》二卷，《文鈔》五卷，《萃錦唫》八卷。這其中的前七種，大都是他在做皇子時的應制之作，沒有什麼特殊的意義；後一種則是他在光緒十年至十六年間遭投閒置散之後，集唐人詩句所作之詩，一名《唐唫萃錦》，其中頗能透露一些他在此一時期中的思想與感情，因此值得注意。

《萃錦唫》的卷前，有奕訢自撰的序文一首，中云：

> 光緒甲申，閒居多暇，嘗閱《樂天》、《長慶》等集以自娛。適樸庵七弟以「灰」韻小詩二絕見示，即率集白句：依韻奉答。覺吟興頗饒，因取唐詩置諸案頭，信手拈吟，以消永日。每於花晨月夕，體物緣情，偶一開卷，即有所得，如與詩人相對，藉以陶冶性靈，勝於牧豬奴戲多矣。

此文中所說的樸庵七弟，即醇親王奕譞；《樂天》、《長慶》等集，則是唐代大詩人白居易、元稹等人的詩集。奕訢在罷政之後閒居無事，多讀唐詩，適奕譞來訪未遇，留詩二首，遂依原韻集白詩為答。繼而又覺用集句之法作詩，頗饒別趣，因之遂愈作愈多。除了與奕譞及寶鋆二人的唱和之作甚多外，其間有〈無題〉、〈師事〉、〈寄興〉等題，則是因事感興之作，甚可從中看出他當時的思想與感受。由這些詩中可以看出，奕訢在光緒十年突遭罷黜之後，內心甚為憤慨，往往觸景生情，便發為不平之鳴。及後閒居無聊，心情苦悶，則又多感觸舊事之語。直到最後，他的心情趨於穩定，對世事的看法也變得恬淡寧靜了，所作的詩，才能顯露出超然物外與無所縈懷的坦蕩胸襟。抄錄一些可資代表的作品於後，藉以覘其一斑。

《萃錦唫》卷一，繼和答奕譞諸詩之後，即是題名〈春殘〉的五言律四首，〈秋殘〉五言律四首，又〈無題〉五言律二首。因為，此正是他放廢初期的詩作，所流露的感情，便最足以代表他此一時期內的思想。〈春殘〉的前二首云：

又是春殘也，流年一擲梭。曙陰迎日盡，草木得陽和。
花氣酒中馥，林幽鳥乍歌。天高雲物薄，山色上樓多。

一霎清明雨，風翻浩蕩波。眼看春色老，坐久落花多。
對酒都疑夢，吟詩似有魔。香醪小瓷榼，佳會亦蹉跎。

又，〈秋殘〉的第一、三首云：

又是秋殘也，涼風落木初。齋心曾養鶴，放性或觀魚。
閒坐饒詩境，閉門成隱居。超然無俗物，身外滿床書。

覓句朝忘食，家人笑著書。形骸寄文墨，日月互居諸。
致逸心逾默，神超興有餘。偶然成一醉，來飯野中蔬。

又，〈無題〉第二首云：

> 白髮催人老，顏因醉暫紅。有時閒弄筆，無事則書空。
> 縹緲晴霞外，筋骸藥臼中。一瓢藏世界，直似出塵籠。

這些詩作，雖然都由集唐人詩句而成，但卻能渾然概括，情景相生。在這些詩作中，我們彷彿看到一個寄情山水而未能忘卻世情的失意之人，雖然竭力想在讀書作詩之中排遣情懷，而每逢春去秋來，輒因時而生感觸，回憶往事，都已成夢，長日無聊，則未免書空咄咄，這種情形，在他此時所作的〈自嘲〉及〈遣悶〉等詩中顯示得更為清楚。如〈自嘲〉一首云：

> 就日移輕榻，金爐暖更添。水流心不競，情盡口長箝。
> 元律葭灰變，歲殂風露嚴。檢方醫故疾。詩冷語多尖。

又，〈冬夜病中遣悶〉一首云：

> 怕風誰怯夜，寒入五更衣。壯志隨年盡，曉懷生道機。
> 自哀還自樂，無是亦無非。病眼嫌燈近，琴樽俗事稀。

又，〈寄寶佩蘅相國〉（寶佩蘅即寶鋆）一律云：

紙窗燈焰照殘更，半硯冷雲吟未成。往事豈堪容易想，光陰催老若無情。
風含遠思翛翛晚，月掛虛弓靄靄明。千古是非輸蝶夢，到頭難與運相爭。

這些詩句，雖然也曾小心隱藏他內心的不滿思想，但到底也從「詩冷語多尖」、「壯志隨年盡」，與「往事豈堪容易想」、「到頭難與運相爭」等句子中流露出來了。這樣的感情，在他甲申年所作的詩篇中顯現得最多，乙酉、丙戌以後較少。但即使如此，在乙酉、丙戌年所作的各詩中，也有甚為露骨的表示。如乙酉年所作的〈遊西山岫雲寺〉一首云：

春去春來有底憑，雨餘楊柳暮煙凝。世情已逐浮雲散，山色牽懷著屐登。
仙樂拍終天悄悄，繞廊行處思騰騰。對持真境應無取，願得身閒便作僧。

此詩以「仙樂拍終」至慨於舊事之難再，以「思騰騰」喻中心意興之難以壓抑，意義甚為明顯。所以，儘管他在表面上有所謂「世情浮雲」之說，仍然難以掩飾內心的真正感情。又如丙戌年（光緒十二年）〈元夕獨酌有懷寄寶佩蘅相國〉一律云：

只將茶薦代雲觥，竹隝無塵水檻清。金紫滿身皆外物，文章千古亦虛名。
因逢淑景開佳宴，自趁新年賀太平。吟寄短篇追往事，一場春夢不分明。

此詩的後二句，分明是因追懷往事而生無窮的感慨，要說此不是在表示他內心的鬱勃難堪，似乎無人能信。所以，他在乙酉年所作的〈鑑園遣興三十首〉中，也有很多類似的詩句。如第三首的「積感深於海，拋杯瀉玉缸」，第四首的「眼看過半百，心事竟難知」，第九首的「蘆葦聲兼雨，孤燈點夜齋。眼看人盡醉，直道事難諧」，第十首的「新詩久不寫，往事只堪哀」等，俱此之類。這種感情，俱是他在罷職家居初期所顯示的思想形態，一直要到幾年之後，方才逐漸有了轉變，其時間則大約在光緒十五年以後。

《萃錦唫》卷八所收各詩，俱是奕訢在光緒十五、十六兩年所作。十五年即己丑，此年正月，慈禧舉行歸政大典，凡中外宣力諸臣，俱有恩賚，寶鋆亦蒙賞食全俸，曾有詩紀慶，奕訢因亦作詩和之。詩云：

> 今春喜氣滿乾坤，當殿群臣各拜恩。自覺此身依樂土，最思同醉落花村。
> 雖居世網常清靜，難得儒翁共討論。更買太湖千片石，坐看庭木長桐孫。

又，同卷〈樸庵弟再約與心泉弟奉陪佩蘅相國小酌於邸園桃隖，即席賦贈〉一首云：

> 人來何處不桃源，碧樹濃蔭護短垣。陶景豈全輕組綬，嵇康惟要樂琴樽。
> 歡娛節物今如此，無限詩情待細論。學取青蓮李居士，更容相彷莫辭喧。

又，同卷〈山莊閒步〉一首云：

> 繁華穠艷竟如何？應伏流鶯為唱歌。飽食暖行新睡覺，桃蹊柳陌好經過。
> 山深春晚無人賞，雨後花容淡處多。屋小有時投樹影，但留風月伴煙蘿。

以上乃光緒十五年所作。至十六年所作的，又可舉出〈喜閒〉一首為證：

超然塵事外，已得六年閒。欲契真如義，情生造化間。
澄心坐清境，深戶掩花關。味道能忘病，不知憂與患。

這些詩，頗能寫出一個習於優閒而樂道忘憂的太平之人，如何地在即景趁時，安享山林之福，而不復存憂患得失之心。大概幾年以來的閒散生活，已頗使他的思慮趨於澄澈，感情趨於平實。昔日的恩怨，既已隨時間之消逝而歸諸消散，則此心明淨，已無復罣礙，正可翛然物外，靜觀世態，而自得其樂。這樣的心理狀態，正是絢爛之後復歸平靜的至高境界，人生至此，可謂圓滿而成熟。只是，以一個身負國家大計的極有用的人才，而任令他如此歸結，也總是國家社會的損失吧！

以上所說，只是就《萃錦唫》所收奕訢各詩，就其文字所見內容分析。此書在清末曾經一再刊刻，流傳頗廣。但據後來的傳說，此書在刊刻之時，由於其中若干詩句嚴重地觸犯忌諱之故，曾經加以改削。因此，刊刻流傳以後的《萃錦唫》，並不能真正代表奕訢的思想。其他不能詳知，單就前面曾經引敘的那首〈元夕獨酌有懷寄寶佩蘅相國〉詩，就有過很明白的刪改。

前引〈元夕獨酌有懷寄寶佩蘅相國〉詩，作於光緒十二年丙戌，原文已引敘於前，為了容易瞭解起見，再在下面覆述一次：

只將茶荈代雲觥，竹隝無塵水檻清。金紫滿身皆外物，文章千古亦虛名。
因逢淑景開佳宴，自趁新年賀太平。吟寄短篇追往事，一場春夢不分明。

據文廷式所撰的《聞塵偶記》所說，此詩的末兩句的原來文字，乃是：「猛拍欄干思往事，一場春夢不分明。」若果如此，原詩所顯示的感情，就大可玩味了。

細味全詩，奕訢在罷政之後二年的光緒十二年元夕燈下獨酌，因感觸舊事而懷想當年同參朝政的寶鋆（佩蘅），故而寫詩一首，由追想往事而表達寫詩的感想，原是非常自然的事。首兩句自述當時的生活情況，酒易為茶，居處寂寥，顯示他在擺脫繁華生活之後的寧靜灑脫。三四句說明爵祿與浮名皆屬空虛，表示他的心中對這些都已完全勘破。五六句寫當前之年節佳景，至結末兩句，則因對景生情而有感觸，故寄詩寶鋆，重提當年舊事，末句的「一場春夢不分明」雖看似突兀，但因全詩語意尚能貫串，所以也並不令人感到十分顯眼。但若原詩的文字乃事「猛拍欄干思往事，一場春夢不分明」，則所顯示的意義，就並非單純的懷舊思昔，而是中懷憤懣，思想甚為激動，顯示他當時乃因感觸舊事而生極度懊喪尤悔的光景了。此詩既因感時而發，而他在政治生涯上遭受重大挫折的原因，又由慈禧的惡意打擊而起，那麼，他之所以要悔恨莫及的，自然亦就是與慈禧相關之事了。慈禧之能夠崛起，由於垂簾聽政。這在八顧命大臣稟承咸豐遺命輔政時，曾因此而與慈禧發生激烈的衝突。若不是奕訢與慈禧合作推翻八顧命大臣，則他自己雖然未必能執掌政柄，慈禧亦不能以太后的身份干涉朝政。正因為當年曾有此一念之差，誤信了慈禧甘言蜜語，幫助她從八顧命大臣手中奪得政柄，種下今天的禍根。此正是俗語所說的：「一著錯，滿盤輸。」追念及此，怎不令人腐心切齒，痛根自己當年何以如此糊塗不明，竟致幫助慈禧做出如此誤國害己的事呢？「猛拍欄干」所追悔的，正是此事。所以，自無怪這一句關係重要的文字，後來要被改為輕描淡寫的「吟寄短篇追往事」了。然而，亦可以使我們明白地看出，奕訢當年幫助慈禧奪得政權，乃是他晚年所痛切悔恨的一大錯誤。此事在清末歷史上的影響極大，但其關係卻只在少數幾個關鍵人物的一念之間，說來實在可慨！

奕訢與慈禧的關係敘述至此，已可作一結束。原因是奕訢自此不再在清代政治上居有關鍵性的影響力量。雖然，他在光緒二十年甲午戰敗之後，又因朝中親貴大臣之一再薦舉，以致慈禧不得不勉強再任命他為領軍機的重臣，但他在此時一則由於年已老耄，二則亦久已洞悉慈禧的攬權私心，所以他的態度也愈加變得模稜圓滑，凡事委蛇因循，以致朝野上下都對他失望之極。其實，這根本怪不了奕訢。因為慈禧的專制權威到了此時，早已根深柢固，而她的頑固自私思想又不是任何人所能影響得了的。奕訢既不能對她發生任何影響力量，則除了將順承命之外，又還能做得了什麼呢？

清人方濬頤所撰的《夢園雜說》，有一段論人才的話，說：

> 郭筠仙（即郭嵩燾）中丞一日與予論天下事，中丞曰：「人必才識相兼，始足以當大任。」予對曰：「監司守令，貴乎有才；若膺疆寄者，則不貴有才而貴有識。知人善任，虛己求賢，則集眾才以為才，雖無才不害其為有識也。」

這段話論封疆大吏不貴有才而貴有識，用來論述作為一個領袖人物的統治者如慈禧，亦可說非常合適。慈禧有才幹，也極有手段，只可惜她只是一個未嘗學問而權力欲望極強的無識女流。所以，雖有人才如奕訢，亦仍然因與她的權力欲望相衝突之故，必欲去之而後快。有人才而不能用，所樂於引用的又只是醇王、禮王之流的庸才，如之何不使朝政日非、國事日壞呢？自奕訢罷斥之後，醇王當政。醇王之後，則是榮祿與慶王。榮祿尚稱小有才，至於慶王奕劻，則是標準的貪官污吏。清代末年的政治，因此便一天天地走向腐敗沒落的道路。

奕訢之遭罷黜，是光緒十年三月的事。自此以至光緒三十四年十月光緒與慈禧先後賓天，中間相隔二十四之久。這二十四年，乃是慈禧的統治權力達到最高峰的時代，雖有光緒在，不過只是形式上的傀儡皇帝而已。在這二十四年之中所發生的重大事件，略舉如下表所示。

以上所述，看起來好像只是一些單獨的事件，彼此並無關係：其實則後一事都由前一事所牽出，彼此之間的關係極為密切。如慈禧在黜退恭王之後凡事俱可獨斷獨行，不虞掣肘，即以歸政之後須擇地頤養為名，耗海軍經費二千餘萬，修頤和園。由於海軍經費大部分挪用於頤和園，日人知我軍備窳劣，因此而生侵侮之心，遂藉口朝鮮問題掀起戰爭，因而有甲午之敗。此一敗衄，使全國上下憬然而知外侮之日亟，於是光緒乃因康有為之進言而思變法維新。不料守舊派擁慈禧反對變法，維新失敗，光緒被幽，慈禧更欲扶立溥儁以廢黜光緒。只因此舉受外國列強之干涉而不能實現，慈禧因之而極端仇外，欲圖藉義和團之力一舉驅出外國勢力，為雪恥報仇之計。卻不料神拳不敵洋人槍砲，八國聯軍攻入北京，慈禧倉皇間率同光緒遠遁西安。翌年，乃訂立苛刻無比之〈辛丑和約〉，幾置中國於萬劫不復之地。自經此亂之後，慈禧畏洋人如虎，清朝之國際地位亦一落千丈，馴至聽日、俄兩國為爭奪我之東北而發生戰爭，以我國之領土為戰場，完全無視中國之主權，清政府亦噤無一言。情勢演變至此，中國幾將無以立國於事借。然而，這都是慈禧獨專國柄之後一連串錯謬行為所造成的結果。將這種

年代	重大事件
光緒十二年	開始經營頤和園
光緒十四年	頤和園建成
光緒二十年	中、日兩國因朝鮮問題開戰
光緒二十一年	〈馬關條約〉，臺、澎割讓予日
光緒二十四年	「戊戌變法」，甫六十日而敗，光緒被幽禁於瀛臺，慈禧再出訓政
光緒二十五年	立溥儁為大阿哥，欲行廢立
光緒二十六年	義和團之亂，八國聯軍入北京
光緒三十年	日俄戰爭，兩國以我之東北為戰場

情形與她垂簾聽政前二十三年間的情形相比，理亂之分，判若黑白。前二十三年即是恭王領軍機的時期，由此亦可知道，恭王柄政，比慈禧實在強得太多。

慈禧獨專國政的二十四年間，清代的政治情勢好像以滾球下山的速度急遽走向下坡，而其禍亂之始，則全在修頤和園一事。因此，我們應該先從修園這件事情上談起。

修園之事，肇始於同治間的重修圓明園之議。其時，由於恭王以下的極多臣僚都竭力諫阻之故，同治未得遂其意願。但即使如此，修園的動機仍未消除，亦隨時可以提出。祁敬怡所撰的《谷亭隨筆》，有一段說：

山東游匯東侍郎百川，同治壬戌翰林，由御史給事外放，數遷至順天府尹，擢倉場侍郎，同光間進階最速者也。有直聲，尤諳河務。同治末葉，游在御史任，曾疏諫停止圓明園工程。穆宗召見，厲聲曰：「汝亦有父母，豈有父母所欲，而故為違抗者？」意蓋指孝欽之命也。游稱：「皇太后政暇頤養，不如就近增飾西苑，以為臨幸之地，用帑不鉅，易復舊觀。」穆宗可其請，而未知西苑所在。游復申奏，即南北中三海，近在宮掖。穆宗命具疏以聞。無何，穆宗升遐，事遂寢。光緒中，乃復議修此，且修頤和園，以海軍儲款移作園工，大開報効之途，極為冒濫，有斜封墨敕之誚焉。

由同治斥游百川的話，可知同治末年之修圓明園，其意念亦動於慈禧，同治為其親子，故知之詳而持之堅，只因當時的反對力量太強，以致半途而止。光緒初年，慈禧亦曾數次向恭王表示意見，恭王仍不贊成，所以在恭王未被黜退之前，修園之事，仍然只是空中樓閣。《清稗類鈔》中有一條記此曰：

光緒初，恭王當國，謹守繩尺。三海小有殘破，亦未修。孝貞、孝欽兩太后率帝幸海時，恭王必從。孝欽輒曰：「此處宜修矣。」恭王正色厲聲而言曰：「是。」孝欽不再言。孝貞則曰：「無錢奈何？」及孝貞賓天，恭王出軍機，以醇王繼任。於是迎合孝欽者，先修三海，包金鰲、玉蝀於海中（原注：金鰲、玉蝀，橋名也。自國初以至光緒乙卯，皆在大道旁城西，為赴後門之大道。橋旁即承光殿，俗呼圓殿，又名團城子）。然猶西苑在城中，山水之趣，不及郊野，乃又有重修圓明園之議。其後以圓明園荒蕪已久，水道阻塞，不如萬壽山、昆明湖水面廣闊，施工較易，乃輟圓明園工而修萬壽山，且賜名為頤和園。

據此可知，頤和園之修，乃是恭王出軍機而醇王當國以後的事——若不是恭王出軍機，頤和園始終修不成，慈禧太后亦沒有這麼豪華奢侈之園林山水可供「頤養天年」之用了。萬壽山、昆明湖在北平城西五十里，其地本為乾隆時的清漪園，英法聯軍之役，與圓明園同被兵燹所毀。至是，因迎合慈禧太后的願望，而以巨款修復。此園的大致情形，柴萼所撰的《梵天廬叢錄》中曾有簡略的介紹，引述如後：

頤和園在京師西北萬壽山麓昆明湖畔，慈禧太后以百萬之資，就清漪園舊址改築者也。園枕山襟湖，天然邱壑，宮殿宏壯，房廊曲奥，苟非意匠經營，不有此結構。初入門為玉瀾殿，玉階無塵，朱簾垂地。再進則為德宗燕寢處，掀簾而望，御座陳設，赤舄玉椅，輝煌炫目。由殿左向，則長廊一線，如駕長虹。過此則曲徑通幽，引人入勝。離宮別館，皆翠蓋登臨之地。楹聯堂額，皆詞臣華藻之筆。臨湖正殿，額曰排雲。由殿上向，則最高之佛香閣在焉。從殿而左，至後山上，有畫中亭。亭旁兩閣，一曰愛山，一曰借秋。由曲徑繞道至山下，則池沼楊柳，流泉泠泠。山石壁立，石上刊有「仙草」、「松風」等字，為太后御筆，璽寶重鈐，猶留鴻爪。復出，有文昌閣、昆明湖。湖隄長二里餘，隄邊有銅牛一，蹺伏石蹬，乃圓明園中故物也。湖廣十餘里，真世上仙境。今則野有蔓草，室無居人，梧桐葉落，西風露冷，不禁有黍離麥秀之思矣。

此文記述頤和園的大概情形，頗易使人瞭解。只是其中說到慈禧以「百萬」之費修成此園，就錯得太厲害了。《清稗類鈔》說，自頤和園修成，每年三月以後，慈禧常率同光緒帝后居於園中。園內設電燈廠、小鐵道、小輪船等，僅每日的開支，就需要用到一萬二千兩銀子，區區百萬之數，如何能修成此園？民國間，毗陵張懷奇曾作〈頤和園〉詞，並有自註。詞云：

朱甍天際集鳳凰，九乘避暑離宮涼。御龍阿母昇雲上，玉階瓊樹雕秋霜。圓明園火頤和起，西控都門五十里。聞說鑾輿送內家，慣看禁馬馳中使。雲欄玉榭似南朝，班扇當樓擁百僚。六曲屏風雲母飾，九間殿柱水晶雕。鳳亭迴護仙霞紫，昆明池館翡翠巢。年年禮佛愛山莊，春老役靈移海市。碧水縈迴繞畫廊，新荷五月出池塘。中書奉詔趨偏殿，學士承恩出尚方。月滿桂花珠露重，龍涎細爇御爐供。玉敕還宮正賜宣，金璫返蹕誰陪從？鷹犬年年進九重，度支計畫仰司農。

原詞尚長，但這一段下的註釋則甚為重要。原註云：

朝邑閻文介公敬銘，以大學士長戶部八年，爬羅梳剔，遇事撙節，歲得羨餘百餘萬。及光緒中葉，幾盈千萬。文介欲儲此款不他用，以待國家正用。自頤和園工程起，內務府經費歲增數百萬。每咨取時，文介輒力拒之。慈禧固知部中儲有巨款，一意提用，而文介一日在位，必不能遂其志，於是眷文介驟衰。文介知無可為，遂稱疾去職。文介去，而戶部儲款數月間立盡。此句蓋指其事。

據此云云，則閻敬銘長戶部時所辛苦搜積的羨餘銀一千萬兩，就是因慈禧之修頤和園而用盡的。千萬之於百萬，已是十倍之數。而修頤和園的實用之數，尚不止此。《清宮遺聞》中有一條說：

修頤和園款多出之海軍經費，聞約計三千萬兩。其修理費，則出土藥稅。

此所云「約計三千萬兩」，當是所費之總數。其中除去戶部所儲羨餘銀一千萬兩，出於海軍經費的應為二千萬兩。其時正當「中法戰爭」失敗之後，北洋大臣李鴻章極力呼籲建設海軍，卻不料名義上作為建設海軍之用的購船經費，大半都被挪用於修建頤和園。因此，自光緒十四年以後，海軍就沒有再增添一艦。甲午戰役發生前，「定遠」、「鎮遠」二艦請求增購十公分口徑的德製克虜伯快砲十二尊，以備制敵，部議以時方準備為慈禧皇太后舉行六十大壽慶典，支費太多，無款可供買砲之用，駁覆不准。修園重於建軍，祝壽重於備戰，時勢如此，甲午之戰焉得不敗？何況慈禧當時尚不知中國的戰備空虛，勝戰無望，仍一力贊成李鴻章以強硬態度應付日本的挑釁。於是，中日「甲午戰爭」發生了，海、陸兩軍都一敗塗地，由此被迫簽訂了喪權辱國、割地賠款的〈馬關條約〉。如果要問：甲午之戰何以會失敗得如此之慘？當然可以舉出很多的原因。但其中的一項主要原因，則是當時的國防經費都被慈禧太后拿來修頤和園了。為了個人的槃遊享樂，而可以置國家的安危於不顧，統治者之所為如此，豈不是太令人灰心失望了嗎？

惲毓鼎《崇信傳信錄》云：

> 甲午遼東喪師，上憤外難日迫，國勢阽危，銳欲革新庶政，致富強。環顧樞輔大臣，皆㦏耎玩愒，無足與謀天下大計者。南海康有為，甲午公車一再上書，上固心識之。戊戌四月，常熟（即翁同龢）罷去，朝局漸變。張閣學百熙、徐學士致靖先後疏薦有為，召見，以日本改制維新之說進，上大悅。是時，二品以上大員黜陟，皆須詣頤和園取進止，上不得自專，故康僅以工部主事在總理事務衙門行走，其門人梁啟超，僅領譯書局，而樞輔閣部大臣，固無力去之也。其時廣開言路，庶民皆得實封言事。禮部主事王照疏陳四事，請上遊歷東西洋各國，尚書懷塔布許應騤等抑不為代奏，堂司交鬨，事聞於朝。上正思藉事黜一二守舊大臣以厲威而風眾，聞之震怒，特詔革禮部六堂職，破格拔少詹事王錫蕃、翰林院侍讀學士徐致靖署左右侍郎。舉朝知上意所在，望風而靡。懷妻素侍頤和園宴遊，哭訴於太后，謂且盡除滿人。太后固不善上所為矣。會上特擢譚嗣同、楊銳、劉光第、林旭參贊軍機事，專理新政，時謂之四貴，樞輔咸側目。譚、楊憤上之受制，頗有不平語。上手詔答之，大略謂：「頑固守舊大臣，朕固無如之何。然卿曹宜調處其間，使國可富強，大臣不掣肘，而朕又上不負慈母之意。否則朕位且不保，何有於國。」於是蜚語寖聞西朝。御史楊崇伊、龐鴻書揣知太后意，潛謀之慶親王奕劻，密疏告變，請太后再臨朝，袖疏付奕劻轉達頤和園。八月初四日黎明，上詣宮門請安，太后已由間道入西直門，車駕倉皇而返。太后直抵上寢宮，盡括章疏攜之去，召上怒詰曰：「我撫養汝二十餘年，乃聽小人之言謀我乎？」上戰慄不發一言，良久，囁嚅曰：「我無此意。』

太后唾之曰：「癡兒，今日無我，明日安有汝乎？」遂傳懿旨，以上病不能理萬機為辭，臨朝訓政。凡上所興革，盡反之。

這一段話，概括敘述出光緒二十四年的「戊戌維新」，係直接受「甲午戰爭」的刺激而起。但因光緒無實權，而守舊派頑固份子又竭力反對維新，慈禧太后乃得以利用此一情勢，收奪光緒皇帝名義上的政權，由她自己再出垂簾「訓政」，自此一直到光緒三十四年。一般的史書，對於「戊戌維新」及其後的政變經過，大致亦作類似的記述。事實上則光緒無實權，固如上述，而慈禧與光緒之間的感情惡劣，並不始於「戊戌維新」；慈禧之謀廢光緒，亦不自「戊戌維新」而起。這一點，則是必須加以澄清的。

光緒之皇后，乃慈禧之姪女，都統桂祥之女，於光緒十五年正月立為皇后。後稱為隆裕皇太后。當選立皇后之時，初選合格者共有五人，一為隆裕，另外則是江西巡撫德馨之二女，及吏部侍郎長敘之二女。光緒屬意於德馨之女，慈禧則因隆裕是她的姪女之故，必欲光緒立之為皇后。光緒不敢違拗，不得已勉強照慈禧之意行事。於是隆裕被立為皇后，長敘二女封為珍、瑾二妃，德馨二女則被擯斥。但因光緒對於隆裕並無好感，慈禧則以為光緒之所以不喜隆裕，乃是珍、瑾二妃從中作梗，因又遷怒二妃，待之甚苛。這種情形，清代野史中多有記載，這裡可以無須多贅，所需要指出的，則是因光緒與隆裕之感情不睦，而致慈禧懷恨光緒的情形。

《光緒東華錄》中有一條貝勒載澍忤旨革爵的記載，說：

二十三年春三月，貝勒載澍忤太后旨，命革去貝勒，交宗人府重責八十板，於空屋永遠監禁。載澍乃孚敬郡王之子，其妻乃太后之姪女。載澍有妾生子，妒殺之，為載澍所詰責，憤而訴於太后。太后遽下詔，謂載澍平日不孝於母，若不從嚴懲辦，殊乖孝治之意，遂獲嚴譴。詔下後，福晉昏暈於地。

此「太后之姪女」，亦是桂祥之女，隆裕之妹。王照撰《方家園雜詠紀事詩》中曾紀此，謂慈禧之所以重懲載澍，目的在震嚇光緒，所謂「項莊舞劍，意在沛公」也。原詩下有註釋，云：

隆裕胞妹，為貝勒載澍妻。載澍者，景皇之嫡堂弟，孚郡王之子也。當隆裕不禮皇上之日，澍妻亦作獅吼。澍與爭，桂祥妻來責孚王福晉曰：「爾子欺吾女，爾何以不管？」福晉曰：「彼小夫妻房中口角，你我做老人的，何必干預？」祥妻怒曰：「你是不管哪？」福晉曰：「我不管。」祥妻曰：「你既不管，以後可莫再管。」登輿去，譖諸太后。太后召恭王，欲致死澍。恭王苦求，始允從輕褫爵奪府，杖一百、永遠禁宗人府獄。明發上諭，謂澍忤逆不孝。恭王遵諭回軍機處擬旨，面青手顫，久不能語。從來宗人府行杖，但舉杖做虛勢，口呼一二三四而已。及杖澍，桂祥妻遣人監之，言杖不力則復奏。澍受杖流血昏暈，及入獄，藍衫單褲粘於血肉，脫不能下。太福晉避居孚王墓地小屋。獄中不許人入視，惟有兩餐糙米飯。及庚子洋兵放獄，澍往從太福晉於墓地，遂家焉。某司官，亦宗室也，壬寅春養痾於湯山，與趙先生詳言其事，且曰：「澍貝勒加罪之重，乃所以震嚇皇上。故恭王當日之顫，不僅痛胞弟孚王之斬祀也。」庚子團匪瀰漫之日，守西陵貝子奕謨，告逃難至西陵之齊令辰曰：「我有兩語賅括十年之事——因夫妻反目而母子不和，因母子不和而載漪謀簒。」謨貝子，成皇之胞姪也。

載漪謀簒，即光緒二十五年慈禧以端郡王載漪之子溥儁為大阿哥，欲謀廢光緒而以溥儁為繼之事。載漪謀簒，已在「戊戌政變」之後。而慈禧之積不快於光緒，不必等到「戊戌政變」，即在光緒二十一年時，便已十分表面化。除了前述光緒、隆裕夫妻反目一事外，其他可以徵見的，尚有斥逐文廷式及杖責珍妃之事。《花隨人聖盦摭憶》敘此，云：

> 文道希革職驅逐一事，實為「戊戌政變」之先聲，當時帝后齟齬中一大公案也。由今觀之，德宗必挫，事機之危，瞭然有數，惜當時衰衰諸公熟視無睹耳。以予所聞，道希被革，出於那拉后授意。其時后與帝不相容，已如水火。道希當日，則於外交、內政，已極有主張。《緣督廬日記》：「光緒二十九年九月八日，道希木齋約赴謝公祠，議聯銜奏阻款議，及邀英人助順。又道希主稿，請聯英德以拒日。」此可見常熟一系當日之政策。又某筆記載：「德宗憨直，上書房總師傅翁同龢，亦頗以民間疾苦、外交之事誘勉德宗。德宗常言：我不能為亡國之君。語侵慈禧，而廢立之說興焉。時坤宮與德宗不睦，頻以讒間達慈禧，故事機益迫。甲午清兵潰，軍艦被擄，吳大澂、魏光燾督師關外，劉坤一督師關內，李鴻章議約多損失，幾定約焉。翰林學士文廷式習聞宮中諸事，知內憂外患交乘，國將覆，往見坤一，請力爭約款。坤一未會意，謂弱國無權利可言。廷式請屏左右，以廢立之說相告，且謂宮中蓄謀久，慈禧有所作，每詢疆臣等意思若何，是宮中所忌者疆臣。疆臣資高負宿望者今惟君。某知爭約必不成，俾內廷因斷斷爭約，知廢立之難實行，則曲突徙薪之效見焉。坤一囑廷式代起草，而廢立之謀以止。」據此，道希為德宗謀不為不忠，從權應變不為不智，西后必去之心，已躍然愈急。論者乃以大考通關節事，並誣其才，非知言也。

此文中所說的「文道希」，即文廷式；「大考通關節事」，即野史所謂甲午年大考翰詹，光緒親以文廷式卷授閱卷大臣，拔置第一，因之超擢侍讀學士，實則其女弟子珍妃為之關說於光緒之故也云云。關節之說，即後來文廷式革職驅逐之罪名，其事由慈禧作主，與珍、瑾二妃被降為貴人，情形相同。珍、瑾二妃之罪降，《翁同龢日記》中有之，云：

> 光緒二十年十月二十九日，太后召見樞臣於儀鑾殿，次及宮闈事，謂瑾、珍二妃有祈請干預事，降為貴人。臣再請緩辦，不允。是日上未在坐。因問：「上知之否？」諭云：「皇帝意正爾。」

如果罰降二妃之事果係出於光緒之意，則儘可由光緒自召樞臣而自宣諭旨，又何必由慈禧為之代庖呢？何況慈禧自光緒十五年皇帝親政以後，即已明降諭旨，歸政頤養，不過問朝政的了。觀此種種，則不但朝廷大臣之進退須請示慈禧，而光緒所為倘有慈禧所不愜，亦必事事出頭干涉，直接以「懿旨」處分，不啻隱執朝政，而以光緒為傀儡也。實情如此，慈禧之必欲光緒事事聽其鈐束，正是極明顯的事。而光緒則不但顯違慈禧之意願，而且欲實行新政，盡黜守舊派的頑固份子，是不啻欲侵奪慈禧之政權，非爆發最後之政爭不可了。凡此種種，已有革責載澍、罰降二妃，及黜退文廷式諸事作為警告的序曲，而光緒帝及康、梁諸人竟然全不警覺，這就註定了光緒非遭遇悲慘的命運不可。由修頤和園至爆發中日甲午之戰，再演變而為「戊戌政變」，其中的因果遞嬗關係，極為明白。

「戊戌政變」之後，光緒被幽於瀛臺，政無大小，仍由慈禧自操其柄。且這不過是慈禧欲另立新皇帝的步驟之一，其最後目的，並不就是讓光緒繼續保有這傀儡皇帝的形式。溥儁之被立為大阿哥，便是廢立之前奏。但因發之過早，外為各國列強所反對，內有李鴻章、劉坤一等人之異議，以致廢立之事不能成功，慈禧以此遷怒洋人，遂召來義和團之亂。胡思敬《國聞備乘》記此云：

> 康黨既敗，太后再出垂簾，外人頗有違言。上海各國領事，因欲聯盟逼太后歸政。江蘇道員羅嘉杰聞其謀，密告政府。電稿為端郡王載漪所見，懷以奏太后。太后大惡之，噤不敢發。及己亥謀廢立，英公使私探其情於李鴻章，鴻章力辨其誣，因留之飲酒，徐試之曰：「頃所言，僕實毫無所聞。設不幸而中國果有此事，亦內政耳，豈有鄰好而干人內政乎？」英使曰：「鄰國固無干與之權，然遇有交涉，我英認定『光緒』二字。他非所知。」鴻章以告榮祿，為太后所知，益恨之次骨。此庚子拳禍之所由來也。

這裡所提到的上海各國領事欲聯盟逼慈禧歸政，及英國公使表示止承認光緒為中國皇帝之說，是否真有其事，抑或只出於羅嘉杰的誤傳或李鴻章的飾詞，都大有問題。且李鴻章之不贊成廢立，言外之意，亦顯然可見。至於兩江督臣劉坤一之公然表示不贊成，則王照的《方家園雜詠紀事詩》中亦有記載，說：

> 戊戌八月變後，太后即擬廢立，宣言上病將不起，令太醫揑造脈案，遍示內外各官署，並送東交民巷各國使館。各使偵知其意，會議薦西醫入診，拒之不可。榮祿兼掌外務，自知弄巧成拙。又嘗以私意陰示劉忠誠公（即劉坤一），忠誠覆書曰：「君臣之義已定，中外之口難防。坤一為國謀者以此，為公謀者亦以此。」榮祿悚然變計，於是密諫太后，得暫不動。

因謀廢立不成而遷怒洋人，因遷怒洋人而思欲藉義和團神拳之力盡殺洋人以為報復，這在稍有政治常識的人看來，都是匪夷所思的事，然而當時的慈禧竟然有此思想，實在使人為之大惑不解。《清稗類鈔》載有慈禧對於此事的自述回憶一則，錄之於後，亦可以使我們稍稍得以瞭解，慈禧對於釀成庚子拳亂一事，究竟作何說詞。原文如下：

予最恨人言庚子事。予乃最聰明之人。嘗聞人言英女王維多利亞事，彼於世界關係，殆不及予之半。予事業尚未告成，亦無有能逆料者，或尚有可使外人震驚之事，或尚有迥異於前之事，均未可知。英為世界最強國，然亦非維多利亞一人之力。英多賢才，各事皆由巴力門（國會）議定，彼惟畫諾而已。我國大事，皆予獨裁，雖有軍機大臣，亦惟贊襄於平時，皇帝更何知？庚子以前，予之名譽甚佳，海內晏然，不料有拳匪之亂，為夢想所不及。綜計生平謬誤，即此一舉。予本可隨時諭禁拳匪，而端（即端王載漪）、瀾（載漪之弟載瀾）力言拳匪可信，為天所使驅逐洋人者，蓋即指教士而言。予固最恨耶教，當時聞言默然。然後亦知端、瀾所行太過。一日，端王率領拳匪頭目至頤和園，召集太監，在殿前查驗頂際有無十字。既而端王謂：「有二監信教，當如何辦理？」予怒斥之曰：「未發詔旨。何故擅領彼等入宮？」端王謂其權力甚大，可以殺盡洋人，有諸神保護，不畏槍砲，曾經試驗，槍打並無傷痕。因擅將二監交與拳匪頭目辦理，予亦允之。旋聞二監被殺於園。次日，端、瀾又帶拳匪頭目入宮，令太監燒香，為非教徒之證。自此遂逐日進宮，授太監法術，謂京城人民大半已習拳矣。第三日，宮監皆作拳裝，坎肩、包巾皆紅色，褲獨黃，予之左右皆然，心甚不悅。時軍機大臣榮祿方請一月病假，一日，忽報病癒，明日即須入宮，知其必有要事言也。及榮祿至，則謂拳民煽惑百姓殺洋人，恐國家受害。予問：「應如何辦理？」榮祿謂：「須與端王商量。」次日，端王入宮，謂昨與榮祿大爭，今京城已成義和拳之世界矣，若與反對，彼必殺盡居民，大內亦難倖免。董福祥已允助攻使館。余至是大懼，知大勢已去，立召榮祿，並留端王在側。榮祿至，顏色憔悴，告以端言，大驚，請立發一諭，聲明拳會為祕密會黨，百姓不可信從，飭步軍統領悉逐其在京者。端大怒，謂此諭果下，拳必入宮大肆誅戮。予不得已而從端言。端去，榮祿言拳必為禍，端喪心病狂，必助其圍攻使館。拳民未嘗讀書，以為只有在華之些少洋人，殺之即為無事，不知各國如何強大，若將在華者殺之無遺，必將報仇。洋兵即殺一百拳民，毫不費事，請余飭聶士成防守使館。余即允之，又令榮祿就商於端、瀾。一日，端、瀾進宮，請諭飭拳民先殺使館洋人，再殺其他。余卻其請。端謂事急不能再延，拳已備明日攻使館。余怒，令監逐出。端臨行，言：「我當代發諭旨，不問爾之願否。」既出，即矯詔行事，於是遂死無數生靈。及後，端見拳不可恃，洋兵將至，始勸余等離京。余之名譽，遂隳於一旦。此事由於前無主意，鑄此大錯，誤信端王，皆為彼一人所害也。

這一段話，縷述慈禧在庚子拳亂之前名譽甚好，只因「前無主見」而「誤信端王」，才會造成義和團之亂，成為白璧之瑕，說來甚為娓娓動聽，若細按其內容，實多遁飾之詞，其目的無非將釀亂致禍的責任，諉之於端王而已。試看清政府在庚子拳亂期間所發一切保護拳民及與各國宣戰的上諭，無一不是由慈禧主持廷議以後所發的上諭，即使曾有人提出反對意見，亦一切置之不顧，便可知所謂「矯詔」之說，全是一派謊言。而且端王志在篡奪，其先決條件必須有慈禧之全力支持，又如何敢顯違慈禧之意，而擅自帶兵入宮呢？王照的《方家園雜詠紀事詩》中，亦曾有一段記述拳匪入宮之事，云：

太后召大師兄入宮，令其遍視妃嬪、宮女，以察是否二毛子（所謂「二毛子」，指信奉耶教之人）。太后平日甚聰明，亦不惡洋教，此則佯為迷信，實陰令拳匪預識宮中部位路徑，以備臨時作用也。

王照的記述，顯然揭破了慈禧的兩項謊言：第一，慈禧並無厭惡耶教之說。第二，拳匪入宮，並非端王之擅作主張，而是出於慈禧之授意。其目的乃在藉此令拳匪識熟宮中路徑，必要時可以指使他們謀殺光緒（當時拳匪心目中之必殺者，有所謂「一龍二虎」；「龍」即光緒，「虎」即李鴻章與榮祿。慈禧很希望能假手拳匪，除去光緒，故王照之說如此）。慈禧聽信端王的意見，想利用義和團來殺盡洋人之目的既如此，其縱令拳匪入宮，意在謀殺光緒之目的又如此，現在居然要把一切責任推卸予端王載漪，而只以「前無主見」與「誤信端王」為詞，實在也太厚顏了。就事論事，慈禧在釀成「庚子拳亂」一事中的責任，可以稱之為「無識」與「荒謬」，與端王同屬一類之人，自謂「誤信」，無乃避重就輕。

不過，慈禧的這一段自我供白之詞，雖多謊言，其中也頗可看出若干真事，如她之自矜才智聰明及獨裁專政，即是。她批評英國女王維多利亞之但知畫諾受成，為遠不及她自己之英明而專斷，亦適足以反映她之缺乏真知灼見。英國的兩黨政治，在這時已相當成功。女王根據全國選舉的結果，任命得票最多的政黨領袖組織內閣，深深合乎選賢與能的宗旨，所以國家的政治日新月異，產業發達，生產進步，隱然成為世界最強之國。慈禧不懂得英國政治何以優良成功，猶以為中國在她的獨裁統治之下，將來尚可有使外人驚異的奇蹟出現，豈不是自欺欺人之談嗎？慈禧誠然聰明而有才，無如她卻並無遠大見識，又不願信任有才幹的人，終於使政府之中充滿了無識的庸才，她自己既不能收臂助之用，國家政治亦因之而日見敗壞。在如此情形之下，猶復侈談其英明獨裁，說起來也太可悲了。

說到慈禧的才能，確實有其可資自誇自矜之處。綜括起來看，慈禧的統治術，很有可稱。她之所以能夠成功，得力於三項因素：第一是心狠手辣，合乎「只問目的，不擇手段」之原則。第二是善於把握情勢，當機立斷，絕不讓機會錯過。第三是懂得培養政治上的敵對勢力，以達到其操縱駕馭之目的。一個成功的領袖人物，所需要的成功條件當然尚不止此。不過，處在當時的中國，慈禧既已有現成的皇太后身份可資憑藉，只此三點，亦就足可供其鞏固地位與把持權力之用。今試就此三點分別舉例說明於後。

王照的《方家園雜詠紀事詩》中，曾經引述榮祿的話，說：「皇上性暴，內實忠厚；太后心狠，令人不測。」榮祿是慈禧的姪輩，光緒二十四年以後，柄政達六年之久，乃是慈禧所十分寵信的心膂重臣。榮祿對慈禧的批評如此，其說當然有其根據。試就慈禧的種種行事看，黜恭王、幽光緒、斥革載漪、毒死慈安太后，乃至庚子之亂時將珍妃投於井中溺死，均是心狠手辣的明證。政治是現實而冷酷的，政治家往往只問目的而不擇手段，慈禧雖為女流，其所作所為，卻都能合於此一原則。所以，她才能打擊政敵，排除異己，成為獨攬大權的最高統治者，有如當年的武則天皇帝。

慈禧之善於把握情勢，利用機會，在咸豐十一年辛酉，與光緒十年甲申的兩次政變中，都可以明白地看出來。「辛酉政變」以前，政權在顧命八大臣之手，慈禧雖有攬權之心，苦於八顧命大臣之不肯從命。恰好恭王亦有復出之意，慈禧遂利用此一機會，取得恭王的合作，一舉推翻八顧命大臣輔政的局面，以垂簾聽政的形式出而干預政治，由此逐漸達到其收攬大權之目的。至於光緒十年的「甲申政變」，亦是慈禧巧妙地利用了盛昱的劾疏，將恭王為首的諸軍機大臣全班撤換，開清代史無前例的變局，由此使此後的繼任者全都是俯首聽命的奴才與庸臣，於是慈禧的權力愈見鞏固，凡所作為，亦可任意而行，不必顧慮其他的反對勢力了。

最後一點，是關於慈禧如何培養政治上的敵對勢力，以達到其操縱駕馭之目的。這方面的事例較多，對於實際政治上所發生的影響也很大，必須逐一舉例為之說明。

第一個例子，是慈禧利用清流黨的力量牽制恭王，及恭王既倒，又復摧殘清流，使其不能為害於己之事。

前面曾經說過，清流起於光緒初年，其起因由於政府軟弱而時政多故，故而一般具風骨之清流黨人喜激昂言事，自朝政、國計以至彈劾權貴，無不有之。慈禧本人，未嘗不討厭這些清流黨人之倡言無忌，以致行事多礙。但因覺得這一股力量頗可以用來制衡事事好與自己抗爭的恭王一黨，因此一直聽其自然，不加干涉。等到恭王被清流攻倒之後，慈禧也就對清流黨人採取了行動。清流諸人中，張之洞、張佩綸、宗室寶廷、陳寶琛等最負盛名。張之洞聰明而善於鑑貌辨色，覘測慈禧之意向所在，發言多知所避忌，故而最早以推陞山西巡撫去，以後且一直陞至總督、大學士，官運亨通，亦不為慈禧所惡。張佩綸鋒芒最露，「甲申政變」後，與陳寶琛同奉會辦軍務之命，張福建，陳南洋。文人治軍，必多貽誤，慈禧之目的，便是在藉此摧折。果然，閩江一役，張佩綸聞砲而逃，水師及造船廠盡燬，慈禧降旨嚴譴，革職充軍新疆，從此一蹶不振。寶廷以侍郎充福建鄉試考官，察見情勢不利，在歸途中納江山船妓為妾，上疏自劾，藉此罷官求去。陳寶琛知張佩綸之所以得罪由於慈禧之有意伺機行譴，亦藉病請辭。烜赫一時的清流黨人，在短時間之內先後摧折殆盡。可知慈禧若有意加以摧挫，本非難事，只是她先要用清流黨人來牽制恭王，所以直到恭王被黜之後，才對清流展開行動。其機心之深與運用之妙，可見一斑。

第二個例子，是她用崔玉貴來對付李蓮英之事。

民國以來的野史，多稱李蓮英為慈禧最用事的得寵太監，舉凡一切賣官鬻爵、通賄舞弊，及悖逆兇殘之事，俱是李蓮英為之主謀，至有所謂「九千歲」之說。這話恐怕未必盡然。王照《方家園雜詠紀事詩》云，慈禧曾遣醇親王赴煙臺閱視海軍，懿旨賜乘黃轎。醇王不敢乘，又恐慈禧未及知，乃力請於慈禧，派李蓮英同往，意在為之作證。蓮英怵於安得海之禍，布鞋、布衣，每日為醇王執長桿煙筒及大皮煙荷包，侍立王側，見客則為之裝煙。客退則入王之夾室中，不見一人。直、魯二省官員欲乘機逢迎大總管者，皆大失所望。此一行也。醇王之左右及李蓮英，皆一介不取而歸，醇王大讚賞之。由此一事，可見醇王與李蓮英二人，都是藉恭謹為固寵之計，而絕不敢有僭越擅權之嫌。故其後在慈禧宮中得寵擅權的太監，乃是有「二總管」之名的崔玉貴，而並非大總管李蓮英。後來，袁世凱為直隸總督，誤信市井傳言，以為李蓮英乃慈禧最寵信之人，事事趨奉獻媚，以為結好太后之計。蓮英有妹夫名白壽山，旗人，官內務府郎中。袁世凱為了討好李蓮英起見，擬欲奏保壽山為幫辦練軍大臣，壽山屢辭，不肯就。袁世凱乃派候補道唐小山入京見李，請李蓮英代勸壽山同意。李云：「歸告宮保，壽山不敢遵命，乃我教之也，萬勿再囉嗦。」至是，袁世凱始知李蓮英並無他志，因此改走崔玉貴的門路，終於達到他獻媚固寵之目的。

崔玉貴之所以得勢，據《方家園雜詠紀事詩》所說，乃是慈禧用來抵制李蓮英的手法。王照說：

太后用某親王以抵制慶王，亦如任崔玉貴以抵制李蓮英。蓋凡老臣、老奴，皆務妥慎，對於干犯禮義之端，不敢有一字唯諾。故太后皆防其掣肘，而預制之也。

此所謂「某親王」，蓋即老醇王奕譞之子，小醇王載灃，光緒之親弟也。慈禧如何利用籠絡的手法收服小醇王，使之成為制衡慶王的工具？這在王照的書內亦有敘述，云：

榮祿女早有艷名，太后常召之入宮，認為養女。某親王先已訂婚，係動舊將軍希元之女。太后勒令退婚，改定榮女。某王之太側福晉入宮哭求太后曰：「我之兒婦已向我磕過頭，毫無過失，何忍退婚，教人家孩子怎麼了？」太后堅執不許，希公女聞而仰藥死。某親王既被此牢籠，惟視太后為聖明，日見親任。

由這些地方可以知道，慈禧太后如果要培養一個人作為某人的政敵，每每不吝以爵祿、財富、美色等等手段，盡力籠絡，必使人感恩圖報，竭忠盡力而不敢有所背叛。慈禧的統治手法如此高明，其運用之妙，可謂極致。亦正因為這些緣故，所以他即使在光緒十五年宣布歸政，實際上仍可隱操大權。因為凡是在朝的高官顯爵，無不出於慈禧之豢養提拔，人人心目中但知效忠慈禧，光緒雖名為皇帝，事實上卻一事不能為。至於慈禧後來之扶植端王以圖制衡光緒，以及在袁世凱勢力日漸膨脹之後，又引用張之洞為軍機大臣之計，所用的亦是同一手法。所以，袁世凱雖然是一代奸雄，對慈禧太后仍然敬畏有加。只可惜在慈禧身死之後，繼為皇太后的隆裕與攝政王載灃都無此才具，所以袁世凱才能以他的權謀機詐，篡奪清朝的天下於孤兒寡婦之手。若是慈禧尚在，袁世凱絕不敢萌此異心，當可斷言。

以上所述，乃是因慈禧之舉措失當而造成的召侮致釁，其結果是使得中國的國際地位一落千丈，國運亦將瀕於絕滅。至於她在國內政治方面所留下的不良後果，則是她的貪財黷貨所造成的惡劣政風，其影響之深遠，直到北洋政府時代的民國，猶復流風不絕。此一幕往事，亦值得在此一說。

王闓運未刊遺書中，間有記述清末掌故時事者。《花隨人聖盦摭憶》嘗輯錄其數則，載於書中，其一則云：

記曰：「大臣法，小臣廉。大臣不貴廉也，能守法、立法，無不廉者。道光末，穆相（穆彰阿）最為貪黷。其門生勞文毅遷徽寧道入見，臨別，饋五十金。穆辭不受，云：『汝官不及此，再入則可送矣。』當時非陛見人員，無由謁軍機也。其後肅相（肅順）受浙藩饋，亦止五十金，轉以贈余。同治以後，府道州縣皆得見政府，初遺百金，後乃千萬輦賂，近二十年遂至三五十萬，以多相誇。」

此一則下有《花隨人聖盦摭憶》作者黃濬的按語，云：

道、咸間賄賂始行，雖以穆彰阿、肅順之貪，於外省人員，皆只五十金。證以光緒中葉孫毓汶等受饋只百金，可見其層次之遞進。湘綺所云「近年遂至三五十萬」者，指光緒之末年李蓮英等用事之市價也。

李蓮英通貨賄，清末以來之野史多記之。然李蓮英雖慣以賣官鬻爵為常事，其所得賄款，則並非全入於己。《方家園雜詠紀事詩》中就曾說過：「慈禧賣各色肥缺，以為常事。」由於慈禧好以海關監督、稅關監督、織造、鹽政等肥缺懸價而賣，李蓮英又適為之居間用事，外間相傳，遂指目為李蓮英通賄鬻官，其實則所得多歸於慈禧。

《清稗類鈔》中曾有一條，說慈禧在甲午「中日戰爭」以前，就積有私蓄折值英金一千五百萬鎊。此巨額金銀，在庚子拳亂時曾埋藏於地，辛丑回鑾，則已曾被人發掘，所餘只九百餘萬。因又續以聚斂搜括為事，至光緒末年，再積至折值英金二千五百萬鎊之數。世所謂慈禧遺產者，即指此而言云。光緒末年的英金二千五百萬鎊，折值白銀，不下七、八千萬兩之數。此巨額之現銀，一方面固由賣官而來，另一方面則得於各省督撫大臣及朝中權要之進奉。如當時以貪污著名之慶王奕劻，即為其中之一。胡思敬《國聞備乘》說：

> 麻雀之風，起自寧波沿海一帶，後漸染於各省，孝欽晚年，亦頗好此戲。奕劻遣兩女入侍，日挾數千金與博，輒佯負，往往空手而歸。內監、宮婢，各有賞犒，每月非數萬金不足供揮霍。又自西巡以後，貢獻之風日盛，奕劻所獻尤多。孝欽亦頗諒之，嘗語人曰：「奕劻死要錢，實負我。我不難去奕劻，但奕劻既去，宗室中又誰可用者？」蓋奕劻貪婪之名，上下皆直言不諱，言路以此參之，宜孝欽付之一笑也。然孝欽既知其弊，不急罷貢獻，猶縱兩格格入宮，以博弈戲弄為事，則未免累於嗜好矣。

慶王奕劻是繼榮祿之後的領軍機大臣，權勢赫奕，最得慈禧之寵信。根據上文的記述，則奕劻雖以貪黷著名，其實確曾得到慈禧之默許，以故言路雖屢有彈劾，奕劻的權位卻能維持不倒，其原因蓋在此。清代末年，官可價得，政以賄成，這在《官場現形記》及《二十年目睹之怪現狀》等譴責小說中俱有生動而具體的描寫。假如我們不瞭解清末宮廷間的貪黷情形，或將以為這些小說中的描寫未免誇大失實。但事實上所見的情形，則是自皇太后以至親貴王大臣及各省疆吏，無不以搜括貪污為能事，自無怪上下成風，紀綱蕩然的了。奕劻的貪汙所得，一部分需要灌輸於宮廷。而奕劻的貪污來源，又得自內外官吏的苞苴進奉。在這種轉輾輸納的情形下，如之何不使政治風氣敗壞至於極點呢？然而，這一切情形，又都是在光緒中葉慈禧獨專政柄之後所逐漸發展成熟的。是則慈禧之成為清代中國的亡國禍首，又正是十分明白不過的事了。

由咸豐、同治、光緒三朝的歷史縷述至此，敘事已極為繁複，所費篇幅亦已甚多。綜述這三朝之中五十餘年的歷史，因革變化雖多，實際只造就了一個晚清歷史上的女獨裁者——慈禧。由於慈禧雖有才具而無見識，所以晚清中國的國運，才會在她手中變得衰敗沒落，終至有亡國滅種之虞。慈禧的母家，住在北平朝陽門內的方家園。那裡是慈禧和隆裕兩朝皇太后的誕降之地，亦是晚清中國的禍胎所在。恭王奕訢當年就曾很感慨地說過：「我大清宗社，乃亡於方家園。」證之史實，這話誠然一點不錯。但若換一個角度看，如果不是慈禧之斷送滿清宗社，那也就不會有現在的中華民國。所以，王照撰《方家園雜詠紀事詩》，又嘗戲稱慈禧為推倒滿清之先鋒。其語雖謔，意實愴痛。慈禧在清代歷史上的定評，正當作如是觀。

第七章

李鴻章

李鴻章

在平定太平天國及捻亂兩大戰役中都曾立下赫赫之功，其後並以北洋大臣兼直隸總督的身份握持北洋軍權，參與甲午戰爭的和戰大計，之後他以外交特使身份與俄國訂立中俄密約，更招來歐洲列強瓜分中國的極大危機。對於中國近數十年來的國勢與地位，影響極深。

近世史家論述清代「同光中興」的重要人物，曾、左、胡以外，依次當及李鴻章。曾國藩、胡林翼，和左宗棠的「中興」事功，主要在於平定太平天國之亂及平捻。而李鴻章則不但在平定太平天國及平捻兩大戰役中都曾立下赫赫之功，其後並且以北洋大臣兼直隸總督的身份握持北洋軍權，參與「甲午戰爭」的和戰大計，在晚清歷史上留下了極深的影響。之後，他以中國外交特使的身份往聘歐洲，與俄國訂立「中俄密約」，更招來歐洲列強瓜分中國的極大危機。這對於中國近數十年來的國勢與地位，影響更大。梁啟超撰《李鴻章傳》，將李鴻章的一生分為兩個主要時期——前一時期為太平天國及平捻時期，名之為「兵家之李鴻章」；後一時期為從事政治及外交之時期，名之為「洋務及外交家之李鴻章」。前一時期的李鴻章，乃是「同光中興名臣」之一，在歷史上的評價應是譽多於毀。後一時期的李鴻章，因為晚清歷史的重心已漸由「安內」轉向「攘外」，不但肆應困難，而且非李鴻章的才識、能力所能應付，於是不免謗言叢起，而致毀多於譽。其中的是非恩怨究竟如何，在李鴻章死後七十年的今天再來加以探討研究，應該是可以得到一種比較客觀而公正之結論的。

李鴻章是安徽合肥人，字漸甫，號少荃，排行第二。父名文安，道光十八年進士，官至刑部督捕司的郎中，記名御史。文安有子四人，長名瀚章，後來做到湖廣、兩廣的總督，官位與李鴻章相亞，只差沒有拜相封侯。三子名鶴章，四子名昭慶，官皆不顯。李鴻章是在道光二十四年恩科順天鄉試中的舉人，因為其時李文安在京供職，李鴻章照例可以「官生」的名義在北京應試之故。三年之後，又值道光二十七年丁未科，鴻章中式二甲三十六名進士，朝考點庶吉士，入翰林院教習，時年二十四歲。少年高科，從此開始了他的一生仕宦生涯。

道光二十七年與李鴻章一榜的進士，後來頗有一些仕宦顯赫的人物。如狀元張之萬，後來做到大學士與軍機大臣。與李鴻章同居二甲的沈桂芬，更在同治初年就當上了軍機大臣。做到總督的，尚有李宗羲、何璟、馬新貽、沈葆楨等人。以通外交、諳洋務出名的則有郭嵩燾。至於李鴻章，後來不但入閣拜相，而且先封伯，後封侯，為同年之中最為顯赫的出類拔萃之人，說來實在很不平凡。

李鴻章父名文安，號愚荃。所以，李瀚章的號是筱荃，鴻章是少荃，鶴章是季荃，都從愚荃一名引申而來。近人李書春撰《李鴻章年譜》，以「少荃」為鴻章之字，顯然錯誤。所以然之故，大概由於李鴻章貴顯以後，一般書信往來及口頭稱呼，都稱李鴻章為「少荃」，而未用「漸甫」二字，所以到了後來，「漸甫」二字逐漸湮沒不彰，後人不察，就以為「少荃」即是鴻章之字了。其實則現存的《道光二十四年甲辰恩科直省同年錄》中，尚有李鴻章的祖貫及名諱可查。在此書的第四十四頁中，除了李鴻章的三代名諱之外，並記明李鴻章「字漸甫，號少荃，行二，道光癸未（三年）正月初五日吉時生」，乃是以「安徽廬州府合肥縣優貢生」的資格應順天鄉試中式舉人。李書春撰《李鴻章年譜》，以為李鴻章是在安徽原籍中的舉人，也錯了。這些小事雖然無傷大雅，但歷史所講究的是真實，無論大事、小事，都需要信而有徵，所以也可以在此提出一說。

梁啟超所撰的《李鴻章傳》，說他「初以優貢客京師，以文學受知於曾國藩，因師事焉。日夕過從，講求義理經世之學，畢生所養，實基於是」。曾國藩與李鴻章的父親文安是同年進士，李文安官部曹而曾國藩官翰林。由於翰林院的工作清閒而有充分的時間與前輩及同儕講求經世義理之學，因此奠定了曾國藩一生的學問基礎。李鴻章在此時能有這麼好的一位父執來作為他的老師，自然得益非淺。由於有這一種密切的關係，李鴻章之於曾國藩，一方面是年家子的晚輩，一方面也是學生。曾國藩後來對於李鴻章栽培提拔，不遺餘力，固然是由於李鴻章自己的學識與才具足以得到曾國藩的賞識，這雙重身份的親密關係，也是有很大作用的。

清宣宗道光三十年，李鴻章在翰林院教習三年期滿，散館考試成績優良，得以「留館」，充任翰林院的「編修」，官正七品。翰林院的編修雖然只是七品小官，但清代的漢籍名相，什九由此起家，問題是在各人進入翰林院以後的學問與德業修養如何。咸豐三年，李鴻章在翰林院應翰詹大考，列為二等，得蒙皇帝的文綺之賞。這本是翰林陞官的良好開始。無奈此時的清代中國，已因太平天國的革命運動而受到了極大的震撼，承平時代讀書養望的翰林生活，在此時已經不能適應，連丁憂在籍的曾國藩都需要在湖南創辦團練，擔負起保家衛國的重大責任來了。李鴻章的原籍安徽合肥，此時亦已遍地萑苻，伏莽四起，勢不可能容他繼續在京中做他悠閒自在的翰林官。於是，到了咸豐三年的正月，皇帝就命他隨同侍郎呂賢基回籍辦理團練，像曾國藩一樣地要以文官帶兵，放下筆桿，改拿槍桿。

《李文忠公全集》的卷前附有清史館所撰的〈李鴻章傳〉，此傳與後來的《清史稿・李鴻章傳》不同，其中敘述他在咸豐三年奉旨回籍辦理團練以後的情形，較《清史稿》本傳為詳，摘敘如下：

> 三年正月，命隨同侍郎呂賢基回籍辦理團練。五月，禦賊於和州之裕溪口，敘功賞六品頂戴，並賞戴藍翎。四年，分攻含山，克之，賞加知府銜，賞換花翎。五年五月，丁父憂，仍留營。十月，從克廬州府，奉旨交軍機處記名，以道府用。六年，從克無為州，賞加按察使銜。七年，以迭次剿匪出力，奉旨交軍機處記名，遇有道員缺出，請旨簡放。八年，侍郎曾國藩駐師江西，留襄營務。

這一段文字，敘次李鴻章以翰林院的七品編修奉旨回籍辦團，如何因軍功而屢陞至賞加按察使銜，遇有道員缺出，請旨簡放的情形，甚為詳盡。道員是四品官，較之編修七品，大得多了。李鴻章以後的做官本錢，由此得來。但李鴻章在本鄉辦團，既已因軍功而屢陞至四品的候補道，遭際不能算是不好，何以後來卻又棄而去之曾國藩幕中，屈居曾國藩的幕職呢？據《清史稿・李鴻章傳》所說，是因為他在安徽帶兵打仗，「遭眾忌，無所就，乃棄去，從曾國藩於江西」。如照趙鳳昌所記的〈書合肥軼聞〉一文看來，則其中情形，頗為難堪，亦摘抄如下。

趙鳳昌撰《惜陰堂筆記・書合肥軼聞》云：

咸豐初年，以翰林在籍辦團。其時，皖南北土匪遍地，各鄉築圍以禦，而又此圍攻掠彼圍，擾無虛日。朝廷派勝保辦皖軍務，勝疑合肥，預防閑之。一日侵曉，土匪攻鄉圍，合肥領圍出戰，竟敗退，直抵本圍。時已逾午，飢甚，入宅不見一人，蓋先避去。疾往廚舍，飯正熟。灶低窪，即翹一足踏於灶沿，一手揭蓋，一手取盌，直遞口狂嘸，不暇用箸，亦無一蔬。隨嘸隨呼曰：「同隊快幹（快食之謂），好跑（即逃之謂）。」隊中宋某，後已保游擊，人極樸質，在粵為我言之。言今日但見赫赫之中堂，不知有當年之態度矣。飽後仍退，忽報勝保從後路來。合肥頗惶急，慮有不測，前又有敵，不得已迎謁之，述告匪情。勝仍令向前擊匪，略派隊助之。幸敗賊，勝保始無辭。旋投曾幕。

上文所說的勝保，乃是當時督辦安徽軍務的欽差大臣，滿洲鑲白旗人。此人在咸豐年間以「知兵」得名，頗著戰功，然而其驕縱貪淫及專恣跋扈，好行殺戮，在當時亦應首屈一指。他懷疑李鴻章據地自雄，名為團練而陰與土匪勾結。如果他真的因此而向皇帝奏上一本，李鴻章真有可能死無葬身之地。何況當時的安徽巡撫福濟並不知兵，一切戰守措施，多不盡合宜。李鴻章在這種情形之下協助地方當局辦團自衛，實在也很難做出驚天動地的偉大事業來。然則，他之因遭受他人排擠而頓萌退志，也正是很合理的事。但是他在入居曾國藩幕中之後，亦悒悒不甚得意。這有幾項原因可尋：第一，李鴻章在咸豐七年就已因軍功保陞至「遇有缺出即行請旨簡放」的道員，現在來到曾國藩的營中，仍只是一個沒沒無聞的幕僚，未免會使李鴻章感覺不得志。第二，當時曾國藩以侍郎督辦江西軍務，官未甚顯而權任亦不甚重，李鴻章在此時入曾幕中，自然亦不易得志。第三，李鴻章在本籍辦團，屢經戰陣，自覺應可獨當一面；如今沒有機會可以讓他帶兵打仗立功，自然亦難以使他滿意。但這雖然是李鴻章自己的想法，在曾國藩看來則並不然。他以為李鴻章雖然在安徽帶兵多年，而對於軍隊訓練、戰法研究、戰略運用等等基本要素，都缺乏瞭解，實在不可能在大規模戰爭中達到克敵制勝之目的。為了陶冶其志氣及培養其領導才能，他實在需要把李鴻章留在營中，以便遇事歷練，隨時施與啟迪訓誨。薛福成《庸庵筆記》中有一段關於此事的記述，極可注意，錄之如下：

> 合肥傅相肅毅伯李公……聞曾文正公督師江西……入居幕中。文正每日黎明必召幕僚會食，而江南北風氣與湖南不同，日食稍晏，傅相欲遂不往。一日，以頭痛辭。頃之，差弁絡繹而來；頃之，巡捕又來，曰：「必待幕僚到齊乃食。」傅相披衣踉蹌而往。文正終食無言，食畢捨箸，正色謂傅相曰：「少荃，既入我幕，我有言相告。此處所尚，惟一誠字而已。」遂無他言而散，傅相為之悚然。蓋文正素諗傅相才氣不羈，故欲折之，使就範也。傅相初掌書記，繼司批稿、奏稿。數月後，文正謂之曰：「少荃天資，於公牘最相近，所擬奏咨函批，皆有大過人處，將來建樹非凡，或竟青出於藍，亦未可知。」傅相亦自謂：「從前歷諸帥，茫無指歸，至此如識南針，獲益非淺。」

李鴻章在未入曾幕之前，曾先後追隨團練大臣呂賢基，及安徽巡撫福濟，此二人既非戡亂之才，對於領兵作戰更是缺乏經驗，李鴻章在他們手下帶兵及處幕，自然沒有本領可學。曾國藩所以能在舉世滔滔之中發生砥柱中流的作用，就是因為他能以子弟兵的方法訓練湘軍，使他們成為一枝能征慣戰的隊伍；他自己所擬定的通籌全局、十道分進、對太平天國展開全面防堵圍剿的戰略方針又極為正確，因此方能使他在對太平天國的戰爭中掌握主動，著著進逼，終於使太平天國的革命運動完全傾覆。假如曾國藩也像同時一班督撫大帥那樣地沒有高瞻遠矚的眼光，那麼，曾國藩不免也會像向榮、和春、勝保、福濟等人一樣地碌碌無成，李鴻章也絕不能從曾國藩那裏學到卓越的打仗本領。曾國藩死後，李鴻章作聯輓之，說：

師事近三十年，薪盡火傳，築室忝為門生長；
威名震九萬里，內安外攘，曠世難逢天下才。

此聯的上半，充分道出了李鴻章師事曾國藩而盡得其軍事、政治才能的事實。然則，李鴻章之入居曾幕，實可說是他一生事業的重要關鍵，拜相封侯，悉基於此。至於曾國藩之賞識李鴻章，除了曾國藩素知李鴻章才氣過人這一項因素之外，下述二事，亦為重要的原因。

近人徐一士所撰的《凌霄一士隨筆》說，曾見某筆記中的記載，李鴻章居曾幕時，嘗為曾國藩草一奏疏嚴劾安徽巡撫翁同書，最得曾國藩之激賞。其時，曾國藩因翁同書對練首苗沛霖的處置失了當，以致激成大變，他本人又在定遠失守之時棄城逃走，有愧封疆大吏的守土之責，極為憤慨，意欲具疏奏劾而難於措詞。蓋翁同書乃前任大學士翁心存之子，翁心存在皇帝面前的「聖眷」甚隆，門生弟子布滿朝列，究應如何措詞，方能使皇帝決心破除情面，依法嚴懲，而朝中大臣又無法利用皇帝與翁心存之間的關係，來為翁同書說項，實在很費躊躇。他最初使某一幕僚擬稿，覺得甚不愜意，不願採用，而自己動手起草，怎麼說也不能妥當周匝。最後乃由李鴻章代擬一稿，不但文意極為周密，其中更有一段極為警策的文字，說：「臣職分所在，例應糾參，不敢因翁同書之門第鼎盛，瞻顧遷就。」這段話的立場如此方剛嚴正，不但使皇帝無法徇情曲庇，也足使朝臣之袒翁者為之鉗口奪氣。所以，曾國藩看了之後，大為激賞，即以其稿入奏，而翁同書亦旋即奉旨革職拿問，充軍新疆矣。就事論事，李鴻章此稿，深得奏議文字的「辣」字訣，使人無可置喙於其間。李鴻章有此吏才，自足以使曾國藩對他刮目相看。此是第一事。至於第二事，則是李鴻章表現在力爭李元度不應被奏劾時所表現出來的剛毅態度。

李鴻章對於李元度被曾國藩具疏奏劾一事所表現的態度，見於薛福成的《庸庵筆記》，云：

> 既而文正進駐祁門。傅相謂祁門地形如在釜底，殆兵家之所謂絕地，不如及早退軍，庶幾進退裕如。文正不從，傅相復力爭之。文正曰：「諸君如膽怯，可各散去。」會皖南道李元度次青率師守徽州，違文正節度，出城與賊戰而敗，徽州失陷。始不知元度存亡，久乃出謁大營，又不留營聽勘，逕自歸去。文正將具疏劾之。傅相以元度嘗與文正同患難，乃率一幕人往爭，且曰：「果必奏劾，門生不敢擬稿。」文正曰：「我自屬稿。」傅相曰：「若此，則門生亦將告辭，不能留侍矣。」文正曰：「聽君之便。」傅相乃辭往江西，閒居一年。適官軍克復安慶，文正移建軍府焉。傅相馳書往賀，文正覆書云：「若在江西無事，可即前來。」傅相乃束裝赴安慶，文正復延入幕，禮貌有加於前，軍國要務，皆與籌商。

李元度之於曾國藩，不但是同時在湖南辦團練的夥伴，而且曾處曾幕五年，後來且隨曾國藩轉戰贛東、皖南各地，勞苦備嘗。所以，李鴻章以為曾國藩為了顧及二人之交誼，絕不可以秉公奏劾。但曾國藩卻以為「行法當自貴近始」，如果李元度違令失機之罪可以不究，將來人人效法，湘軍的軍紀如何還能維持？所以，曾國藩站在法的立場，以為絕不可以因私而害公。但曾國藩雖然在這件事情上不曾對李鴻章讓步，對於李鴻章之能夠以個人的進退堅持自己立場的剛毅性格，還是非常欣賞的。試看他在一年之後去信邀李鴻章再度入幕，又復「禮貌有加於前」，遇有「軍國要務，皆與籌商」，就可知道李鴻章此時在曾國藩心目中的地位，較之一年以前又增進了不少。所以然之故，自然是由於他欣賞李鴻章的性格了。吳汝綸撰〈李鴻章江蘇建祠事略〉，謂：「曾國藩前後幕僚，多知名之士，其能爭議是非者，李鴻章一人而已。」所指的亦即是這一件事。可知曾、李相知之深，這件事的影響很大。

曾、李相知日深，對李鴻章的事業前途，當然有很大的影響。這又可以分作兩方面來說：第一是正的方面，第二是負的方面。

正的方面，是指曾國藩自此對李鴻章多方提掖，所以李鴻章不久就能以總督的幕僚出綰方面，膺任江蘇巡撫，立即成為封疆大吏，開軍府於上海，從此建立他以軍功封侯的事業基礎。在太平天國之亂平定以後，曾國藩並且汲汲以自己的兩江總督職位相讓，使李鴻章再建平捻大功，成為他事實上的衣缽傳人。負的方面，則是使曾國藩生前所樹的政敵也把李鴻章當作他們的敵人，在他當權秉政的時候，把攻擊的箭頭一起射向他的身上。關於這兩種情形的演變，可以留待後面再說。現在且轉過頭來，繼續敘述李鴻章如何由曾幕出任江蘇巡撫，開創真正屬於他自己的事業。

薛福成《庸庵文集續編》卷下，〈書合肥伯相李公用滬平吳〉云：

咸豐庚申辛酉間，粵賊陷據蘇、浙兩省郡縣，江蘇之境，自大江以南，皆淪於賊。其僅存者，則提督馮子材以一軍守鎮江府城，巡撫薛煥與署布政使蘇松太道吳煦等皆棲上海，僅保松江、上海兩城，與黃浦以東三縣而已。既而浦東之奉賢、南匯、川沙等城皆被賊擾，松江亦失而復得，上海屢受困逼，勢岌岌。吳煦在滬，頗諳洋人性，能聯絡為用，以厚餉募勇數千，使洋將華爾以泰西陣法部勒之，名曰常勝軍，戰稍有功，復以重利啗英、法兩國兵官，兵官欲保通商口岸，皆盡力助戰守。上海當江海綰轂口，雖寇氛日逼，而商賈輻輳，關稅釐金，視承平時旺數倍。煦執利權，亦頗有綜核才，然宦江蘇久，為積習所漸，不能自祓。且素不知兵，僅倚洋將禦賊。洋將恃功驕倨，緩則索重賞，急則坐觀成敗。巡撫以餉全權在煦，而才又不如煦，傫然不能有所為，嘯諾而已。前後募勇五萬餘人，以不能訓練，遇賊輒北。吳中紳耆避寇在滬者皆知其危，屢議赴曾文正公安慶大營乞師，巡撫以下皆弗善也。然意雖不懌，而無辭以阻之。

這一段話，約略寫出了李鴻章出任江蘇巡撫以前的地方情形——江蘇全省，江北尚多完善之地，江南則只有鎮江一城尚為清兵所有，此外就只剩下一個上海孤城，靠著外國洋兵的出力幫助，總算還沒有被太平軍所吃掉。但上海四面皆敵，洋兵打仗並不可靠，為了希望守住上海，逃難住在上海城中的江蘇耆紳，只好寄望新在安慶立下大功的兩江總督曾國藩，能夠派兵到上海來援助。但曾國藩雖然以兩江總督的職位而統轄蘇、浙、皖、贛四省的前敵軍務，他自己所掌握的兵力，卻只有曾國荃用來圍攻安慶的兩萬多湘軍而已。為了進行下一步的圍攻南京計畫，他此時正派曾國荃回到湖南去添募新軍，以便積極展開長江下游的軍事行動。在曾國荃所增募的新軍未到之前，曾國藩現有的兵力，只能用來鞏固新近收復的地區，並沒有餘力可以兼顧上海。但是，到安慶來乞師的上海紳士們，曾經提出一個足可使曾國藩大為歆動的建議——助餉，卻又使他不得不另想辦法，以求達到支援上海之目的。

臺灣學生書局所影印出版的《湘鄉曾氏文獻》，收有曾國藩在咸豐十一年十月間寫給他老弟國荃的一信。此信並未收入刊印本的《曾文正公全集》內，其中所透露的，就是曾國藩此時所構想的援滬腹案。原信說：

上海富甲天下，現派人二次前來請兵，許每月以銀十萬濟我，用火輪船解至九江，四日到。余必須設法保全上海，意欲沅弟率萬人以去。已與請兵之官商訂定，渠買洋人之夾板船數號，每號可裝三千人，現已放二號來漢口，不過放五號來皖，即可將沅兵全部載去。目下專主防上海一隅，待多（隆阿）破廬州、鮑（超）破寧國之後，渠兩軍會攻金陵，沅弟即可由上海進攻蘇常。不知沅弟肯辛苦遠行否？如慨然願往，務祈於正月內趕到安慶，遲則恐上海先陷。如沅弟不願遠征，即望代我謀一保守上海之法，迅速回信。

此信中所說的「沅弟」，即曾國荃，別號沅甫。曾國荃此時正在湖南原籍募練新兵，曾國藩希望由他帶一萬人前往上海負責防守，俟多隆阿與鮑超肅清皖南、皖北之後，分兩路向南京進兵，即由曾國荃從上海西攻蘇州、常州，以收東西夾擊之效，其立意可說非常周到。曾國藩平定太平天國之亂，主要倚靠湘軍之力。但因湘軍並非國家的經制軍隊，其糧餉與給養需要領兵之人自行籌措，因此湘軍的兵力始終不能視需要盡力擴充，而籌餉一事，也一直是曾國藩所最感苦惱的問題。咸豐十年以後，曾國藩雖已被任命為兩江總督，有了可以徵收糧餉的地盤，但其時江、浙各地大部淪陷，賦入有限，湘軍的糧餉還是得靠湖南、湖北二省的接濟，仰面求人，甚非得已。如今上海方面前來乞師的士紳們一下子提出了可以按月接濟十萬兩銀子的建議，無異天降財神，怎不使曾國藩躍然色喜呢？為了獲得這巨額餉銀的收入，他必須保全上海餉源之地；為了保全上海，他必須派兵援助。但是，他第一個想到的援兵主帥，卻是曾國荃。這也有其必要的理由。第一，曾國荃是他的親弟，遇有立功名的好機會，他應該予自己兄弟以優先的機會；第二，曾國荃在圍攻安慶之役勞苦備嘗，戰功卓著，足證他是一個優秀的前敵主將，遇此重要任務，可資倚信；第三，曾國荃此時的官職，已累陞至記名的按察使加布政使銜，如果再在上海立功，以之推陞巡撫，資望亦甚相當。因此，他在考慮援軍主帥的人選時，決定先徵詢乃弟國荃的意見。卻不料曾國荃的志趣較此更為遠大，對於東援上海之役，並無興趣。因此之故，乃不得不使曾國藩轉而考慮第二個人選。

曾國藩欲以曾國荃為東援上海的主帥，曾國荃卻表示不願。曾國藩手寫日記中曾經記述曾國荃此時的覆信，說是：「恐歸他人調遣，不能盡合機宜，從違兩難。」這意思是，上海此時已有薛煥在做江蘇巡撫，他去了之後，勢必要歸薛煥指揮調度，所以不願。但其真正意圖則是：「賊巢在金陵，急攻其巢，必以全力援救，而後蘇杭可圖。願任其難者。」（《曾國荃年譜》所載〈覆國藩書〉）原來，曾國荃以為，攻下南京才是平定太平天國的第一首功，既有此立大功的機會，自不願東去上海，於是乃以「恐歸他人節制，不能盡合機宜，從違兩難」為藉口，覆書拒絕乃兄之邀。由於曾國荃之表示不願，曾國藩乃改選李鴻章為援滬軍的主帥，薛福成《庸庵文編》記此云：

> 會巡撫為言路所劾，朝廷密令曾公薦能勝撫蘇任者，乃薦幕僚延建邵遺缺道，今伯相合肥李公，欲令創開淮軍風氣，以彌楚軍之闕。

這其中並沒有提到曾國藩最初欲令其弟曾國荃帶湘軍東援上海的構想，可見這一件未成熟的計畫，已經成了歷史上的秘密，若非《湘鄉曾氏文獻》所保存的信函，勢將無人知曉了。曾國荃不願率軍東援上海，幫助了李鴻章有機會崛起政壇；而李鴻章所統率的，則是他自行募練的淮軍。湘、淮代興，於此見其端倪，而其變化契機，則只在曾國荃的一念之間。歷史變化的關鍵，有時真是很微妙的。

李鴻章受曾國藩之命自募一軍東援上海，由於他是安徽合肥人，曾在本鄉辦過多年的團練，與當地的地方團隊多有往來，只需要招來幾個較有名氣的團練首領，以他們的基本武力為骨幹，數千人的部隊，咄嗟可辦。由於這些人都來自淮河流域一帶，因此乃有「淮軍」之名。淮軍的特色是鷙悍勇猛而久經戰陣，稍稍用湘軍的規制加以部勒訓練，便可成軍。最初的統兵將領，計有張樹聲、張樹珊，與張樹屏三兄弟，周盛波、周盛傳兩兄弟。張家兄弟所統的是「樹」字營，周家兄弟所統的是「盛」字營。另外，則有劉銘傳所統率的「銘」字營，和潘鼎新所統率的「鼎」字營。這些都是純粹安徽籍的淮軍。由於人數太少，曾國藩又另外撥了楊鼎勳和郭松林二營加入淮軍。以上各營，每營的人數均為五百人。加上李鴻章自己的親兵營，和太平天國降將程學啟所統率的降兵「開」字營，總數共為十三營，六千五百人。這一枝兵力，就是李鴻章最初帶到上海去打天下的淮軍原始。同治元年三月，這一枝部隊坐了上海官紳雇來的外國輪船，由安慶鼓輪東下，航行於寬闊的長江水面，穿越太平天國軍的防線一千餘里，毫無阻攔，一逕來到上海紮營。上海方面的軍事情勢，由此發生了劇烈的變化。

清人方朔所撰的《枕經堂文集》卷一，〈上李伯相師書〉中，頗有若干關於淮軍的掌故，為他書所未曾見，值得提出一說。

根據此書所說，當年的淮軍，被外國兵稱為「大褲腳之蠻子兵」，其勇悍甚為洋人所畏。例如上海的洋涇濱街道，向來不許行人小便，違者重罰。租界中的妓館歌樓，雇有把門之人，不許粗野鄙陋之惡客上門。但若一遇到這些穿大褲腳的淮軍，則一切都不敢計較。由此可見，當年初到上海的淮軍，必定是足登草履而身穿大腳之褲，狀貌粗鄙，宛如鄉下的種田農夫。所以，《清史稿・李鴻章傳》中就說：「抵上海，特起一軍，是為淮軍。外國人見其衣製樸陋，輒笑之。鴻章曰：『軍貴能戰，非徒飾觀美，迨吾一試，笑未晚也。』」果然，隔了不久，淮軍就有虹橋之捷，以三千人破太平天國軍十餘萬之眾，使得觀戰的洋兵為之撟舌驚嘆，淮軍的兵威亦自此而大張。清人方濬頤所撰的《夢園叢說》，有關於此戰的經過情形，記述甚詳，錄之如下：

> 合肥爵相撫吳時，滬上虹橋之捷，實有裨於東南全局。時淮軍不過數千人，爵相之弟季荃，以候補郡丞統軍駐浦東，諸統領分布蘇、松要區。會賊以大股犯滬上前營，爵相督五成隊出戰，不利，星夜飛調浦東各營，密令前營堅守以拒之。次日，諜者探，前營三壘盡為敵所困。至三日，再往偵探，則營中軍帳皆偃，賊圍之數重，幸未潰。計浦東軍將至，爵相命出三成隊，衝

其中堅，直達前營，登敵樓觀賊。賊見大帥入營，圍復四合，而爵相軍之後隊不得入，勢危甚。瞥見賊軍東南一角旗幟忽亂，爵相知援軍至，親執桴鼓立於軍前，諸將勇氣百倍，裏外三面夾擊，斬賊千餘，追逐數十里。日晡微雨，三鼓後忽聞砲聲震天，亟令出隊。賊見我軍，即狂奔，自相踐踏，死者萬餘。蓋賊之初敗，未甚創，夜復冒雨而來。滬城南門外故有西洋兵木城，堵禦嚴密，賊劫其營，砲火齊發，賊之前隊已倒戈相向，進退不辨東西，復為我軍所乘，遂大敗之，浦東一帶屍積如山。自此滬上軍威大振，賊勢日蹙。是役也，我軍以三千人破賊十餘萬之眾，誠東南一大轉機也。

虹橋之戰，李鴻章所部的淮軍能夠以寡敵眾，苦戰三日，終於以劣勢之軍力挫強敵，自然足以使養尊處優的外國兵自嘆弗如。由此可見，淮軍的昂揚戰志與嚴格軍紀，實為致勝的要素。而李鴻章自到上海之後，日與洋兵相處，目睹他們所擁有的洋槍大砲犀利精良，遠非湘、淮軍所有的舊式槍砲所能及，因此在裝備上力求進步改良，於是乃使淮軍的作戰力量日見強大，在對太平天國的戰爭中亦就更能發揮以寡擊眾的優勢。薛福成《庸庵文編》中的〈書合肥伯相李公用滬平吳〉一文，就說：

西洋諸國火器精利，亙古無匹。中國初不知講習，諸軍皆畏其鋒，而未能得其用。李公既與洋人習，聞見漸稔，以英吉利人戈登領常勝軍三千人，俾總兵程學啟挾以攻戰，精勁為諸軍冠。又採用委員丁日昌條議，益購機器，募洋師，設局製造，頗漸窺西人奧妙。而淮軍各營，皆頗自練洋槍隊，助軍鋒。所用開花砲，大者可攻城，小者以擊賊陣，破賊營，遂能下姑蘇，拔常州，連克嘉、湖諸郡。設非借助利器，殆不能若是勁且捷也。

愈是近代的戰爭，武器的優劣與火力的強弱，愈居有決定性的勝負因素。清代末年的平定太平天國之戰與平捻、平回諸役，武器的重要性更是彰彰在人耳目。湘軍初起時，以刀矛為主要武器；雖有火器，亦只是極簡單的前膛槍砲，與太平軍所用無甚差別。所以，兩軍對戰，常常陷於極艱苦的浴血肉搏，所賴以致勝的，只是湘軍的嚴格訓練與堅強鬥志。淮軍初起，情形與此相仿。但自從李鴻章師法洋人，改以新式槍砲裝備所部各營之後，情勢即刻發生顯著的變化。由《清史稿》列傳卷二百三，淮軍名將程學啟、劉銘傳、張樹珊、周盛波、盛傳兄弟、潘鼎新諸人的列傳中便可看到，他們當時在蘇、松、常、鎮一帶與大股太平軍角逐時，全都是憑藉了火力上的優勢克敵致勝，所以常以數千之眾斬馘敵首以萬計。在這種情況之下，太平軍在人數上縱使占有五倍、十倍的優勢，亦勢難抵擋無情的槍子與砲彈。而舊式的城垣守禦雖堅，亦決計無法在開花大砲的轟擊之下保持其完整不拔。加上李鴻章以及他所屬各將領之善於指揮，與淮軍官兵之勇悍無前，終於使李鴻章只費了兩年零一個月的時間，就將南京以東的蘇、松、常、鎮各地之敵全部肅清，使得曾國荃圍攻金陵的大軍無後顧之憂，得以全力從事圍城之戰。曾國藩論述同治一、二兩年間的雙方戰爭形勢，曾說：

> 凡軍最忌暮氣。當道（光）、咸（豐）之交，官軍皆暮氣，而賊軍皆朝氣。及同治初元，賊軍皆暮氣，而官軍皆朝氣。得失之林，皆在於是。

這一段話，論述湘軍何以能以少數軍力擊敗數達百萬之眾的太平軍，極有道理。其時淮軍的火力雖占優勢，而太平軍的占地極為廣袤，假使他們能以陣地戰及街市巷戰的辦法努力消耗淮軍的人力及火力，淮軍雖能勝敵，亦必將勝得十分艱苦。只因太平天國到了末期之時，領軍的高級將領暮氣已深，享富貴而溺於佚樂，貪生畏死，遇到情勢不利時動輒退遁投降，這才會使淮軍的聲勢日盛一日，而太平軍則日蹙地百里，非至於完全敗亡不止。軍氣之朝暮，對於軍隊作戰力量的影響如此巨大，誠然值得警惕。但李鴻章的淮軍此時雖稱強勁善戰，其後來的發展亦未能脫出此一覆轍，說來亦是很可悲哀的。

當李鴻章在同治元年三月帶領新募的淮軍到達上海之後不久，清政府就將江蘇巡撫薛煥改調他職，命李鴻章署理。於是，李鴻章就可以自由運用上海的財賦，在接濟曾國藩的湘軍以外，儘量擴充他自己的部隊，及增購新式的裝備。到了三吳平定之後，淮軍的總兵力已達到七萬餘人，比起他初到上海時所帶的六千五百之眾，增加了不止十倍。其中的主要統兵將領，除了程學啟已在嘉興之戰中陣亡外，其餘如張樹聲、潘鼎新、劉銘傳、周盛傳、周盛波、張樹珊等，都已先後陞至道員、提督、總兵等文武高階，所部兵力，亦由一營擴至數營。這些都是早期的淮軍將領，其功名祿位都由百戰中得來，不但戰績彪炳，宦績亦頗有可稱。只是淮軍在平洪、楊及平捻之後未曾再經重大的征戰，老一代的將領凋謝之後，繼起的乃是由下級軍官逐漸遞陞而來的新秀。這些人的素質不若他們的先輩，不但在數十年中安於富貴尊榮，而且更染上當時泄沓頹靡的政治風氣，平時但知逢迎上司，貪污營私，一旦逢到戰事，便惟知苟且偷生，全無鬥志可言。淮軍至此，顯然暮氣已深，雖有最新式的外國槍砲，仍舊不堪一戰，此即是「甲午戰爭」時的淮軍面目，與同治初年時發硎方新的早期淮軍，簡直有天淵之別。李鴻章在同治初元時，以新建的淮軍奠定其一生事業基礎，到了光緒中葉，又再以暮氣已深的淮軍斷送其一世勳名，回首當年，誠不免有無限滄桑之感。不過，這也是後話，在此可以暫且不提，下面應再敘述李鴻章所建功業的後半部分——平捻戰功。

捻匪與太平天國的革命，是清朝咸豐、同治年間的兩大內亂。太平天國的活動範圍在長江流域，捻匪則竄擾於黃河及淮河兩流域。太平天國有固定的占據地域，進剿較為容易；捻匪則奔突無定，形同流寇，要消滅他們頗為困難。在太平天國的革命運動未被完全撲滅之前，湘、淮軍都用來對付太平天國，剿捻的任務主要由蒙古親王僧格林沁負責。僧格林沁在《清史》中簡稱為「僧王」，此人驍勇善戰而不懂戰略、戰術。他統率了他的強悍騎兵，跟在捻匪後面窮追猛打，雖然屢有勝捷，可是始終無法消滅捻的主力部隊。而蒙古騎兵的軍紀極壞，所過之處，姦淫殺戮，其殘酷過於盜賊。其結果是使得老百姓痛恨清兵而傾向於捻匪，所以捻匪也愈剿愈多。同治四年的四月二十四日，捻匪在山東曹州府以北的高莊預先設下埋伏，把僧王所統率的蒙古騎兵誘入伏中，一舉殲滅。僧王逃到附近的吳家店，仍未能避免被殺身死的命運。至此，清政府始改派曾國藩為統率直隸、河南、山東三省兵力負責剿捻的欽差大臣，又命江蘇巡撫李鴻章署理兩江總督，為曾國藩辦理後路糧臺。湘、淮代興，曾、李更迭，本為曾國藩積久於懷的腹案，至此乃逐漸成為事實。

梁啟超撰《李鴻章傳》，曾說：

先是，官軍之剿捻也，惟事追躡，勞而無功，間講防堵，則彌縫一時耳。要之，無論為攻為守，非苟且姑息以養敵鋒，則躁進無謀以鈍兵力，未嘗全盤打算，立一定之方略，以故勞師十五年而無所成。自曾國藩受事以後，始畫長圍圈制之法，謂必蹙敵一隅，然後可以聚殲。李鴻章稟承之，遂定中原。

又說：

鴻章剿捻方略，以為捻賊已成流寇，偪之不流，然後會師合剿，乃為上策。明孫傳庭謂：「剿流寇當驅之於必困之途，取之於垂死之日；如但一彼一此，爭勝負於矢石之間，即勝亦無關於蕩平。」鴻章即師此意。故四年十一月曾奏稱：「須蹙於山深水複之處，棄地以誘其入，然後合各省之兵力，三四面圍困之。」後此大功之成，實由於是。

明朝的孫傳庭，在陝西征剿流寇有年，他所說的剿寇方略，甚有卓見。同時的楊嗣昌，以宰相出任督師，且曾訂立「四正六隅」的十面圍堵之法。雖未能成功，其戰略原則卻為後來的曾國藩所師法。但曾國藩雖然高瞻遠矚，深知剿捻非以長圍圈制、蹙敵一隅而聚殲之不能成大功，他本人卻又以為湘軍暮氣已深，不能再用，必欲虛此席以待李鴻章用淮軍以竟真全功，則又分明是在預留退路，以為李鴻章謀進身之階。所以，梁啟超說：

鴻章之用兵也，謀定而後動，料敵如神，故在軍中十五年，未嘗有所挫，雖曰幸運，亦豈不以人事耶？其剿髮也，以區區三城之立足地，僅二載而蕩平全吳。其剿捻也，以十餘年剽悍之勁敵，群帥所束手無策者，亦一歲而殲之，蓋若有天授焉。其待屬將也，皆以道義相交，親愛如骨肉，故咸樂為用命，真將將之才哉！雖然，李鴻章兵事之生涯，實與曾國藩相終始，不徒薦主之感而已。其平吳也，由國藩統籌大局，肅清上流，曾軍合圍金陵，牽掣敵勢，故能使李秀成疲於奔命，有隙可乘。其平捻也，一承國藩所定方略，而所以千里饋糧，士有宿飽者，又由有良江督在其後，無狼顧之憂也。不寧惟是，鴻章隨曾軍數年，砥礪道義，練習兵機，蓋其一生立身行己、耐勞任怨、堅忍不拔之精神，與其治軍馭將、推誠布公、團結士氣之方略，無一不自國藩得之。故有曾國藩然後有李鴻章，其事之如父母，敬之如神明，不亦宜乎？

但話雖如此，曾國藩、李鴻章所設想的剿捻戰略，由於須築長圍以限制捻之奔突，須實行堅壁清野以斷絕捻的糧食補給，既有賴朝廷決策之支持，尤必須各省疆吏之合作，其間所費的呼籲請求，極費周章。更有甚者，長圍設定之後，作為驅捻入圍的野戰部隊者，仍是李鴻章的淮軍。為了往來抄襲，不使捻匪自由奔突，淮軍追躡剿殺，往往數日夜馳驅不息。在李鴻章的奏疏中，屢次提到「軍士之回老營休息者，皆飢憊勞苦，面無人色」云。正因為淮軍在平捻之役中如此出死力拚命征戰，所以李鴻章在平捻之後，終身對他的當年袍澤感念不忘。胡思敬《國聞備乘》卷一，「李鴻章濫用鄉人」一條說：

> 李鴻章待皖人，鄉誼最厚。晚年坐鎮北洋，凡鄉人有求，無不應之。久之，聞風麕集，局所、軍營，安置殆遍，外省人幾無容足之所。自謂率鄉井子弟為國家殺賊、保疆土，今幸遇太平，當令積錢財、長子孫，一切小過，悉寬縱勿問。未幾，中東事起，大東溝一戰，海軍盡毀，皖人治軍者若丁汝昌、衛汝貴、龔照璵等俱誤國獲重咎，內外彈章蠭起，鴻章亦不自安，力求解任。

上文所說到的丁汝昌與衛汝貴，都是「甲午戰爭」中喪師辱國的敗將，而且都是出身淮軍的將弁。丁汝昌在剿捻戰爭中積功至參將，衛汝貴副將。至於另一個在牙山戰敗逃回的葉志超，則是因剿捻有功而陞的總兵。這些人因為在剿捻戰爭中立過汗馬功勞，所以李鴻章在後來處處為之包庇含容，既任之為高級將領，復坐視其闒茸庸劣而不問，終至辱國喪師，貽笑中外。至於其他以淮軍舊部身份而營求官職者，更不知凡幾。這些人都以陞官發財為其目的，而李鴻章則一味顧念舊日的袍澤情誼而悉予寬縱姑息，如之何不使紀綱大壞、政風掃地呢？然則，李鴻章之曲法徇情、公私不分，毋寧正是他此後政治事業的最大弱點，而在他的戰功發展至最高頂點時已經種下了病根，實在是很不幸的事。

同治五年十月，曾國藩因剿捻無功而自請病假。有旨命曾國藩仍回兩江總督原任，而以李鴻章署理曾國藩所遺的欽差大臣職務。曾、李換班，自此時始。梁啟超在前文中所說，李任欽差大臣剿捻，而有「良江督」在後為之饋糧運餉，此「良江督」即指曾國藩而言。其時捻已分為東西二支，張總愚竄擾陝西，為西捻；任柱、賴汶洸竄山東，為東捻。至同治六年十二月，東捻平，山東、安徽、江蘇湖北、河南五省境內的匪患全部肅清。至同治七年五月，西捻亦平。李鴻章前此已被授為湖廣總督，至此乃奉旨加太子太保銜，並以湖廣總督之原官陞授協辦大學士，秩正一品。此為李鴻章前半生事業之最高點，其爵祿與名位，悉由馬上征戰的辛苦搏鬥中得來。清朝中國的局勢發展至此，擾攘達二十年之久的內部叛亂，只留下西北諸省的回亂尚未全部底定，本部十八省的秩序則大致已經恢復。左宗棠在此時毅然擔負起西征平回的大責重任，曾國藩與李鴻章的戎馬生涯，到此時都已暫時告一段落。這一年，曾國藩五十六歲，下距他的死亡，只有六年。而李鴻章在這年尚只有四十六歲，下距他的死亡，尚有三十二年。所以，李鴻章的勳業雖在此時已達高峰，他的政治生涯則正如日升月恆，遠大未已。以後的變化，正難以逆料也。

晚清時期中國的政治活動中，有所謂「洋務」。以現在的觀點看來，「辦洋務」，應當就是辦理對外交涉。但這實際上是較晚以後之人對「洋務」二字所下的界說，在較早時期的人來說，所謂洋務，事實上乃是效法西人的自強運動。

萌生於清代咸豐、同治年間的自強運動，最早的體認者是咸豐的親弟恭親王奕訢，以及與其交誼甚篤的戶部侍郎滿人文祥。咸豐十年，英、法聯軍入侵北京之役，咸豐皇帝逃往熱河，以後就在熱河避暑山莊得病身死，京中的議和大事，則由皇帝交付給奕訢與文祥二人負責。其後和議告成，英、法軍退出北京，奕訢和文祥卻在這一次的和議交涉中得到了三種寶貴的教訓：第一，他們認清了西洋人的武器與軍隊的訓練方法遠在中國之上，知道要想打敗洋人，便得師法洋人的長技。第二，他們發現，洋人的武器製造雖精，軍隊的訓練雖好，然而洋人卻願意無保留地把製造武器的秘密和訓練軍隊的方法教給我們。這更使他們認清，要師法洋人，並非沒有機會。第三，〈北京條約〉訂立之後，英、法聯軍就根據和約規定交還北京，並無霸占不還之意。這使他們知道西洋人願以信義和我們交涉往來，然則與他們和平相處，也是很可能的。

有了這三點教訓，奕訢和文祥深知中國欲圖自強，正有良好機會。因此他們決定了幾點內政、外交的方針。內政方面，便是設法延聘外國教官來訓練中國的軍隊，和購買洋槍、洋砲以充實自己的裝備。外交方面，是希望改變從前仇視洋人的態度，謹守和約，避免和外國開戰，以求爭取時間來實行自強。他們的觀念和思想，恰和當時的一班中興名臣不謀而合。由於內外一致，中樞的主持有人，因此乃促成了自強運動的實現。

薛福成《庸庵筆記》中有一條胡林翼的故事，題名「蓋臣憂國」，原文說：

> 有合肥入劉姓，嘗在胡文忠麾下為戈什哈，既而退居鄉里。嘗言，楚軍之圍安慶也，文忠曾往視師，策馬登龍山，瞻眄形勢，喜曰：「此處俯視安慶，如在釜底，賊雖強，不足平也。」既復馳至江濱，忽見二洋船鼓輪西上，迅如奔馬，疾如飄風。文忠變色不語，勒馬回營，中途嘔血，幾至墜馬。文忠前已得疾，至是益篤，不數月薨於軍中。蓋粵賊之必滅，文忠已有成算，及見洋人之勢力方熾，則膏肓之症，著手為難，雖欲不憂而不可得矣。

據說，胡林翼之所以見外國輪船而憂心嘔血，幾至墜馬，是由於當時上海方面的外國商人常以輪船運輸軍火和糧食，前往出售與被圍困於安慶城中的太平天國軍。安慶城位於長江沿岸，清軍三面圍困，久不能克，原因就在臨江的一面可得外國輪船的水上接濟，不能使之坐斃。胡林翼當初雖然知道此一情形，但尚未得之目睹。及親見外國輪船之體積龐大而行駛如風，頓時想到中國對此尚無剋制之術，則將來之患，不在內部變亂而在外來侵略，可以斷言。於是，他不禁憂心如焚，因此也使他加深了舊時的宿疾。

胡林翼當時的觀感如此，相信凡屬有識見的政治家都不會例外。「同光中興」，名臣輩出，自曾國藩、左宗棠、李鴻章、沈葆楨、郭嵩燾，以至後來的張之洞、劉銘傳等，大致相信非效法西人不能自強。晚清時期洋務運動之勃興，便在這種情形之下蔚成風氣。在前述這些人中，論起地位之重要與辦理洋務時間之長，無逾於李鴻章。他從同治九年八月接替曾國藩的職位，以直隸總督兼北洋通商大臣的地位綜綰對外交涉及舉辦各項自強新政，歷時達二十五年之久。舉凡購買新式軍艦、成立北洋海軍，購買新式槍砲、裝備北洋陸軍，以至建立機器廠、織布局、礦務局、電報局、水師學堂、武備學堂、醫學堂，興修鐵路，籌設輪船局，建築船塢等等一切效法西洋的建設事業，先後在他手中興辦起來。這些建設事業的項目多至二十餘種，其主要目的則不外乎師法外人之長技，以為自強之本。這種思想，可以他在同治三年寫給恭親王奕訢與軍機大臣文祥的信中，明白地看出來。原信說：

> 鴻章竊以為天下事窮則變，變則通。中國士大夫常浸於章句、小楷之積習，武夫悍卒又多蠢而不加細心，以致所用非所學，所學非所用。無事則斥外國之利器為奇技淫巧，以為不必學；有事則驚外國之利器為變怪神奇，以為不能學。不知洋人視火器為身心性命之學者，已數百年，一旦豁然貫通，參陰陽而配造化，實有指揮如意、從心所欲之快。……前者英、法各國以日本為外府，肆意誅求。日本君臣發憤為雄，選宗室及大臣子弟之聰秀者，往西國製器廠師習各藝，又購製器之器，在本國製習，現在已能駕駛輪船，造放炸砲。去年英人虛聲恫嚇，以兵臨之。然英人所恃為攻城之利者，彼已分擅其長，用是凝然不動，而英人固無如之何也。日本以海外區區小國，尚能及時改轍，知所取法，然則我中國深惟窮極而通之故，夫亦可以皇然變計矣。……杜摯有言曰：「利不百，不變法；功不十，不易器。」蘇子瞻曰：「言之於無事之

時，足以為名，而恆苦於不信；言之於有事之時，足以見信，而已苦於無及。」鴻章以為，中國欲自強，則莫如學習外國利器；欲學習外國利器，則莫如覓製器之器，師其法而不必盡用其人。欲覓製器之器與製器之人，則或專設一科取士，士終身懸以為富貴功名之鵠，則業可成，藝可精，而才亦可集。

這一封信，極得近代史學權威蔣廷黻先生之稱道，譽為「中國十九世紀最大的政治家最具有歷史價值的一篇文章」，由此可見李鴻章是對當時的時代環境認識得最清楚的人物。亦正因為如此，所以他是同、光年間自強運動的中心人物。我們在今日追溯這一段自強運動的歷史，自當以李鴻章為其代表。

李鴻章與其同時代人物所推行的自強運動，其全盤建設的目標是為了鞏固國防，所以其軍事建設的項目最多。近代化的軍隊需要近代化的武器裝備，江南製造局及天津機器局的設立，主要目的即在製造新式械彈。新式的軍艦與輪船需要有駕駛人才，興辦武備學堂與水師學堂，即為適應此一目的，其間並曾派遣學生專往歐洲學習造船及駕駛。近代化的軍隊又必須有靈活的交通運輸與迅捷的通信系統，輪船局、造船廠、鐵路、電信之創辦，又為此一目標而設。以上各種新的國防建設需要大量的資金，為了挽回利權和增加收益，開煤礦，開金礦，與興建各種有利可圖的工商建設，又是必要之圖。將這些手段與目的湊合在一起，就構成了李鴻章所創辦的整個「洋務」計畫。但這一切的構想雖然完美，中間卻缺乏一樣最基本的教育要素。因為近代化的國防固然需要近代化的軍隊，而近代化的軍隊卻更需要近代化的精神教育。假如駕駛新式軍艦的海軍官兵只有最新的作戰技能而沒有昂揚的鬥志，裝備新式大砲的陸軍部隊，只有精良的訓練而沒有高尚的愛國情操，即使擁有新式的武器裝備，又有何用？這種精神教育的疏忽，最後終於使李鴻章所主持的北洋海軍與陸軍，在一旦發生實際戰爭時都不堪一戰，而李鴻章數十年辛苦經營的國防建設事業，最後也盡付流水，這一段往事，說起來就太可痛心了。

李鴻章在同治四年八月奏上〈購買上海洋人鐵廠機器，以之改為江南製造局〉一摺，中間曾說：

中國文物制度迥異外洋獉狉之俗，所以郅治保邦，固丕基於勿壞者，固自有在。

照他的這種看法，中國的政治、教育、風俗、文物，無一不優於野蠻的洋人，所不逮者，只是外國的科技製造；只要學得這些外人的長技，便儘足以對付洋人，其他一切，都不足道。殊不知道，數千年來的專制制度和官僚政治體系，早已在根本上腐蝕了國民的道德觀念，而落後保守的教育制度又蔽錮了人民的思想，以致造成了官貪民愚，事事不如外國的積弱之勢，欲言振起，真是談何容易。與曾國藩、李鴻章同時的郭嵩燾，曾經奉派出使英、法，對此認識最為清楚。他在歐洲留心觀察英、法各國的政治、經濟、社會等等制度，深知不但洋人的科技製造值得我們學習，他們的政治制度和教育文化等等更值得我們借鏡。所以，他在寫給李鴻章的信中，就主張李鴻章派往英、法學習製造與駕駛的學生，不如讓他們改學科學技術，以求實用。如果能像日本人的留學方針一樣，從政治、經濟、社會、法律等立國之本的制度學起，當然更好。但是，李鴻章對於郭嵩燾的建議，卻表示不能接受。他說：「鄙人職在主兵，亦不得不考求兵法。」且「兵乃立國之要端，欲捨此別圖大者、遠者，亦斷不得一行其志」，所以「未便遽改別圖」。究竟立國之要端是不是就只須國防建設這一項呢？從一百多年來中國努力從事現代化的艱辛過程看來，李鴻章的看法，大概是錯了。

梁啟超撰《李鴻章傳》，曾說：

> 李鴻章所辦洋務，綜其大綱不出二端：一曰軍事，二曰商務，其間有興學堂、派學生遊學外國之事，大率皆為兵事起見，否則以供交涉翻譯之用者也。海、陸軍事，是其生平全力所注也。蓋彼以善戰立功名，而其所以成功，實由與西軍雜處，親睹其器械之利，取而用之，故事定之後，深有見夫中國之兵力，平內亂有餘，禦外侮不足，故兢兢焉以此為重，其眼光不可謂不加尋常人一等，而其心力之瘁於此者，亦至矣。何圖一旦中日開戰，艨艟樓艦，或創或夷，或以資敵；淮軍練勇，屢戰屢敗，聲名一旦掃地以盡。至其所以失敗之故，由於群議之掣肘者半，由於鴻章之自取者亦半。其自取也，由於用人不當者半，由於見識不明者亦半。彼其當大功既立，功名鼎盛之時，自視甚高，覺天下事易易耳。又其裨將故吏，昔共患難，今共功名，徇其私情，轉相汲引，布滿要津，委以重任，不暇問其才之可用與否。以故臨機僨事，貽誤大局，此其一因也。又惟知練兵而不知有兵之本原，惟知籌餉而不知有餉之本原，故枝枝節節，終無所成，此又其一因也。

梁啟超說，李鴻章因用人不當而致失敗，除了前引胡思敬《國聞備乘》中所說的話，可以與此參看外，下文將另有論列。至於所謂「見識不明」，則除了「惟知練兵而不知有兵之本原，惟知籌餉而不知有餉之本原」二點外，其最大的錯誤，還是在「甲午戰爭」發生前他所主持的對日外交政策，總是以對日採取強硬態度為原則，而不知道強硬的外交政策須有強大的軍事實力為後盾。在光緒十年前後，北洋的海、陸軍力強於日本，此尚有話說；而到了光緒二十年左右，中、日雙方的軍力對比已呈逆轉之勢，外交強硬而軍事則軟弱，勢非啟釁召侮不可。李鴻章昧於此點，顯然有見識不明之嫌。而甲午之戰中國敗績，對晚清歷史的影響就太大了。

日本成為中國的外患，在明治維新之後；以中國的紀元而言，則是清光緒一朝，在咸豐、同治二朝，成為中國外患的帝國主義國家，乃是英國與法國。其時，中國備受英、法之侵凌，日本隔岸觀火，深知如欲避免外國侵略，必須效法西方以求自強。因此，遠在明治天皇即位以前，日本的藩侯，就已派遣學生至西方留學。留學回國的學生，不但以西方的船、砲製造技術來裝備、訓練本國的新式軍隊，更進而改革法制，廢除封建，竭力從事現代化的建設。等到明治天皇即位，廢藩侯，行新政，國勢更是日見強盛。十九世紀的「現代化」國家，都靠著資本主義起家。資本主義發展到某一程度，就會要求向外發展，一以取得低廉的原料供應，一以供銷售本國工廠所大規模製造的產品，所以資本主義國家在早期常常存有軍事及政治的侵略性。先進的資本主義國家如英、法、俄等國是如此，後來跟上的日本、德國等亦莫不皆然。但因日本在地理上最接近我國，日本一旦成為資本主義國家，我國首當其衝，在外交關係上自然要比別國更受影響。

日本本國的領土狹小而資源有限，要想向外發展，第一個目標是朝鮮和臺灣，第二個目標就是中國大陸。但朝鮮不僅與中國接壤，亦與俄國毗鄰，俄人眈眈而視，殊使日本深懷戒心。所以，日本雖然有意染指朝鮮，卻不希望由俄國人手中去奪取。因此，他們的外交政策是在表面上與中國及朝鮮和好，儘量與中國合作保持朝鮮現狀的完整，然後伺機侵奪。假如清政府能夠瞭解日本的用心，未嘗不可設法操縱利用。但當時自李鴻章以至一班朝臣，無不以為俄國可畏而對日本則藐視之，所以對俄國則退讓而對日本則強硬，最後終於造成兩國間之衝突，提早了日本侵略朝鮮及進軍東北的日程表。光緒年間的中日交涉，便是在這種情形之下發展起來的。

光緒五年，日本併吞琉球，將琉球廢為沖繩縣。清政府以琉球素為我國藩屬，日本豈可無理併吞，屢次交涉抗議，拖延年餘，迄無了局。到了光緒六年，中、俄之間又因伊犁問題而陳兵邊界，將有用兵之勢。朝臣中頗有人憂慮，日本可能利用中、俄緊張情勢而與俄人勾結，藉以從中取利，因此主張速結琉案，對日讓步，以免多方樹敵。李鴻章時為直隸總督，奉命籌議得失。因此，他於光緒六年十月初九日奏上〈妥籌琉事摺〉，提出他對拒俄與拒日的看法。此摺見於李鴻章的奏稿卷三十九，中云：

謹繹總理衙門及王大臣之意，原慮日本與俄要結，不得不揆時度勢，聯絡邦交，洵屬老成持重之見。然日本助俄之說，多出於香港日報及東人恫嚇之語，議者不察，遂欲聯日以拒俄，或欲暫許以商務，皆於事理未甚切當。查陳寶琛摺內所指，日本餉絀兵單，債項纍纍，黨人爭權，自顧不暇。倭人畏俄如虎，性又貪狡，中國即結以甘言厚賂，一旦中、俄有釁，彼必背盟而趨利，均在意計之中。何如璋節次來函，亦屢稱日本外強中乾，內變將作，讓之不能助我，不讓亦不能難我，洵屬確論。……是俄事之能了與否，實關全局。俄事了則日本與各國皆戢其戎心，俄事未了則日本與各國將萌其詭計。與其多讓於倭而倭不能助我以拒俄，則我既失之於倭，而又將失之於俄；何如稍讓於俄，而我因得借俄以懾倭？夫俄與日本，強弱之勢，相去百倍。若論理之曲直，則日本之侮我，為尤甚矣。而議者之謀，若有相反者，此臣之所未喻也。

此奏之可注意處，全在上文所引的後面一段。這段話充分說明了李鴻章心目中的對日外交觀念——俄強而日本弱，中國既已在對俄外交上吃虧，便不能再在對日外交上吃虧。而且在予俄便宜之後，正可利用俄國來懾服日本，應可收東隅桑榆之效。正是「甲午戰爭」以前的中國對日外交態度。既然中國不肯對日讓步，而日本又認為中國非她之敵，這一場戰爭，當然是遲早非打不可的了。

為了貫徹執行他的對日外交強硬政策，李鴻章除了主張不能讓步以外，並且以他所兼北洋通商大臣的身份，請求清政府多購新式戰艦，建立強大海軍，以備一旦對日戰爭之用。清光緒八年七月，朝鮮發生亂黨突圍日本使館滋事，王宮亦同日被襲。李鴻章當時方丁憂，署理直隸總督張樹聲當機立斷，即刻派遣提督吳長慶率軍東渡朝鮮王京，為之平定亂事，並將釀成禍亂的首腦人物大院君李昰應拘來保定幽禁。亂事既定，吳軍留駐朝鮮。一般清議，對此甚為興奮，多主張乘此兵威以懾服日本，請旨飭令李鴻章帶兵駐紮煙臺，相機調度。李鴻章因此與署督張樹聲合詞奏覆，中云：

> 查日本兵船在二十艘以外，而堅利可用者約十餘艘。以彼所有，與中國絜長較短，不甚相讓。況華船分隸數省，畛域各判，號令不一，似不若日本兵船統歸海軍卿節制，可以呼應一氣。萬一中東有事，勝負之數尚難逆料。是欲制服日本，則於南北洋兵船整齊訓練之法，聯合布置之方，尤必宜豫為之計也。……從前日本初行西法，一得自矜，輒敢藐視中國。臺灣一役，劫索卹款，後更廢滅琉球。中國方以船械未齊，水師未練，姑稍含忍，以待其敝。然比年以來，臣鴻章與內外諸臣熟商禦侮之要，力整武備，雖限於財力，格於浮議，而購船製械，選將練兵，隨時設法，獨具規模。……中國地大物博，能合力以圖之，持久以困之，不患不操勝算。……中國戰艦足用，統馭得人，則日本自服，琉案亦易結矣。

在這一件奏摺中，李鴻章更明白地指出，懾服日本的辦法只有一個——多買兵艦，建設強大的海軍，則屆時日本自服，而琉案亦自結。由光緒初年以至光緒二十年，李鴻章確實是依據了此一構想而大事建設北洋海軍的，但是結果如何呢？《李鴻章奏稿》卷七十八，載有光緒二十年七月二十九日中日「甲午戰爭」剛剛開始不久，李鴻章奏覆〈海軍統將丁汝昌暫時尚不宜遽予撤換〉一摺，其中說到北洋海軍與日本海軍的比較情形，云：

> 查北洋海軍可用者，只「鎮遠」、「定遠」鐵甲船二艘，為倭船所不及，然質重行緩，吃水過深，不能入海汊內港。次則「濟遠」、「經遠」、「來遠」三船，有水線甲、穹甲，而行駛不速。「致遠」、「靖遠」二船，前定造時號稱一點鐘十八海里，近因行用日久，僅十五六海里。此外各船，愈舊愈緩。海上交戰，能否趨避，應以船行之遲速為準，速率快者，勝則易於追逐，敗亦易於引避，若遲速懸殊，則利鈍立判。西洋各大國講求船政，以鐵甲為主，必以極快船隻為輔，胥是道也。詳考各國刊行海軍冊籍內載，日本新舊快船推為可用者，共二十一艘，中有九艘自光緒十五年後分年購造，最快者每點鐘行十五至十八海里，已為極速，今則至二十餘海里矣。近年部議停購船械，自光緒十四年後，我軍未購一船。丁汝昌及各將領屢求添購新式快船，臣仰體時艱款絀，未敢奏咨瀆請，臣當躬任其咎。倭人心計譎深，乘我力難添購之際，逐年增置。臣前於〈預籌戰備〉摺內奏稱，海上交鋒，恐非勝算，即因快船不敵而言。倘與馳逐大洋，勝負實未可知。……蓋今日海軍力量，以之攻人則不足，以之自守尚有餘。用兵之道，貴於知己知彼，捨短用長，此臣所為兢兢焉以保船制敵為要，不敢輕於一擲，以求諒於局外者也。

這一段話，縷述北洋海軍在光緒十四年以前本來要比日本海軍占有優勢。只因光緒十四年以後清政府不准北洋海軍添購新船、新砲，所以到了光緒二十年甲午之戰發生時，北洋海軍所擁有的艦隻，猶是光緒十四年以前所購入，在速度和火力方面都已比較落後的舊艦。相反一方面，日本知道北洋海軍停購新艦，乃在光緒十五年以後陸續增購新艦九艘，其速度與火力均遠較北洋的舊艦為優。相形之下，到了光緒二十年時，雙方海軍的實力對比就呈現逆轉之勢。為北洋海軍計，李鴻章只有儘量設法避免與日本海軍作戰，以求「保船制敵」了。他在前引疏中所說的：「自光緒十四年後，我軍未購一船。丁汝昌及各將領屢求添購新式快船，臣仰體時艱款絀，未敢奏咨瀆請，臣當躬任其咎。」這一段話，實在是皮裏陽秋之筆，很可以看出李鴻章之啞子吃黃連，有苦說不出。原來北洋海軍在光緒十四年以後之所以不添一船，並非由於「時艱款絀」，而是因為當時主管海軍衙門及戶部的王公大臣們為了獻媚慈禧，把成百萬兩計的海軍經費，挪用到建造頤和園的工程上去了。但即使事實的真相如此，李鴻章卻絕不能實話實說，他內心的難堪，當然可想而知。

關於慈禧挪用海軍經費建造頤和園一事，清末以來的私家筆記言之屢屢，但是官方的史書中對此卻諱莫如深，所以始終無法從官方的資料中尋得正面的紀錄。但頤和園的全部修建費用，多至銀三千萬兩，當時清政府財政支絀，為了籌措這一筆巨大的經費，自中央以至十八行省，各方搜括，羅掘俱窮。海軍經費雖有專款，一則出於各省的解繳，一則須經戶部的撥發，為了應付「園工」的緊急支出，任何款項都會被提撥應用，海軍經費又何能例外？海軍購艦，需款甚鉅，動輒以百萬計。處此情形之下，即使有添艦購械之必要，亦必然要因園工而遭受擱置。李鴻章所謂，「臣仰體時艱款絀，未敢奏咨瀆請」者，其真正的意義在此。胡思敬《國聞備乘》卷一，「名流誤國」一條，亦有關於這方面的記載，可以參看，引述如下：

> 甲午之戰，由翁同龢一人主之。同龢舊傅德宗，德宗親政後，以軍機大臣兼毓慶宮行走。嘗蒙獨對，不同值諸大臣不盡聞其謀。通州張謇、瑞安黃紹箕、萍鄉文廷式等，皆文士，梯緣出其門下，日夜磨勵以須，思以功名自見。及東事發，咸起言兵。是時，鴻章為北洋大臣，陸海兵權盡在其手，自以海軍弱，器械單，不敢開邊釁。孝欽以舊勳倚之，謇等僅恃同龢之力，不能敵。於是廷式等結志銳，密通宮闈，使珍妃進言於上。妃日夜慫恿，上為所動，兵禍遂開。繼而屢戰不勝，敵逼榆關，孝欽大恐，召同龢切責，令即日馳赴天津詣鴻章問策。同龢見鴻章，

即詢北洋兵艦。鴻章怒目相視，半晌無一語。徐掉頭曰：「師傅總理度支，平時請款輒駁詰，臨事而問兵艦，兵艦果可恃乎？」同龢曰：「計臣以撙節為盡職，事誠急，何不覆請？」鴻章曰：「政府疑我跋扈，臺諫參我貪婪，我再嘵嘵不已，今日尚有李鴻章乎？」同龢語塞，歸乃不敢言戰。後卒派鴻章東渡，以二百兆議和。自是黨禍漸興，康梁乘之，而戊戌之難作矣。

胡思敬所說，慈禧在甲午兵敗之後令翁同龢馳赴天津，詣李鴻章問戰守策，翁同龢此行所奉的指示究竟如何，容後再加討論。至於他所記翁、李相見時的態度及談話內容，則十分值得注意。因為，翁同龢在此以前一直是以軍機大臣掌戶部，專門假借財政支絀之理由，處處限制北洋海軍的經費支出。池仲祐所撰的《海軍大事記》光緒十七年紀事云：

四月，戶部奏〈酌擬籌餉辦法〉一摺，議以南北購買外洋槍砲、船隻、機器暫停兩年，即將所省價銀解部充餉。海軍右翼總兵劉步蟾屢向提督丁汝昌力陳，我國海軍戰鬥力遠遜日本，添船換砲不容稍緩，丁汝昌據以上陳。秋間，李鴻章奏稱：「北洋畿輔，環帶大洋，近年創海軍，防務尤重。北洋現有新舊大小船艦共只二十五艘，奏定海軍章程聲明，俟庫款稍充，仍當續購多隻，方能成隊，而限於餉力，大願未償。本年五月欽奉上諭，方蒙激勵之恩，忽有汰除之令，懼非所以慎重海防，作興士氣之至意也。」等語。然以餉力極絀，仍遵旨照議暫停。

其時，翁同龢不僅以部款支絀為理由，奏請海軍停購船械兩年，即是彈藥的補充，亦多方予以限制。據當時擔任北洋海軍顧問的英國海軍軍官泰樂爾的自傳記述說，其時另有德國工程師漢納根者，亦為北洋海軍的顧問人員，曾在「甲午戰爭」以前兩年，建議李鴻章多買德國克虜伯廠所造的大開花彈，以供戰艦上的大砲之用。李鴻章已經簽發了命令，但最後卻未曾實行，其原因即是因為當時主持軍需事務的大人物反對耗費巨款購買砲彈儲藏，指為無用浪費云云。到了「甲午戰爭」發生，北洋最大的鐵甲艦「定遠」、「鎮遠」二船，「定遠」艦的十吋巨砲砲彈只有一枚，「鎮遠」艦亦只有二枚，其他較小口徑的砲彈亦奇缺。等到中、日雙方宣戰，李鴻章急忙向英、德各國商購砲彈，各國皆以嚴守中立之故，拒絕出售。終於使海戰發生時，北洋戰艦的最大巨砲不能發揮作用，是為黃海海戰敗績的一大原因。有這種種原因存在其間，北洋海軍在開戰時便自知處於不敵的地位而心存怯懦，未戰已先成敗形。究其原因，慈禧的徇私害公，挪用海軍軍費以建造頤和園，固是罪魁禍首，翁同龢之借事傾陷，乘機排擠，亦是國家民族的罪人。

翁同龢為什麼要借了掌握度支大權的便利來對李鴻章傾陷排擠？追溯其本源，還是因為乃兄翁同書當年在安徽巡撫任內被曾國藩上疏嚴劾，以致自皇帝以至朝中群臣都無法為之緩頰，不得不遠戍新疆的那一件舊事。當時自皇帝以至朝中群臣都無法為翁同龢緩頰，是因為曾國藩的奏疏義正詞嚴，使那些想幫忙援救的人都開口不得。而曾國藩此疏之所以出語驚人，擲地有聲，正是因為主稿的李鴻章文章做得太厲害，使人無隙可乘、無懈可擊之故。然則追溯其本源，曾國藩固然是翁家的大仇人，李鴻章也可算作是「幫兇」。現在翁同龢以帝師之尊而手握財政大權，遇有機會，豈有不對李鴻章儘量報復傾陷之理？吳永的《庚子西狩叢談》一書中，載有翁、李仇隙的掌故一則，頗富趣味，亦甚有參考價值，可以參看，引錄如下：

> 公任直督時，深受常熟（即翁同龢，翁乃江蘇常熟人）排擠，故怨之頗切。……在賢良祠時，一日，項城（即袁世凱）來謁，……旋進言：「……不如暫時告歸，養望林下，俟朝廷一旦有事，聞鼙鼓而思將帥，不能不倚重老臣，屆時羽檄徵馳，安車就道，方足見老成聲價耳。」語

未及已，公厲聲訶之曰：「止止，慰庭，爾乃來為翁叔平做說客耶？他汲汲想要得協辦，我開了缺，以次推升，騰出一個協辦，他即可安然頂補。你告訴他，教他休想！旁人要是開缺，他得了協辦，那是不干我事；他想補我的缺，萬萬不能！武侯言鞠躬盡瘁，死而後已，這兩句話我還配說。我一息尚存，絕不無故告退，絕不奏請開缺。」……項城出後，公即呼予相告曰：「適才袁慰庭來，說得天花亂墜，要我乞休開缺，為翁叔平作成一個協辦大學士，我偏不告退，教他想死！我老師的挺經，正用得著，我是要傳他衣缽的。我決計與他挺著，看他們如何擺布。」

吳永所記的這一段翁、李故事，發生在光緒二十一年。其時，李鴻章正因甲午戰敗而謗言叢集，失勢無聊，憂讒畏譏，苦悶至極。只因他是「同光中興」名臣的碩果僅存之人，又且勳業卓著，即使有甲午之敗，慈禧太后篤念耆舊，還是不會對他有嚴厲處分的。以前他的頭銜是文華殿大學士兼直隸總督，甲午戰後，直督一職雖被開去，可是，大學士的頭銜尚在，而且在〈馬關條約〉之後「入閣辦事」，依然是首輔之尊。他自己如不奏請開缺休致，慈禧也不會連這首輔的空名亦一併褫去。而翁同龢在軍機多年，雖然以帝師而兼管戶部，位尊權重，可是卻一直不能入閣拜相，原因是當時並無缺額可補。袁世凱夙為李鴻章所器重，朝鮮、甲午戰爭之發生，袁世凱之躁急鼓盪，實為釀釁之主因。至此深恐一生仕途從此不振，急圖趨附權門，以為進身之計。而翁同龢既然有覬覦李鴻章缺位的想法，於是袁世凱便自告奮勇，想為翁同龢辦成此事，以作為他自己的進身之路。卻不曾想到李鴻章恨透了翁同龢當年的排擠傾陷，不但不肯答應，還聲言要與翁同龢周旋到底，看他如何擺布！由此一故事，不難看出翁、李仇隙之深，與李鴻章對翁同龢之痛心疾首。李鴻章所說的「老師」，就是曾國藩。曾國藩有他的一套「挺經」，想不到在這裏居然被用上了。

追述慈禧挪用海軍經費及翁同龢對李鴻章的排擠傾陷往事，足以使我們瞭解，北洋海軍之敗，固有其內在原因。但話雖如此，「甲午戰爭」中北洋海軍之敗，卻不能完全歸咎於船砲不如日本與彈藥準備不足這兩項原因。除此之外的致敗原因尚可舉出兩大點：第一是北洋海軍的軍紀廢弛，高級軍官缺乏鬥志；第二是統帥非人，指揮失當。以下試分別詳述之。

羅惇曧《中日兵事本末》：「初，光緒十年立海軍衙門於京師，建旅順、大連灣、威海衛砲臺。十四年，定海軍經制，以丁汝昌為海軍提督。汝昌淮人陸將，孤寄其上，大為閩黨所制，威令不行。左右翼總兵以下，爭挈眷陸居，軍士去船以嬉。每北洋封凍，海軍例歲巡南洋，率淫賭於香港、上海，蓋海軍之廢弛久矣。」這是本國人士方面關於北洋海軍軍紀廢弛的記載。

包遵彭著《中國海軍史》，引日人伊藤正得所撰《國防史》說：「在明治二十四年，吳鎮守府參謀長東鄉平八郎，曾見停泊宮島之清國軍艦「鎮遠」、「定遠」艦砲上，張曬衣褲，曾云：『以此類巨艦，紀律尚如此，其海軍實不足畏，無怪歐美喻為睡獅。』因此，益增吾人之戰勝信念。」這是外國人所記有關北洋海軍紀律廢弛的記載。

海軍的軍紀廢弛，軍官與士兵兩方面都有責任。但如軍官能對士兵做適當的管教與訓練，士兵的紀律一定可以得到改善；只有在高級軍官本身亦復怯懦腐化時，官兵的紀律才會無法整飭。當時的情形，不幸正是如此。前文已經有「左右翼總兵以下，爭挈眷陸居，軍士去船以嬉」的事實，由後面所引的資料見之，則北洋海軍高級軍官之紀律散漫，萎靡不振，尚有過於此者。

張蔭麟撰《甲午中國海軍戰績考》，引述當時北洋海軍顧問泰樂爾的話，說：「船面及機械室人員皆極優良，士兵皆活潑勇敢，下級將校大體尚善，惟上級者除少數外，蓋遠遜焉。彼等大抵染官僚習氣，萎靡不振。另據當時美籍砲術教官麥吉芬的觀察，則「將官之怯者，無過福州人。自兵端初起，以迄末次之戰，凡丁汝昌之欲左者，若輩共右之，欲右者，即共左之。視軍令如兒戲，恆加虛詞。有時為丁提督所視察，頓足怒詈，終無如之何。」上級軍官可以不服最高指揮官的命令，可以視軍令如兒戲，試問他們如何能整飭士兵的軍紀？一到戰事的情勢不利時，勢必會群情渙散，軍無鬥志。而後來情形的發展，正是如此。

以上所述，是北洋海軍軍紀廢弛、高級軍官缺乏鬥志的客觀紀錄。至於統帥不得其人，因之指揮不當的情形，則其原因全在於身為最高指揮官的海軍提督丁汝昌本係陸將，於海軍技術為門外漢，凡事偏信其屬下的最高級軍官右翼總兵劉步蟾，舉凡戰略之決定與號令之發施，都由劉步蟾從中主持。不幸而此事實上之海軍提督劉步蟾缺乏堅毅之戰志與忠貞之志節，於是就不免因統帥不得其人而致部署錯誤，指揮失當，所關繫於作戰勝敗的因素，就太大了。

包遵彭《中國海軍史》敘「甲午戰爭」黃海海戰的情形說：

先是，丁汝昌偕德員漢納根、英員泰萊，同集「定遠」旗艦之飛橋上，議應戰之策，決分段縱列，以待敵艦之來。及起碇，發布展開隊形之信旗。乃信旗所示者，為諸艦相併橫列，與議決者相左，以主力艦居中，並非適所議決之陣形。議者有謂「定遠」管帶劉步蟾膽小，懼己船當頭陣致此。時丁汝昌與漢納根立飛橋上，惟泰萊覺之。但事急，勢不及另變隊形。乃兩翼小艇覺其位置之危，又趑趄不前，艦隊因成半月形。

「甲午戰爭」中日海戰，北洋海軍敗績。其所以失敗之原因，便是因為北洋海軍採半月形的橫列陣形，主力艦居中而輔助鑑居外，日艦因此得以利用其較快捷的航速，分左右夾攻。北洋海軍居於隊形外側的，都是火力較弱而噸位較小的輔助船隻，抵擋不住火力強而速度快的日本巡洋艦。「揚威」、「超勇」二艦首當其衝，中彈著火，日艦復左右環攻，北洋海軍陣形大亂，完全處於被動地位而應付困難。最後，我艦沉沒五艘，輕重傷七艘，日艦則只有四艘受重傷，沒有沉沒的。追源禍始，丁汝昌固然是不適於擔任海軍統帥之人，而劉步蟾出身海軍學堂，素有儒將之風，臨敵時居然怯懦無能，惟知以自身安全為事，置全軍之勝敗於不顧，這樣的人，也能躋身高級將領而代司指揮之責，則北洋海軍之不免因戰略錯誤與指揮失當而致敗績，也正是勢所必至之事了。

「甲午戰爭」北洋軍海陸皆敗。海軍之敗，猶可以諉為艦隻老舊與彈藥不足，北洋陸軍則具有新式大砲的配備，平素的操練演習又向來號稱精良，如何也一敗再敗，甚至棄甲曳兵而走，連堆積在平壤城中的數十具新式大砲及上千的槍支都一概不要，惟以逃避奔走為能事呢？這一點，李鴻章就實在無詞可解了。梁啟超說：

> 是役也，李鴻章二十餘年所練之兵，以勁旅自誇者，略盡矣。中國軍備之弛，固為外國所熟知，獨淮軍、奉軍、正定練軍等，素用洋操，鴻章所苦心經營者，故日軍懾其威名，頗憚之。既戰勝後，其將領猶言：「非始願所及也。」其所以致敗之由，一由將帥闒冗非人，其甚者如衛汝貴尅扣軍餉，臨陣先逃；如葉志超飾敗為勝，欺君邀賞；以此等將帥臨前敵，安得不敗？一由統帥六人，官職權限皆相等，無所統攝，故軍勢渙散，呼應不靈。蓋此役為李鴻章用兵敗績之始，而淮軍聲名，亦從此掃地以盡矣。

由於事實情形如此，所以梁啟超以十二罪責備李鴻章，其中最使李鴻章無可諉卸的，莫如他所說的：「身任北洋，整軍經武二十年，何以不能一戰？」其所以不能一戰的原因，當然不能完全歸咎於武器裝備。光緒二十年九月初七日，翰林院侍講學士文廷式等摺參李鴻章，其中曾說：

> 朝廷倚李鴻章為長城，李鴻章廣蓄私人，以欺罔朝廷。某某則為耳目，某某則為腹心，丁汝昌、衛汝貴為爪牙，龔照璵、劉含芳為羽翼。此數人者，皆天下所訕笑指目，而李鴻章以之分布於海軍、糧臺、電報、軍械，各關係軍國重要之區，窟穴深固，牢不可破。平時病民蠹國，事皆墜壞於冥冥之中。暨有事之秋，譸張為幻，不惟助李鴻章以欺罔朝廷，抑且責李鴻章以邀利而有所不恤。

這一段話雖然不免稍微有點言之過甚，但其中也很有若干道理。王芸生撰《六十年來中國與日本》一書，說：

> 李鴻章自曾幕脫穎而出，為清季之中興名臣。既掌北洋，一切時務兵政，皆出其手，而晚清數十年之外交，尤一一身當其衝，惟日孜孜，自是一代人才。惟以忽於為政之本，而又少重氣節，不為一般士大夫所信任。迨經甲午一戰，中國固陷於悲運，李鴻章之事業，亦全暴露其弱點。素練之兵，望風而潰，要塞之險，不戰與人，甚且軍械、彈藥，亦發現贋鼎，類此之事，自有非李氏所盡知者。然此輩貪污之徒，固皆其所登用者也。蔣廷黻教授曾謂：「李鴻章之人格，能入人之腦而不能入人之心。」又謂：「一看李之全集，只見其做事而不見其為人。」此數語可為李之確評，亦正以見其德望不足以副其才華也。

亦正因為李鴻章私心太重，而用非其人之故，北洋的海陸軍及軍需事務等等重要工作，盡被視為是有利可圖之肥缺，一概用來安插他的淮軍舊部及安徽同鄉，所以在後來才會被弄得一敗塗地。這一層，自是李鴻章的致命傷，亦即是梁啟超論述李鴻章「甲午戰爭」功罪時所說的：「其所以失敗之故，由於群議之掣肘者半，由於李鴻章之自取者亦半。其自取也，由於用人失當者半，由於見識不明者亦半。」由甲午敗績而追論李鴻章之處置失當與人謀不臧，至此應可告一段落。下文所要接敘的，乃是李鴻章在「甲午戰爭」以後所主持的聯俄外交，亦即是他一生之中最為人所詬病的〈中俄密約〉。

由於〈中俄密約〉的簽訂，導致俄國勢力之侵入東三省，即所謂前門拒虎，而後門進狼。狼與虎，都是噬人的兇獸，虎固兇暴，狼之狡詐險惡，似尤過之。李鴻章簽訂〈中俄密約〉，被人喻為引狼入室，究竟這引狼拒虎的妙計，是不是出於李鴻章的設計呢？要瞭解這個問題，還得從光緒十二年朝鮮的巨文島為英國所占，中、俄兩國就此事所進行的往來交涉說起。

巨文島，乃是朝鮮南海中之一小島，孤峙海中，當濟州海峽之航路要衝，為對馬島之門戶，島內的海灣，水深可泊巨艦。清光緒十一年，英、俄兩國因阿富汗的邊界問題發生爭執，俄國艦隊在海參崴集結，有南下與英國用兵之勢。英國為防俄艦南侵，採取了先發制人之計，乃於這年的二月間派兵艦占領巨文島，在島上築砲臺、設軍營、修碼頭、布水路，作為英國在此監視對馬海峽俄艦動態的海軍基地。英國此舉，雖為備俄而發，事實上卻侵犯了第三者的主權——此島本為朝鮮所有，朝鮮並未介入英、俄的衝突，英國怎可無故出兵加以占領？因此，朝鮮對英國提出抗議，要求即將兵員及艦隻撤出，交還巨文島由朝鮮管理。中國既視朝鮮為屬國，當然也幫同朝鮮向英國提出交涉。俄國知道英國理屈，乘機亦向負責交涉事務的李鴻章提出要求說，假如中國及朝鮮不能使英國撤出巨文島，俄國亦將派兵占領朝鮮之一地，以維持俄國之利益。其時，阿富汗問題已趨緩和，英國乃答覆清廷說：「此島之占領，並未損及中國及其屬國之利益，英國亦無長久占有該島之意。但如此島為他國所有，則必使中、英兩國蒙受不利。如中國能保證此島不為外國所占，英國自然可以撤出。」這一照會的措詞甚為狡猾，雖未拒絕交還巨文島，却出了一個難題給中國政府去解決。為了達成英國撤出巨文島之目的，清朝政府乃不得不轉而向俄國交涉。

俄國僻處北方荒原，早就對中國大陸及毗鄰的朝鮮半島存有染指之心，只是苦於力有未逮而已。如今李鴻章代表清朝政府向俄國提出交涉，要她答應不侵占朝鮮的土地，恰好給了她一個插手干涉的機會。因此，俄國公使拉德仁雖然口頭允許李鴻章的要求，卻不肯作書面的承諾。直到圖窮匕見之後，拉德仁方才表明其真正態度，說：「朝鮮介在中、日、俄三國之間，此三國中之任何一國如欲占取朝鮮，其餘二國必不答應。」意思是要李鴻章先答應擔保朝鮮之領土完整，然後俄國方肯作此承諾。此舉無異是要將中國置於與俄國同等之地位，放棄對朝鮮的宗主國權利，然後可使俄國遂行其進一步的侵略企圖。這在清政府來說，當然不合本身的政治利益。但因李鴻章深知日本政府對朝鮮懷有極大的野心，如能結合俄國的力量來共同擔保朝鮮不為日本所侵，亦未始不是好辦法。何況「借俄懾倭」的思想，很久以前就已存在於李鴻章及同時士大夫們的心中。所以，李鴻章後來就與拉德仁商定三點，由中、俄二國立約擔保朝鮮之獨立及領土完整，兼以表明俄國不取朝鮮土地之態度。但李鴻章及拉德仁間的協議，卻不能為清政府所同意。照總理衙門的意見，若照此三條立約，「於將來措置屬國事宜，恐多牽制」。而「俄不侵韓，乃其本分應爾，安能與我為上國者相提並論？設遷就立約，得巨文一時之虛名，失全韓日後之通局，墮其術中，自貽伊戚」，絕不可行。於是，李鴻章與拉德仁的交涉陷入了僵局。在此同時，總理衙門根據了俄國公使對李鴻章所作的口頭承諾要求英國退兵，英國亦居然同意。目的物既已消失，李鴻章與拉德仁之間的交涉，也就不了了之。想不到時間隔了十年之後，這一樁交涉舊案，又重新被提了出來。於是乃有後來的中俄交涉。

王芸生所編的《六十年來中國與日本》，收有李鴻章於光緒二十年七月十三日發致總理衙門的電報一件，內云：

頃俄喀使遣巴參贊持其國家訓條，謂此語須秘密。譯云：「朝鮮之事，俄國已有激而起，毫無自利之心，惟有確照西曆一八八六年即光緒十二年，拉德仁在津所訂之約辦理。此約准喀希尼本月十二日來電，李中堂依然承認，即將此意向中國政府聲明為要。」等語。查拉署使前訂節略，密致總署在案。現朝鮮局勢大變，若能照前樣辦理，於國體舊制，尚無大損。看來俄似有動兵逐倭之意。該使謂：「如何辦法，該國尚未明諭。」而大要必不出此，請先代奏。

前文所說的「喀使」，即當時俄國的駐華公使喀希尼。看《李鴻章全集》所收的奏稿及電稿，自從光緒二十年四月朝鮮發生東學黨之亂，中、日兩國同時出兵朝鮮，至六月中，朝鮮亂事平定，中國要求日本撤兵，日本拒不依約履行，以致朝鮮局勢日趨緊張之時起，即曾希望利用西方列強的勢力，逼迫日本自韓撤兵。六月二十日，喀希尼休假回國，道經天津，李鴻章便乘機要求俄國干涉，告以「昔時俄使拉德仁曾與中國訂約互不侵犯朝鮮領土，今日本大兵駐韓，野心難測，俄為朝鮮近鄰，豈能漠視？且中、日兩國軍隊留韓，勢必發生衝突，妨礙遠東和平，望貴國外部轉電駐日公使，勸導日本與中國同時撤兵，以免後患」。喀希尼當時，似乎並不瞭解日本侵略之真正意圖，以為俄國若出面干涉，不難使日本就範。而中、日兩國如果不在朝鮮發生衝突，正合於俄國的利益，因此欣然允諾。俄國外交部接到喀希尼的電報後，頗以干涉之意為然，乃覆電准其所請，令暫時留在天津與李鴻章保持接觸，另由俄國政府致電駐日公使希德洛夫，勸請日本政府撤回在朝鮮的軍隊。自此時以至中、日兩國宣戰之日止，聖彼德堡、天津、東京三地之間，電報往來頻繁，都是俄國實行干涉的事實。但其後來的發展，卻與李鴻章及喀希尼的構想並不一樣。

喀希尼接到俄國外部的覆電後，知道俄國決意干涉朝鮮問題，大為欣悅，再電轉達李鴻章希望俄國壓迫日本無條件撤兵，以避免軍事衝突之意，並遣公使館參贊通知李鴻章說：「俄皇已電諭駐日俄使轉達日本政府勸請撤兵，如果日本不肯遵辦，俄國將以武力壓服。」云云。鴻章大悅，即電袁世凱轉達牙山方面的北洋陸軍靜以待命，不得輕舉妄動。在李鴻章看來，俄國若肯出面干涉，日本必定不敢違抗；殊不知道此只是喀希尼個人的看法，而俄國外交部的真正意圖，在後來卻有了轉變。其原因是由於俄國駐日公使希德洛夫的態度，在這件事情上對俄國外交部發生了較大的影響力量之故。

照希德洛夫的看法，日本侵韓，具有堅強之決心，外國調停恐不能達到目的。如果俄國要以武力干涉，勢將要捲入遠東糾紛之漩渦，而這便是某些國家所希望之目的。言外之意，當然是說中國希望俄國捲入朝鮮戰爭的漩渦，俄國如果不打算介入這場糾紛，最好不要上中國人的當。俄國外長吉爾斯瞭解此一情況後，頓時減低了積極干涉的熱誠。而當時對朝鮮問題密切關心的英、美各國，都表示無意以武力壓迫日本撤兵，這就使得吉爾斯在處理朝鮮問題時，必須更加慎重了。另一方面，則李鴻章因得到喀希尼遣使館參贊通知，告以俄皇有以武力壓迫日本退兵之決心後，一心以為俄國的干涉必有成效，故而一再敦促喀希尼速催俄國採取有效行動。只因俄國政府已決心不介入朝鮮糾紛，其勸告日本撤兵的照會始終只是空言恫嚇，而並無進一步的行動，所以對於日本之堅持不願，並無其他有效的辦法，雖經喀希尼迭電催促，終無結果。到了此時，朝鮮的局勢已經急轉直下，不但日本政府的態度蠻橫，滿清政府亦認為日本的態度實在無法容忍，決不願對之委屈容忍。於是，兩國終於走上了兵戎相見之道。此雖是日本所迫切希望之事，對滿清政府而言，卻是對整個局勢缺乏全盤的瞭解，完全在被動的情況下決定對日作戰的。俄國政府在後來決定不介入朝鮮糾紛，原因尚多。最主要的一項，是由於滿清政府在光緒十年以後，對朝鮮採取了積極干預的政策，在外交、內政方面的力量都極為深入，不但引起日本之不滿，也使俄國深懷猜忌。光緒二十年，中、日兩國因朝鮮東學黨之亂再起衝突，俄國最初頗有意壓迫日本退兵，以為示好於中國之計。但日本之態度既如此強硬，要俄國正式捲入漩渦，則顧忌良多。照俄國的估計，日本雖強而國小，兩國即使開戰，中國未必敗績。喀希尼強調日本戰勝之後，將乘勝入侵中國之東北，成為俄國之大患，似乎近於過慮。而且即使日本萬一戰勝，俄國亦不難乘其疲敝，加強其本身的地位，坐收漁人之利。俄國政府的這種打算，可說完全符合其本國的利益，李鴻章不瞭解其中內情，一味希望俄國的軍事干涉，馴致北洋海陸軍君因疏於戒備而招致敗績，實在可說是失策之甚。而他在這年七月十三日發致總理衙門重提光緒十二年中、俄協定的這件電報，在後來也成了導致〈中俄密約〉的前奏，尤其可說是不幸之至。

甲午中、日之戰，兩國在光緒二十年的七月初一日正式宣戰。其後中國的海陸軍俱慘遭敗衄。至這年八月，平壤敗報又再傳來，左寶貴血戰陣亡，葉志超樹旗投降，朝鮮境內已經沒有了中國軍隊的蹤跡。到了此時，日軍顯然已有由朝鮮渡鴨綠江西侵的危險。於是，當朝的慈禧太后也希望借助俄國的干涉來轉圜了。《翁同龢日記》中曾記述當時的情形如次：

> 八月二十日，傳慶親王、軍機、翁某、李某（指李鴻藻），凡三起，在頤年殿東暖閣見起。……余與李公同入，皇太后上同坐。跪安畢，首言倭事。臣等即言：平壤既棄，義州已危，鴨綠一水，不過里許，江西無險，若長驅平進，北距與京六百餘里，永陵在焉，雖南面有山，恐兵少難扼。次及淮軍不振，並糧械無繼，種種貽誤狀。皇太后曰：「有一事，翁某可往天津，面告李某（指李鴻章），此不可書廷寄、發電報者也。」臣問：「何事？」曰：「俄人喀希尼前有三條同保朝鮮語，今喀使將回津，李某能設法否？」臣對：「此事有不可者五：最甚者，俄若索償，將何畀之？且臣於此等事，始未與聞，乞別遣。」叩頭辭者再，不允。最後諭曰：「吾非欲議和也，欲暫緩兵耳。汝既不欲傳此語，則逕宣旨責李某何以貽誤至此？朝

廷不治以罪，此後做何收束？且退衄者淮軍也，李某能置不問乎？」臣敬對：「若然，敢不承？」則又諭曰：「頃所言，作為汝意，從容詢之。」臣又對曰：「此節只有李某覆詞，臣為傳述，不加論斷。臣為天子近臣，不敢以和局為舉世唾罵也。」允之。既又諭：「明日即行，往返不得過七日。」遂退。

翁同龢奉慈禧之諭前往天津晤見李鴻章，據翁之日記所載，是於九月初二日至天津，九月初六日回京覆命。在津時對李鴻章面宣皇太后、皇帝的旨意，嚴詞責備其敗軍誤國之罪，李鴻章惶恐引咎，甚為狼狽。及道出慈禧命詢喀希尼所提之事，則李鴻章說：「喀以病未來，其國參贊巴維福先來，云俄廷深忌倭占朝鮮，中國若守十二年所議之約，俄亦不改前意。第聞中國議論參差，故竟中止。若能發一專使與商，則中俄之交固，必出為講說。」云云。翁云：「回京必照此覆奏。余未到譯署，且此事未知利害所在，故不加論斷。但俄連而英起，奈何？」李云：「無慮也，必能保俄不占東三省。」翁的日記，只記翁、李對話及回京覆命所奏的言詞，而未及慈禧對此事的態度。所以，慈禧當時對李鴻章的話究竟作何反應，在日記中未能看出，無法臆忖。不過，慈禧對翁同龢作此指示時並非只有翁同龢一人在場，此事又並非絕對機密之事，所以，慈禧的態度與李鴻章對俄使的交涉，必然會傳播出來而影響及於朝中士大夫之言論與思想，當無可疑。這在滿清政府兵敗求和而日人要索無饜之時的內外朝臣言論中，就可明白地看出來。

光緒二十一年正月，清政府以海陸軍迭次敗績，日軍深入東三省及山東省境，無法再戰，決意遣李鴻章為全權大臣，東渡日本，與日本全權大臣伊藤博文等議和於馬關之春帆樓。伊藤初提十款相要，限四日答覆。其中最重要的三點是：一、朝鮮自主；二、割遼東半島及臺灣、澎湖予日；三、賠兵費銀三萬萬兩。磋商再四，只允於遼東割地內減去寬甸，賠款減至二萬萬兩，此外不允再讓。乃簽訂和約，定期在煙臺互換。消息傳至國內後，朝野大憤，中外諸臣章奏凡百十上，舉人康有為等伏闕上書，所言尤激昂，朝意頗為所動，又重新再考慮到和戰的問題。其時，國外輿論亦頗不直日本之恃勝要索，俄國且有聯合德、法兩國干涉和約之說，於是國內輿論亦因仇日而轉向於親俄。光緒三十一年四月初二日，署理兩江總督張之洞上奏提出聯結英、俄的意見，說：

此時欲廢倭約，保京城、安中國，惟有乞援強國之一策。俄國已邀德、法阻倭占地，正可乘機懇之。乞援非可空言，必須予以界務、商務實利。竊思威、旅為北洋門戶，臺灣乃南洋咽喉，今朝廷既肯割此二處與倭，何不即以賂倭者轉而賂英、俄乎？所失不及其半，即可轉敗為勝。惟有懇請飭總署及出使大臣，急與俄商訂密約，如肯助我攻倭，脅倭盡廢全約，即酌量分割新疆之地，或與南路回疆數城，或北路數城以酬之，並推廣商務。如英肯助我，則酌分西藏之後藏一帶地，讓與若干以酬之，亦許推廣商務。外洋通例，若有此聯盟密約，有戰事即可相助，不在局外之例。只須有一國相助，其兵船已足制敵而有餘。倭極畏西洋，斷不敢與英、俄開戰。若俄、英有一國相助，則兵不血刃而約自廢，京城自安。

在清代末年的知識份子中，張之洞可說是較為開明的人物，他的思想，反映出了當時的所謂開明派知識份子，其心目中的外交政策與救國思想，原來如此。他們以為，清政府既可割南北洋之門戶要害遼東及臺灣予日，則割新疆或西藏之一部分予英、俄，以換取英、俄之聯盟密約，又有何不可？他們並不明白，所謂攻守同盟與聯盟密約，必須雙方實力相當及利害相同，方有建立的可能。如果強弱不侔，而弱者希望藉盟約以得到強者的保護，不但不能得庇護的實效，最後且將有被併吞的危險。第一次世界大戰以前，西方列強藉保護之名而遂行併吞之事實，斑斑可考，然而這卻不是當時的中國知識份子所十分瞭解的事。為了達到抗日與仇日之目的，他們不思反躬求諸己，從自力更生的途徑上去雪恥圖強，卻只知道飲鴆止渴，寄望外國強權的救援，其不致陷入引狼拒虎之危險者幾希？而綜觀當時的滿清政府領導人物，自慈禧、李鴻章、張之洞以至其他大小官吏，很多都抱持這種觀念，那問題就太大了。〈中俄密約〉之出現，正是這種環境之下的必然趨勢。

在〈馬關條約〉簽訂之前，德、法、俄三國的干涉雖未成為事實，但干涉的活動則已在醞釀之中。迨條約既定，割地賠款的條件完全公布，三國的態度頓趨強硬，相繼由其駐日公使向日本外交部提出備忘錄表示不滿，要求日本放棄占領遼東半島。此即是「三國干涉還遼」一事的由來。此事的主動完全由於俄國，其原因是俄國此時正在建築西伯利亞鐵路，亟望在朝鮮或我國的東北取得不凍的海口；現在朝鮮已為日占，遼東又由滿清割予日本，對俄國的向東發展有重大威脅，必須設法加以制止。法國當時聯俄以對德，對於俄國的干涉主張不便拒絕。德國則因法國附俄之故而不願失去俄國的友誼，兼且知道干涉之後必可乘機索酬，所以三國聯合一致對日本施以強大壓力。果然，日本為三國干涉的壓力所嚇阻，不得不同意放棄遼東，但卻要求增加賠款銀三千萬兩。對於〈馬關條約〉所定的賠款銀二萬萬兩，滿清政府已感為數過鉅，現在再加三千萬兩，實在償付困難。這時，俄國更表示了他們的對華「友誼」，自願以低利貸借銀一萬萬兩，年息只須四釐。借款數目之大，利率之低，十足顯示他們對中國的友好與同情的態度。這使得中國人在感激之餘，更加深了對俄國人的好感。於是，凡是俄國人的「善意」勸告，滿清政府都樂於聽從，政府與論，亦日益傾向於聯俄制日的主張。光緒二十一年閏五月十六日，兩江總督劉坤一密陳〈聯俄拒日大計〉一摺，尤其可以作為這種主張的具體代表，錄之於下：

此次與日議和，諸多遷就，益啟外人窺伺之漸，虎視眈眈，皆思擇肥而噬。我自度力不能及，不可不聯邦交以資將伯之助。以臣愚見，各國之患猶緩，惟日本之患為急。蓋其國與我偪近，若得臺灣、遼東，則來路益便，直從枕席興師，隨在被其侵軼也。……第倭之強非俄所願，倭之擾我東三省，尤為俄所忌。是以中、倭和約業經割予遼東，而俄與德、法勒令退還，詎專為我，兼自為耳！我趁此時與之深相結納，互為聲援，並稍予以便宜，俄必樂於從我。俄不能保我沿海各省，而東三省與俄毗連之地，倭必不敢生心。

其時，因賠款尚未付清，遼事尚未結束，劉坤一深恐俄意中變，不再援助，又上片請飭出使大臣許景澄與俄商定密約，願割讓新疆數城為酬，以堅俄人相助之心。雖然，他的建議未被滿清政府當局所採納，卻可看出當時人為了仇日、畏日而願以重大代價與俄締結盟約，以期換得俄國「友誼」的熱切心情。署理兩江總督張之洞於閏五月二十七日所上一奏，其主張尤為積極，云：

今日救急要策，莫如立密約以結強援之一端。從古各國角立之時，大率皆用遠交近攻之道，而於今日中、倭情勢尤切。今日中國之力，斷不能兼與東西洋各國相抗。此時事機甚緊，變故甚多，即日夜汲汲征繕經營，仍恐不及，若不急謀一紓禍之方，恐無喘息自強之暇。查外洋近年風氣，於各國泛交之中，必別有獨加親厚之一二國，平時預訂密約，有戰事時，凡兵餉、軍火可以互相援助。……今欲立約結援，自惟以俄國最便。緣英以商朘中國之利，法以教誘中國之民，德不與我接壤，美不肯與人兵事，皆難議此。查俄與中國，乃二百年盟聘鄰邦，從未開釁，本與他國之屢次搆兵者不同。且其舉動闊大磊落，亦非西洋之比。即如同治庚午天津教堂之案，各國爭鬨，而俄國不與其事。伊犁之約，我國家將十八條全行駁改，而俄國慨然允從。此次為我索還遼地，雖自為東方大局計，而中國已實受其益，倭人兇鋒，藉以稍挫，較之他國

> 袖手旁觀，隱圖商利，相去遠矣。正宜趁此力加聯絡，厚其交誼，與之訂立密約，凡關係俄國之界務、商務，酌與通融。如俄國用兵於東方，水師則助其煤糧，陸路則許其假道，一切視其所資於我者，量為協濟。而與之約定，若中國有事，則俄須助我以兵，水師尤要，並與議定若干酬報之法。中、俄相結，將來無論何國尋衅，數旬之內可以立發艦數十艘，遊行東方海面，則我得以專陸路戰守之計，而敵人亦斷不能為深入內犯之謀矣。

張之洞此奏，不但竭力強調俄援之可恃，而且對俄國的友好態度多方誇大飾美，儼若俄國之對華政策，只有善意親厚，而從來不存兼併侵略的企圖。有如此仁厚友好的強國為我們北方的鄰邦，自然應該「力加聯絡，厚其交誼」，以為緩急之助了。在這種情況之下，俄國既因切望向東方求取發展之故，而急謀藉中日和約的大好機會爭取中國的友誼，中國方面更因不瞭解俄國的親善姿態完全只是暫時的偽裝，而亟謀聯俄制日；所以，雙方關係一拍即合，並不需要李鴻章從中鼓吹策動。李鴻章在〈中俄密約〉一事中所以會成為萬世詬罵的人物，只因他早年對聯俄拒日的主張十分熱心，而被俄國認為是親俄派的有力人物，又在〈中俄密約〉的簽訂中，很不幸地扮演了一個被俄國人牽著鼻子走的玩偶，如此而已。

清光緒二十二年四月十四日，即西曆一八九六年的五月二十六日，為俄皇尼古拉第二加冕之期，各國均派專使往俄致賀。滿清政府初時派定湖北布政使王之春為赴俄致賀專使，但俄國公使喀希尼卻向滿清政府表示，目今中、俄兩國關係如此友好，中國派往致賀的專使，豈可只是一個像王王之春這樣的二三等人物呢？適在此時，御史胡孚震亦以王之春資望太淺，建議「宜派李鴻章前往，而以王之春輔之」。於是，清廷降旨派李鴻章為致賀俄皇加冕的正使，而以湖南巡撫邵友濂為副使。皇帝的上諭頒發後，李鴻章即日上疏懇辭，以年老衰暮及體弱多病為言，「倘隕越於禮儀，殊有傷於國體」，請求別簡賢員，尅期前往。但所奉到的上諭卻是不准請辭，並由皇帝降旨慰勉，說：

> 李鴻章耆年遠涉，本深眷念，惟赴俄致賀，應派威望重臣，方能勝任。該大學士務當仰體朝廷慎重邦交之意，勉效馳驅，以副委任，無得固辭。

於是，李鴻章終於以七十四歲的高齡，遠涉重洋，到俄國去充任致賀俄皇加冕的專使了。但李鴻章使俄，本專為致賀俄皇加冕而去，何以後來所奉到的敕書內，又加多了「前往英、法、德、美四國親遞國書，奉宣德意，聯絡邦交」這一項特殊任務，這其中的道理何在？亦頗費人猜忖。很可能，清政府當時決定派遣李鴻章前往俄國時，便曾諭知李鴻章視情況設法與俄國談判訂立盟約，以為他日之援助；為了避免日本人的疑忌，所以才另外加上這出使四國的任務，以為掩飾之計。否則的話，李鴻章又何致一到俄國之後，就與俄皇尼古拉及財政大臣微特談到軍事援助的問題呢？

關於〈中俄密約〉的問題，當李鴻章在俄京與俄皇尼古拉二世、財政部長微特、外交部長羅拔諾夫進行談判時，其經過情形極為秘密，外間無從得知其真相。但在交涉漸有端倪，俄國公使喀希尼皆奉其本國指示，將密約內有關的中東鐵路及道勝銀行諸事與總理衙門磋商細節時，消息終於逐漸洩漏，因此引起了外國輿論的注意與國內輿論的反對。導致爭議最多的，當然是清政府允許俄國在東三省境內建築中東鐵路，及將鐵路所經之地割讓予俄一事，山東巡撫李秉衡上奏反對尤力，其中說：

> 反覆觀之，無非彼享其利，我罹其害。俄之所謂厚施於我者，不過返我遼南數州縣之地耳，而我亦曾以三千萬贖之於日矣。今復以修鐵路允俄，鐵路附屬於土地，有土地而後有鐵路，今我之土地而俄修之，是俄有之也。夫失之於日者，不過奉省數州縣，乃德俄之居間排解，不

獨酬以奉天全省，並吉林、黑龍江二省之地而附益之，恐未有如此失計之甚者矣。且今之危，謀我大局者又不只一俄也。即以保遼一役言之，俄之外有法有德，酬德者不過擴充漢口、天津租界，酬法者不過於潞河、湄河兩國輪船彼此通行，皆不及酬俄遠甚。萬一德、法援俄為口實，以肆其無饜之求，其徇之乎？否乎？至不與保遼之役而與俄為敵者，則又有英。夫英國陽睚我，陰袒日，而實則嫉俄者也。中、俄之合，英且以嫉俄者嫉我也。萬一英與俄為爭霸而逞其捷足之謀，其徇之乎？否乎？不徇其請則立開兵釁，徇其請則無以立國，如之何其可也？且英、德、俄、法互謀兼併，皆非有愛於我而不為我害也，特彼此牽制顧忌，欲觀釁而動耳……

所謂〈中俄密約〉，乃是俄國人以訂立軍事同盟為餌，脅迫滿清政府同意割讓東三省境內的迤長土地，以供其建造中東鐵路，由俄境西伯利亞之伯力，貫穿吉、黑兩省而至海參崴，從此可使俄國的勢力，滲透我國的東三省。此即是李秉衡疏中所指的，俄藉干涉還遼之名，使中國先費銀三千萬兩從日本手中贖回遼東，然後又藉口曾施惠於我，假訂立盟約名義而盡數取去。由李秉衡此疏，不難看出俄國人陰謀之深而設計之工。然而，當時的滿清政府，自慈禧太后以至李鴻章、劉坤一、張之洞等一班號稱通曉洋務的開明人物，卻都不惜以「厚賂俄人」的方式求取俄國盟約的保護，這又豈能僅僅責怪李鴻章之應付無術，以致墮入俄人的陰謀陷阱呢？當時的河南巡撫劉樹棠，亦曾上奏說：

即使並無此約，而俄人之交亦不深恃。臣嘗縱觀各國大勢，惟俄主權獨重，專以開疆拓土為雄。其餘諸國，利權皆主於商業，非萬不得已，不遽興戎。臣逆料此數十年內，俄不生心，可保他國無兵戈之事。若與俄人訂立此密約，竊恐合縱之師，不旋踵而至。

我們常常以為滿清末年的官吏大都沒有外交知識，更缺乏政治上的遠大識見。若以李秉衡、劉樹棠二人的奏疏而言，他們對當時政治情勢的分析與判斷，殊為正確而有識見。李秉衡以為〈中俄密約〉「酬俄過奢」，而恐德、法援為口實。果然，到了二十三年，德國人就因為滿清政府厚俄薄德之故，藉口曹州發生仇殺教士事件，而出兵強占山東膠州澳。俄國見德占膠州，即藉口英國艦隊在旅順口巡邏，係對俄國之不利，竟完全不顧〈中俄密約〉訂立後兩國有攻守相助之義務，反向清廷強迫要求租借旅順、大連及關東區域。到了此時，不但外國列強紛紛擇肥而噬，即是三年之前俄國偽裝其仗義執言的親善面孔，迫使日本退還遼東半島，又使中國償付三千萬贖金，然後方從日本人手中收回的旅、大及關東要地，也被俄國人強迫占去了。俄國人的侵略陰謀至此暴露，我國人在認清猙獰面目之後，方才覺得俄之可畏，更甚於日。於是，昔日的聯俄制日主張漸漸動搖了，李鴻章所一手簽訂的〈中俄密約〉，也變成無數人的攻擊目標，許多不利於李鴻章的謠言和傳說，也在此時紛紛傳布開來了。

俄國財政部長微特所寫的回憶錄中曾說，當李鴻章在俄京商訂〈中俄密約〉時，俄國人為了爭取李鴻章的協助，曾經在中東鐵路的紅利分配辦法中，許給李鴻章三百萬盧布的報酬。此款言明分三次付給，在簽訂條約時付一百萬，餘由中東鐵路局逐次撥付，等語。另外，則當時在總理衙門商辦此事的軍機大臣張蔭桓，亦曾由喀希尼經手付給賄款二十五萬盧布云。由於此事在當時就頗有流傳，因此當〈中俄密約〉變成了喪權辱國的賣身契後，國人的憤無可洩，就直指李鴻章之簽訂此約。乃是貪得俄人賄賂而不計後果的賣國行為。事實上則李鴻章當時是否確實曾經接受俄國人的報酬，固然是一個極大的問題；而李鴻章本人不通俄文，一切文字及口語的交涉，悉由李鴻章的兒子李經方擔任傳譯，李經方素有好貨之名，是否李經方擅自允諾了俄人所提的條件，而使俄國方面誤認為李鴻章本人亦曾同意，其中更有可以商榷之處。不過，俄國人後來的違約背信，確實使李鴻章陷於狼狽不堪的地步。

從前在中、日甲午之戰後，李鴻章以一身而為萬矢之的，幾於體無完膚，人皆欲殺；現在因俄國渝盟敗約，而致李鴻章又成了舉世詬罵的人物，李鴻章的遭遇，實在是太不幸了。就事論事，〈中俄密約〉的簽訂，應歸因俄國人的謀我過深，而李鴻章及同時的一班士大夫，未能及早洞察俄人之奸險，反為其外表的誠信所欺，以致誤墮其術中，亦並非李鴻章一定厚愛於俄人。處身在當時的政治環境及民族感情中，如果把李鴻章換上了劉坤一或者張之洞，一樣也會與俄國人簽訂此約。所以，〈中俄密約〉之簽訂，既不能視為李鴻章的賣國行為，也不能認為李鴻章的外交知識不如他人。他只是很不幸地適逢其會，成為親手訂下此約的代表人而已。

俄國占據旅順、大連之後，英國藉口保持均勢，因向清政府要求租借威海衛為海軍根據地。李鴻章奉旨在總理各國事務衙門行走，與英使反覆辯難。英國公使無詞可答，乃以極難堪的態度對李鴻章說：「中堂不必將這些理由對我辯論。閣下如能以你的辯才使俄國交還旅、大，則英國不要求租借威海衛；否則威海衛非租借給英國不可。」所謂弱國無外交，至此乃成了真理。繼此之後，法占廣州灣，英國再援均勢之說要求租借九龍以為抵制，滿清政府對此紛至沓來的無窮要求，毫無抗拒的辦法。此時，光緒方親裁大政，深恨李鴻章以聯俄誤國而召此瓜分之禍，大為憤怒，降旨命李鴻章無庸在總理各國事務衙門行走。在此以前，李鴻章已被免去直隸總督的兼職，只以文華殿大學士的頭銜在總理衙門專辦外交；現在連總理衙門也不必去了，大學士的本職又沒有什麼事情可辦，便成了一個投閒置散之身，蕭閒孤寂地寄居在北京賢良祠中，甚為無聊。其後他又於光緒二十五年十月外簡為兩廣總督，據說其事得力於慈禧寵臣軍機大臣榮祿之幫助。《凌霄一士隨筆》有關於此事的記述，說：

> 鴻章議和歸國後，開直隸總督缺，入閣辦事，遂以大學士留京，蕭閒若老僧焉。旋赴俄賀加冕，歷聘各國。比歸，授總理衙門大臣。後又解職，居京無聊甚。且以戊戌變政後朝局杌隉，

慮難相安，因思外簡，謀之於榮祿。榮祿於奏對時稱，鴻章舊勳宿望，不宜久置閒散。西后遂命為通商大臣，考察通商各埠。鴻章志在疆符，此不過虛面子耳。會后言及康、梁亡命事，榮祿乃奏，廣東為康、梁原籍，聞將勾結黨羽圖亂，宜有威望大臣以鎮之。兩廣總督譚鍾麟恐難勝此，不如代以李鴻章，責其鎮懾康黨，防遏亂萌，可紓朝廷南顧之憂。且鴻章長於外交，督粵尤便。后曰：「爾言當。」遂拜兩廣之命。鴻章久督畿輔，為疆臣領袖者二十餘年，昔所不屑一顧之粵督，今則受命欣然，所謂此一時、彼一時也。

李鴻章督粵，自光緒二十五年十月至二十六年六月，前後不過只有八個月，歷時甚短。在這段時間之內，所值得稱道的事情只有二點：第一是以嚴刑峻罰治理地方，綏服當地的盜風；第二是當「庚子拳亂」初起時，慈禧電諭各省仇外，鴻章抗不奉命，極能表現他守正不阿的大臣風節。此事關係中國南方各省的安危甚大，值得大書一筆。《凌霄一士隨筆》記此云：「庚子之變，因后諭各省仇外。時李鴻章以首輔督粵，資望最高。山東等省督撫電詢其意見，鴻章覆電謂：『此亂命也，粵不奉詔。』語至堅定。風聲所樹，關係時局甚大，其未至全國糜爛，此電實與有力。」

上文所說李鴻章不肯遵慈禧之亂命，在《李鴻章全集》中亦有相關的電報，但不如上文所說的明白直捷而已。《李鴻章全集・電稿》卷二十二，光緒二十六年五月二十九日收盛宣懷來電，並即轉致兩江總督劉坤一，云：

千萬秘密。二十三署文，勒限各使出京，至今無信，各國咸來問訊。以一敵眾，理屈勢窮，俄已踞榆關，日本萬餘人已出廣島，英、法、德亦必發兵。瓦解即在目前，已無挽救之法。初十以後，朝政皆為拳匪把持，文告恐有非兩宮所自出者，將來必如咸豐十一年故事，乃能了事。

今為疆臣計，各省集義團禦侮，必同歸於盡。欲全東南以保宗社，諸大帥須以權宜應之，以定各國之心，仍不背二十四旨，各督撫聯絡一氣，以保疆土。乞裁示，速定辦法。

在這一通電報中，盛宣懷一面報告北京近勢及上海各國領事之動態，一面說明拳匪及主戰派業已控制中央政府，為保全宗社，以免同歸於盡計，各省似不可招集拳民仇外，並應聯絡一氣，以保疆土。此電所提出的意見雖好，但盛宣懷不過只是主管全國電信的電報局總辦，沒有資格要求各省督撫贊同他的建議。所以，需要有一兩位有力人士出來倡導。李鴻章得此電後，除轉致劉坤一外，並覆電云：

勘電悉。俄據榆關不確，吾方與俄廷密商了事方法，必俄不踞地，各國乃不生心。頃美兵官來商，願以鐵艦護送赴沽，俟電旨即行。二十五矯詔，粵斷不奉，希將此電密致峴、香二帥。

此電中所說的「峴、香二帥」，「峴」即劉峴莊，亦即兩江總督劉坤一；「香」即張香濤，亦即湖廣總督張之洞。李鴻章將盛宣懷的前一電轉達劉坤一，又再以此電表明他的態度，意思就是他拒絕接受朝廷所頒的仇外亂命。至于他所說的「二十五矯詔」，即指此年六月二十五日清廷所頒的宣戰上諭而言。此上諭以一國而與世界列國為仇，就是盛宣懷電中所說的「以一敵眾，理屈勢窮」。「瓦解即在目前，已無挽救之法」。李鴻章指為「矯詔」，意在藉否定此一上諭的真實性而後可加拒絕，否則李鴻章又何敢公然「抗旨」呢？由於李鴻章表現在這一件事上的態度如此堅定明白，所以才會影響及於其他各省的態度。後來，劉坤一與張之洞倡議東南互保，在拳禍瀰漫的混亂局勢中保全了南方各省的安定秩序，對當時及後來的影響都很深遠。所以，《凌霄一士隨筆》的作者才要對李鴻章的倡導之功備致讚譽。

此後不久，北方的局勢迅速惡化。北京東交民巷的使館區被拳匪及董福祥所統率的清軍圍攻，各國公使電請駐大沽口的兵艦派軍入京救援，清政府乃與各國的救援部隊正式開戰，開始了八國聯軍入京的序幕。在清政府本身，慈禧及主戰派份子更藉亂事而大舉殺戮異己，將許景澄、袁昶、徐用儀等一班頭腦清楚的開明人物，都加上了「通敵」及「莠言亂政」的罪名，先後處死。拳匪的氣燄日益囂張，載漪、剛毅、徐桐、啟秀等一班頑固份子更以為洋人的死期已到，歡欣鼓舞，高興萬分。殊不知道，義和團的如意鉤、九連環、電火扇、陰陽瓶及火牌、飛劍等等的法寶敵不過洋人的槍砲，各國援軍所組成的八國聯軍，亦連破大沽、天津，慢慢的攻向北京來了。慈禧太后這才發覺事態嚴重，既將李鴻章調為直隸總督兼北洋大臣，又派他充任全權大臣，令與各國商議停戰言和。但是，局勢已經糜爛至此，李鴻章又怎有迴天之力，可以阻止得了這一場空前的大災難呢？

李鴻章在奉旨派為全權大臣，負責與各國商議停戰言和後，理應在奉旨後立即迅速啟程北上，以期挽救局勢，免致禍亂繼續擴大。但他在奉旨之後卻並不肯迅速赴京，反而逗留上海，遲遲不行。其時，八國聯軍已攻抵通州，北京形勢岌岌，清廷連電催促李鴻章北上。九月初八日的電諭中，且以「該大學士此行，不特安危繫之，抑且存亡繫之。旋轉乾坤，匪異人任，勉為其難，所厚望焉」為言，可知慈禧等人對他的期望之殷。但李鴻章之不能迅速北上，亦有他的苦衷。這可以分兩方面來說。

第一，當時的局勢雖然危急，但滿清的中央政府仍為頑固的主戰份子所控制。慈禧因本身的安危而亟望停戰言和，而亂事易發難收，囂張作亂的聲勢已非慈禧之力所能平抑。李鴻章素被頑固派守舊份子目為通敵的漢奸和「二毛子」，假如他在此時孑身入京，無異羊入虎口。萬一亂民群起而欲殺之，慈禧有何力量可以保護？所以，為了本身的安危著想，在北京局勢未曾穩定以前他不敢入京。

第二，當滿清政府因拳亂而下詔與各國宣戰時，一舉而與滿清成為敵對的國家，多至十一國。其中的德國、俄國與日本三國，尤其包藏禍心，打算趁中國有此大亂之時，各自謀求發展，以遂其侵略野心。如俄國之乘機出兵占領東三省，德國之謀占煙臺，均為其例。李鴻章未到北京之前，已在上海分電清廷駐外公使接洽和議，請求各派兵國家在達到保使目的之後，即便停戰議和，迄無把握；而德國因駐華公使克林德被殺之故，反對尤為激烈。處此情勢之下，李鴻章手無一兵，不但無法戢止各國之侵略野心，更有招怨賈禍、自取其辱的可能。所以，假如他不能得到適當的安全保證，他也不敢輕身北上，致蹈不測。

在這種情形之下，俄國的態度很足以發生影響作用。俄國在八國聯軍中出兵一萬，比任何一個參戰國的出兵人數為多。但是，俄國政府卻表示他們無意取得聯軍的指揮權，可也不破壞其他各國軍隊的共同行動。俄國政府說，俄國出軍，目的只在保護使館和僑民，其他別無企圖。其實則他們的真正企圖是希望在占領東三省以後，藉表面上的友好態度取悅中國，以求達到永久據有東北之目的。所以，他們不但竭力對中國表示支好，更全力爭取親俄派的李鴻章的好感，以期達成他們的願望。所以，當俄國決定出兵以後，俄國外長穆拉維耶夫便向中國公使楊儒表示，俄皇主意專在保全中國，只要中國不對俄國開戰，便絕不失和。楊儒除了電告總理衙門以外，又電達李鴻章說：「英、德各國調兵不及，咸託俄國就近出兵保僑，故俄國方允出兵四千。」其時，李鴻章尚在兩廣，並未啟程來滬。由於有此電報，李鴻章不但相信了俄國人的好意，還決定從聯絡俄國入手，設法勸請各國停戰議和。前引李鴻章致盛宣懷電中，便可看出這一動向。其後李鴻章奉清廷電召北上，楊儒又有一電致李鴻章，說：

> 微德素佩吾師威望，喜聞入覲，謂非師不勝艱巨。又據吳克稱，微向欲以信惠孚中國，際此時艱，頗思相助。師若作私交，密詢了事之策，必樂借箸。

楊儒電文中的微德，就是〈中俄密約〉的當事人之一，俄國的財政部長。楊儒在這通電報中更說：「刻下已成聯俄之局，捨此恐無良策。」事實上的情形也是，與清政府為仇的國家多至十一國，大都揎拳努目，氣勢洶洶，俄國人恰在此時表現這異乎尋常的友好態度，怎不令楊儒及李鴻章等人為之感激涕零呢？當李鴻章繼續與俄國進行交涉之後，俄國人的態度更加「友好」了：俄國公使願意負責保護李鴻章的安全，李鴻章到達天津以後，總督衙門外面的衛兵，就是俄國所派的哥薩克騎兵。李鴻章到達北京以後，俄國公使首先向各國提出意見，謂應將占領北京的軍隊撤往天津，以便可以將北京交還中國，庶見各國欲與中國真心謀和之誠意。各國不允，俄國公使獨首先為之倡率。其後因為沒有一個國家肯效法俄國，俄國公使方始又回到北京。凡此種種，都是俄國政府「示好」清廷的虛偽表示。而這卻觸怒了德國，也使英國和日本大為警惕。德國本欲藉拳匪戕殺德國公使克林德的機會肆其侵占掠奪，由於俄國人之大唱反調，力主對中國的報復應減輕至最低限度，更深悉此全是李鴻章與俄國人之間進行秘密外交的結果，因此對李鴻章甚為討厭，不但反對他的全權代表身份，更不肯把他當作有權治理直隸全境的中國地方大吏。在日本方面，則因恐懼俄國人與滿清之進一步交往將危及日本在朝鮮之地位，因此亦竭力對中國表示友好態度，以求離間中、俄關係。英國與日本的利害關係大致相似，在這些問題上當然也不願意看見俄國影響力的擴大和深入。所以，八國聯軍在作戰時雖然是協同一致，一到進行議和時，各國之間的明爭暗鬥，就變得十分強烈了。李鴻章處身在這一場複雜的外交鬥爭中，費盡唇舌，幾經折衝，最後終算能以並不十分慘酷的代價簽訂〈辛丑和約〉，把支離破碎的中國從瓜分豆剖的邊緣中挽救過來，所費的心血也確實不少。慈禧太后在闖下這一場滔天大禍之後遠遁西安，自己也知道她的行為實在很難得到各國的諒解。而後居然能夠與各國訂立和約，回鑾北京，仍舊過她安富尊榮的皇太后生活，自然更得感謝李鴻章的謀和之功。所以，當慈禧太后在回京途次聽說李鴻章在議和成功之後，因心力交瘁而致病逝於北京賢良祠行館時，也禁不住涕淚縱橫，震悼極深。其飾終之典甚優，贈官予謚之外，並予晉封一等侯爵，及在安徽、江蘇、直隸等省建立專祠，地方官歲時致祭。這些，可說都是慈禧太后報答他議和之功的恩賚。而關於他在議和時因聯俄而致的東三省被占一事，則不加深咎了。

李鴻章在進行和議時所做的聯俄外交，在後來遺害極大。原因是俄國人在議和時雖偽裝親善，但當各國一致公議，軍事行動一經結束，各國所占的中國領土即應全部讓還，並要俄國立即退出所占的東三省全境時，俄國人的兇暴態度即刻顯露出來了。俄國陸軍部長克魯巴特金本欲藉「庚子拳亂」占有東北，至此乃藉口中東鐵路在拳亂中受損甚重，必欲清政府同意俄國控制東三省的行政權及駐兵權，始允清政府派員接收。兩江總督劉坤一在此時電奏清廷，力持不可，說：

各國眈眈虎視，此次允和而不占疆土，彼此猜忌，互相牽制。若允俄獨得東三省政權、兵權，無異地為彼有，各國必將效尤，分裂之禍立見。與其允而失中國，何如堅持勿允，雖弱猶可圖存。

然而，俄國卻以毀棄〈中俄條約〉及不允即將開戰作為威脅，強迫清政府非接受其要求不可。處此時會，最感痛苦的莫如楊儒與李鴻章了。楊儒身為駐俄公使，奉旨與俄國進行交涉，費盡唇舌，徒勞無功。李鴻章則被俄國駐華公使格爾斯所脅迫，既不敢堅拒以觸俄人之怒，又無法善後以為交代，內心之憂愁鬱悶，更為難堪。以八十高齡之人而遭此煎迫，其何能堪？所以，議和的辛勞固足以使李鴻章致病，東北交涉問題之荊棘重重，更足以促成其死。李鴻章一生，以聯俄外交而備遭中外之詬辱，至此更深受其害，以至於死。雖說李鴻章的認識錯誤為咎由自取，而俄國人之陰險毒辣，在這裏也充分表現無遺，足可為後世之借鏡。

李鴻章之死，去今已七十餘年，他在歷史上的功罪，應該可說已「蓋棺論定」。但時至今日，關於他的論評，仍大有高下軒輊之分。譽之者稱為「東方之俾斯麥」，毀之者直斥為漢奸。俾斯麥是促成德國統一的名相，後來並且躋德國於世界強國之地位，勳業彪柄，載在史冊，如何可與漢奸之稱相提並論？所以，李鴻章究竟是東方的俾斯麥還是漢奸，也還是需要澄清的問題。

《清史稿・李鴻章傳》云：

> 光緒二十一年十二月，俄皇加冕。充專使致賀，兼聘德、法、英、美諸國。……外人夙仰鴻章威望，所至禮遇逾等，至稱為東方畢士馬克。

「畢士馬克」即俾斯麥，音譯之異耳。據徐一士所撰的《凌霄一士隨筆》說，稱李鴻章為「東方之俾斯麥」的，乃是當時的德皇威廉第二。而威廉第二之所以要如此「推崇」李鴻章，實有另外之目的。《凌霄一士隨筆》論此，曰：

> 李鴻章訪歐，德人款待最優異。其意蓋以為中國以東亞大國而見挫於日本，必復興軍備，力謀雪恥，一切所需，德國可乘機供應，故於李加意聯絡，俾專其利。結果大失所望，則因不悉其時中國之情與李之真實地位也。

果如所說，則威廉第二之譽李鴻章為「東方俾斯麥」云者，不過只是取悅於李之諛詞而已，其真實的意義固並非如此。所以，梁啟超論李鴻章，亦以為李鴻章斷不能與俾斯麥相比。「此非以成敗論人也，李鴻章之學問、智術、膽力，無一能如俾斯麥者。其成就之不能如彼，實優勝劣敗之公例然也。」

然而，李鴻章雖然不能及得上德國名相俾斯麥，可也不致成為另一種極端不堪的人物——漢奸；這漢奸之說又從何而來呢？

清光緒二十年「甲午戰爭」，北洋海陸軍俱敗，日軍方由朝鮮進逼東三省，一時情勢緊張，北京城中亦眾說紛紜，謗言繁興，群謂李鴻章昏庸誤國，其甚者則直指李鴻章通敵賣國。九月初七日，翰林院學士文廷式等三十五人聯名奏參李鴻章昏庸驕蹇，喪心誤國，列舉其大罪有五，請將李鴻章亟賜罷斥，以振軍氣，而安宗社。其第五條云：

> 尤有甚者，倭來船則放之，倭運開平煤則聽之。倭諜被獲，或明縱，或私放外，有海光寺傍居民王氏，經天津縣獲究，而李鴻章之子前出使日本大臣某為之說情。倭奸石川氏及軍械所鄭姓被獲，供詞牽涉李鴻章及軍械所局員，而某觀察述李鴻章之意，勒令天津縣李振鵬改供，為李振鵬駁斥而止。臺灣拿獲倭船，又為之請旨釋放。軍械所歷年所儲槍砲，多被監守盜賣，及東事已起，猶檢出不合用之前膛槍子，賣與日本，得銀十四萬兩，局員朋分，而李鴻章為之補給領字。外間並有傳聞，李鴻章有銀數百萬，寄存日本茶山煤礦公司，伊子又在日本各島開設洋行三所。以致李鴻章利令智昏，為倭牽鼻，聞敗則喜，聞勝則憂。雖道路之言，而萬口流傳，豈得無因而至？

這一條所列舉的，簡直就是李鴻章通敵謀國而不利本國的罪狀，中間至以李鴻章在日本有存銀數百萬兩，及其子李經方在日本開設洋行三所，以為即此便須「為倭牽鼻」，而「利令智昏」，看來似乎可笑之至。姑不論所說的是否屬實，即使李鴻章在日本果有存款，李經方在日本果真有洋行三所，又何至因此而就希望日本戰勝而中國落敗呢？存款與商業，於日本之勝敗又有何關係呢？凡此不經之談，充分可見中國當時之民智落後情形。至於羅惇曧所撰《中日兵事本末》，則更有較此尤為荒誕的傳說，云：

> 而鴻章意仍不欲失和。朝野益詆鴻章，謂鴻章貳心於日本。其子經方久旅日本，曾納日婦，時論經方為日本駙馬。鴻章與日本姻婭，乃始終言和。及戰敗賠款，猶謂鴻章有意賣國也。

此文指李鴻章之所以有貳心於日本，乃是因為其子經方曾娶日本婦女為妻，有日本駙馬之稱，故李鴻章亦與日本有姻親關係，所以不惜以國家利益為利敵之計，乃是有意賣國的行為云云，其推論之荒謬可笑，與存款及開洋行等俱屬同一類型，由現代的眼光看來，簡直不值一哂。然而，在當時則不但言者津津樂道，而聽者更津津有味焉。由於李鴻章被指為通敵賣國，所以也就有了漢奸之稱。當時最通行的一則傳說，乃是北京伶界名丑楊三適在此時病故，有人以楊三與李鴻章連在一起所作的一副對聯，云：

> 楊三已死無蘇丑，
> 李二先生是漢奸。

李鴻章行二，所謂「李二先生」，就是李鴻章。此聯在當時傳誦甚廣，可見李鴻章之被罵為漢奸，真乃是萬口同聲，有冤難伸。其實則李鴻章何嘗有貳心日本？只看他在〈馬關條約〉簽訂之後，亟亟以聯俄制日的外交政策為報復甲午敗績之計，就可知道他之對日本，實在並無偏愛可言。而時人不聽，偏偏要以他的不敢對日作戰為通敵賣國之事實，未免短見之甚了。

李鴻章既非東方之俾斯麥，又非通敵賣國之漢奸，那麼，他在歷史上的評價究竟如何呢？梁啟超說：

要而論之，李鴻章有才氣而無學識之人也，有閱歷而無血性之人也。彼非無鞠躬盡瘁死而後已之心，然彼彌縫偷安以待死者也。彼於未死之前，當責任而不辭，然亦未嘗有立百年大計以遺後人之志，諺所謂：「做一日和尚撞一日鐘。」中國朝野上下之人心，莫不皆然，而李亦其代表人也。雖然，今日舉朝二品以上之大員，五十以上之達官，無一人能及彼者，此則吾所敢斷言也。嗟乎！李鴻章之敗績，既已屢見不鮮，後此內憂外患之風潮，將有甚於李鴻章時代數倍者，乃今也欲求一如李鴻章其人者，亦不可復睹也。

梁啟超的文筆極富感情，上面這段話，由李鴻章之有才無學，論及其未嘗立百年大計以遺後人，求全之責，可謂春秋之筆；但他後來又由李鴻章之死而深慨於求一如李鴻章之人亦復不可得，則其意別有所指，而與論李鴻章之本義無關矣。梁啟超論李鴻章有才氣而無學識，所謂學識，當指十九世紀以後之科學知識及政治、外交知識而言。李鴻章生長於閉塞落後之清代社會，由於社會環境的影響，使他沒有機會接觸到西方文明的新內涵，原無足怪。至於說他有閱歷而無血性、彌縫苟安而無立百年大計以遺後人之志，亦可說是中國長時間處於封建社會所造成的官僚習性使然，惟有極少數稟賦特異之人如曾國藩、胡林翼等人，方足以打破此桎梏性靈之枷鎖，中人以下的資質，殊不足以語此。如李鴻章，亦不免是滔滔者流之一，若要希望他與曾、胡等不世出之人相比肩，自然辦不到。所以，梁啟超的責備雖苛，卻也正可道出官僚主義與封建社會所孕育培養的中國智識份子，是如何不容易擺脫環境對人的思想與意識之束縛。下面的這些記載，更可以比較具體地說明，李鴻章對於晚清末年的政治風氣，有著怎麼樣的一些影響。

《凌霄一士隨筆》中有一條說：

晚清官場風氣之壞，李鴻章不能無責。以其偏重功利，所以倡率者有異師門也。

又一條說：

《鐵笛亭瑣記》云：「李合肥帥北洋時，淮軍舊部晉謁求位置者，合肥色霽禮恭，則其人絕無望；經合肥罵詈斥辱，大呼曰『滾』者，則明日檄下，得差委矣。因有人戲曰：『一字之滾，榮於華褒。』」談李鴻章軼聞者每及此事，林紓所述，蓋有所本。相傳某副將謁鴻章求差委，久之不得。一日，忽大喜而語所親曰：「中堂厚我，行畀優差。」聞其所以，則曰：「中堂今日詈我以滾矣。」

李鴻章對於無法給予差委之人則待之禮貌甚周，對於可予差委之人則故意加以粗暴惡劣的態度，也許就是某些領袖人物所謂的操縱駕馭之術，可以不論。但如求差之人但求得差而甘心以被罵為榮，則其結果必然將造成一些無廉恥而惟利是圖之人。明知這些人乃是不顧廉恥而惟利是圖的小人，而李鴻章仍然願意畀以美差優缺，其流弊所至，必然使官品日趨卑下而政風日趨污濁。所謂「晚清官場風氣之壞，李鴻章不能無責」者，誠然是不易之論了。同書另一條又說：

北洋官場風氣之壞，鴻章不能無責。蓋察吏用人，漸重華飾，國藩貞樸之風稍替矣。至其趨承西后（原注：以亟欲興辦海軍，而聽西后營頤和園，取給於海軍經費，雖曰苦心從權，要難自解），逢迎李閹（原注：海軍成軍，鴻章奏請派重臣檢閱。旨簡奕譞赴津、沽校閱，而后私以李蓮英隨之。時李已晉慈寧總管，得后寵最專。既至津，鴻章傾心奉之，其供應少殺於奕譞，且饋以五萬金。蓮英深德鴻章，歸即以其忠勤狀告后，后愈倚信之，蓮英揄揚力也），尤失元老大臣節概。委曲求全，無乃太甚，斯固國藩所絕不肯為者也。師門衣缽，於茲有愧。袁世凱、楊士驤繼督畿輔，踵事增華，北洋官場，風氣日趨浮靡，皆號為宗法鴻章焉。

這一段話，直斥李鴻章之以趨承逢迎為委曲求全之計，恰好正是梁啟超所說的，「彌縫苟安而無立百年大計以遺後人」一句的註腳。有「東方俾斯麥」之稱的李鴻章，所為如此，誠然言之可愧。但如照胡思敬《國聞備乘》一書中所說的，則李鴻章在晚清政治上所開創的惡劣風氣，其所遺後患之大，尚有過於此者，《國聞備乘》卷二，「報効」一條說：

凡奸臣善迎合者，多藉言利以結主知。歲入有常經，不能過求於戶部，民窮慮走險，不能苛責於閭閻，則報効之說以起。當光緒十三年與海軍報効時，革員楊宗濂、姚寶勳、馬永修、陳木，各獻多金，謀開復。主事延熙以五千金得郎中，郎中岑春榮以五千金得道員，道員周綬、沈永泉各以萬金得記名簡放。陽藉海軍為名，實用以給園工。在內醇親王奕譞主之，在外李鴻章主之，罔非獻媚宮闈，以為固寵求容之地。然當時利孔初開，內外稍知畏忌，受授之間不過如是而止。後練兵處襲海軍故智，仍用報効之法罔利鬻官，輦金求進者自十萬以至數十萬不止。監司部郎，上下不甚貴重，動以京堂相答謝。然交通關說，必得要人指引取徑而入。諸員報効海軍時，副都統恩佑得賄獨多。張振勳近二十萬金報効練兵，擢太僕寺卿，私酬樞府，乃過其數。始作俑者無後，李鴻章蓋不得辭其責矣。

我們看清代的稗官野史及譴責小說如《官場現形記》與《二十年目睹之怪現狀》等，對於清代末年之官以價得、政以賄成的腐敗情形，常常不甚了解，一個朝代到了晚年，何以會有這麼多黑暗腐敗的現象？看了胡思敬在上引文字中所說的，原來這種風氣在清末之出現，還是李鴻章為始作俑者。上文尚未詳述李鴻章何以為始作俑者的事實，參《國聞備乘》卷二「李鴻章徇私壞法」一條，則胡思敬之所以作此指責，實因李鴻章當時謀為其同年好友楊延俊之子革職御史楊宗濂圖開復原官。而楊宗濂原來所受的處分是革職永不敘用，格於部例，苦於無可設法。適逢頤和園工程費籌措為難，李鴻章乃為醇王奕譞設計開源之法，假借報効海軍為名，將所得之銀用於園工。楊宗濂得李鴻章之指授，報効二萬金，醇王大喜，回京後即取得慈禧之特旨，復宗濂原官，交北洋差委。而倖門既開，來者日多，清政府之仕途乃日見猥雜浮濫，吏治亦如江河之日下矣。追源禍始，則始作俑者實為李鴻章云。看了這些記載，不由得使我們憬然瞭悟，李鴻章在清代末年何以會以一身而招毀謗叢集之故了。李鴻章的操守，本來已經不及他的老師曾國藩，偏偏又在很多地方都要出以曲法徇私的暮夜之行。立身不正，自無以正人，梁啟超之所以要指他為有才無識，這也正是其事實之一端哩！

第八章

翁同龢

翁同龢

清光緒中葉，翁同龢以狀元而做到宰相，並先後為同治、光緒兩朝的帝師，官居協辦大學士兼軍機大臣、總理各國事務大臣等。但他的才具與學問都不足以肆應，終致遭遇到重大的蹉跌，連國家民族的機運也因此而受到重大的影響。

在科舉考試時代，讀書人最重「狀元」的頭銜，以為是數十萬人之中獨占鰲頭的無上榮寵。這種觀念，自宋代以來即已如此。某宋人筆記曾說：「每殿廷臚傳第一，則公卿以下，無不聳觀，雖至尊亦注視焉。自崇政門出東華門，傳呼甚寵，觀者擁塞通衢，人摩肩不可過，至有登屋而下瞰者。」其時的洛陽人尹洙，意氣橫溢，說：「狀元登第，雖將兵數十萬恢復幽、薊，凱歌榮旋，獻捷太廟，其榮不可及也。」宋、明以來，中國社會習慣地重文輕武，武官頂多只能做到將軍、元帥，到頭來還得受文官的指麾；文官卻可以入閣拜相，甚而至於成為皇帝的老師，比之武將，所得到的榮寵不知增加了多少倍。因此，讀書則希望能中狀元，做官則希望能入閣拜相；如果先中狀元，再做宰相，極人世間的得意之事，自更無過於此了。但通觀宋、明以來的歷史，先中狀元，後做宰相的讀書人，為數並不算少，除了文天祥是耿耿精忠的偉大民族英雄之外，可以歷數其功績的人，實在難得其選。這又是為什麼呢？

要回答這個問題，便得著眼於科舉考試時代的教育內容——科舉考試以八股文取士，所考的全是古代流傳下來的四書五經，與實際的政治事業、社會經濟等學問無關。明代的大政治家張居正，清代平定洪、楊之亂的中興名臣曾國藩、左宗棠、胡林翼，他們都不是狀元，但是他們卻能在八股時文之外，勤研實用經世之學問，所以終於能在時代潮流中脫穎而出，成為最具經世實學的有用之人才，最後更發揮了他們救國匡時的偉大長才。反觀那些中過狀元又做宰相的文學俊彥，其所學所用，只能粉飾太平，坐享富貴，一旦國家社會遭逢空前劇變時，便束手無策、一籌莫展了。從前曾有人譏諷這些無用的狀元宰相為「平時袖手談心性，臨危一死報君王」，語雖刻薄，卻合事實。清光緒中葉，翁同龢亦以狀元而做到了宰相。他不願以無用的讀書人自居，更兼目擊時艱，力圖匡救，所以也很希望能有一番展布。卻不料他的才具與學問都不足以肆應，終致遭遇到重大的蹉跌，連國家民族的機運也因此而受到了重大影響。追溯往事，對於這一位狀元宰相的偉大抱負，我們固然應該由衷地敬仰，而對於他的不幸失敗，卻也無法十分原諒。這固然是翁同龢的不幸，說起來也是國家的不幸，而科舉考試制度更應負其重大責任——以這種考試制度的落伍內容來為國求才，更將國家的命運託付其手，實在是太大的錯誤！

翁同龢，是江蘇蘇州府屬的常熟縣人，出生於清宣宗道光十年庚辰。父名翁心存，乃是清文宗時的宰相，也做過穆宗同治帝的師傅。翁心存有子四人，長名同書，是道光二十年的進士，歷官至安徽巡撫，因誤對練首苗沛霖採取招撫政策以致失陷封疆，被兩江總督曾國藩嚴劾，革職充軍新疆，後死於戍所。次子音保，早死。三子同爵，以蔭生補兵部員外郎，後亦陞至湖北巡撫。第四子即同龢，先中狀元，再做到宰相，在諸子中最為貴顯。

尤其難得的是，翁心存是咸豐、同治朝的宰相而兼師傅，翁同龢亦先後做過同治、光緒兩個皇帝的師傅，又在光緒朝做到宰相，父子相繼入閣拜相，又都是皇帝的師傅。而翁同龢在咸豐六年中過狀元，過了七年，即是同治二年癸亥，翁同書的兒子翁曾源亦中了狀元。父子宰相，叔姪聯魁，更成為清代政壇上的佳話。所以然之故，固然是翁同龢的文才出眾，他父親翁心存的人事淵源，亦大有關係。

翁家的上代，本是貧寒出身，到了翁心存得中進士以後，方才飛黃騰達起來。陳康祺《郎潛紀聞》卷三，有一條說：

> 翁文端公年二十四時，猶一貧諸生也。其〈祀竈詩〉有云：「微祿但能邀主簿，濁醪何惜請比鄰？」士當困阨無聊，易作短氣語。當公為此詩，豈自料兩朝宰相，再世帝師，三子公卿，四世翰苑，功名福澤，為本朝稀有人物哉？

翁文端是翁心存死後的謚號，所以翁文端就是翁心存。看上面的記載，翁心存在未中進士以前，一心以為他並沒有什麼了不起的事業前途，充其量做個縣衙門裏的主簿（猶如今日的秘書），然後買些便宜的濁酒來請鄰居分享他的快樂，就已很滿足了，怎麼也想不到他此後直上青雲，居然做到兩朝宰相、再世帝師，一子一孫先後得中狀元，享盡人世間的榮華富貴。這雖然可說是翁家的「氣運」，但也可看出翁家父子祖孫之俱能以學問及文章為立身處事的根本。所以，翁心存雖然富貴福澤，他的兒子與孫子也仍然能下帷攻苦，勤於舉業，最後終於能在科舉考試中奪取功名，自致富貴，不致成為一般的紈袴子弟。不過，科舉考試畢竟不能鑑別真正的人才，一個人能夠讀書中舉，並不表示他就具有治世應變之方略，尤其是在國家民族面臨空前劇變的大時代裏，這種關係更是明白可見。如翁同書、翁同龢兄弟，便是明顯的實例。

翁同書做安徽巡撫，是咸豐八年到十一年的事。其時，太平天國的革命運動雖已逐漸趨向沒落，長江下游與浙江、江西各地的軍事行動猶在如火如荼地激烈進行，清軍一時尚難獲致決定性的勝利。而由於滿清政府正以全力對付太平天國之故，對於橫行在河南、山東、皖北一帶的捻匪與練匪等，就無法作有力的處置。咸豐九年，捻匪結合太平軍大舉進攻翁同書駐節所在的定遠縣城，翁同書無力抵禦，轉進到了壽州，定遠失陷，部議將翁同書革職留任。咸豐十年，壽州又被太平軍的英王陳玉成所攻，賴當地的團練竭力抵禦，陳軍退去，壽州始得保全。但因城內的團練首領孫家泰、蒙時中、徐立壯等與城外的團練首領苗沛霖相仇殺，苗沛霖因此叛變，糾眾圍攻壽州，縱兵四擾。清政府以苗沛霖所部素稱勁旅，既降復叛，為患殆甚於捻匪及太平軍，密令翁同書小心處置，以免事態擴大而致無法收拾。翁同書知道前任安徽按察使張學醇素為苗沛霖所信服，馳函招來壽州，令往勸諭投誠。苗沛霖表面上答應投誠，並提出要求二點：一、清政府應當寬恕苗沛霖的作亂罪行。二、將殺害苗姪景開的孫開泰、蒙時中的首級交付他祭靈雪仇。張學醇將這些條件轉告了翁同書，翁表示可以答應，於是孫開泰聞信自殺，蒙時中則被翁同書抓來殺了，兩個人的首級一併交與張學醇帶去交給苗沛霖。

卻不料這不過是苗沛霖藉此達到報仇目的之手段，他本人並無投降之誠意。首級交付之後，為逆如故。於是，曾國藩上奏嚴劾翁同書，說他在定遠被圍之時棄城逃走，有失守封疆之罪，又不能妥善處置境內團練紳士之仇隙，以致彼此仇殺，激成大變，馴致壽州失守。劾疏中說：「臣職分所在，例應糾參，不敢因翁同書之門第鼎盛，瞻顧遷就。」此一出於李鴻章手稿的劾疏，措詞如此嚴峻，終於使在位的同治皇帝及兩宮皇太后，亦無法因翁同書乃是皇帝師傅翁心存的兒子之故而曲予寬貸，不得不將他褫職逮問，定擬大辟。後來還是因為翁心存病故，皇太后與皇帝藉口眷念師傅，將翁同書從輕處罪，充軍新疆，方得倖逃顯戮。若照翁同書在安徽巡撫任內的表現情形而論，此人雖然讀書有得，而對於應變定亂的匡濟之才，卻未能具備，所以一旦出膺疆寄，就會顯得左支右絀，一籌莫展。科舉考試取進的人才，大都是這一類只有文字之長的「書生」。翁同書是這樣的一個人，看翁同龢後來出任宰相而兼帝師時的表現，亦可作如是觀。

翁同龢中狀元，在咸豐六年。這一年他才二十七歲。這一科的三鼎甲之中，第二名的榜眼，是山東籍的孫毓汶。此人後來成為醇親王奕譞的謀主，在光緒十年甲申朝局變革之後，與禮親王世鐸、大學士張之萬等一起入軍機，隱執朝柄，乃是光緒十年至二十年間的重要政壇人物，堪與翁同龢相提並論。

照清代的慣例，殿試得中狀元，榜發之後，即授職翰林院修撰，俗稱為「殿撰」。秩從六品。二三名的榜眼、探花，同授翰林院編修，秩正七品。其餘二三甲的進士，則需要再經過一次「朝考」，取中庶吉士之後，方才有機會與一甲三名的狀元、榜眼、探花一同入翰林院教習。等到三年教習期滿，還有一次「散館」的考試。一甲三名因為早已授職的緣故，散館考試時照例會名居前列，仍在翰林院供職。至於其餘的庶吉士，則需要考試成績優良的，方能改官為翰林院編檢；成績不佳，就要以進士歸班改選，出任為部曹或知縣了。但即使是庶吉士散館考試成績優良，得以留在翰林院內任職編修、檢討，若以陞遷而論，亦要比一甲三名慢得多。因為清代翰林院的修撰與編檢，係專為安置新科翰林而設，並無一定的編制名額。以現在的情形打譬，差不多就是不占固定編制名額的額外人員。額外人員要陞官，必先占得額內的編制缺分。以翰林院的修撰、編檢而言，所要升的官職，就是品秩稍高的「中允」與「贊善」，前者秩正六品，後者秩從六品。中允與贊善，在明代都是屬於詹事府的官員，乃是東宮太子的輔導官屬。清代不預立太子，而以詹事府作為翰林院的遷轉之地，所以，繼續保留這一官稱。又因中允、贊善等官在詹事府內本來分屬左、右春坊，所以修撰與編修陞為中允、贊善之後，俗語就稱為「開坊」，意思是從額外變為額內，占得固定編制，從此的陞遷，就比較快了。編修陞贊善與修撰陞中允，照例要扣足年資整整六年，中間不能少一天。一甲三名在榜下即授職為修撰與編修，比較二三甲進士先點庶吉士再改編修的，在起步上就快了三年，在計算年資時，自然也占了極大的便宜。

由於有這一原因存在，所以雖是同一榜的進士，狀元、榜眼、探花這三鼎甲的陞遷速度，一般總要比其餘同年要快。何況翰林院本為清華之地，學政主考，盡出其中；其得以入值南書房與上書房者，更因與在位皇帝及未來皇帝的關係極為親密之故，陞遷更為容易。明、清兩朝的制度，非進士不入翰林，非翰林不得拜相。中了狀元，在做宰相的資格上就有了保障，更何況狀元的銜頭最為尊貴，又遠勝於其他的翰林呢？因為有這種種的因素，所以讀書人人人希望中狀元。而翁同龢既然中了狀元，他未來的宰相事業，因此也就有了很好的開始。

咸豐八年六月，就在翁同書受命為安徽巡撫之後的八天，翁同龢被派為陝西鄉試副主考，與正主考潘祖蔭一同受命前往西安，主持這一年的陝西鄉試。這時，翁同龢在翰林院的教習尚未期滿，亦未曾參加散館考試。未散館的翰林先派差使，這在從前當然是有過例子的，不過並不多見，一般則須等到散館以後再派。翁同龢未到散館就點放考差，其時間又恰好緊接在翁同書被任命為安徽巡撫之後的第八天，這中間的巧合如此，是否含有某種特別的意義在內？大可玩味。參以《清史・部院大臣年表》及〈大學士年表〉，翁心存此時正任吏部尚書。到了這年的十一月，就由吏部尚書調為戶部尚書、協辦大學士。可知他在皇帝跟前的「聖眷」，此時正是最隆盛的時候。由此看來，翁同書之陞任巡撫，與翁同龢之點放考差，很可能都是咸豐皇帝對翁心存表示眷顧優遇之意。惟其因為翁心存的聖眷甚優，所以翁同書出任安徽巡撫以後，雖然屢因措置失當而致失誤封疆，也沒有人提出糾劾。只有曾國藩，在忍無可忍的情形下上了這一道奏摺，才使翁同書丟掉了紗帽，至於翁同龢，則在陝西鄉試剛剛舉行完畢之後，就接到了新來的朝命，派他就在陝西接替下一任的學政。這種接疊而來的「恩命」，看起來更像是皇帝對翁家父子特別倚信的表示。

翰林官的生活清苦，向來視點學政與派考差為調劑的機會。到外省去擔任鄉試考官，雖能得些地方官的饋贈，然而為數究竟不多。至於學政，則一任三年，在任內須巡歷全省，舉行歲、科考試，考核各府州縣學的秀才，視其成績為升降黜革。俗語說：「秀才怕歲考，翰林怕大考。」這歲考秀才的獎懲大權，全操在學政之手。而各地的童生考秀才，三年兩考，每學取中的新秀才，多則四五十，少亦一二十，這可否之權，亦在學政，看起來就比秀才的歲科二考更為隆重。清代的學政，被稱為柄持一省文衡的「文宗」，原因在此。無論是考童生與考秀才，所考之處，學政例有「棚費」可得，多者銀數百兩，少者數十兩。三年學政考下來，單是這一項棚費收入，大的省份就可以有一二萬兩銀子，數目極為可觀。貪贓枉法者流如果再要藉此為賄買斂財計，其所得更不可限量。翁家父子雖然兩世宰相而叔姪狀元，一門簪纓，科第蟬聯，但他家的家風清白勤儉，不貪非份之財。所以，皇帝讓翁同龢去當學政，當然不是叫他去發財貪污。他大概也曉得翁家父子清貧自守，境況並不寬裕，藉此稍予調劑，未嘗不是眷顧心膂大臣之意。而翁同龢以未散館的翰林院修撰一再蒙此殊遇，看起來就不免使人覺得皇帝對待他確實太優厚了。而事實上的情形，也確是如此。

咸豐在位十一年。自咸豐五年以後，由於政府人事更迭，朝局頗有變化。其時恭親王奕訢因生母康慈太妃死後追尊為皇太后之事，失歡於皇帝，奉旨退出軍機，而鄭親王端華之弟肅順時方任禮、戶等部侍郎，漸見嚮用。肅順得寵，其兄鄭王端華及怡王載垣共相附和，漸漸地就需要排斥異己，以求鞏固自己的勢力。此時，與肅順、端華等人相為表裏的軍機大臣，是穆蔭與杜翰；不願附和肅、端等人的軍機大臣，則是彭蘊章與柏葰。彭蘊章的態度比較溫和，尚不致成為肅、端等人的眼中釘。柏葰則自恃清正，深惡肅順、端華等人之結黨把持，屢次與諸人不協，因此也甚為此諸人所厭惡，務必要設法將他除去。軍機之外，與肅、端等人不協的，則是以協辦大學士而兼管戶部的翁心存。自咸豐八年以後，肅順、端華等人為求達到排除異己之目的，屢次借事興獄，首當其衝的，便是柏葰與翁心存。

柏葰是滿人，咸豐六年十一月以戶部尚書的本職入軍機，旋陞協辦大學士，咸豐八年九月再陞大學士，仍在軍機。咸豐八年十月，發生了順天鄉試舞弊的科場案。這一年的順天鄉試，柏葰以軍機大臣文淵閣大學士的身份充正主考，副主考則是戶部尚書朱鳳標，和左副都御史程庭桂。其時，科場中的積弊已經很深，每逢舉行鄉試，送條子、通關節的情形極為普遍，身為考官的人，無法避免人情的包圍與金錢的誘惑，每每藉此為營私自肥之計，所以歷次取中的舉人大抵由關節、弊竇進身，真正有才學的寒門下士，反多向隅。咸豐八年以前的順天鄉試情形如此，咸豐八年的順天鄉試亦復皆然，大家都已司空見慣，認為不足為奇。但因柏葰恰好擔任這一年的正主考，而他的政敵肅順、端華正欲設法排擠他，就藉了御史孟傳金的奏劾，建議皇帝應當秉公執法，以肅清貪污，整飭紀綱。據《清史・柏葰傳》所說，此案審實之後，咸豐皇帝還希望能保全柏葰，但「為肅順等所持」，不得不降旨將柏葰處斬。到了咸豐十一年「辛酉政變」之後，兩宮皇太后垂簾聽政，除掉了反對垂簾聽政的顧命八大臣，也就是以肅順為首的「肅黨」，於是柏葰之死方得到昭雪。但那已經是後來的事，並無補於柏葰當時之死。

柏葰一死，軍機大臣的遺缺，補了肅黨人物之一的匡源，肅黨的力量更強大了。到了咸豐十年，他們又策動了戶部官錢局案，其目的亦與策動順天科場案一樣，是要排除他們的政敵。前一次被排除的是柏葰，這一要排除的，則是以體仁閣大學士管戶部的翁心存。

《清史・肅順傳》敘咸豐十年的戶部官錢局案，說：

> 戶部因軍興財匱行鈔，置寶鈔處，行大錢，置官錢總局，分領其事。又設官號，招商佐出納，號「乾」字者四，「宇」字者五。鈔幣、大錢無信用，以法令強行之，官民交累，徒滋弊竇。肅順察寶鈔處所列「宇」字五號欠款，與官錢總局存檔不符，奏請究治，得曚混狀，褫司員台斐音等職，與商人並論罪，籍沒者數十家。又劾官票所官吏交通，褫關防員外郎景雯等職，籍沒官吏亦數十家。大學士祁寯藻、翁心存皆因與意見不合，齮齕不安於位而去，心存且幾被重罪。

翁心存如何被肅順齮齕去位，以及「幾被重罪」，這在《清史・翁心存傳》中有較詳細的記載，可以參看。傳中說：

> 十年，戶部迭興大獄，肅順主之，多所羅織。怡親王載垣等會鞫，謂司員忠麟、王熙震以短號鈔兌換長號，曾面啟心存。心存回奏：「部院事非一二人所能專政，斷無立談數語改舊章之理。」載垣等遂請褫頂帶歸案訊質。文宗鑑其誣，僅以失察議處，免傳訊。議降五級，改俟補官革職留任。復以五宇商號添支經費，心存駁令議減，未陳奏，司員即列入奏銷，下嚴議，革職留任。

其時，翁心存先已因病屢請休致，未允，又再固請，方准告休去職，留居京寓，而肅黨人物猶復窮究不止，必欲入之於重罪而後已。假使不是咸豐皇帝對翁心存向來眷倚甚深，而官錢鈔的案子又不像科場舞弊案那樣罪證確鑿的話，說不定翁心存也會像柏葰一樣地倒了大楣的。不過，即使是這樣，翁心存的宦途蹉跌，也還是影響到了他的第四個兒子翁同龢。

翁同龢於咸豐八月十月初六日正式接任陝西學政，依任期年限計算，應至咸豐十一年九月屆滿。但他接任後只做了三個多月，就於咸豐九年正月藉口因病，奏請開去陝西學政的差使，回京調理。這一請求旋經皇帝批准，咸豐九年四月初四日，他就由陝西交代回到京中。五月二十二日，翁心存亦因病奏請開缺，留京調理。父子二人先後告病開缺，不但時間十分接近，而且恰與肅順圖謀加害翁心存的時間相合，可知翁心存與翁同龢即使果真有病，亦不是促使他們辭卸政府公職的原因，其真正的原因還是在於政治環境的變遷。而翁心存既因肅順對他的齮齕而致不能安於其位，翁同龢關切其父的處境安危，自亦不得不拋卻學政的美差，急求回京就近照顧。《翁同龢日記》中有這年三月二十二日「夜訪祁春浦相國」的記事一則，祁春浦即祁寯藻，當時是與翁心存同被肅黨排擠去位的大學士。祁寯藻與翁同龢談到《易經》中的睽、蹇二卦之義，祁說：「知進退存亡而不失其正者，其惟聖人乎？釋、道二氏，則知之而不免失正耳。」這段話的意義分明就在讚賞翁同龢辭去陝西學政回京侍親一事十分正當。然則，翁同龢在這件事情上的真正動機，自然也就更加明白可見了。

翁同龢在點試差與放學政之時，尚未應翰林院散館考試。至是回京，乃在咸豐十年閏三月補應散館試。獲准仍留翰林院供職。這時，他的官銜，亦仍舊是他早先的翰林院修撰本職。不久，新科翰林入庶常館教習，翁同龢被派充分教。七月間，英、法聯軍攻陷天津，警報疊至，有由通州入犯京師之訊。八月，皇帝率後宮妃嬪及軍機大臣等北狩熱河，和戰事宜交由恭親王奕訢留京辦理。九月，〈北京條約〉訂立，議定中國應賠英、法二國軍費一千八百萬兩，一俟賠款交清，聯軍即行退出中國。但是，戰爭雖已結束，在熱河行宮中避難的咸豐皇帝卻不肯就此回京。更因內憂外患之交相侵尋而自覺愧對祖先及天下臣民，日日縱情於聲色逸樂之中，要以酒色自戕為解脫之計。果然，到了第二年的七月，咸豐就在熱河崩駕，隨著而來的，便是歷史上有名的「辛酉政變」，兩宮皇太后在恭王及留京王大臣的支持下取得政權，肅黨人物或殺或貶，朝局一時變革。

九月底，兩宮回鑾北京，恭王奕訢被任為議政王，再度出領軍機。舊時被肅黨人物所排擠傾陷的「先朝老臣」如翁心存等，也得到了翻身的機會。

清穆宗同治元年，翁心存已經再度以大學士起用，並與祁寯藻一同在弘德殿教小皇帝讀書了。六月，翁同龢由翰林院修撰改官詹事府右贊善，官秩仍是從六品，與編修開坊所應得的陞缺沒有差別，而且年資也扣足了整整六年。這其間究竟是否尚有其他原因，不得而知。不過，他在這年七月間又點放山西鄉試的正考官，足徵他此時的官運，又因翁心存的復任大學士而好轉了。這年十月，考畢山西鄉試，回京覆命，卻不料他的父親翁心存病已漸重，到十一月的初六日就病故了。按照舊時的制度，父母之喪，須丁憂守制二十七個月。自此時以至同治四年二月服闋起復，翁同龢被開去詹事府的官職，在京守制（此時因蘇常淪陷，無法回籍，所以改為在京守制）。

翁心存雖然死了，但是他對兒孫們的影響仍是很大的。第一個例子是翁同書，第二個例子是翁曾源，第三個例子就是翁同龢。

翁同書在同治元年正月被曾國藩上疏嚴劾，有旨拿問下獄，旋經王大臣會同審訊，問擬大辟。其時，翁心存已患病危篤，有旨命將同書暫行釋放出獄，以便親侍湯藥。至翁心存卒，又有旨命先服喪百日後再入獄。到了這一案件拖到不能再拖的時候，兩宮皇太后又關照恭王及有關王大臣說，翁同書的案子，固然情罪俱當，但翁師傅新喪未久，為眷念兩朝老臣起見，似乎應該酌量給予恩典。於是翁同書被免去死罪，從輕發往新疆軍臺效力贖罪。這也就是一般所謂的「充軍」。充軍比死刑雖然只差一等，但充軍可以有機會得到赦免，死刑卻須身首異處，一死不能復生，這其間的差別太大了。翁同書由死刑得到減罪充軍，固然出自皇太后的恩典，也還是沾了他父親的餘蔭。

至於翁曾源，乃是翁同書的長子，本來只是一名監生，因為有羊癇瘋而且常常發作，所以連舉人都不曾考中。翁心存一死，得到皇帝的許多恩典，在加贈太保、賜謚文端，及恩准入祠京師賢良祠之外，更有另外一項特殊的恩典——特賜翁曾源為舉人，准許他以未曾參加禮部會試的身份，與新科貢士一體參與殿試。等到殿試發榜，獨占鰲頭的狀元公，赫然竟是這個以欽賜舉人參加殿試的翁曾源。翁曾源以一個患羊癇瘋的欽賜舉人，居然能夠冠冕多士而大魁天下，這是否也是出於皇太后及皇帝的恩遇？實在很使人置疑。

按照明、清以來的慣例，殿試卷照例只糊名而不易書，交卷之後，由欽派之讀卷大臣讀卷，依成績評定次第，仍將取中前十名的考卷進呈御覽。對於讀卷大臣排定的次第，皇帝有時也加以抽閱，更改，但大致是即照原定填榜揭曉的。這種制度發展到了後來，前十名的次第，又以閱卷大臣的次第為序，不得攙越。如果閱卷大臣是八人，則序次第一的人可以取中狀元，序次二、三的可以取中榜眼、探花，俟前八名的名次都決定了以後，第九名以後，就不再考慮讀卷大臣的次序了。同治二年癸亥科的讀卷大臣共計八人，以官位及翰林的科分定次序，前三人分別是大學士倭仁、協辦大學士瑞常，吏部尚書寶鋆。

翁曾源中狀元，照例應該是由倭仁決定的。按，倭仁乃是清朝末年有名的「理學名臣」，個性甚為迂執，他應當不會先意承指，以取中翁曾源為狀元的方式來迎合兩宮太后對翁心存的恩遇。但如是兩宮皇太后變更了進呈十卷的次序，而將翁曾源越次取中為狀元，稗官野史及私家筆記中何以又沒有這樣的記載？所以，這實在是使人很難索解的問題，若謂翁曾源確實才學出眾，有資格壓倒群英，則《清稗類鈔》偏偏有這麼一條記載，說：

> 同治癸亥，狀元翁曾源以監生賜舉人貢士，應廷試，臚唱遂第一。蓋其時文勤方以剿寇失律論大辟，繫請室，文端再起入閣，以子罪不測，居恆輒戚戚。故孝貞、孝欽兩后特沛殊恩，以慰其心也。

上文所說的「文勤」，即翁同書，文勤是其後來的賜謚。這一段話的錯誤很明顯，因為進士考試例在春間，俗稱為「春闈」。同治二年翁曾源中狀元，翁心存已在前一年的冬間死了，皇太后「特沛殊恩，以慰其心」的說法，是不能成立的。但當時既有此說，翁曾源之中狀元，就很有人情關照的意味存在其間了。《翁同龢日記》記此，云：

> 曾源姪近年為病所苦，深慮不能成名。今邀先人餘蔭，得與廷試，從容揮灑而出，意者其有天佑乎？得報，源姪得一甲第一名，悲喜交集，涕淚滿衣。得此科名，足仰答先人未竟之志，稍伸吾兄不白之冤乎？

曰「稍伸吾兄不白之冤」，也不免有皇太后存心優禮之意；但也可以看作是翁同書蒙冤遣戍而上天特予殊恩以為補償之意，究竟如何，也只有存疑了。以翁同龢說，翁曾源中狀元，足以「仰答先人未竟之志」；翁心存官至宰相帝師，還有什麼未竟之志呢？是不是他自恨年壽不長，不能親身及見他所教導的同治皇帝學業有成，日後成為滿清皇室的中興令主，以致含恨沒地呢？關於這一點，皇太后不久就有新的恩遇，要讓翁同龢來繼承這一遺志了。

《清史・翁同龢傳》敘同治四年翁同龢丁憂期滿以後的情形說：「服闋，轉中允，命在弘德殿行走，五日一進講，於簾前說《治平寶鑑》。」又，《常昭合志・翁同龢傳》云：「丁父憂服闋，同治四年，以右中允弘德殿授讀，有勉承先人未竟之志溫諭。」按，弘德殿乃是穆宗同治皇帝的讀書之地，同治元年翁心存、祁嶲藻等擔任穆宗的「師傅」，就是在弘德殿教讀的。現在兩宮皇太后再把翁心存遺下的「師傅」之任交給了翁同龢，諭旨中還叫他「勉承先人未竟之志」，這一份異常的恩禮，真可說是難得的「殊遇」。《翁同龢日記》中亦有關於此事的記載，說：「朝廷眷念舊臣，推及後裔，不肖何以稱此？」說來說去，自翁同書之免死充軍、翁曾源之中狀元，以至翁同龢之接替皇帝師傅之職，都是翁心存的餘蔭使然。從前曾國藩參劾翁同書時，李鴻章為他擬稿，奏疏內曾用翁家「門第鼎盛」的話來形容翁氏一門的聲勢，由此可見，曾國藩所說，確是實情。翁家門第鼎盛，是因為有翁心存這一個帝師元老作為中心人物，更有翁同書、翁同龢等一班進士翰林為之烘托渲染，所以才能集結成為政治上的一股雄厚力量，輕易搖撼不動。

二十幾年之後，翁同龢也成了光緒朝的宰相、帝師，其得君之專，似又勝於他父親翁心存當年在世之時。只可惜翁同龢從小便是「天閹」，沒有一個兒子可以作為自己的羽翼，他的姪兒翁曾源雖中狀元，也因羊癲病之故而不能出仕，所以一經蹉跌，便告傾覆。比較起來，翁心存的相業雖然一無足稱，他的福澤，似乎遠勝於翁同龢。

同治五年二月十二日的《翁同龢日記》說：「皇太后諭李蘭蓀曰：『聞翁同龢講帝鑑，甚明暢，上頗樂聞。』」李蘭蓀即李鴻藻，此時正與翁同龢同任皇帝的教讀。同年四月二十三日的日記又說：「上在書房，李蘭蓀侍則讀遂勤，非他人所能及。蘭蓀至誠悱惻，其口才亦非吾所及。」當時一同擔任教讀的，翁、李之外，尚有倭仁、徐桐這兩個道學先生。倭、徐迂執而時生齟齬，非皇帝所喜；翁與李則循循善誘，頗能使皇帝樂於向學。這種情形，就奠定了翁同龢此後政治前途的有利發展。

在穆宗以前的清朝歷代皇帝，對於自小教讀的師傅總有特別親切的好感，一旦即位為帝，無不多方照顧提拔，務使其及身得享富貴福澤。翁同龢與李鴻藻能使同治皇帝樂於向學，這種情形看在皇太后的眼裏，自然高興，而翁、李二人之能得不次之擢陞，當然亦是意料中之事了。據翁之日記所載，翁同龢在同治四年以後的遷擢情形如下表所示。

自同治四年六月至十年七月，即自翁同龢陞授詹事府右中允之日算起，前後不過六年，他就已從正六品官陞至從二品，速度之快，遠超過他中狀元以後九年之中所陞的半品之官。而且，內閣學士官居二品，已與六部侍郎同階，向為翰林官轉任卿貳大員的必經之路，一旦到此地步，此後的出路就寬了。但是，他在陞到內閣學士之後，一時尚不能「大用」，原因是穆宗年已漸長而其個性甚為剛強，既不樂向學，又不願接受王公大臣的遇事諫諍，而翁同龢偏偏就是這麼一個隨時喜歡「匡弼帝德」的好老師，就不免要使皇帝感到頭痛了。《清史・翁同龢傳》說：

同龢居講席，每以憂勤惕勵啟沃聖心。當八年武英殿之災也，恭錄康熙、嘉慶兩次遇災修省聖訓進御，疏言：「變不虛生，遇災而懼，宜停不急之工，息無名之費，開直臣忠諫之門，杜小人倖進之門。」上覽奏動容。又圓明園方興工，商人李光昭朦報木價，為李鴻章所劾論罪，廷臣等多執此入諫，恭親王等尤力諍，上不懌。同龢面陳江南輿論，中外人心浮惑，請聖意先定，待時興修。乃議定停園工，並有停工程、罷浮費、求直言之諭。

時間	職位	遷擢情形
同治五年二月	陞翰林院侍講	由正六品陞從五品
同治七年十一月	陞國子監祭酒	從四品
同治九年六月	陞太僕寺卿	從三品
同治十年七月	陞內閣學士	從二品

由這段文字的敘述可知，翁同龢日侍講席，天天都有與皇帝談論經史學問與興衰治亂之理的便利，因此每每遇事規諫，很能克盡他做老師的責任。無奈這位清穆宗同治皇帝，與後來的德宗光緒皇帝，性格完全不同；光緒柔懦，同治則任性而使氣。他久已對皇太后的嚴格管教起了深厚的反感，對於這些師保大臣的忠言讜論，也早已十分厭煩。翁同龢的忠忱固然可嘉，所得的結果其實只是「言者諄諄，聽者藐藐」，所謂「覽奏動容」也者，只不過是修史者的飾美之詞而已。當時，這個少年皇帝所最樂於親近的臣僚，乃是引導他去微服冶遊的翰林院侍讀王慶祺，以及與他一樣是紈袴惡少的恭王奕訢之子貝勒載澂等人。他之所以還能夠容忍翁同龢的遇事喋聒，無非因為他是皇太后所信賴的師傅，在表面上不得不儘量含容優禮，隨時敷衍，若要說他對翁同龢的耿耿忠忱會有所欣賞，事實上大概是不會有此可能的。郭則澐所撰的《十朝詩乘》，有一條關於福建林錫三學士的記述，便是很明白的證據。

《十朝詩乘》卷二十：

長樂林錫三學士，以文端（即倭仁）薦，直上齋。翁文恭乞養，舉以自代，遂直弘德殿。每進講，多所規戒。方穆宗親政，疏陳十事，其大者為勤聖學、保聖躬、罷土木。王慶祺輩入直，既不相容，又嘗入對東朝，密劾貝勒載澂，以是忤樞邸，將出為九江道。樞臣言非故事，乃命督江學。學臣向不停陞轉，林且預保前列，數載不遷，卒於任。其視學出都，有「三載講幄慚無補，但願群公輔聖明」之句。學士里居時，嘗與先王父按察公結社唱酬，稱「南社十子」。移疏方伯，其第三子也。故先文安公壽方伯詩，追述遺直，云：「緬昔毅皇初登極，講幄妙選儒臣充。道南一脈承遺緒，梁村以後惟文恭。汲直不容坐斥外，攀號竟殉軒湖弓。易名得請歸告墓，天章親勒穹碑崇。」學士卒於光緒戊寅，遜政後與翁公並追謚文恭。

林錫三因直言諍諫而致不能容於朝列，翁同龢又如何能得同治皇帝的讚賞呢？何況他在同治十年十二月以後適值母喪守制，至十三年六月起復回京，雖則仍在講幄，而皇帝已於十二年正月親裁大政。皇太后退居深宮頤養，在名義上已不再過問政治，皇帝對他的倚信程度既然遠不如皇太后之深，翁同龢的官運，當然也要暫時停滯一下。這種情況，一直要到同治末年朝局發生劇變之後，才有新的變化。

同治末年的朝局劇變，是因為皇帝親政之後，時時與王慶祺及親信太監等人微服出宮，私往娼寮、酒館等處去做狹邪冶遊，以致得染風流病症而不治身死。慈禧太后以醇親王奕譞之子載湉入繼咸豐為子，繼嗣大統，是為新即位的德宗光緒皇帝。光緒即位時，年方四歲，比同治初立時還要小兩歲，因此皇太后再度垂簾聽政，政權亦由親政不久的皇帝再歸於皇太后之手。小皇帝需要受教育，翁同龢當年曾經教過同治，對此深有經驗，又甚為兩宮皇太后所信賴，因此又將新皇帝的師傅之任交付給了他。當年同治新立，在弘德殿授讀的師傅先後有祁寯藻、翁心存、倭仁、徐桐等人，都是一二品的尚書師保，翁同龢與李鴻藻雖然也參預其間，不過是末學後進而已。經過十三年之後，翁同龢也已官居二品，這一次再度出任新皇帝的師傅，已經不再是僅供使令奔走的後生晚輩了。其時，與翁同龢一同被派為皇帝師傅的，尚有他的咸豐丙辰科進士同年夏同善。《翁同龢日記》，光緒元年十二月十二、十四兩日記云：

> 十二月十二日。本日奉懿旨，派臣及夏同善於毓慶宮授皇帝讀。聞命感涕，不覺失聲。夏子松來，午後始勉強屬辭，懇請收回恩命。

十二月十四日。與醇邸、劻貝勒、景額駙、夏侍郎同召對東暖閣，仍將前意一一陳說。皇太后揮涕不止，臣亦不禁感慟。語極多，不悉記。三刻許出，大略責臣龢盡心竭力，濟此艱難，並諭臣一人授書，夏同善承值寫仿等事。

上文所說的夏子松，即夏同善，浙江杭州人，時官兵部右侍郎。至於翁同龢，則是在光緒元年的八月間受命署理刑部右侍郎，與奉派毓慶宮教讀的新命，同出於兩宮皇太后的懿旨。這可以證明前面所說的不錯——對翁同龢倚畀信賴的人，是皇太后而非同治；同治親政時，翁同龢不免被冷落，一旦皇太后再握政柄，翁同龢就有了再被重用的機會。更因光緒不是同治那樣的紈袴惡少，師生之間的感情深厚，翁同龢居中應付於太后與皇帝之間，也就更易融洽和睦。這本已使他奠定了此後仕途順遂的條件，加上他在當時的政壇傾軋中還曾為當權的恭王奕訢一派人物出過一些力量，因此使得恭王一派亦將他視為同志而樂於汲引，於是，他在光緒初元以後的仕宦生涯也就一天天地騰踔而起，直上青雲了。

翁同龢在當時的政壇傾軋中，究竟曾替當權的恭王一派出過一些什麼力量？這可以參看下面所引的紀錄。

羅惇曧《賓退隨筆》，「翁同龢榮祿交惡」一條說：

光緒初，李文正鴻藻、沈文定桂芬，同在樞府。文定以熟諳掌故稱上旨，權頗重，漢人在樞府類當國者，自文定始也。榮祿方為步軍統領，年甚少，不慊於文定。值晉撫出缺，是日文定方乞假，榮祿入見，乃力保文定授晉撫。命下，舉朝皆詫。樞臣既未進言，則言者必為外臣；是日，除榮祿入見外，皆疏遠小臣，則言者必為榮祿。翁同龢與榮祿，盟兄弟也，同輩使偵榮祿。時方有試差，同龢不預，與榮祿語，甚憾文定，並揭其陰私，榮祿信之。翁問：「沈外任，何意也？」榮言：「吾言諸太后，遂有是命。」翁歸告李文正，謀有以報之。數日而西安將軍出缺，文正力保榮祿，遂外任西安。迄翁繼秉政，而榮祿十年不遷，怨翁極深。戊戌四月，翁以導景皇帝行新政得罪，廢於家，諭旨以為居心險詐者戒，蓋指前事也。

榮祿在「戊戌政變」之後入領軍機，至光緒二十九年卒於位，共計做了五年之久的軍機領袖，極得慈禧太后的信任。據一般野史的記述，並且說他與慈禧太后之間頗有若干不尋常的關係。以他排擠沈桂芬的情形來看，他既然有資格在慈禧面前作軍機人事調動的建議，當然他的地位不同於一般的部院大臣了。而榮祿排擠沈桂芬不成，又被翁同龢打聽出了其中的實情洩露予榮祿的政敵，使榮祿擱置閒曹，十年不遷，在榮祿不免怨翁極深，在翁同龢也未必得計。就因為榮祿乃慈禧的寵臣，雖因一時失算而致蹉跌，但卻仍有隨時再起的機會，一旦翁同龢亦有可乘之隙，便不免招致榮祿的報復了。至於翁同龢當時為何要出賣好友，想來還是因為榮祿之排擠沈桂芬頗為翁同龢所不直之故。

因為沈桂芬在當時的軍機大臣中頗有清正廉能之稱，榮祿以私害公，借事排陷，其行為有似小人，翁同龢基於公憤而協力排斥，其動機亦頗能為人所原諒。而李鴻藻在當時號為「清流」領袖，翁同龢與之協力，自然可以使他視為同調而樂於汲引的。於是，翁同龢的政治地位，在各方面看來都日見穩固了。《清史・翁同龢傳》敘次他在光緒初元以後的仕途經歷，說：

光緒元年，署刑部右侍郎。明年，遷戶部。充經筵講官，晉都察院左都御史，遷刑部尚書，調工部。六年，廷臣爭俄約，久不決，懿旨派惇親王、醇親王，及同龢與潘祖蔭，每日在南書房看摺件電報，擬片進呈，取進止，至俄約改定始止。八年，命充軍機大臣。

清朝的軍機處，乃是國家大政的所出之地。當時的俗語說，內閣大學士如果不兼軍機大臣，不能稱為真宰相。其原因就是由於清朝的內閣已經不過問國家大政，內閣大學士雖有宰相之名，不兼軍機大臣則無宰相之實，所以不能稱之為真宰相。至於軍機大臣，雖無宰相之名，卻實操宰相之權。尤其是在光緒二十年前後，翁同龢以協辦大學士兼軍機大臣的身份獨操政柄，隱然是前朝的真宰相。所以，翁同龢之入贊軍機，應當可說是他此後的宰相事業的開始。而翁同龢之能夠入贊軍機，在恭王柄政時期，無疑當出於恭王一派人物之汲引。然則，他與榮祿之間的關係雖然在後來會導致他的事業失敗，在一開始之時，倒還真是幫助他成為政壇領袖的重要關鍵哩！

翁同龢贊襄軍機，凡兩入兩出。其第一次入軍機，自然是前引《清史・翁同龢傳》所說，於光緒八年充為軍機大臣。如照《清史・軍機大臣年表》所記，則翁同龢這一次的進軍機處，是以工部尚書本職，「在軍機大臣上行走」。這樣的詞彙，在現在讀起來當然很彆扭。但如我們想到清代的軍機處自始至終只是一個名不正、言不順的臨時組織，自軍機領袖以至一般軍機大臣，都只是奉皇帝之命，帶著本身的官職在軍機處「辦理軍機事務」或「在軍機處行走」，積一百數十年之久而不能變更，那麼，我們對於翁同龢之奉命以工部尚書在「軍機大臣上行走」，也就可以釋然了。翁這一次的入軍機，前後不過兩年，到了光緒十年「甲申政變」，恭王被解除政柄，軍機全班盡撤，翁同龢也就與恭王及李鴻藻等人一起退出軍機。不過，這時他的工部尚書本職並未解除，只是不復參預最高政務而已。其第二次入軍機，時間在光緒二十年之十月，亦與恭王及李鴻藻同入，其當時的本職則已改為戶部尚書。至光緒二十三年七月，李鴻藻卒。因為李鴻藻的本官是協辦大學士，出缺之後，由翁同龢頂補，所以翁同龢也就成了「相國」——不但是內閣協辦大學士，而且是軍機大臣，成了名至實歸的宰相。自此以至光緒二十四年四月，恭王先卒，翁同龢亦遭嚴旨斥逐，放歸田里。這一回，不但他的軍機大臣之位不保，連協辦大學士的本職亦遭革去，從此結束了他的政治生涯。以他兩次入軍機的實際情形來說，則前一次之入軍機，不過隨班進退，叩頭承旨，在實際政治上並未發生重要的影響。至於第二次之入軍機，雖然亦未曾居有軍機領袖之名，但其發言及決策均有影響全局的力量，其地位極為重要。所以，若要論到翁同龢在光緒一朝的實際影響，自當以他第二次入軍機的實際施為為定。

要知道翁同龢柄政時期對國家政治究竟有些什麼重大的影響，應當先從瞭解翁同龢之性格、學問，以及他應付實際政治事務的能力等方面入手。下面先抄錄一段當時人對翁同龢的性格批評，藉以瞭解他的性格如何。

王伯恭《蜷廬隨筆》，「潘、翁兩尚書」一條云：

> 光緒中，吳縣潘伯寅、常熟翁叔平兩尚書皆以好士名。潘公斷斷無他，尤為懇到，翁則不免客氣。潘公不好諂人，客至無不接見，設非端人正士，則嚴氣正性待之；或甫入座，即請出。翁則一味藹然，雖門下士無不答拜，且多下輿深談者。此兩公之異也。潘公嘗向言曰：「叔平雖為君之座師，其人專以巧妙用事，未可全信之也。」已而笑曰：「吾與彼皆同時貴公子，總角之交，對我猶用巧妙，他可知矣。將來必以巧妙敗，君姑驗之。」後又曰：「叔平實無知人之才，而欲博公卿好士之名，實亦愚不可及。」庚寅冬，潘公薨於位，翁旋為軍機大臣。戊戌罷官，潘公之言竟驗。

上文所說的潘伯寅，即潘祖蔭，道光朝宰相潘世恩之孫，故云，與翁叔平同為貴公子；叔平，則同龢之字也。王伯恭的這一段文字，不但詳細描述潘、翁二人待人接物之態度，對二人的不同性格也有很重要的記述，尤其重要的是，他記錄了潘祖蔭對翁同龢的性格批評。以潘、翁二人的交誼及關係而言，濤對翁的觀察必定很深入，他的論點必定有根據。何況潘祖蔭之觀人，確有很多特別之處，這尤其可以證明潘對翁的觀察具有價值。潘祖蔭能有知人之名，這可以舉出他對張之洞的批評為證。王伯恭《蜷廬隨筆》說：

> 余初見潘公時，固未嘗有所干乞。而公知吾家計窘乏，必欲為吾謀一善地，以營甘旨，高義深情，實足銜感。偶與公言：「今南皮張香濤總制兩湖，號能延攬。張與家叔父子同年，又素相識，公若推挽，似較他為善。」潘公大笑曰：「君誤矣。香濤為人，誕而愎，其愛士也，葉公之好龍耳。君能為諂臣媚子，持吾書往，必大得意；否則以水投石，且將敗名，亦何為哉！」吾未敢置對。復笑曰：「君疑吾言之過乎？他日當知之。」公薨後十餘年，余服官湖北，適為張之屬吏。乃知張之為人，鄙俗夸誕，有非意所及者，益信潘公知人之明矣。香翁非特誕愎，其勢利亦復過人。當「戊戌變法」之前，梁啟超過武昌投謁，張命開中門及暖閣迎之，且問巡捕官曰：「可鳴砲否？」巡捕以恐駭聽聞對，乃已。定制：欽差及敵體官往見督撫者，始鳴砲開中門相迎，若卿貳來見，但開中門而不鳴砲；餘自兩司以下，皆由角門出入。梁啟超一舉人耳，何以有是禮節？蓋是時已有康、梁柄國之消息，香翁特預為媚之耳。啟超惶恐不安，因著籍稱弟子。

潘祖蔭知張之洞為誕妄而剛愎之人，王伯恭後官湖北，親見其種種鄙俗夸誕之事，因而證實了潘祖蔭對張的觀察甚為正確。

關於張之洞的為人，筆者前在〈張之洞〉一文中亦曾列舉證據，證明他是一個對上柔媚善趨附而對下則夸誕驕妄之人，王伯恭的筆記，更是最好的註腳。由這一事實，足證王伯恭所說，「益信潘公知人之明矣」，是不錯的。潘祖蔭既有知人之明，那麼，他對翁同龢的觀察，應該也錯不到哪裏去。

他以為翁同龢好以巧妙用事，又無知人之才而欲博公卿好士之名，無疑將成為翁一生事業的致命傷。而凡此所云，以我們現在所能看到的資料而言，又恰都有具體的事實可證。然則，翁同龢之所以失敗，他的性格行事，應當居有極重要的因素。

潘祖蔭以為，翁同龢好以巧妙用事，又無知人之才而欲博公卿好士之名，究竟有哪些具體證明呢？王伯恭《蜷廬隨筆》記翁同龢保舉康有為一事云：

康有為未捷前，伏闕上萬言書，大談時政，又著《偽經考》以驚鄙儒，一時王公大人群震其名，以為宣尼復生，遂呼為「康聖人」。禮闈既捷，聲名愈大，虛聲所播，聖上亦頗聞之，將為不次之擢。常熟窺上意，因具摺力保，謂康有為之才實勝臣十倍。既又慮其人他日或有越規，乃又加「人之心術，能否初終異轍，臣亦未敢深知」等語，以為此等言詞，可以不致受過矣。孰意大謬不然，斯亦巧妙太過之一誤也。

王伯恭說，翁同龢因窺知康有為將被光緒所擢用而先上摺保薦，以為兩面討好之計，又因顧慮康有為日後或有不測之舉而為己之累，復於摺後加註「康之心術未敢深知」云云，以為事後卸責之計，其用心不可說不巧妙。丁國鈞所撰的《荷香館瑣言》中亦有類此記載，云：

世皆謂翁相國保薦康某，相國得罪後，上諭中亦及之。趙文次侯，相國至友也，曾面質以此事。相國謂：「皇上一日問及康某，我對以『才勝臣十倍，恐其心叵測』。恐皇上不解『叵』字，又申言：『叵測者，不可測也。』餘未及康某一字云。」

以兩說相較，王伯恭說，翁之保康係由摺奏，丁國鈞說只是口頭保奏，是為二說之差異外，其餘並無不同。而翁同龢在「戊戌政變」之前得罪放逐，後來並且幾幾乎被西太后所殺，他對於這一段往事，必定儘可能地避重就輕，以資隱飾。所以，具摺力保之說，應該是很可能的。只是，翁同龢的用心太為巧妙，他在摺後所加的一段話，自以為可以預先留下卸責的地步，卻不料反為他自己帶來很多的麻煩。王伯恭說：

常熟既深結主知，斷無驟發雷霆之事。而康有為經常熟切保後，屢蒙褒獎，謂可畀以鈞衡之任矣，不意故我依然，仍是浮沉郎署。又詷知保摺後加之詞，引為大恨，疑常熟從旁沮之，不去此老，終難放手做事。乃於上前任意傾軋，極口誣罔。德宗忠厚仁弱，雖明知其所訐過甚，竟不能正色折之。

照這一段話所說，翁同龢後來之所以得罪，便是種因於他在保薦康有為的奏摺後所加的這一段話，造成了康有為對他的大不滿，所以屢次在皇帝面前肆口詆謗，必欲去之而後已。關於翁同龢後來之被逐，究竟是否出於康有為排擠傾軋的結果，由於別無其他佐證，殊難斷言。以下且再舉證說明翁同龢如何缺乏知人之明而欲博公卿好士之名的性格缺點。

翁同龢生平最欣賞「名士」。經由他一力提拔而得占鼎甲的名士，前有文廷式，後有張謇。前者在光緒十六年庚寅科以一甲第二名及第，即俗稱之榜眼；後者在光緒二十年甲午科以一甲第一名及第，即是俗稱之狀元。關於文、張二人先後得掇巍科的故事，清末的私家筆記中甚多記述。先引述文廷式中榜眼的部分如下。

王嵩儒《掌故零拾》卷三：

> 萍鄉文芸閣學士廷式，博學多聞，才名藉甚。自光緒壬午鄉薦後，屢蹟會場，至庚寅始成進士。廷試策中，有「留元氣於閭閻，而後邦本可以固」兩語，誤脫「閻」字，因接寫重「而」，欲俟交卷時遇熟人倩其剜補。詎以平日恃才傲物，同試者咸嫉之，所至輒為人注目，又慮交接之際，或將持其短長，遂於「而」字上漫加三畫，成一「面」字，匆匆交卷。出場後懊喪異常，以為此番庶常無望矣。常熟翁文恭公愛才重士，於文本夙契，適派閱卷，必欲得之以置大魁。而卷在滿洲某尚書手，已被擯置三甲。物色得之，謂此為文某卷無疑，其「閭面」字容有出典。某尚書持之甚力，不敢擬元，以第二人及第。

文廷式的殿試卷中，將「閭閻」誤寫成「閭面」，而居然仍能中榜眼，這固然可以看出翁同龢的愛才之切，亦可以看出翁同龢當時的勢力之大。因為，我們在張謇中狀元一事中可以知道，殿試卷名次之排定，並非由於試卷文字之好壞，而是由於閱卷大臣本身的名次高下。以下續引張謇中狀元的有關資料。

顧恩瀚撰《竹素園叢談》云：

> 南通張季直殿撰謇，乙酉順天南元，為翁文恭、潘文勤所賞識，名重公車。壬辰，翁主會試，得一卷，以為張謇，置第一，揭曉則吾郡劉葆真可毅也。甲午，汪柳門侍郎主會試，得一卷，又以為張謇，以示同考官翁太史斌孫。翁曰：「首二場皆佳，五策似稍短。」汪曰：「此為季直闈中抱病耳。」遂置第一。揭曉則吾邑陶端翼世鳳也。劉之學問，陶之品格，實出張謇上。張亦於甲午中式，殿試卷出翁手，力爭於張文達，竟得大魁。張工於標榜，晚節頗不協人望，比之華歆龍頭。

這一段文字是說翁同龢兩次欲中張謇而未能成功，敘事雖略具梗概，而於翁同龢如何一力成全張謇為狀元，則未得其詳。王伯恭《蜷廬隨筆》記此，云：

殿試之制，新進士對策已畢，交收卷官封送閱卷八大臣閱之。收卷官由掌院學士點派，皆翰院諸公也。光緒甲午所派收卷有黃修撰思永。比張季直交卷時，黃以舊識，迎而受之。張交卷出，黃展閱其卷，乃中有空白一字，待挖補錯誤，後遂忘填者。黃取懷中筆墨為之補書，此收卷諸公，例攜筆墨，以備成全修改者，由來久矣。張卷又抬頭錯誤，「恩」字誤做單抬，黃復為於「恩」字上補一「聖」字，補成後送翁叔平相國閱定，蓋知張為翁所極賞之門生也。以此，張遂大魁天下。使此卷不遇黃君成全，則置三甲末矣。甲午閱卷，張子青居首，次為麟芝庵，次為李蘭蓀，翁叔平居第四，志伯愚則第八也。向來八大臣閱卷，各以其人之次序，所謂「公同閱定」者，虛語耳。是科，翁師傅得張季直卷，必欲置第一，張子青不許，幾欲忿爭。麟芝庵曰：「吾序次第二，榜眼卷吾絕不讓，狀元吾亦不爭。」高陽相國助翁公與南皮相爭，謂：「吾所閱定之沈衛一卷，通場所無。今亦願讓狀元與張，幸公俯從。」南皮無可如何，乃勉如翁意。其所定之狀元，改作探花，以麟公不讓榜眼也。

上文所說的張子青，即張之萬，時方以東閣大學士兼軍機大臣，在閱卷八人中官階最高，故序次第一；人或稱之為南皮相國，則因他是直隸南皮縣人，乃是另一個南皮相國張之洞的堂兄。麟芝庵，即麟書，時為協辦大學士，故序第二。李蘭蓀即李鴻藻，與翁同龢均為尚書，故一序第三而一序第四。翁同龢以一個序次第四的閱卷大臣而必欲中張謇為狀元，至於能邀集了李鴻藻一同向序次第一的大學士兼軍機大臣張之萬壓迫，非要他答應讓出狀元來不可，這固然可以表示翁同龢的「愛才如命，求賢若渴」，另一方面卻也等於說明，他頗有挾「帝師」之尊而凌轢同寅之處。按，金梁所撰的《四朝佚聞》中頗有這方面的記載，說：

翁文恭公以帝師而兼樞密，預聞軍國，實隱操大權。而周旋帝后，同見寵信，亦頗不易。光初朝局，繫翁一言。同僚議事偶有不合，翁輒怫然，常入報帝，必伸己意，眾已側目。

此所云「光初朝局，繫翁一言」，其時間當已在光緒十五年以後。因為光緒十五年以前皇帝尚未親政，慈禧太后總攬大柄，光緒皇帝根本不可能表示自己的意見。至光緒十五年皇帝大婚，慈禧太后由專政改為訓政，稍稍將一部分政治權力讓予光緒，翁同龢這才能夠以帝師之尊，藉毓慶宮講讀時的「獨對」之便，在皇帝面前提供政治方面的意見。亦正因為翁同龢的「獨對」之權是其他同僚所沒有的，所以即使張之萬是大學士兼軍機大臣的真宰相，也不得不對他敬讓三分了。如果張謇、文廷式等人都是當時中國的出色人才，翁同龢基於為國求賢的心理而不避嫌怨，後人自然能夠對他充分諒解。問題就在這些號稱「名士」的人物，實際上只不過是長於文學而不諳政事，又好放言高論以博取浮名的標準文人而已。翁同齡不察實際，誤採虛名，不但竭力為之拔擢，更以他們所一致鼓吹的對日強硬論作為他自己的政治主張，全力以求貫徹，終於導致了中日「甲午戰爭」的全面敗績。潘祖蔭說，翁同龢「無知人之才而欲博公卿好士之名」，實為「愚不可及」云云，由這些地方看來，他的觀察實在是很不錯的。

胡思敬《國聞備乘》卷一，「名流誤國」一條說：

甲午之戰，由翁同龢一人主之。同龢舊傅德宗，德宗親政後，以軍機大臣兼毓慶宮行走，常蒙獨對，不同值諸大臣不盡聞其謀。通州張謇、瑞安黃紹箕、萍鄉文廷式等，皆文士，梯緣出其門下，日夜磨勵以須，思以功名自見。及東事發，咸起言兵。是時，鴻章為北洋大臣，海陸兵權盡在其手，自以海軍弱、器械單，不敢開邊釁。孝欽以舊勳倚之，謇等僅恃同龢之力，不能敵。於是廷式等結志銳密通宮闈，使珍妃進言於上。妃日夜慫恿，上為所動，兵禍遂開。

這一段話，筆者前此在〈李鴻章〉一文中已曾引述，所以必須又在這裏複述一次的緣故，無非在加強說明翁同龢誤信名流，最後所造成的惡劣後果為如何。文廷式與張謇等人如何使翁同龢鑄成此一大錯？在文廷式固然是言大而夸，名不副實，在張謇就不免有認識不清、判斷錯誤之病了。劉聲木《萇楚齋隨筆》記此云：

甲午以前，孝欽與德宗意見甚深，德宗困於孝欽尊嚴之下，久思出人頭地。迨至甲午與日本構怨，意欲耀武國外，憑凌母后，輕視日本，頗欲滅此而後朝食。時常熟秉政，誤入殿撰之言，亦謂日本不足平，迎合上意，極力主戰。後來不克以功名終，未嘗不由於此。實則光緒八年六月間，吳武壯公長慶率登州駐防之師以援高麗，即先文莊公當年剿平粵捻時親兵五營，後號「慶」字軍者。事平後，將佐老兵仍有從先文莊公入蜀者。「甲午戰爭」初起，尚有謂必勝日本，可操券。殿撰當年從武壯入鮮，其誤亦同於老兵。不知彼一時，此一時，日本崛起東方，國勢寖盛，幾欲凌駕歐美，執亞洲牛耳，有一日千里之勢，固非光緒八年之見聞所能囿。惜殿撰未喻此旨，以致喪師辱國，國勢不振，深為可惜。信乎知人則哲，能官人之難也。

上文所說的「殿撰」，即甲午年的狀元公張謇；「先文莊公」，則是劉聲木之父，曾官四川總督的淮系將領劉秉璋。劉聲木說，張謇因為曾在光緒八年隨吳長慶由登州東渡朝鮮平定亂事，深知日本陸軍不足畏，所以竭力贊成對日本強硬，卒致釀成大錯，所論甚為正確。如以王伯恭《蜷廬隨筆》所記與此參看，則翁同龢之所以贊同對日作戰，除了張謇給予他的心理保障，尚有另一種不很光明的心理狀態存在，即是欲藉此以與李鴻章為難是也。王伯恭說：

甲午夏，合肥以朝鮮新、舊兩黨相爭為亂，漢城岌岌，奏派直隸提督葉志超率眾赴之。日本聞葉提督率兵入其國，以為輕背前約，是必將夷為郡縣也，因議大出師與中國爭，事為合肥所聞，亟奏請撤戍。而是時張季直新狀元及第，言於常熟，以日本蕞爾小國，何足以抗天兵？非大創之，不足以示威而免患。常熟韙之，力主戰。合肥奏言不可輕開釁端，奉旨切責。余往見常熟，力諫主戰之非，蓋常熟亦我之座主，向承獎借者也。乃常熟不以為然，且笑吾書生膽小。余謂：「臨事而懼，古有明訓，豈可放膽嘗試？且器械、陣法，百不如人，似未宜率爾從事。」常熟言：「合肥治軍數十年，屢平大憝。今北洋海陸兩軍，如火如荼，豈不堪一戰耶？」余謂：「知己知彼者，乃可望百戰百勝。今確知己不如彼，安可望勝？」常熟言：「吾正欲試其良楛，以為整頓地也。」余見其意不可回，遂亦不復與語，與辭而出。到津晤吾友秋樵，舉以告之。秋樵笑曰：「君一孝廉，而欲與兩狀元相爭，其鑿枘也，固宜。」

王伯恭雖然只是一名舉人，但他卻深明大勢，知道此時的中國軍力並非日本之敵，啟釁適足以致敗，所以力勸翁同龢不可輕啟戰端。但翁同龢一則已先入張謇之言，以為日本不足畏；二則他與李鴻章之間久懷宿怨，屢謀報復，李鴻章不欲戰而迫之使戰，在他看來，正是所以挫抑之而困頓之的良好機會，又豈可輕易放過？至於萬一試而不效，淮軍挫敗，私怨雖報而國事已壞，屆時又將何策以善其後？則就不是翁同龢當時所曾考慮到的問題了。以一個秉持國政之人而謀國如此，即使不是有心貽誤，亦難辭疏忽溺職之咎。可怪的是，翁同龢、張謇二人都是狀元出身，以情理而言，他們的識見當然應該超越儕輩。然而，在這些地方的表現，竟然如此淺薄愚昧而自私，則所謂大魁天下的狀元頭銜，實在也是不足道的了。

晚清以來的很多記載，都說中、日甲午之戰雖由朝鮮問題而起，其內在的根因，則由於翁、李二人之仇隙。翁即翁同龢，李則李鴻章也。李鴻章當年居曾國藩幕中，曾國藩上疏嚴劾安徽巡撫翁同書失誤封疆，翁同書卒以此遣戍新疆，在翁同龢而言，視為深仇大恨，不報不休。但因曾國藩早已功成身死，而曾國藩此疏又是出於李鴻章之手筆，所以又將仇曾之心轉而仇李，除了對李鴻章所一手創辦的北洋海軍多方刁難掣肘之外，更在戰端將啟之時，竭力反對李鴻章的和議主張，以為打擊李鴻章之計。凡此種種，雖然沒有十分明顯的證據，但卻蹤跡顯然。悠悠之口，眾論一詞，翁同龢實在無法逃此千載公論。光緒年間的清流黨重要人物之一，後來成為遜清宣統帝溥儀師傅的陳寶琛，於光緒二十一年乙未和議成時，曾作〈感春〉四律詩，感懷時局，於當時主戰派之誤國及慈禧太后之以海軍經費濫用於頤和園諸事，均多指斥，傳誦一時。其中的第一首，對翁同龢便甚有不慊之詞。詩云：

> 一春無日可開眉，未及飛紅已暗悲。雨甚猶思吹笛驗，風來始悔樹幡遲。
> 蜂衙撩亂聲無準，鳥使逡巡事可知。輸卻玉塵三萬斛，天公不語對枯棋。

此詩中的五六兩句，指戰敗之後的朝議紛紜，空爭和議。七八兩句則言賠款億萬，全局皆輸。至於三四句，則分明在指斥翁同龢不當戰而冒昧主戰，明知雨聲已甚，猶駕言不知吹笛有否效驗，必欲使大局一敗塗地而後已。這一論調，與王伯恭《蜷廬隨筆》中所說，翁同龢藉口欲試驗北洋海陸軍是否堪以一戰，不至陷李鴻章於摧折挫敗不止，正是彼此如一。然則，翁同龢之因認識不清及挾怨報復之故，而至中國有甲午戰敗之慘，正可說是歷史上的大罪人了。

由這些地方，我們不但可以看出翁同龢的識見之陋，亦可知道他的器量甚隘，馴至於公私不分，是非不明。王伯恭《蜷廬隨筆》與徐一士的《凌霄一士隨筆》中，還有兩條記載，可以加深我們對於這方面的認識。王伯恭說：

> 甲午之事，始於項城（指袁世凱），成於通州（指張謇），而主之者常熟也，此自通國皆知，無可為諱。合肥力言不可開釁，大為盈廷所訶。比戰時，日本合全國之力相向，而吾國以葉志超乳臭小兒遊戲當之，遂至一敗塗地。後吳大澂以文弱書生自告奮勇，而舉止謬妄，貽誤戎機。劉坤一身為大帥，又久歷戎行，似應稍有方略，而畏葸無能，亦復望風先遁。所恃以應敵者，惟宋慶一軍。當時歸宋慶節制者，有一百數十營，大率不聽調遣。而宋慶之毅軍三十二營，能戰者只五營一哨，以敵日本之勁兵十餘萬，雖孫吳復生，亦不能倖勝矣。是時，張中丞汝梅在京，言宋慶雖勇敢善戰，而年將八十，獨當大敵，恐有疏誤，莫若以前安徽藩司張學醇為宋幫辦。張固宋之舊日上司，且毅軍自宋得勝、馬玉崑外，所有將領，皆張之舊部也。汝梅以此說恭親王，王亦以為然。而念張公前以議撫苗逆（沛霖）得罪，慮孫壽州（指孫家鼐，即孫家泰之弟，因苗沛霖而死）挾前恨不肯贊成。汝梅乃往見孫家鼐，婉詞說之。孫公慨然曰：「張小浦（即張學醇）治軍之能，我所深知。誠用其人，當於國事有濟。吾豈敢以私憾害公義哉？惟須與常熟言之。常熟為人，好蓄小怨也。」汝梅因見常熟，縱論及此。常熟變色曰：「若用張學醇者，吾必拂袖讓之。」汝梅愕然而退。自是小翁遂永無出山之望，而吾國竟亦割地求和矣。

孫家鼐不肯「以私憾而害公義」，翁同龢與他恰好相反，於是張學醇不能被起用，而前敵主帥宋慶亦因無得力臂助之故而致獨力難支，中日之戰，終致敗北。這是翁同龢以私怨而害公義的第二件事例。至於第三件，則是他之因與李鴻章積怨而併及劉銘傳之事。徐一士所撰的《凌霄一士隨筆》論此，云：

> 李鴻章淮軍諸將，程學啟卒後，劉銘傳功最高，望最隆，同治三年官至直隸提督，年甫二十九歲也。迨捻匪肅清，封一等男，即稱病開缺。旋奉命督辦陝西軍務，蒞事未久，復稱病回籍，不願再出。蓋以文武待遇軒輊，薄提督而不為。光緒十年，中、法釁作，乃以巡撫銜起之，督辦臺灣事務，未幾補授臺灣巡撫，撫臺數年而歸。甲午中日之役，時議頗主以銘傳為大將，督前敵諸軍，詔令鴻章傳旨，促入都。銘傳自以曾任封疆，加太子少保、兵部尚書銜，分為重臣，而政府猶以提鎮列將視之，不以特旨徵召，僅令直督傳諭，禮數太薄，遂辭不赴。說者謂翁同龢當國，不慊於鴻章，兼惎銘傳，故陰沮之，殆非無因。使銘傳受命督師，於大勢究能裨益幾何，固難確斷；而總統前敵諸軍僨事之葉志超，其人物自遠不逮銘傳耳。

在「甲午戰爭」發生之後，慈禧太后以內外群臣交章奏請起用恭王，不得已而將恭王及光緒「甲申政變」中併遭罷黜的李鴻藻、翁同龢等三人一併任為軍機大臣。此時恭王名義上雖為軍機領袖，而翁同龢的地位與權勢已遠出恭王之上，恭王不得不遇事謙讓，所以翁同龢反倒成為事實上的執政者了。此一事實，只要看前引王伯恭《蜷廬隨筆》所記有關起用張學醇的事情，恭王於此未置可否，而翁同龢怫然不悅，事即中輟一點，便可知道握有決定性權力的人，乃是翁同龢而非恭王了。翁同龢一則因私怨而不欲張學醇東山再起，再則因與李鴻章構怨之故而有意薄其禮數，使劉銘傳不願出總前敵軍事，充分可以看出他對私人間的恩怨看得太重，而對於國事之成敗利鈍反置於其次。一個手握政柄而直接對國家民族負有實際大責之人，其所作所為如此，誠然太使人驚異了。歷史上多少中興國族而振衰起敝的聖帝賢臣，他們在這種情形之下的作為，大都能捐棄宿怨，為國求賢，不使公而忘私，而且絕不肯以私害公。翁同龢與此相比，不如遠矣。這又是他性格方面的缺點，足以造成他事業失敗的重要原因之一。雖然潘祖蔭對他的批評中未曾論及，卻需要特別加以指出。至於另一項造成他事業失敗的原因，而亦未曾為潘祖蔭所提及的，則是他在實際政治方面的學識太差，遇事不能出之以正確的判斷與適當的處置。作為一個柄持國政的領袖人物而言，此更為其致命的缺點。

關於這一個問題，我們可以翁同龢在出任總理各國事務大臣後，奉命與德國公使海靖交涉膠澳事件的前後情形為例，藉以覘知其一斑。

清代末年的「總理各國事務衙門」，就是現在的外交部，專司對外交涉事件，後來改稱為外務部。總理衙門與外務部不同的地方是，後者乃是國家的正式機構，由尚書、侍郎為其主官，以下另設各級辦事人員。而總理衙門則有如軍機處一樣，只是為了辦理對外交涉的需要而設立的臨時機構而已。臨時機構當然沒有正式的編制，辦事人員由各衙門調來，稱為之「章京」；衙門中沒有主官，所有的只是奉派在這衙門「行走」的王公大臣，其性質亦如軍機處。翁同龢素來自負為守舊派的元老重臣。他看不起當時那些藉「洋務」起家的新派人物，甚至不願接近一切與洋務有關的事務；如當時的總理各國事務衙門，即是。但是，他在光緒二十一年的六月間卻奉旨派往總理各國事務衙門行走，要親自參與跟洋人打交道的工作，說來實在使人十分意外。至於他何以會得到這樣一個差使的緣故，說起來就話長了。

光緒二十年「甲午戰爭」中國敗績，日本陸軍由朝鮮入侵東北，海軍則登陸山東，分南北兩路威脅津、京，形勢甚為岌岌。中國戰既不勝，惟有希望停戰言和，以免戰禍繼續蔓延。而日本則挾戰勝之餘威，要脅割地賠款，以致朝議紛紜，莫衷一是。翁同龢雖不反對議和，但卻反對割地，以致使主和的李鴻章、孫毓汶、徐用儀等人，大感頭痛。《翁同龢日記》光緒二十一年正月二十八日有關於此事的記載，說：

> 是日，李鴻章到京，先晤於報房，召見乾清宮，與軍機同起。合肥碰頭訖，上溫語詢途間安穩，遂及議約事。合肥奏言：「割地之說，不敢擔承，假如占地索銀，亦殊難措，戶部恐無此款。」余奏言：「但得辦到不割地，則多償當努力。」孫、徐則但言：「不應割地，便不能開辦。」問海防，合肥對以「實無把握，不敢粉飾」。合肥先退，余等奏日行事畢退，不過三刻耳。……李相、慶邸及樞臣集傳心殿議事，李欲要余同往議和。余曰：「若余曾辦過洋務，此行必不辭。今以生手辦重事，胡可哉？』合肥云：「割地不可行，議不成則歸耳。」語甚堅決。而孫、徐怵以危語，意在撮合。群公默默，余獨主前議，謂償勝於割。合肥欲使英、俄出力，孫、徐以為辦不到，余又力贊之，遂罷去。

翁同龢在皇帝召對及樞廷會議時均力持己見，堅決反對割地議和，這使奉命充任全權大臣前往日本議和的李鴻章大為難堪。因為，割地之說亦並非出於李鴻章的主張，只是日本人挾此以為停戰議和的條件，不允割地則不肯停戰，而戰爭繼續進行一日，中國必多受一日之害，身負其責者苦無良策可以善後，對於翁同龢之一意作梗，便大感進退兩難。李鴻章在此時提議使翁同龢同往日本議和，以便使翁知道日本人之強橫態度非口舌所能理喻。而翁同龢卻以生平未曾辦過洋務為推諉之詞，一任他人焦頭爛額，他自己始終置身於清涼之地。這種放言高論而不負責任的態度，實在教人不平。之後，李鴻章及恭王又一再在太后及皇帝面前陳說，非割地無法得到日本之允和，而翁同龢猶復與之竭力撐拒，使得皇太后與皇帝之間亦發生了意見——太后主張割地求和，皇帝則與翁同龢採取相同的立場，只允賠款而不肯割地。這事到了後來，雖因太后之堅決主張割地而得到解決，而恭王及同在軍機諸人卻由此得到一個教訓：要希望翁同龢此後不致在外交事務上處處作梗，最好的辦法是把他也拉到總理衙門裏來，讓他親自嚐嚐與外國人打交道的滋味。《翁同龢日記》中有關於此事的記載，說：

光緒二十一年六月十日。恭邸屢在上前奏請，欲余至總署，余力辭，今日仍責余畏難。余與辯論，不覺其詞之激。仲華亦與邸相首尾，余並斥之（榮仲華即榮祿）。

六月十四日。恭邸以譯署事有所舉薦，恐吾儕不免矣（譯署，亦名總署，亦即總理各國事務衙門）。

六月十六日。恭聞恩命，臣與李鴻藻均在總理各國事務衙門行走。前此固嘗一辭再辭，語已罄竭，無可說也。

恭親王在太后及皇帝面前一再舉薦，終於在翁同龢本人十分不願的情形下，把他拉進了總理衙門。恭王之所以這樣做，意思十分明顯：翁同龢平時既然好在對外交涉事務上放言高論，全不顧及辦事諸人的實際困難，如今就以「請君入甕」的方式讓他自己也來挑挑這個擔子，以免他老是「看人挑擔不吃力」，以為對外國人的交涉容易辦得很。對外國人的交涉究竟是不是很容易辦？看《翁同龢日記》所記，他到了總理各國事務衙門之後的情形，屢有「日伍犬羊，殆非人境」，「犬彘為徒，人生不幸」之類的文字，可知他對於與外國人打交道的事，實在是深惡痛絕，甚不甘願。何況當時的清朝中國正當積弱之勢，西方列強環伺而圖我，東起西落，此呼彼應，究竟如何應付，實在難處之至。翁同龢在這種情形之下日日周旋於這些如狼似虎的外國公使之間，如之何不使他痛心疾首，苦悶難堪呢？而對外交涉所著重的是知己知彼，然後方能洞見對方的底裏，察其陰謀所在，而籌議抵制之方。據費行簡所撰的《近代名人小傳・翁同龢傳》所說，翁之為人，「性情疏闊而不達情偽，動為人欺」。以這樣的性格，連普通一般的人際關係都不易妥貼，要他去辦外交事務，豈不更是茫然不知所以嗎？這一點，在他受命擔任膠澳事件的對德交涉中，便可以明顯地看出來。

膠澳事件的發生，時間在清光緒二十三年的十月。在此以前，德國因與俄、法兩國共同壓迫日本歸還遼東半島，以為大有惠於中國，亟盼能在中國沿海得一港口，以為發展東方勢力之用，當時的德國駐華公使巴蘭德，曾一再向總理衙門提出交涉。總署諸大臣以為此事萬萬不能許，因為倘經許與德國，則其他各國將有援例要求的可能，後患無窮。故一面拒絕巴蘭德的要求，一面電飭中國駐德公使許景澄，向德國外交部說明中國的立場。但德國的外交部長答覆許使說，俄、英、法諸國在東方均已各有海港，不致再有另外要求，必欲中國允租一港。許使將德國外交部長的意見轉達總署，雙方屢經磋商，迄無要領。其時，德國方面就有採取武力壓迫，強制租借的意圖，其目標則選定為山東的膠州灣。到了光緒二十二年，德國駐華公使換了海靖，他所奉到的訓令乃是務必要與中國交涉達成租借膠州灣之事。光緒二十二年的十二月，海靖就向總理衙門正式提出要求租借膠州灣，租期十五年，其所據引的理由，便是德國有干涉還遼之功，而中國未有酬勞。事勢發展至此，德國有必租之心，而中國無允諾之意，其以後的事態發展，當然只有更為激烈而困難。

光緒二十三年正月，海靖再向總理衙門提出要求，仍為總署所拒。海靖將交涉經過報告政府，德皇威廉第二欲以武力強占，而一則由於俄國之反對，再則中、德兩國並無釁端，師出無名，因此只得暫時作罷。到了光緒二十三年的十月間，德國已從俄國方面取得占據膠州灣的諒解，而山東曹州府鉅野縣恰好發生土匪戕殺德國傳教士二人之事，德皇認為出兵的時機已到，電令德艦駛往膠州灣，於十月十四日登岸，向駐在當地的清軍提督章高元提出最後通牒，限他將所屬的防軍在三小時後撤出膠州灣，四十八小時內撤盡。山東巡撫李秉衡及直隸總督王文韶即刻將德國的這種強占行為電報清政府，皇帝及軍機大臣們所決定的初步辦法是：不與德國開釁，但亦電令守將章高元不得聽其恫嚇，任意撤退。實際上，則這個辦法根本不是辦法，因為章高元既奉令不得與德兵開仗，又不得擅自撤退，則除了被繳械俘擄之外，還有什麼辦法？而膠州灣還不就此被德國所占了嗎？地方已被外國人強迫占去，然後再要希望由外交交涉中收回主權，這在清代末年國勢凌夷的積弱狀態下，又是輕易辦得到的事嗎？

光緒皇帝和當時的軍機大臣們既已決定採取不抵抗而和平交涉的政策，這對德交涉的責任，便落在總理各國事務衙門的頭上了。更因翁同龢是新入總署而為皇帝所親信的師傅，有旨命翁同龢與侍郎張蔭桓同辦此一交涉，於是，翁同龢便成了直接與德國公使交涉膠澳事件之人。

由《翁同龢日記》所見，翁於光緒二十三年十一月初四日奉旨派往德國公使館與海靖進行交涉以來，所談的一直都是表面上的問題，而未曾觸及問題的核心。因為德國之圖占膠州灣以擴張其東方的勢力，乃是其既定的國策。假如中國方面無法改變此一決策，儘管費盡唇舌與之反覆辯論，亦只是白費力氣。德國方面，圖窮匕見，即使理屈詞窮，也還是不會放棄膠州灣的。翁同龢不明此理，幾次與德國公使海靖展開口舌辯論，的確也曾使海靖無可遁飾，而不得不在表面上與之照會往還，同意教案之和平了結。《翁同龢日記》中關於這方面的記述甚多，如光緒二十三年十一月十四日記云：

> 談至此，因問，以前照會內另案再商一節，另案者，謂別指一島抵換膠澳也。伊云：「不能退。」再三磋磨，始允登岸兵皆撤回船。復予大磨，則允將船退出膠口，俟另案開講時再索，則與教案不相涉矣。

又，同月十八日記：

德今日所允，後日即翻，此非口舌所能了也。……遣人往告海靖，余等即往。伊推卻云：「有要事，不能候。」然則，變卦顯然矣。

又，同月二十二日記云：

訪德館，與海靖密談，云得回電，教案前五條可了，第六條膠澳退兵，德國面子太不好看，斷辦不到，並斂兵入船，亦游移。再三駁詰，舌敝唇焦，始稱，斂兵或可商。

翁同龢正在北京與德國公使海靖進行馬拉松式的口舌談判，事實上則真正具有關鍵性的外交活動，卻正在莫斯科與柏林間秘密進行。原來滿清政府以為中國既在前一年與俄國訂立密約，規定兩國之間有互相援助之義務，則根據條約精神，俄國應於此時出面相助，壓迫德國退出膠州灣。此是李鴻章及聯俄一派的主張，慈禧太后亦甚贊同，而俄國亦頗有行動表示，如派艦監視德艦動向等。但德國人應付俄國的辦法更為高明。德政府於此時向俄國提出條件，承認中國的東北及朝鮮為其勢力範圍，以交換俄國之不干涉德占膠澳。俄國表示將派其艦隊至旅順港過冬，通知其事於英、日諸國，德國首先表示贊同。於是，德、俄兩國有了默契，俄國可以藉德國之合作，在中國的東北自由行動，而俄國亦不反對德占膠澳。兩國間的秘密外交既已得到協議，德國的態度遂轉趨堅決，不僅不肯再談撤出膠澳的問題，而且更節外生枝，在要求取得青島至濟南的膠濟鐵路築路權之外，更要將此路伸展至山東省的南境，藉以將山東全省悉置於德國的勢力範圍之內。據翁同龢的日記，雙方間的談判交涉，至十一月底為止，一直都很順利，到了十二月初五日，翁同龢在談到鐵路問題時說，築路的權利，應該歸入另案，不可併在教案交涉之內，以免他國之助我還遼者又將援例提出要索。此時海靖忽說：「俄國已經得了旅順，何至再有別的要索？」至此，翁同龢方才恍然大悟，原來俄國兵艦於上月內藉口借地過冬而入旅順港，早有久據不去之心，而俄、德兩國之互相勾結以謀我，其心跡亦就昭然若揭了。然則，清政府如果還要希望俄國人能夠出來仗義執言，壓迫德國退出膠州灣，豈不也是緣木求魚之事嗎？果然，此後的交涉一日比一日困難，德國人不但不肯退出膠澳，還提出其他的許多要求，交涉事件亦改由李鴻章接辦。最後雙方簽訂條約，同意德國租借膠州灣九十九年，並在山東境內享有築路及開礦之權。條約簽訂之後，俄國更藉口德國得利太多，要求租借旅順、大連以為補償。俄、德兩國秘密勾結的行為，至此亦完全暴露。

俄國覬覦旅、大，乃是很早的事。只因英、日、法、德等列強環伺，俄國不敢冒昧行動，所以拖延到了此時。德占膠澳事件發生之後，假如清廷只以德國為交涉對象，原不致為俄國製造機會。但因滿清政府在交涉開始之時，一方面既峻拒德國的要求，一方面又希望循〈中俄密約〉得到俄國的保護，終於使俄國人有機會得到從中漁利的大好機會——德國為爭取與國而轉向俄國謀取友誼，在這種情形之下，正是勢所必至之事；而清政府之一再力拒德占膠澳，反而促成了俄、德兩國間的進一步勾結，可謂不智之甚。這種情勢之造成，是由於什麼人的錯誤呢？第一，當然是恭親王及翁同龢等人之竭力反對德占膠澳；第二，則是李鴻章及親俄一派人物之求援於俄。俄國人把握住此一千載難逢的好機會，一方面假意示好於我，一方面又與德國人秘密談判，以互惠之法得到德國人不反對俄占旅、大的許諾，於是，中國的災禍變成了俄國人得利的機會。當時的總理衙門中，自恭王、李鴻章，以至翁同龢等一班王大臣們，都不曾看出這一潛在的危險，能夠看到這一點的，是當時的戶部侍郎兼在總理各國事務衙門行走的張蔭桓。《翁同龢日記》中曾有關於這方面的記載，見於光緒二十三年十一月十六日日記，云：

> 樵發許電，詳告源委，令轉電楊使告外部，「中國不欲俄為華事與德失歡。若議不成，再電告，此時勿調船」云云，我二人名發之。樵又擬旨謂，「已派某二人與海商辦，此後如非該大臣之電，國家不承認」云云。恐太訐直，明日酌之。（此句下另有小字註云：「此件未用。」）

張蔭桓字樵野，上文所說的「樵」，即指張蔭桓；許與楊，則是當時的中國駐德公使許景澄與駐俄公使楊儒。張蔭桓在中、德膠澳交涉正在熱烈進行時擬此一電一旨，其用意極為深遠。電報之目的在拒絕俄國藉口幫助而在此時調船東來，以免俄國藉口助我而圖謀其本身的利益；至於所擬的旨稿，更在明白告知楊、許二使，主持對德交涉的只有翁同龢與張蔭桓二人，如果翁、張不曾請求俄國相助，任何人致電楊使囑向俄廷提出請俄相助的電報，均屬無效。張蔭桓之所以要這樣做，分明表示他已預見到俄國人可能在中、德交涉中兩面討好，從中漁利，為了防範這種可能性，所以他要採取預防措施，及早阻斷這種事情的發生。誠如前文所說，恭王是軍機領抽，翁同龢是實際掌握大權之人，光緒中期的國家大政，實際上是由恭、翁二人在執掌的。翁同龢假如能見到張蔭桓此一舉措的真正用意，則聯俄的行動可以及時中止，對德交涉亦可作適當的讓步，德國既不必爭取俄國的友誼而支持俄國占我旅、大，俄國的外交形勢處於孤立，亦就不會有後來的強租旅、大事件發生了。然而，張蔭桓的見識雖然遠大，翁同龢卻以為他的舉措太過激烈，因「恐太訐直」而不敢採用，坐使大好機會平白失去。外交的先機既已失去，翁同龢雖然口敝唇焦地日日與德使海靖往復交涉，結果仍不免因把握不到外交重點而一無所成。由這一件事情就可知道，翁同龢的政治學識與外交技巧，實在太拙劣淺薄，不足以擔當國家大任。他從前屢次在對外交涉事件中放言高論，說話毫不負責，現在輪到他自己來進行交涉，才知道他所辦的交涉，比起他人來還不逮遠甚呢！

說到這裏，或許不免會使讀者發生疑問：翁同既不肯採信張蔭桓的行事措施，是不是因為他對張蔭桓的種種作為俱不甚欣賞，而張蔭桓事事皆不高明，只有在這件事情上才顯得他的識見高卓呢？要回答這些問題，可以先看看當時人所記，有關翁、張二人的交誼契合情形。吳永所撰的《庚子西狩叢談》說：

> 張公在總署多年，尤練達外勢。翁常熟當國時，倚之直如左右手，凡事必諮而後行。每日手函往復，動至三五次。翁名輩遠在張上，而函中乃署稱「吾兄」、「我兄」，有時竟稱「吾師」，其推崇傾倒，殆已臻於極地。今張氏裒輯此項手札，多至數十巨冊，現尚有八冊存予處，其當時之親密可想。每至晚間，則以專足送一巨封來，凡是日經辦奏疏文牘，均在其內，必一一經其寓目審定而後發布。張公好為押寶之戲，每晚間飯罷，則招集親知僚幕，圍坐合局，而自為囊主。置匣於案，聽人下注，人占一門，視其內之向背以為勝負。翁宅包封，往往以此時送達。有時寶匣已出，則以手作勢令勿開，即就案角啟封檢閱。封中文件雜沓，多或至數十通。一家人秉燭侍其左，一人自右進濡筆，隨閱隨改，塗抹勾勒。有原稿數千字而僅存百餘字者，亦有添改至數十百字者，如疾風掃葉，頃刻都盡。亟推付左右曰：「開寶，開寶！」檢視各注輸贏出入，仍一一親自核計，錙銖不爽，於適才處分如許大事，似毫不置之胸中。然次日常熟每有手函致謝，謂某事一言破的，某字點鐵成金，感佩之詞，淋漓滿紙，足見其倉猝塗竄，固大有精思偉識，足以決謀定計，絕非草草搪塞者。而當時眾目環視，但見其手揮目

送，意到筆隨，毫不覺其有慘淡經營之跡。此真所謂舉重若輕、才大心細者，宜常熟之服膺不置也。

這一段話，敘述翁同龢與張蔭桓二人間之往來關係，其時間應當已是翁同龢以戶部尚書兼軍機大臣而奉命在總理衙門行走之後。而亦因為張蔭桓同樣是以戶部左侍郎並在總理衙門行走之故，凡是戶部所管的全國財賦，及總理衙門所管的對外交涉事宜，兩個人都同有參與謀議的責任，所以對其間的大概情形及應付事宜，彼此都有概念。只因翁同龢在很多重要問題上都有「不達情偽」及遇事難辨是非的毛病，所以對於張蔭桓之果斷明敏，便有極多的仰仗之處。而由吳永所述張蔭桓治事能力之強，可知翁同龢對張蔭桓倚畀之深，正自有故，所謂「倚之直如左右手，凡事必諮而後行」者，誠非過甚之詞。但如由上引《翁同龢日記》所述對德交涉中的情形看來，翁同龢對張蔭桓之果敢措施，有時竟不敢完全贊同。在這些地方，翁同龢之畏葸怯懦，就很誤事了。

就清末的外交情勢而論，對中國具有最大侵略野心而又為害最大的，莫過於帝俄。但是，他們卻慣能以偽裝的親善態度掩飾其狼子野心，即使中國在無形中已經遭受到極大的損害，還相信俄國人才是誠意相助的朋友。當德占膠澳事件發生後，俄國最初也很不願看到山東沿海成為德國人的勢力範圍，所以亦頗有意協力壓迫德國退出膠澳。但不久之後，俄國人就得到了更好的主意，即是一面與中國敷衍推拖，一方面與德國人進行秘密交涉，以追求俄國的更大利益。等到俄、德已有協議，德國人已經同意俄國在我國東北享有特殊權利之後，為了顧慮損害〈中俄密約〉的友好精神，俄國人又開始以賄賂方法在北京進行秘密活動，以期一旦俄占旅、大的事實公開以後，中國的反對力量可以減低至最小程度。他們的這種陰謀手段當然很容易收效，因為清朝末年的滿清政府，自皇太后以至大小官吏，都很容易為金錢所收買。一旦銀彈攻勢奏效，可以說話的人都變成了箝口結舌的啞子，再大的問題也可以不了了之。張蔭桓當時大概早已看出俄國陰謀的可怕，所以他希望得到翁同龢的支持，預先堵塞俄國人秘密活動的徑竇，以期朝中的親俄派力量發生不了作用。以翁同龢當時的地位與權力，他如果採取張蔭桓的辦法，必可得到皇帝的支持。外交不致陷於多頭，俄國人的陰謀便無隙可乘。卻不料翁同龢不敢開罪親俄派的勢力，不敢承擔此一外交決策，於是使得俄國人得以透過朝中親俄派的關係，在中、德膠澳事件的外交交涉中坐收漁人之利，說來實在可嘆之至。自膠澳事件結束之後，俄國藉口中國對德國的優惠太多，接踵而強租旅、大。於是，英國亦向清政府要求租借大鵬、深州二灣，以擴充九龍租借地，法國亦租借廣州灣，其租借期與膠澳同為九十九年。沿海形勝，拱手讓人，中國政府空懷憤恨，毫無抗拒之能力，瓜分的危機日迫，後來的變法維新運動亦直接由此促成，追溯其源起，可說都是由於中、德膠澳事件交涉錯誤，予俄人可乘之隙，以致其他列強隨而效尤的。

在翁同龢與張蔭桓最初受命與德國公使海靖進行膠澳事件的外交交涉時，張蔭桓確實全力協助翁同龢，以求能把這一外交交涉辦理圓滿，期使中國方面所受的損害可以減少到最低程度。當時，他為翁同龢所設計的各種交涉措施，也都很為高明。但因翁同龢之過分畏葸怯懦，以致失去了外交的先機。這使張蔭桓有了兩點認識：第一，他確信翁同龢是沒有識見的無用之人，將不可能倚賴他建立功名事業。第二，翁同龢如此沒有識見，膠澳事件的交涉必將招致難堪的失敗。而他自己既是與翁同負交涉責任之人，將來亦難免因此而受牽累。由於張蔭桓在心理上已經存有這樣的想法，所以他最初雖然對翁同龢很熱心協助，到後來卻顯然改變了態度。光緒二十三年十一月十九日，亦即是翁同龢擱置了張蔭桓所擬的旨稿之後的第四日，翁的日記中記道：

> 張君與余同辦一事，而忽合忽離。每至彼館，則偃臥談笑，余所不喻也。

張蔭桓此時的態度，所以會由積極地支持變成若即若離地全無熱誠，其關鍵就在翁同龢不同意張蔭桓所擬的旨稿一事上。翁同龢對這件事情的重要性如此麻木不仁，亦充分可知他這個人的性格，也實在太呆板迂執，不足以適應機詐譎變的外交活動了。而張蔭桓既然對支持翁同龢失掉信心，他當然也可能轉而採取比較現實的做法與親俄份子合作，從而得到實際的利益。俄國革命之後，蘇俄政府所刊行的《赤檔》雜誌，曾將當時負責與滿清政府進行秘密活動的財政大臣微德的回憶錄予以刊載公布，其中載有膠澳租借條約簽字後，俄國公使在北京所進行的賄賂事實。根據微德的記述，其時被俄國賄賂收買的清廷要員，除了李鴻章，就是張蔭桓，二人各得俄國的賄款五十萬兩，其條件則是在俄占旅、大之後，設法彌縫兩國間的外交緊張局勢，以便俄國人能夠始終藉〈中俄密約〉向中國謀取政治利益。李鴻章是否已經接受俄國人賄款？因別無佐證之故，殊難輕易確定；至於張蔭桓，則因他在俄國銀行中秘密存有大筆款項，頗可以使人相信，微德所說，或者即是事實。

魏元曠所撰的《光宣僉載》一書，載有張蔭桓存金俄國銀行的一條記事，說：

> 張蔭桓早貧無賴，後附諸名士致通顯，官戶部侍郎兼總理各國事務衙門大臣。存金華俄銀行，立摺外復存一照片，人照不符，雖有摺不得取，人符照，無摺亦不得取，所約家人不知也。「戊戌政變」，其子塏徵慮及禍，先竊其摺歸粵。及蔭桓遣戍，速塏徵不至，恨而就道。既行，塏徵潛以摺至。行出照與約示之，始知父所為之密，然無如何。蔭桓既戮，其金遂為華俄銀行有矣。

張蔭桓有錢可存銀行，並不使人意外，因為清代末年的高官顯宦，差不多人人有錢，除非是翁同龢這樣不事苞苴的廉介之士，然而這樣的人卻又太少。使人感到意外的是：張蔭桓的錢，何以必須存在俄國人所開的華俄銀行？我們已經知道，張蔭桓最初與李鴻章的關係不洽，他並且反對過分信賴俄國人，所以他最初絕不是親俄派。然而，他後來卻有錢存在華俄銀行。不但使他的政治背景塗上了親俄派的色彩，更使人懷疑其中的存款便是來自俄國人的賄賂！事實的真相如此明顯，足見俄國人為了達成他們的兩面外交，確曾花費了許多心力，而且進行得非常成功。相形之下，正足以顯示翁同龢主持下的中、德膠澳事件交涉，是如何地失敗！而其失敗的根源，更種因在翁同龢的怯懦無識，坐使中國在喪失膠澳之後，還須一連串地喪失旅順、大連、大鵬灣、廣州灣等一大批沿海險要之地。後來光緒皇帝追咎這一時期的外交失敗，曾經痛斥「翁師傅」之喪權辱國，說來實在令人慨嘆！而張蔭桓之倒戈親俄，正是翁同龢外交失策的明顯標誌，只是他自己還懵然不知而已。

由張蔭桓與翁同龢之逐漸走向貌合神離，足以證明一件事實，就是翁同龢既無知人善任的能力，又沒有足夠的識見來應付當前的複雜政治情勢。作為一個成功的政治領袖，如果他本人沒有卓越的政治學識，就得禮賢下士，擇天下之英才而善用之。前者猶如明太祖，後者便是漢高祖之倚信張良、陳平與韓信。可惜翁同龢自己既沒有高卓的本領，遇到張蔭桓這樣不可一世的人才，又不能虛心倚信，終於使他的政治事業一開始就在外交活動方面遭到了重大的挫折，對於清代中國的前途，更具有十分不利的影響。由此可見，一個國家的政治領袖是否得人，其關係是何等的重要！翁同龢無此才能而濫竽高位，不但註定他自己的失敗命運，更連累了國家的命運亦復災禍連連，這固然是他自己的不幸，亦是中國的不幸。一個國家在走向衰敗沒落的道路上時，每每有這種情況出現，可知命運之說不但適用於個人，有時也頗能適用於國家的。

光緒二十四年三月初二日，亦即是中、德膠澳租借協定簽字以後的半月，俄國強迫要求租借旅、大問題接踵又起之後數日，翁同龢的日記中記有他此時與光緒皇帝的應對語言，說：

見起三刻，瀝陳現在危迫情形，請作各海口已失想，庶幾策厲，力圖自立，旅、大事無可回矣。上云：「璇闈憂勞之深，轉未將此事論及，則蘊結可知矣。」

列強環而謀我，瓜分之禍日急，當時的朝野上下，大致都有這種危迫之感，光緒二十四年的「戊戌政變」，便是在這種情況之下形成的。黃鴻壽所撰的《清史紀事本末》紀其事云：

> 光緒二十四年夏閏月，下詔定國是，宣示中外。自咸豐、同治以來，中國疊經外患，三次劫盟，當事者始漸知西人之長技，思所以效法而自強，創行新政，不一而足。如設製造局以製新械，方言館以養真才，招商局以爭航利，派學生出洋以遊學外國，用客卿美人蒲安臣為大使以聯邦交。其他如練兵、通商、造路、開礦諸大端，皆次第舉行。然變法不知其本，故行之已數十年，於國勢之孱弱，仍莫克振救。及甲午敗於日本，各國租港灣之事，相偪而來，瓜分支那之說，騰沸於全球。於是國人大譁，志士憤起，痛論變法之不可緩，帝亦知非實行變法不能立國。時翁同龢輔政，贊成其說尤力。御史楊深秀、侍讀徐致靖又相繼上書請定國是。帝乃赴頤和園白太后，召軍機全堂，於是月二十三日下定國是之詔，以宣示中外。

所謂「定國是」的詔書，據原書所說，其實即是宣布變法維新，與天下臣民共赴時艱，以期發憤為雄，救國匡時的公告。歷史上所謂的「戊戌維新」運動，亦即以此詔書頒布之時為開始。但光緒皇帝於此時所推行的變法維新運動，所倚仗的主要幫手只有兩個人，其一是變法維新運動的主要策畫人康有為，另一個即是維新運動的贊助者翁同龢。而就在這一道「定國是」的詔書頒布之後的第四天，皇帝忽然另有一道旨意，罷黜翁同龢的一應官職，將他逐回江蘇常熟縣原籍居住，旨云：

> 協辦大學士翁同龢，近來辦事多不允協，以致輿論不服，屢經有人參奏。且每於召對時諮詢事件，任意可否，喜怒見於詞色，漸露攬權狂悖情狀，斷難勝樞機之任。本應察明究辦，予以重懲，姑念其毓慶宮行走有年，不忍遽加嚴譴。翁同龢著即開缺回籍，以資保全！

這裏所說的開缺回籍，意思就是將他的本兼各職一併撤去，著令回至常熟原籍，不許再在京中居住。翁同龢此時的本職，是戶部尚書協辦大學士，兼職則是軍機大臣及總理各國事務大臣。戶部權重而軍機大臣地位重要，一旦悉遭褫革，與所謂「不忍遽加嚴譴」，亦不過只是一間之隔了。翁同龢之突遭罷黜，甚為意外，當時的舉朝臣僚，包括他自己在內，都不知道何以忽然會有此晴天霹靂。王伯恭《蜷廬隨筆》記此云：

> 戊戌四月二十七日，常熟六十九歲生辰，宗族親友、門生故吏，爭來慶賀，常熟亦欣然置酒相款，特於是日乞假，在寓酬客，蓋前一日尚在內廷行走，上意固魚水契洽如常也。忽清晨奉嚴旨，以「翁同龢在上前語言狂悖，漸露跋扈，本應嚴譴，姑念平時尚無大過，加恩僅予褫職，以示保全」云云。中外譁駭，以為天威誠不可測也。

翁同龢與光緒皇帝以師生關係而素契魚水之歡，這是人所公認的事。照王伯恭的說法，當時翁同龢的「聖眷之隆，在廷無與為比」。醇親王奕譞雖為皇帝的本生父，而在他生前，因為沒有機會與皇帝天天見面之故，至於「往往向常熟問官家起居」，可見當時君臣魚水情形之一斑。二人之間的交契如此，在翁同龢突遭罷黜之前，皇帝又始終與翁同龢親密無間，對於這突如其來的斥革之舉，究竟其原因何在，便極費人之猜忖了。關於這一件疑莫能解的事情，綜合當時及後來的各種說法，大都認為這是出自慈禧的意旨，光緒皇帝只是在慈禧的嚴威逼迫之下，不得不將之黜革而已。但慈禧太后對翁同龢的「慈眷」，向來也很不錯，何以在此時忽然有此「天威不測」的震怒呢？則綜合諸家的記述，大致可以歸納為三種說法。

第一種說法，以為是翁同龢不肯希慈禧之旨，在慈禧壽誕期近之時，撥鉅款搭建頤和園排雲殿的華麗彩棚，以致慈禧恨之切齒。此說見於小橫香室主人所輯的《清朝野史大觀》，轉錄如下：

> 翁常熟去官，言人人殊。其實，甲午戰役慈眷尚隆，其失眷在丁酉（光緒二十三年）秋冬之間。是年九月間，有旨交戶部提款百萬，搭建排雲殿彩棚，以萬壽期近也。常熟持不可，內務府某大臣希后旨，遽撥百萬與之，后意甚怒。逾月，太后召見內務府大臣時，尚申申詈常熟不置也。未幾，常熟竟開缺，或謂為剛毅所齮齕，南海（即康有為）所牽累，事誠有之，然其遠因實在於此。頤和園一彩棚之費，何致須百萬之鉅？緣排雲殿為頤和園內最宏廓之處，殿前方廣數十丈，以四大柱支棚，上用金線織成之緞，綮奇花異卉，珍禽奇獸，四周以金玉壽字相間絡繫，即使從實報銷，亦須三四十萬。宮中興作，以三成到工為正例，此棚尤為實用實銷也。清季宮闈之豪侈，實出人想像之外。然常熟世家恂謹，宦京多年，何以鋒芒畢露如此？蓋亦有激而然。甲午之役，常熟主戰，合肥主和，其事世人之所知也。戰敗乞和，常熟黨人頗以喪師失律究合肥。合肥黨人謂：「戰敗乞和，由於海軍覆敗，由於籌備未周。連年海軍經費，竭大半助修頤和園，予則傷義，不予則傷恩，是以難也。」當時事實本如此，常熟無以難之，自是心中恆不直孝欽所為。其門人若文道希（即文廷式）之流，又慫恿之，是以有此急激之舉。一念之萌，幾至殺身，然其心事則昭然可揭日月也。

第二種說法，以為翁同龢之罷黜，其時間緊接光緒下詔實行維新變法之後的第四天，其意義是慈禧欲藉此剪除光緒之羽翼，以便她此後對光緒之進一步干涉控制。這又可以陳恭祿《中國近代史》所述為代表，亦摘敘如下：

光緒聰明好學，博聞強記，自幼育於宮中。宮中禮節瑣繁，習之既久，失其勇敢果決之氣。師傅平日講說傳統之道德，自不敢以下犯上，及其年長，惟有服從后命。慈禧自信力強，專斷朝政凡三十餘年，嘗自詡其地位，遠非英國女王維多利亞之所能及。其專橫之甚，心目中固無光緒，機密大事往往獨斷。及光緒年長，懿旨竟謂歸政後仍問朝政。中日戰起，太后、皇帝意見不協，明年，和約成立，十二月，光緒詔曰：「朕敬奉皇太后，宮闈侍養，夙夜無違。仰蒙慈訓殷拳，大而軍國機宜，細而起居服御，凡所以裨益朕躬者，無微不至。」據此，光緒毫無自由，直為兒童耳。太后且欲使之孤立。帝於大婚後，寵愛瑾妃、珍妃。珍妃頗有才能，偶因家庭瑣事，不為太后所喜，積隙日深。中日戰時，太后藉端稱其驕縱、肆無忌憚，降其姐妹為貴人，撲殺其親信內監高萬枝，懲罰其兄志銳。中日戰爭期內，御史有以太后干涉朝政，無以對祖宗天下者，侍郎汪鳴鑾、長麟，於召對時奏說皇帝振作獨斷。一八九五年（光緒二十一年）十二月三日，帝忽宣諭二人離間兩宮，厥咎難逭，著革職永不敘用。光緒之意如此，蓋太后之影響而然。旨稱二人罪狀曰：「上年屢次召對，信口妄言，跡近離間。」二人所說既為妄言，何必屢次召見？諭文之重要，則箝制臣下之口，而惟皇太后之意志是從耳。二十七日，謹、珍二妃奉太后之命復位，無奈嫌疑已成。太后仍欲去帝親臣。明年二月，漢書房竟奉懿旨撤去。三月，侍讀學士文廷式又奉懿旨革職。六月，光緒生母醇王福晉死。福晉者，慈禧之胞妹也，由是無人調停其間，而光緒之境遇愈苦。在朝掌權之大臣，多慈禧之親信；光緒之親臣，獨其師傅翁同龢一人而已。翁氏小心謹慎，畏首畏尾，不敢有為，其心實有變法之傾向，光緒信之極深。翁氏固欲富國強民以報皇上也，滿人嫉之，尤以太后之親臣榮祿、剛毅等為甚。朝廷上滿、漢大臣既不同心合作，各立於仇視敵對之地位，而光緒孑然孤立，名義上雖曰親政總攬萬幾，實際上用人行政之權，仍握於太后之手。臣下奏疏，皇帝看後移送頤和園，由太后決定。其干預政事者，一則好攬政權，一則不信皇帝也。光緒於膠變之後深受刺激，大改舊制。會恭親王病歿。王自再出，身弱多病，小心謹慎，多所顧忌，朝中門戶之見日深，新、舊兩派暗鬥益烈。（陽曆）六月十一日，光緒詔定國是，十五日，翁同龢奉硃諭免職。翁氏之免職，為新、舊兩派暗鬥之結果，帝奉懿旨，無可奈何者也。翁氏免職之日，詔令二品以上大臣授職者，京官謝恩陛見，並詣皇太后前謝恩，外官一體奏謝。又命直督王文韶入京，直督之缺，改以榮祿充任。直隸駐有三軍：董福祥之甘軍、聶士成之武毅軍、袁世凱之新建軍，均歸直督節制。軍權歸於榮祿，其黨可得從容指揮，為所欲為。其深思遠慮，計畫之周到，光緒之危險，改革之失敗，已定於此，而竟莫之奈何。光緒殆非慈禧之敵，抑其地位使之然耶？

上文所說的新黨與舊黨，就是一般野史中所說的帝黨與后黨。以光緒二十年前後的情形來說，所謂「帝黨」，不過是在觀念上比較同情光緒的境遇，在思想與行為上比較傾向於擁戴皇帝，如此而已。這些人既沒有明顯的政治主張，又沒有團結一致的組織，稱之為「黨」，毋寧是不很正確的說法。至於他們的實際人數，則可由王伯恭《蜷廬隨筆》所記中考見之。引敘如下：

同、光以來，內外重臣皆孝欽所親拔，德宗雖親政，實未敢私用一人，其勢固已孤矣。惟翁同龢以東宮舊恩，極力保護，汪鳴鑾與同龢同鄉相親暱，張謇出同龢之門，志銳為珍妃親兄，文廷式與志銳為舊交，數人相比，雖公私不同，皆以保皇自任，附之者只貝勒載澍，戶部侍郎長麟而已，餘皆孝欽耳目也。孝欽更變多，有事輒先為所覺。丙申逐長麟、鳴鑾，丁酉逐廷式、志銳，戊戌逐同龢，幽載澍於高牆，謇大懼，棄官還江南，託商務自隱，而保皇黨無一能自存者矣。康有為後起，因廷式以通珍妃，因同龢以見德宗。是時，德宗羽翼已盡為孝欽所翦，有為敗，孝欽手無一兵，潛至宮中，制德宗如孤雛，居之瀛臺，在廷諸臣，無敢為德宗進一言者。

王伯恭所記，與陳恭祿《中國近代史》中的說法大致相似，不過陳書較為詳盡，而王說較為扼要。帝、后二黨的名義既空，所謂新舊之爭，亦就是擁帝派與擁后派之爭了。但也有第三種說法，以為同龢之被黜，並非由於慈禧之有意剪除光緒之羽翼，而是后黨人物榮祿、剛毅等人之挾私怨以為報復的。其說見於費行簡所撰《慈禧傳信錄》等書，亦為引敘如下。

費行簡《慈禧傳信錄》：

丁酉，奕訢、李鴻藻相繼歿，榮祿遂贊密勿，然事皆同龢主之。適德人假細故攘我膠澳，舉朝無一策，帝泣告后，謂不欲為亡國之君。后曰：「苟可以致富強者，兒自為之，吾不內制也。」於是納嚴修議，開特科，定歲舉，更議改武科制，置文武學校。榮祿囑蓮英言於后，謂同龢專橫，且勸帝遊歷外洋。后聞大駭，召帝詰之。帝辯無是事。后弗信，竟自為旨，逐同龢。

榮祿與翁同龢早年夙為交好，後來因為翁同龢有出賣榮祿之事，以致榮祿由工部尚書兼步軍統領降為西安將軍的閒職，歷十年不調，二人之間亦由至好變為仇敵，前文亦曾述及。及奕訢再度出領軍機，榮祿透過了奕訢的關係，再度起用，因此就有了挾怨報復的機會。據上文所引，則榮祿所藉以讒構翁同龢的口實，是：（一）專橫，（二）導使光緒出洋遊歷，這兩種罪狀都是慈禧所不樂聽聞的，如此則翁同龢在太后心目中的「慈眷」，顯然要日見減退了。再加上另一個慈禧所寵信的人物亦在一旁搆煽，於是其情況乃更加不可樂觀。這另一個人物，就是在「戊戌政變」至拳亂時一直甚得慈禧倚信的軍機大臣滿人剛毅。

陳夔龍《夢蕉亭雜記》說：

常熟翁協揆，學問、家世，冠絕班行，兩充帝師，名高望重，而禍亦隨之。當戊戌廷試後，德宗御太和殿傳臚，禮成，駕還宮，召見軍機，謂協揆曰：「今科狀元夏同龢與師傅同名，誠為佳話，足見君臣一德，遭際攸隆。」翼日為公揆辰，兩宮先期賞賚，亦極優渥。詎公入直謝恩，忽奉嚴旨驅逐回籍，即日出京，不准逗留，霹靂一聲，朝野同為震駭。公到籍後，閉門謝客，日在山中養疴。迨八月政變，康、梁獲罪，剛相時在樞府，首先奏言：「翁同龢曾經面保康有為，謂其才勝臣百倍，此而不嚴懲，何以服牽連獲咎諸臣？」維時上怒不測，幸榮文忠（即榮祿）造膝婉陳，謂：「康、梁如此橫決，恐非翁同龢所能逆料。同龢世受國恩，兩朝師傅，乞援議貴之典，罪疑惟輕。」上惻然，僅傳旨交地方官嚴加管束。協揆奉嚴旨後，始知夏間獲譴，係由剛相搆成，因謂人曰：「子良（即剛毅）前充刑部司員，由余保列一等，得以外簡，厥後以粵撫入京祝嘏，適額相奉旨退出軍機，余即力保子良繼入樞垣，雖不敢市恩，實亦未曾開罪，不知渠乘人之危，從井下石如此。」嗟嘆久之。客有告協揆曰：「剛相識漢字無多，聞在直時每稱大舜為舜王，讀皋陶之『陶』字從本音，並於外省奏摺中指道員劉鼒為劉鼐，經公當面呵斥，渠隱恨思報復久矣。」公孰思良久，曰：「是吾之過也。」

陳夔龍乃是榮祿的黨羽，所以他的書中多為榮祿迴護，只有對剛毅的搆怨才據實直書。剛毅搆陷翁同龢，由於他常讀別字而為翁同龢所斥，丁國鈞所撰的《荷香館瑣言》中亦有記述，云：

剛毅嘗讀「剛愎」為「剛福」，為吾邑翁相國笑斥，積不相能。翁之得罪，實剛所搆成。

就事論事，假如翁同龢在皇太后面前的「慈眷」不衰，而慈禧對光緒又不致有甚深之猜防的話，即使榮祿與剛毅有心搆怨，最多亦只能使翁同龢不復能如往日之見嚮用，斷不致遽加嚴譴，即予罷黜驅逐的。所以，榮祿與剛毅等人的搆怨，必先以翁同龢之失眷及光緒之見忌於慈禧為前提，然後二人的讒搆方得以乘間而入。然則，以上三種說法雖似各不相關，其實卻應該併合起來看，認為是三種事實所各別醞釀的綜合結果。這就是說，第一種事實使翁同龢失掉慈禧對他的信任，第三種事實使慈禧對翁同龢的印象變得惡劣，至於第二種事實，則是慈禧把翁同龢也歸入了光緒的黨羽之列，在逐步推行的剪除計畫之下，一併予以罷黜革斥了。不過，以上這三種說法，只提供了慈禧太后在罷黜翁同龢一事上的推動力量，而翁同龢既為光緒皇帝的師傅，皇帝本身，對這件事情的態度又如何呢？這也是一個很值得探究的問題。

《翁同龢日記》，光緒二十四年四月二十八日記其罷黜辭朝的情形說：

午正二，駕出，余急趨赴宮門，在道右碰頭。上回顧無言，臣亦黯然如夢，遂行。

二十四年的師徒而兼君臣，感情又素來融洽，一朝忽被突如其來的打擊力量拆散二人間的關係，彼此一定會有難堪的痛苦。乍看翁同龢的日記，好像皇帝和他都有同樣的感覺。果真如此，那麼，光緒皇帝在罷黜翁同龢一事上，想必真是完全被逼而出此的了。然而，據維新黨人王照的記述，當時光緒之對翁同龢，似乎並非如此。王照所撰的《方家園雜詠紀事詩》中，有一詩云：「當年煬竈壞長城，曾賴東朝恤老成。豈有臣心蓄恩怨，到頭因果自分明。」其下有註云：

> 溯甲午之役，翁同龢延攬偽清流之淺躁書生文廷式、志銳等，蒙蔽聖聰，多方掣李文忠公之肘，軍政出於多門，而責勝敗之效於一人。七十老翁，蒙漢奸之惡名，幾有求生不得、求死不能之勢。賴太后干預，變計倚文忠求和，始收殘局。而翁黨仍百端諉過，無識之清議，仍暗地潛煽。丙申，文忠歸自歐美，翁氏仍以私遊頤和園之細故，張大其詞，使皇上明發上諭，斥辱甫息征驂之老臣。此當亦戊戌以後之景皇帝所痛悔者也。及翁之死，慶王為之請卹，上盛怒，歷數翁誤國之罪，首舉甲午主戰，次舉割青島。太后不語，慶王不敢再言，故翁無卹典。至宣統初，無識之某王始為追卹焉。世人以光緒變法與翁同龢併為一談，誤矣。

王照是維新黨人，他應該沒有理由袒護慈禧與李鴻章。然而，他對翁同龢的批評卻十分嚴厲，可知翁同龢之舉措，當時確有十分不愜人心之處。而且照上文所說，光緒後來對翁同龢的誤國，亦已了然於心，所以他在慶王為翁請卹時大發雷霆，至於歷數其罪而痛斥之。此時，既然沒有翁的政敵榮祿、剛毅等人從旁搆陷，慈禧又未發一言，則光緒之歷數翁罪，自當是他本人的真正感情了。翁同龢之死，在他被黜之後的第六年，亦即光緒三十年。在光緒三十年時光緒對翁同龢的觀感如此，在翁同龢罷黜之時又如何呢？據當時的新聞報導，似乎頗有相近的地方。

光緒二十四年五月初九日的《申報》，有「聖怒有由」的新聞報導一則，云：

> 天津採訪友人云，戶部尚書翁叔平大司農開缺回籍，已將電諭恭列報端。按大司農在毓慶宮行走有年，聖眷優隆，固非百僚之所可比擬。此次恭忠親王抱疾之時，皇上親臨省視，詢以朝中人物，誰可大用者？恭忠親王奏稱，除合肥相國積毀銷骨外，京中惟榮協揆祿，京外惟張制軍之洞及裕軍帥祿，可任艱危。皇上問：「戶部尚書翁同龢如何？」奏稱：「是所謂聚九州之鐵不能鑄此錯者。」甲午之役，當軸者力主和議，曾建三策：一、收高麗為行省，封韓王如衍聖公，優給俸祿，世襲罔替。二、遴派重兵，代守其國，以備不虞。三、以高麗為各國公共之地，俾互相箝制，以免強鄰得所措手。時翁大司農已入軍機，均格不得行，惟一味誇張，力主開戰。以致十數年之教育，數千萬之海軍，覆於旦夕，不得已割地求和。外洋趁此機會，德踞膠澳，俄租旅、大，英索威海、九龍，法貰廣州灣，此後相率效尤，不知何所底止？此皆大司農階之厲也。於是向之不滿意於大司農者，至此咸不甘以仗馬貽譏，交章劾奏。皇上保全晚節，遂令解組歸田。

這一條新聞報導，與王照所謂翁同龢之被黜與「戊戌變法」無關云云，若合符節，似乎正是當時之真相。而金梁所撰的《四朝佚聞》中亦說：

> 光初朝局，繫翁一言。同僚議事偶有不合，翁輒怫然，常入報帝，必伸己意，眾已側目。而恭久受挫，積憾尤深。病篤臨視，太后問以遺言，泣奏翁心叵測，並及怙權，遂驟下罷斥之諭。

以此與《申報》所報導的新聞互相對照，則翁同龢之罷黜，遠因雖多，恭親王臨終之奏訴，似為直接促成其事的導火線。按，恭王之薨，在光緒二十四年之四月十一日，其先因病勢沉重而致慈禧及光緒屢往探視，則自三月以至四月均有之，所謂臨終奏對之言，究竟是哪一天的事，已經無法考知。所可以知道的是，自此年三月恭王病重及皇帝奉太后前往臨視以來，朝中輿論即對翁同龢漸多不利，皇帝對他的態度亦大異從前。《翁同龢日記》中記有此年閏三月初八日安徽藩司于蔭霖〈奏陳時政〉一摺，摺中曾痛斥翁同龢、張蔭桓之誤國無狀，並謂同龢之先人廉正傳四海，而同龢不肖如此，其詞甚為嚴厲。四月初十日，御史王鵬運復劾奏翁同龢、張蔭桓朋謀納賄，薰蕕同器。至四二十一日，又有高燮曾上封事，意在指斥翁同龢而未曾明言。凡此種種，是否由於傳聞恭親王曾對翁同獻作極為不利之指責，而致引起這些敵對人士的連鎖反應，固然不得而知；但在這一段時間之內，皇帝對翁同龢的態度，突然由親暱而變得不耐煩，則是極可注意的事。翁的日記中記此，三月十三日有一條說：

> 上云：「十五日巴使進見，著上納陛親遞國電。」臣對：「此次該使並無格外請索，似不必加禮。」上不謂然，謂：「此等小節何妨先允，若待請而允，便後著矣。」並有欲盡用西禮之語。又云：「德親王進見，在園不便，恐其請見慈聖，懿旨著在宮內。」又云：「著在毓慶宮，開前星門，於東配殿賜食，准其乘轎入東華門。」臣對：「優禮極矣，然有窒礙。」上皆駁之。並盛怒責剛毅，謂：「爾總不以為然，試問爾條陳者，能行乎否乎？」……前後語不能悉記，記之者知聖意焦勞，臣等因循，一事不辦，為可愧憾也。

以上所記，乃是光緒因俄國代辦公使巴布羅福及德國親王亨利的接待禮節問題，不耐翁同龢等人之因循拘執而致發怒詰責之事。當時皇帝怒責剛毅，謂其凡事總不以為然，而所上條陳又無一能行，雖似指斥剛毅，其實又何嘗不是兼指翁同龢？只是未曾明說而已。而翁同龢雖然凡事因循拘執，皇帝對之，似乎已不肯再事事聽從。即以接見外使一事而言，翁日記中所見情形即是如此。日記是月十五日記云：

> 巴使入見如儀。宣諭用漢語，此皆從前所未有也。此項儀節，慶邸不知，臣等亦不知，真闢門達聰之意矣。

又十八日記云：

> 皇太后見於樂壽堂，詳論洋務。擬先召見德王於樂壽堂，然後上召見於玉瀾堂，仍賜遊、賜食，以盡邦交之禮。

皇帝與太后後來所商定的接待德國親王亨利的禮節，都已大大越出翁同龢等一班大臣所擬定的範圍，足見翁之墨守成規，在此時已大拂皇帝之意了。至四月間，又有了康有為之事。四月初七日翁的日記記云：

> 上命臣索康有為所進書，令再寫一份遞進。臣對以與康不往來。上問：「何也？」對以「此人居心叵測」。曰：「前此何以不說？」對：「臣見其《孔子改制考》知之。」

又，初八日云：

上又問康書，臣對如昨。上發怒詰責，臣對：「傳總署令進。」上不允，必欲臣詣張蔭桓傳知。臣曰：「張某日日進見，何不面諭？」上仍不允，退乃傳知張君。

看這兩條記載中翁同龢與皇帝之間的應對之語，似乎皇帝明明知道翁同龢與康有為之間的關係甚為密切，而翁同龢乃一力否認。翁之否認，在皇帝看來，無非正足以說明其言詞詭詐、應對不誠，所以在發怒詰責之外，至於必欲翁同龢傳諭張蔭桓轉知康有為呈進，即使翁一再推辭，仍堅執不允。皇帝的這種態度，在前此不曾有過，可知其意義甚不尋常。此不但足以看出皇帝對翁同龢之信任已經大不如前，這一番的對答，甚至可能出於光緒之有意試探，藉以測定翁同龢是否果如恭王所說之居心叵測，怙勢弄權。至四月二十三日，光緒降旨實行維新變法之後，情勢又有了新的轉變。翁的日記中，四月二十四日記云：

是日見起，上欲於宮內見外使，臣以為不可，頗被詰責。又以張蔭桓被劾，疑臣與彼有隙，欲臣推重力保之。臣據理力陳，不敢阿附也。語特長，不悉記。

又，四月二十六日記云：

奏對畢，因將張侍郎（蔭桓）請給寶星語代奏，聲明只代奏，不敢代請。上曰：「張某可賞一等第三寶星。」又云：「李某（指李鴻章）亦可賞。」

這些紀錄，表面上看來，似乎只是翁同龢與張蔭桓二人在皇帝心目中的地位升降有了變化，其實又何嘗不可證明，皇帝正懷疑張之被劾，是由於翁之嫉妒。果真如此，則皇帝對翁同龢之品格，自然亦就更加要看低一層了；由於這種變化都緊接在奕訢之病重及死亡而來，因此亦很可以證明，野史傳聞及新聞報導所說，恭王對翁同龢極度不滿，以致在臨終遺言中極力申訴其誤國之罪及怙寵跋扈之狀，從而使慈禧及光緒徹底改變了他們對翁的觀感，正是十分可能的事。至於罷黜的時間，何以恰恰定在翁同龢六十九歲生日的那一天，有人說這是剛毅的有意安排，藉以加強此舉對翁的打擊。揆之事實，正復有此可能。

走筆至此，我們對於翁同龢之被黜，應該可以得到一個結論，即是說，翁同龢雖然是以帝黨人物而致招來后黨人物之排擠傾陷，慈禧對他，復因某種特殊原因而漸生怨恨，而恭王奕訢的臨終遺言，卻是造成他失官罷斥的直接原因。至於恭王對翁同龢所作的攻訐，自誤國以至怙寵弄權，都有事實可徵。加以他的因循固執，導致求變、求新的皇帝對他漸生不滿，終於引發了這突如其來的晴天霹靂。但如要說此舉全是出自慈禧的壓迫，光緒完全處於無可奈何的被動地位，則亦未合實情。這只要看光緒後來因翁死請卹一事對慶王奕劻所作的詬責，便可知道了。綜括起來說，翁同龢在中日「甲午戰爭」時誤信文廷式、張謇諸人的言論，竭力對日主戰，乃是造成他一生事業失敗的主因。而他後來主持對德交涉中的畏葸無識，更足以證明他不是一個可以擔當國家領導大責的人。文廷式與張謇等人被譏為「名流誤國」，如翁同龢，則簡直就是「書生誤國」。所謂「狀元宰相」也者，其結果只是造成了一個無識而誤國的書生。科舉取士的弊害，在這裏也就充分暴露無遺了。

翁同龢死於光緒三十年之五月二十日，享年七十五歲。上距光緒二十四年之罷職家居，則已有六年之久。唐文治《茹經堂文集》載有王文韶為大學士時，力救翁同龢的一條記事，云：

我師翁文恭公之被誣也，滿員剛毅與之有宿怨，持之急，必欲置公於死地。康、梁案起，朝議將以公戍邊。當是時，人人阿剛意旨，無敢言者。浙江王文勤公夔石，時為大學士，爭之曰：「我朝待大臣自有體制，列聖向從寬典。翁某罪在莫須有之間，今若此，則我輩皆自危矣。」乃得解。人皆為文恭公慶，而傳述文勤公之言，以為深知大體也。

此云當「戊戌政變」，康、梁亡命後，剛毅力主將翁同龢遣戍，那就是說要將翁同龢定以充軍邊方之罪了。白首戍邊，去死一間，果屬如此，則翁同龢的遭遇已很不堪。而據現在所能看到的翁同龢親筆函，其當時情形，似乎尚較此尤為嚴重，抄附於後，以資參考。

今日，太后臨朝，問康、梁事甚急，略有怒容。弟之舉康、梁也，衷心無一毫不能告人處，足下所知，而世人所共見也。康、梁有其經世之才，救國之方，此弟之所以冒萬死而不辭，必欲其才能得所用而後已也。今遭時忌，必欲抑之，使不能行其素，究何為哉？是何心耶？太后且有「不得康、梁，翁某亦有罪咎」之語，嗚呼！翁某豈畏罪之人哉？徒以有鯁在喉，不吐不快耳！足下知我最深，將何以教之耶？方寸已亂，書不成句，惟知我者諒之耳。敬頌尊安，弟同龢上書。閱後乞付丙丁。

這封信的寫作時間，由信件的內容推測，當是在「戊戌政變」發生之後，康、梁出亡，而慈禧太后發怒追咎康、梁同黨，並進一步根究翁同龢當年保薦康有為，因而欲一併處以重罪，其時間可能在光緒二十四年的八、九月間。看信中的措詞，不但承認了他保薦康有為係實有其事，亦正因為如此，所以慈禧的意向甚為不測，殺頭、賜死，都有可能。因此，某一些野史又說，當時剛毅假稱慈禧的旨意欲殺翁同龢，賴王文韶跪求慈禧始得開恩寬免，事實如何，亦頗耐人尋味。據史書所載，到了光緒二十四年的十月二十一日，又有硃筆上諭一道加重翁同龢的原來處分，說：

> 翁同龢授讀以來，輔導無方，從未將經史大義剴切敷陳，但以怡情適性之書畫古玩等物不時陳說，往往巧藉事端，刺探朕意。自甲午年中東之役，主戰主和，甚至議及遷避，信口侈陳，任意慫恿，辦理諸務，種種乖謬，以至不可收拾。今春力陳變法，密保康有為謂其才勝伊百倍，意在舉國以聽。朕以時局艱難，亟圖自強，於變法一事，不殫屈己以從。乃康有為趁變法之際陰行其悖逆之謀，是翁同龢濫保匪人，已屬罪無可逭。其餘重大陳奏事件，朕間有駁詰，翁同龢輒怫然不悅，恫嚇要挾，無所不至，詞色甚為狂悖。其任性跋扈情形，事後追維，殊堪痛恨。前令開缺回籍，實不足以蔽辜。翁同龢著即行革職，永不敘用，交地方官嚴加管束，不准滋生事端，以為大臣居心險詐者戒。

曾為兩朝帝師，官居協辦大學士兼軍機大臣、總理各國事務大臣、戶部尚書，位至一品的狀元宰相翁同龢，在革職家居之後，竟然會落到「著地方官嚴加管束，不准滋生事端」的地步，實在是清代歷史上前所未見的事。到了這種地步，翁同龢自然亦只好含垢忍辱，除了往來於城鄉之間外，不敢離開常熟縣境一步的了。由《翁同龢日記》及《瓶廬詩鈔》等有關著作中可以見到，他晚年的放逐生活，大抵只是在讀書、作詩與寫字中度過。他的字寫得很好，書法遒媚，體兼蘇、趙，中年以後能日寫百聯而腕力不疲。到了歸田里居之後，則因事閒而專心勤習之故，更能達到批郤導窾，官止神行的境界。因此，人稱清代末年的書法家，當以翁同龢為冠冕一世。政治失意而能在藝術上得到偉大的成就，上天對他的造就不能說不厚。但由此亦不難知道，翁同龢畢竟只是一個作詩寫字的讀書人。這樣的一個人，如果讓他生在乾、嘉盛世，使他居文學侍從之官而以文章名世，庶幾可以盡其才用。如今忽然要他居宰相之位，在時世艱難之時發揮其救世匡時之才，毋寧是用違其所長了。從前明太祖要劉基縱論宰相人才，歷舉胡維庸、楊憲、汪廣洋諸人，劉基均以為不可。照他的看法，這些人都不足勝宰相之任，「譬之駕，懼其僨轅也」。人的才能本是各有短長的，非其才而誤置於位，必難免僨事。如翁同龢，便只是文學侍從之才而誤居宰相之位的。用違其才，其責任不應完全由他自己來擔負。在發生嚴重錯誤之後再來追究他的責任，毋寧是不公平了一點。對於翁同龢晚年的遭遇，我們大致只可做如是觀。

翁同龢的《瓶廬詩集》中，有他晚年居家時追紀當年在朝的除夕、元旦故事二律，云：

> 賜貂溫厚服章身，桐酒甘芳飲幾巡，祀竈黃羊肥似馬，堆盤白麵細如塵。
> 荷囊預卜豐年穀，鵷序先推帝室姻。手捧御書春帖子，鳳城留鑰待歸人。
>
> 萬門千戶總是春，銀花火樹殿前陳。七重鳳罽溫如玉，五色鸞牋福滿身。
> 布闓先從纖輔始，獻箴每及履端新。是誰補撰金鑾記，應問鈞天夢裏人。

這兩首詩中所流露的江湖魏闕之感十分濃厚，可知翁同龢雖遭廢黜，仍時時難忘他當年居高位而蒙殊寵的光榮往事，只可惜那已是一去不復返的舊事了。不知翁同龢在追維這些難忘的往事之時，也還聯想到他的錯誤無知，而使國家民族所遭受到的創痛與損害否？

參考書目

甲、專書

清德宗實錄
清史稿 趙爾巽等撰
光緒東華錄 朱壽彭撰
清史記事本末 黃鴻壽撰
清代通史 蕭一山撰
中國近代史 陳恭祿撰
清朝野史大觀 小橫香室主人編
滿清野史 不著人編
國朝掌故輯錄 林熙春編
清稗類鈔 徐珂編
十朝詩乘 郭則澐撰
崇陵傳信錄 惲毓鼎撰
通鑑輯覽
文獻叢編第七至十八輯 故宮博物院編
近代名人小傳 費行簡撰
近世人物志 金梁編
十葉野聞 許指嚴撰
洋務運動文獻彙編 鼎文書局編印
中法戰爭文獻彙編 鼎文書局編印
中日戰爭文獻彙編 鼎文書局編印
義和團文獻彙編 鼎文書局編印
湘鄉曾氏文獻 臺灣學生書局編印
曾文正公全集 曾國藩撰
胡文忠公遺集 胡林翼撰
左文襄公全集 左宗棠撰
李文忠公全集 李鴻章撰
張文襄公全集 張之洞撰
愚齋存稿 盛宣懷撰
瞿文慎公文集 瞿鴻禨撰
翁文恭公日記 翁同龢撰

瓶廬叢稿　翁同龢撰
越縵堂日記　李慈銘撰
曾國藩評傳　何貽焜撰
曾文正公大事記　王定安撰
曾文正公年譜　黎庶昌撰
胡林翼年譜　嚴樹森撰
胡林翼年譜　梅英杰撰
張文襄公年譜　許同莘撰
抱冰堂弟子記　張之洞撰
容庵弟子記　沈祖憲等撰
石遺先生年譜　陳聲暨編
石遺先生文集　陳衍撰
張惠肅公年譜　許濟棻等編
中興將帥別傳　朱孔彰撰
湘軍志　王闓運撰
桐城吳先生日記　吳汝倫撰
崇德老人八十自訂年譜　曾紀芬撰
曾胡談薈　徐一士撰
四朝佚聞　金梁撰
方家園雜詠紀事詩　王照撰
意園文略　盛昱撰
庸庵文集　薛福成撰
庸庵筆記　薛福成撰
大潛山房詩草　劉銘傳撰
劉壯肅公奏議　劉銘傳撰
樂道堂全集　恭王奕訢撰
萃錦唫　恭王奕訢撰
樂齋漫筆　岑春煊撰
盛宣懷未刊信稿　盛宣懷撰
六十年來中國與日本　王芸生編
道光二十四年甲辰恩科直省同年錄　學生書局影印
李鴻章傳　梁啟超撰
中國海軍史　包遵彭撰
海軍大事記　池仲祐撰
郎潛紀聞　陳康祺撰
庚子西狩叢談　吳永撰
枕經堂文集　方朔撰
蜷廬隨筆　王伯恭撰
掌故零拾　王嵩儒撰
金鑾瑣記　高樹撰

荷香館瑣言　丁國鈞撰
茹經堂文集　唐文治撰
退廬全集　胡思敬撰
歸廬談往錄　徐宗亮撰
柏堂師友言行記　方宗城撰
夢蕉亭雜記　陳夔龍撰
拳禍記　李杕編
祺祥故事　王闓運撰
惜陰堂筆記　趙鳳昌撰
凌霄一士隨筆　徐一士、徐凌霄同撰
一士談薈　徐一士撰
一士隨筆　徐一士撰
可言　徐珂撰
花隨人聖盦摭憶　黃濬撰
萇楚齋隨筆　劉聲木撰
淡墨錄　李調元撰
瞑庵雜識　朱克敬撰
夢園雜說　方濬頤撰
梵天廬叢錄　柴萼編
人物風俗制度叢談　瞿宣穎撰

漢冶萍公司史略　全漢昇撰
左宗棠故事新編　李少陵撰
晚清宮廷實紀　吳相湘撰
適可齋紀言紀行　馬建忠撰
張謇傳記附年譜　劉厚生撰
袁世凱與朝鮮　林明德撰
項城袁氏家集　清芬閣編印
洹上私乘　袁克文撰
中法越南關係始末　邵循正撰
清季十年之聯俄政策　劉熊祥撰
張季子文錄　張謇撰
袁世凱軼事　佚名撰
澗于集　張佩綸撰
太平洋會議前後中國外交內幕及其與梁士詒之關係　葉恭綽撰
三水梁燕孫先生年譜　鳳岡及門弟子編
新建陸軍兵略餘存　袁世凱撰
訓練操法詳析圖說　袁世凱撰
古紅梅閣筆記　張一麐撰
南屋述聞　郭則澐撰

聞塵偶記　文廷式撰
諫書稀庵筆記　陳恆慶撰
洪憲紀事詩本事簿注　劉成禺撰
小說考證續編　蔣瑞藻撰
西巡回鑾始末記　日本吉田良太郎撰
景善日記　[題]景善撰
趨庭日記　江庸撰
聽雨樓隨筆　高伯雨撰
孤桐雜記　章士釗撰
趙柏巖集　趙炳麟撰
中國鐵路志　凌鴻勳撰
覺花寮雜記　楊壽枬撰
蠖園文存　朱啟鈐撰

乙、論文

甲午中國海軍戰績考　張蔭麟撰
清宮瑣記　谷虛撰
診治光緒皇帝秘記　屈桂庭撰
袁世凱戊戌日記考訂　劉鳳翰撰
盛宣懷與中國鐵路　凌鴻勳撰
鐵路國有問題與辛亥革命　全漢昇撰
清末建設與盛宣懷　吳相湘

《中國近代史上的關鍵人物》再版後記

拙作《中國近代史上的關鍵人物》上、中、下三冊，於民國六十七、八兩年由台北四季出版公司先後以繁體字排印出版，迄今已逾三十餘年。由於四季公司早已停歇，此書遂改由天津百花文藝出版社以簡體字重排印行，在彼岸銷行頗廣。秀威資訊科技公司有鑑於簡體字不便臺灣讀者之閱讀，有意在臺重印繁體字本，以資服務臺灣地區的廣大讀者，其盛意至為可感。當茲重印再版之際，敬泐數行，以誌謝忱。

蘇同炳謹誌

二〇一三年元月

要人物02　PC0333

中國近代史上的關鍵人物（上）《新校本》

作　　者　蘇同炳
責任編輯　陳佳怡
圖文排版　詹凱倫
封面設計　秦禎翊

出版策劃　要有光
製作發行　秀威資訊科技股份有限公司
114 台北市內湖區瑞光路76巷65號1樓
電話：+886-2-2796-3638　傳真：+886-2-2796-1377
服務信箱：service@showwe.com.tw
http://www.showwe.com.tw
郵政劃撥　19563868　戶名：秀威資訊科技股份有限公司
展售門市　國家書店【松江門市】
104 台北市中山區松江路209號1樓
電話：+886-2-2518-0207　傳真：+886-2-2518-0778
網路訂購　秀威網路書店：http://www.bodbooks.com.tw
國家網路書店：http://www.govbooks.com.tw
法律顧問　毛國樑　律師
總 經 銷　易可數位行銷股份有限公司
地址：231新北市新店區寶橋路235巷6弄3號5樓
電話：+886-2-8911-0825　傳真：+886-2-8911-0801
e-mail：book-info@ecorebooks.com
易可部落格：http://ecorebooks.pixnet.net/blog

出版日期　2013年12月　BOD一版
定　　價　500元

國家圖書館出版品預行編目

中國近代史上的關鍵人物 / 蘇同炳著. -- 一版. -- 臺北
市 : 要有光, 2013.12
冊 ;　公分
BOD版
ISBN 978-986-89954-0-6 (上冊 ; 平裝). --
ISBN 978-986-89954-1-3 (下冊 ; 平裝)

1. 傳記 2. 清代 3. 中國

782.17　　102018374

讀者回函卡

感謝您購買本書，為提升服務品質，請填妥以下資料，將讀者回函卡直接寄回或傳真本公司，收到您的寶貴意見後，我們會收藏記錄及檢討，謝謝！如您需要了解本公司最新出版書目、購書優惠或企劃活動，歡迎您上網查詢或下載相關資料：http:// www.showwe.com.tw

您購買的書名：＿＿＿＿＿＿＿＿＿＿＿＿＿＿＿＿＿＿＿＿＿＿＿＿

出生日期：＿＿＿＿年＿＿＿＿月＿＿＿＿日

學歷：□高中(含)以下　□大專　□研究所(含)以上

職業：□製造業　□金融業　□資訊業　□軍警　□傳播業　□自由業
　　　□服務業　□公務員　□教職　□學生　□家管　□其它＿＿＿

購書地點：□網路書店　□實體書店　□書展　□郵購　□贈閱　□其他

您從何得知本書的消息？

□網路書店　□實體書店　□網路搜尋　□電子報　□書訊　□雜誌
□傳播媒體　□親友推薦　□網站推薦　□部落格　□其他＿＿＿＿＿

您對本書的評價：（請填代號　1.非常滿意　2.滿意　3.尚可　4.再改進）

封面設計＿＿　版面編排＿＿　內容＿＿　文／譯筆＿＿　價格＿＿

讀完書後您覺得：

□很有收穫　□有收穫　□收穫不多　□沒收穫

對我們的建議：＿＿＿＿＿＿＿＿＿＿＿＿＿＿＿＿＿＿＿＿＿＿＿＿

＿＿＿＿＿＿＿＿＿＿＿＿＿＿＿＿＿＿＿＿＿＿＿＿＿＿＿＿＿＿

＿＿＿＿＿＿＿＿＿＿＿＿＿＿＿＿＿＿＿＿＿＿＿＿＿＿＿＿＿＿

＿＿＿＿＿＿＿＿＿＿＿＿＿＿＿＿＿＿＿＿＿＿＿＿＿＿＿＿＿＿

請貼
郵票

11466
台北市内湖區瑞光路 76 巷 65 號 1 樓
秀威資訊科技股份有限公司 收
BOD 數位出版事業部

....
（請沿線對折寄回，謝謝！）

姓　　名：________________　年齡：________　性別：□女　□男

郵遞區號：□□□□□

地　　址：____

聯絡電話：(日)________________　(夜)________________

E-mail：____